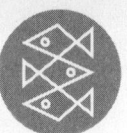

Sebastian Haffner, bekannt vor allem durch die vieldiskutierte »Geschichte eines Deutschen«, musste 1938 nach England emigrieren und verdiente sich den Unterhalt als politischer Redakteur des »Observer«, ab 1954 als dessen Auslandskorrespondent in Berlin. Sebastian Haffners Reflexionen haben die Öffentlichkeit nicht selten polarisiert: Für die einen galt er als »das moralische Gewissen Deutschlands«, den anderen schien er ein Opportunist und Kalter Krieger zu sein. Uwe Soukup schildert die Lebensgeschichte dieses »Historikers wider Willen« und reflektiert zugleich die Schlüsselereignisse der deutschen Geschichte des 20. Jahrhunderts.

»Endlich eine Biografie, die Neuland erschließt. Bemerkenswert.« Wolf Jobst Siedler

Uwe Soukup, geboren 1956 in Westberlin, seit 1993 freier Journalist; erste Begegnung mit Sebastian Haffner. Herausgeber der Bücher: »Der Verrat«; »Germany: Jekyll & Hyde«; »Zwischen den Kriegen«; 1997–2000 Redakteur bei der Tageszeitung Junge Welt, zuletzt Ressortleiter Innenpolitik.

Unsere Adresse im Internet: www.fischer-tb.de

Uwe Soukup

ICH BIN NUN MAL DEUTSCHER

Sebastian Haffner. Eine Biographie

Fischer Taschenbuch Verlag

Ungekürzte Ausgabe
Veröffentlicht im Fischer Taschenbuch Verlag,
einem Unternehmen der S. Fischer Verlag GmbH,
Frankfurt am Main, Oktober 2003

Lizenzausgabe mit freundlicher Genehmigung
des Aufbau Verlages, Berlin

Gesamtherstellung: C. H. Beck, Nördlingen
Printed in Germany
ISBN 3-596-15642-4

INHALT

PROLOG

»Es war ein zerstückeltes Leben«, resümiert Sebastian Haffner, »und wenn ich ein gradliniges Leben hätte haben können, wäre es mir sicher lieber gewesen. Andererseits, ob ich wirklich, so wie die Zeitläufte nun mal waren, etwas sehr anders gemacht hätte, als ich es gemacht habe, weiß ich nicht und möchte es sogar bezweifeln.«[1]

So gut wie nichts in Sebastian Haffners Leben ist so verlaufen, wie er es sich gedacht hatte. Das fängt schon mit dem Namen an: Bekannt wurde er nicht unter seinem Geburtsnamen Raimund Pretzel, sondern als »Sebastian Haffner«, ein 1940 gewähltes Pseudonym; mit Bedacht ausgewählt, fast wie ein Markenzeichen. Und das ist es dann ja auch geworden – in Deutschland. Weniger in England, wo er diesen Namen annahm, als er sein erstes Buch veröffentlichte.

Er studierte Jura, doch wurde er in diesem Beruf nicht heimisch; da kamen ihm die Nazis dazwischen. Er versuchte, Hitler auszuweichen; zuerst in den Journalismus, dann nach England. Nach dem Krieg beschloß er, endgültig Engländer zu werden, und nahm die englische Staatsbürgerschaft an. Mit den Deutschen, dachte er, habe er es verschüttet. Doch 1954 war er wieder in Deutschland.

Aus einer vorübergehenden Tätigkeit als Deutschlandkorrespondent des *Observer*, für den er seit 1941 geschrieben hatte, wurde eine Rückkehr in seine Heimatstadt Berlin: »Ich bin Deutscher. Ich gehöre leider irgendwie hierher.« Und: »Man kann nicht Engländer werden, wenn man dort nicht geboren und zur Schule gegangen ist.«

Später hat Haffner, der fast sein Leben lang Journalist war, vor

1 Anmerkungen im Anhang

allem durch seine Bücher zur deutschen Geschichte Berühmtheit erlangt. Er ist so etwas wie ein Volksschullehrer für deutsche Geschichte in einem geschichtslosen Land geworden. Dabei wollte er, Sohn eines Schuldirektors, eines gerade nicht werden: Lehrer.

In den frühen 90er Jahren bin ich in dieses Leben hineingeraten. An einem Sonntag nachmittag im Mai 1993 rief ich Sebastian Haffner an; die Nummer hatte ich aus dem Telefonbuch. Einige Monate zuvor hatte ich Haffners Darstellung der deutschen Revolution 1918/1919 gelesen, die er schildert, als sei er dabeigewesen – war er ja auch, wenigstens als Zehnjähriger. Dieser dramatische Übergang vom Kaiserreich zur kurzlebigen Weimarer Republik ist ein so merkwürdig fernes Ereignis und den meisten Deutschen so unbekannt, als hätte diese Revolution im Mittelalter stattgefunden oder nach dem 30jährigen Krieg. Mir war es vor der Lektüre von Haffners Buch genauso gegangen. Freunden und Bekannten, denen ich es zu lesen gab, erging es nicht anders. Ich fragte mich, wie ein so wichtiges und so spannend geschriebenes Buch eines so berühmten Autors so in Vergessenheit geraten konnte?

Darüber wollte ich mit Sebastian Haffner sprechen. Und ob man das ändern könnte. Sein erster Satz, nachdem ich, wahrscheinlich recht unbeholfen, herausgebracht hatte, weshalb ich anrufe, lautete: »Ich freue mich sehr, in Ihnen einen Sympathisanten gefunden zu haben.« Damit hatte ich nicht gerechnet und war wohl für einen Moment sprachlos. Das Eis, falls es welches gegeben hatte, war gebrochen.

Mit diesem Buch sei es immer schwierig gewesen, erinnerte er sich. Weil es Kritik an der damaligen Politik der SPD-Führung übe, habe es in den Reihen der SPD nicht viele Freunde gefunden. Da man nicht allzu viele Ruhmesblätter habe, wolle man sich das Bild von Friedrich Ebert nicht kaputtmachen lassen. Aber auch im bürgerlichen Lager finde die Kritik, so wie er sie geübt habe, wenig Resonanz, weil man dort am Verrat – ein hartes Wort, wie er entschuldigend einräumte – der Revolution durch die SPD-Führung nichts zu beanstanden habe. Sein Buch nehme eine einzigartige Rolle in der deutschen Geschichtsschreibung ein und er finde, daß es immer noch zutreffend sei. Leider würde nicht mehr sehr viel darauf eingegangen.

Haffner bedankte sich schließlich für das Gespräch und bedauerte, mir nicht helfen zu können. Er hatte mir aber schon geholfen – durch seine Zusicherung, meinen Bemühungen zumindest nicht im Wege zu stehen, den 75. Jahrestag der verdrängten deutschen Revolution für eine Wiederbelebung seines Buches zu nutzen. Aber wie? Weder hatte ich einen Verlag hinter mir, noch irgendeine Ahnung von allem, was mit Büchern zusammenhängt, noch Geld. Doch das Thema ließ mich nicht mehr los.

Mir blieb, so schien es, nichts anderes übrig, als einen Verlag zu gründen, und in den ersten Novembertagen lag schließlich eine neu gestaltete Ausgabe von Haffners Buch über die deutsche Revolution 1918/1919 mit dem Titel *Der Verrat* in den Buchhandlungen – pünktlich zum Jahrestag am 9. November. Einen Tag zuvor sendete der Berliner Sender RIAS ein Telefoninterview mit Sebastian Haffner, in dem er über die Revolution und sein Buch Auskunft gab – eine der letzten öffentlichen Äußerungen Haffners, der man deutlich anhörte, wie schwer sie ihm fiel.

Doch es war nicht das letzte Werk von ihm, das in meinem Verlag erschien. Bei der Beschäftigung mit Haffners Leben stieß ich auf ein Buch, das er 1940 im Exil veröffentlicht hatte: *Germany: Jekyll and Hyde*. Um es zu schreiben, hatte er im September 1939 im Exil die Arbeit an seiner *Geschichte eines Deutschen* abgebrochen. Glücklicherweise wußte ich nicht, daß Haffner schon von verschiedenen Verlagen um die Erlaubnis gebeten worden war, das Buch in Deutschland veröffentlichen zu dürfen, und daß er dies stets abgelehnt hatte – ich hätte es sonst wahrscheinlich gar nicht erst versucht. In einer »schwachen Stunde«, wie er es später einmal kommentierte, willigte er in mein Vorhaben ein. Ein letztes Mal erlebte Haffner, um den es in den neunziger Jahren recht ruhig geworden war, daß ein Buch von ihm in allen großen deutschen Zeitungen rezensiert wurde.

Mit einem Mal rückte Haffners ganzes Leben, »so komisch es verlaufen ist, und so viele Knicks und enge Kurven es gehabt hat«, wie er selber es beschreibt, wieder in das Bewußtsein einer breiteren Öffentlichkeit. Dieses Leben fing eben nicht erst mit den *Anmerkungen zu Hitler* an, jenem Buch, mit dem er 1978 als 70jähriger die deutsche Öffentlichkeit überraschte.

Der Mann, den wir als Sebastian Haffner kennen, wurde in den letzten Tagen des Jahres 1907 geboren und starb eine Woche nach seinem 91. Geburtstag. Er war Untertan Kaiser Wilhelms II. und Bürger der Weimarer Republik, floh aus Hitlerdeutschland, wurde Engländer und – erst 1972 – Bürger der Bundesrepublik. Er galt als halber Kommunist und ganzer Reaktionär, preußischer Patriot und überzeugter Europäer. Für die einen war er ein Schwadronierer, für die anderen ein geschichtsmächtiger Zauberer. Er schrieb für die weit rechts stehende *Christ und Welt* und die *konkret* Ulrike Meinhofs. Viele Jahre galt er als Anhänger der Politik Adenauers, als Kalter Krieger, doch schon 1966 spekulierte der Bundesnachrichtendienst, »ob H. seine Direktiven vom SED-Propagandachef Norden« erhält. Der ersten SPD-Bundesregierung unter Willy Brandt hat er ein Jahrzehnt lang vorgearbeitet, was ihn jedoch nicht daran hinderte, die Partei immer wieder scharf zu kritisieren und daran zu erinnern, daß es ihr und der bundesdeutschen Demokratie schlecht bekommen werde, sich der CDU anzupassen.

Die einfachste Erklärung wäre Opportunismus. Wenn dem so wäre, wäre Haffners Leben weniger zerstückelt verlaufen – er hätte zum Beispiel nicht zweimal das Land gewechselt. Gerade Haffners Überzeugungen waren es, die sein Leben zu einem aufregenden Abenteuer werden ließen. Schon ein flüchtiger Blick macht deutlich, wie sehr dieses Leben mit wichtigen Ereignissen des vergangenen Jahrhunderts verknüpft war.

RAIMUND PRETZEL

In einer seiner ersten Kolumnen für die Hamburger Illustrierte *stern* beschreibt Sebastian Haffner im Juli 1963 den unglücklichen Hang der Deutschen, im falschesten Moment am lautesten zu jubeln. »Den gewaltigsten und mächtigsten Jubel, an den man sich überhaupt erinnern kann, gab es wohl am 2. August 1914, als alles Unglück begann.«

Als alles Unglück begann. Im August 1914 jubelte Sebastian Haffner, damals noch Raimund Pretzel und sechseinhalb Jahre alt, nicht. Schon seit Tagen hatte der kleine Junge, ein halbes Jahr zuvor eingeschult, von neuen beunruhigenden Dingen – Ultimatum, Mobilmachung, Entente, Order, Allianz oder Kavalleriereserve – gehört, deren Bedeutung er sich umständlich erklären lassen mußte. Das so ferne und abstrakte Ereignis eines Krieges bedrohte von Tag zu Tag mehr die sommerliche Idylle auf dem Gutshof in Hinterpommern, wo die Familie des Lehrers Carl Louis Albert Pretzel, dessen jüngster Sohn er war, die Sommerferien verbrachte.

Existenzwechsel

Carl Louis Albert Pretzel stammte aus dem Ort Groß Tychow, heute Tychowo, wo Haffners Großvater als erster mit der Familientradition brach – seine Vorfahren waren freie Bauern und hatten zudem das Amt des Dorfschulzen inne –, und Dorfschullehrer wurde. Haffners Urgroßvater hatte das Dorfschulzenamt versehen, ohne schreiben zu können. »Wie zahlreiche seiner Altersgenossen«, berichtet Carl Louis Albert Pretzel in einer 14seitigen kleinen Familienchronik, hatte er »in der Schule wohl Lesen und etwas Rechnen gelernt, die Fertigkeit im Lesen von Gedrucktem auch bewahrt, die im Rechnen durch allerlei Anwendungen im praktischen Leben sogar etwas erweitert, aber zum Schreiben können hat er es nicht gebracht; vermutlich hatte der Lehrer diese Kunst selber nicht verstanden.«[2] Erst im fortgeschrittenen Alter brachten ihm seine Söhne bei, seinen Namen zu Papier zu bringen, so daß er amtliche Schriftstücke unterzeichnen konnte. »Zum Bauern, oder wie man heute sagen würde, zum Landwirt, eignete er sich nur sehr bedingt und mittelmäßig.«

Aber auch als Dorfschulze tat er sich schwer. Er war gewissenhaft, verstand es jedoch niemals richtig, »seinen Ortsgenossen gegenüber den Dorfgewaltigen zu spielen«. Mehr als einmal ließ er sich untervorteilen, so zum Beispiel bei der Neuaufteilung des Ackerbodens. »Die Mitglieder der Separationskommission hatten wochenlang Gastfreundschaft auf dem Schulzenhofe genossen, und schließlich dafür sehr eigenartig gedankt, indem sie den Schulzenhof bei der Verteilung des fruchtbarsten Bodengeländes, des Mühlenfeldes, ganz leer ausgehen ließen.«

Daß der Sohn des Dorfschulzen sich entschied, Dorflehrer und somit der erste »Intellektuelle« der Familie zu werden, legte den Grundstein für die Karriere der folgenden Generationen bis hin zu Haffner selbst. Haffners Großvater tat den ersten entscheidenden Schritt, da er darauf verzichtete, die nicht besonders ergiebige Landwirtschaft des Vaters fortzusetzen, und beschloß, statt dessen Lehrer zu werden.

Mit dieser Berufswahl stieg auch das gesellschaftliche Ansehen. Der große Respekt vor dem »Dorfintellektuellen«[3] äußerte sich in vielfältiger Weise. So wuchs Haffners Vater in bescheidenen, aber gesicherten Verhältnissen auf. Bildungsgut waren neben der Bibel die Gesamtausgaben von Goethe und Schiller, die Carl Louis Albert Pretzel, der ein »begabtes und lesehungriges« Kind war, wieder und wieder gelesen haben soll. Viele Balladen und lange Passagen aus den Dramen lernte er auswendig. Die Bücher des Vaters begründeten Carl Louis Albert

Pretzels lebenslange intensive Beziehung zur Literatur und waren das Fundament seiner umfassenden Bildung.[4] Er war es, der das Dorf verließ, in dem die Generationen vor ihm gelebt hatten, und mit dem Besuch des Lehrerseminars den eigentlichen Existenzwechsel innerhalb der Familie vollzog. Am Ende seiner Karriere wird er Regierungsdirektor im preußischen Kultusministerium sein. Er setzt den bescheidenen sozialen Aufstieg des Vaters fort und schafft so die Voraussetzung dafür, daß seine eigenen Kinder ohne Probleme eine akademische Laufbahn einschlagen können.

Nach Beendigung seiner Ausbildung am Lehrerseminar arbeitete Carl Louis Albert Pretzel in verschiedenen pommerschen Städten und ging um 1890 in die Reichshauptstadt, nach Berlin. Dort »fing er an, sich mausig zu machen«[5], wie Sebastian Haffner erzählte. Er wurde Mitglied in der Berliner Sektion des Deutschen Lehrervereins und veröffentlichte unter dem Kürzel C.L.A. Pretzel zahlreiche Artikel und Aufsätze zu den Aufgaben einer reformierten Schulbildung. Die Ideale, für die C.L.A. Pretzel stritt, selbständiges Handeln und Denken der Schüler etwa, standen im scharfen Gegensatz zum Untertanengeist des Kaiserreichs. Seine liberale Gesinnung, die sich auch in seiner Nähe zur Fortschrittspartei und später zur Deutschen Demokratischen Partei spiegelte, war einer Karriere im wilhelminischen Deutschland nicht förderlich. So brachte er es nach einigen Jahren als einfacher Volksschullehrer zunächst nur zum Rektor der 105. Gemeindeschule im Berliner Stadtteil Prenzlauer Berg.

Nachzügler und Nesthäkchen

Zu diesem Zeitpunkt war Carl Louis Albert Pretzel schon fast zwei Jahrzehnte in Berlin. Einige Jahre nachdem er in die Reichshauptstadt gezogen war, hatte er seine spätere Frau, die elf Jahre jüngere Wanda Lehmann, auf einem Lehrerball kennengelernt. Der Familienüberlieferung zufolge bekundete Carl

Louis Albert Pretzel sein ernsthaftes Interesse an dem jungen Mädchen, indem er sie fragte, ob sie mit ihm eine »Mondscheinpromenade« unternehmen wolle. Wanda Lehmann scheint auf diesen Vorschlag, der damals einem Heiratsversprechen gleichkam, eingegangen zu sein. Bald darauf sprach Carl Louis Albert Pretzel bei ihrem Vater vor und hielt um ihre Hand an. Allerdings war Wanda Lehmann die Situation auch peinlich, weil sich unglückseligerweise gerade zu diesem Zeitpunkt mitten auf ihrer Stirn ein Pickel gebildet hatte, den sie als äußerst unpassend empfand.

Nach der Hochzeit lebte das Paar zunächst in der Emdener Straße in Moabit, wo schnell hintereinander die ersten Kinder geboren wurden: am 12. Juni 1897 Bernhard, am 14. Juli 1898 Ulrich und ein Jahr später Eva. Auch Haffner kam noch dort, nur wenige Straßen vom Geburtshaus Kurt Tucholskys in der Lübecker Straße entfernt, am 27. Dezember 1907 zur Welt. Seine Geschwister sind zu diesem Zeitpunkt schon acht, neun und zehn Jahre alt. Der Nachzügler war, so darf man annehmen, nicht mehr geplant, und seine Mutter hatte sich mit ihrem Arzt schon darüber verständigt, die Schwangerschaft abzubrechen. Haffners Vater war bereits 43 Jahre alt und somit in einem Alter, in dem andere bereits Großvater werden. Für die Mutter hatten die Geburten der ersten drei Kinder zehn Jahre zuvor eine enorme Belastung bedeutet. Auch gesundheitliche Probleme – sie soll bleichsüchtig gewesen sein – ließen sie einen Abbruch in Erwägung ziehen, als sie im Sommer 1907 die erneute Schwangerschaft bemerkte.

Haffner erfuhr später von dem geplanten Schwangerschaftsabbruch; dies läßt ein aufgeschlossenes Elternhaus vermuten – von Überlegungen solcher Art erfahren Kinder normalerweise nicht, damals noch weniger als heute. Auch daß die Kinder nie geschlagen wurden – um die Jahrhundertwende alles andere als eine Selbstverständlichkeit – unterstreicht diese Annahme.

Allein der Tatsache, daß sein Vater sich »für ihn eingesetzt« hat, habe er es zu verdanken, daß er dann doch das Licht der Welt erblickte, wofür er ihm, so der mittlerweile neunzigjährige

Haffner in einem Gespräch mit Marlies Menge für die *ZEIT*[6], sehr dankbar sei.

Die Situation, in die Haffner hineingeboren wird, ist in mehrfacher Hinsicht bemerkenswert. Die Eltern haben die hohe Schule der Kindererziehung schon dreifach erprobt und sind nun beim Nachzügler entsprechend gelöst. Als Sproß einer Großfamilie hat der Jüngste verschiedenste Bezugspersonen. Eltern, Geschwister, eine Großmutter väterlicherseits und ein Hausmädchen geben ihm mannigfaltige Anregungen. Haffner wird wie seine Geschwister früh an Literatur und Musik herangeführt. »Ich erinnere mich an Tischgespräche, wo mein Bruder Uli, der spätere Germanist, damals Schüler, vielleicht 15 Jahre alt, eben so Gespräche führte wie: ›Wer ist größer, Papa, Kleist oder Hebbel?‹, und dann wurde das ausführlich mit Für und Wider erörtert. Das war unsere häusliche Atmosphäre.«[7] Der Vater, der selbst »sehr anständig« Klavier spielt, läßt die Kinder Cello und Violine lernen. Im Streichquartett, das die Kinder bilden, spielt Haffner den älteren Geschwistern zwar immer ein wenig hinterher, aber er macht auch die Erfahrung, zum Gelingen eines guten Stückes ebenso seinen Teil beizutragen wie die Großen. Alle Personen, mit denen Haffner zu tun hat, sind ihm um einiges voraus, was für ihn Ansporn ist, so schnell wie möglich so klug wie die anderen zu werden. Der Altersunterschied verhindert eine Konkurrenzsituation, wie sie sich vielleicht bei nahezu gleichaltrigen Geschwistern ergeben hätte.

Mit der Betreuung des Kindes sind sowohl die Großmutter als auch die acht Jahre ältere Schwester Eva[8] betraut. Die Mutter ist durch die Organisation des großen Hausstandes stark in Anspruch genommen. Daß sie, anders als der Vater, sowohl in der *Geschichte eines Deutschen* als auch in den Interviews Haffners kaum erwähnt wird, spricht dafür, daß sie sich eher im Hintergrund gehalten hat und für Haffner eine von vielen Bezugspersonen war.

Ein sehr bedeutender Mann

Die entscheidende Rolle im Leben des Kindes spielt ohne Frage der Vater, der auch für den Jugendlichen und jungen Erwachsenen die »Hauptperson seines Lebens«[9] sein wird. In einem Interview nennt ihn Haffner einen »sehr bedeutenden Mann«, und er fährt fort: »Ein bißchen tut er mir auch leid, denn er nahm die Dinge sehr ernst, ich glaube ernster als ich. Er hatte Prinzipien, er wollte etwas nicht so sehr erreichen – er war kein Karrieremacher –, sondern durchsetzen. Er wollte die Welt besser zurücklassen, als er sie betreten hat.«[10]

Als Lehrer und Reformpädagoge fühlt sich Carl Louis Albert Pretzel in besonderer Weise für die geistige Erziehung der Kinder verantwortlich. Daß die Reformen, die ihm vorschweben, erst in der Weimarer Republik umgesetzt werden, hindert ihn nicht daran, schon seine Kinder in ihrem Sinne zu erziehen. Trotz seiner Toleranz gilt er ihnen als Autorität, da er seine Entscheidungen nicht oktroyiert, sondern auseinandersetzt und erklärt. Er verkehrt mit seinen Kindern »wie ein Richter, der seine Sprüche begründet«.

Ein Foto, das Carl Louis Albert Pretzel kurz vor dem Ersten Weltkrieg im Kreise des Lehrerkollegiums zeigt, dem er als Rektor vorstand, atmet Contenance und Würde. Er wirkt nicht wie ein strammer kaisertreuer Beamter, der sich mit geschwellter Brust, gezwirbeltem Bart und Monokel den Anschein von Macht geben will. Er ist vielmehr ein Mann, der in vornehmer Zurückhaltung im Kreise seiner Kollegen kaum auffällt. Der schon weit zurückgewichene Haaransatz, der weiße Bart und die tiefliegenden Augen lassen den kaum Fünfzigjährigen sehr viel älter erscheinen. Würde, Pflichtbewußtsein und Ehrenhaftigkeit zeichnen ihn als »preußischen Puritaner« aus. Seine strenge und kühle Art wird aber durch Behutsamkeit und Wohlwollen gebrochen. Zur preußischen Prinzipientreue kommen Toleranz und eine »sublime, nie lautwerdende geheime Ironie«[11].

Als Sebastian Haffner im Frühjahr 1914 eingeschult wird, ist das für ihn weniger als für andere Kinder Grund zu Angst oder Aufregung, denn die Schule gehört schon lange zu seinem Alltag. Seit der Vater zum Rektor der 105. Gemeindeschule im Stadtteil Prenzlauer Berg berufen worden ist, bewohnt die Familie das Direktorenwohnhaus[12], einen orangeroten Backsteinbau auf dem Schulhof, auf dem Haffner spielend einen großen Teil der Zeit verbringt. So lange er denken kann, gehen die Geschwister zur Schule und berichten beim gemeinsamen Abendessen von ihren Erlebnissen. Wahrscheinlich hat Haffner, der es den Großen endlich gleichtun wollte, sogar ungeduldig auf die Einschulung gewartet. Die wenigen Monate bis zu den ersten großen Sommerferien, welche die Familie wie jedes Jahr in Hinterpommern verbringt, vergehen wie im Flug. Der Sechsjährige, für den diese Wochen gleichbedeutend mit Freiheit, Abenteuer und Natur sind, ist überglücklich, die Wälder und Pferde wiederzusehen.

Der große Krieg

Wenn Haffners Vater, ein kluger und politisch bewanderter Mann, noch am Abend des ersten August glaubte, daß ein Krieg so bald nicht zu befürchten sei, dann sagt dies mehr über ihn und seine Haltung als über das tatsächliche politische Klima. Das Ultimatum, das die Österreicher den Serben nach der Ermordung des Thronfolgers und seiner Frau gestellt hatten, war für Serbien als unabhängiges und international anerkanntes Königreich inakzeptabel. Es zeigte vielmehr, wie sehr das souveräne Serbien den Expansionsbestrebungen der österreichisch-ungarischen Monarchie ein Dorn im Auge war. Schon vor dem Attentat war das politische Klima in Europa gespannt, was nicht zuletzt am Machtstreben des wilhelminischen Deutschlands lag. Seit der Entlassung Bismarcks durch Wilhelm II. machte das wirtschaftlich ausgesprochen starke deutsche Kaiserreich seine Ansprüche auf eine politische und militärische Vorherrschaft immer stärker geltend. Deutschland brauche neuen »Lebensraum« und einen »Platz an der Sonne«. Politiker und Militärs vertraten die Meinung, daß »die Stellung des Deutschtums auf der Welt [...] in keiner Weise dem Kulturwert des deutschen Volkes und der wirtschaftlichen Bedeutung des Deutschtums im Auslande entspricht«[13].

Der Krieg galt in den Kreisen der Befürworter aber nicht nur als die Fortsetzung der Politik mit anderen Mitteln, sondern ebenso als »eine politische Notwendigkeit im Interesse des biologischen, sozialen und sittlichen Fortschritts«. In der Übertragung der Gesetze Darwins auf den Menschen und die Gesellschaft galt »das erneute ›Völkerringen‹ weithin als eine weltgeschichtlich bedeutsame Weichenstellung im evolutionären Prozeß der Geschichte«[14].

Darüber hinaus wurde der Krieg als »höchster Ausdruck wahrer Kultur« angesehen. Sowohl von den konservativen Kräften, die der deutschen Kultur endlich Weltgeltung verschaffen wollten, als auch von Intellektuellen und Künstlern, welche die von ihnen beklagte Stagnation jedweden Geisteslebens zu überwinden wünschten, wurde seine »hohe Bedeutung als der mächtigste Kulturförderer«[15] betont: Krieg als Bewahrer der deutschen Kultur einerseits und als »ungeahnter, sieghafter Zu-Ende-Bildner«[16] der neuen Kunst andererseits.

Der Kulturpessimismus jener Jahre, getragen von Kirche, Bildungsbürgertum, Adel und Teilen der akademischen Welt, beseufzte den Verfall von Geist und Sitte und die mangelnde Zucht der Jugend, die sich mehr um materielle denn um ideelle Werte sorgte. Der Krieg als sittlicher Erzieher sollte dem Einzelnen und der Gesellschaft »Katharsis« und »reinigendes Gewitter« sein.

Es gab aber auch Stimmen, die vor einem drohenden Krieg warnten. Diplomaten und Politiker bemühten sich darum, den Konflikt friedlich beizulegen. Zahlreiche Künstler und Schriftsteller verweigerten sich von Anfang an der allgemeinen Euphorie und der Glorifizierung des neuen Krieges. Ende Juli 1914 kam es, wie in anderen europäischen Ländern, auch in Deutschland zu zahlreichen Streiks und Antikriegskundgebungen, auf denen Hunderttausende, vornehmlich Arbeiter, gegen die Kriegspolitik der Regierungen protestierten. In Deutschland wurden sie vor allem durch die Basis der Sozialdemokratie organisiert, während ein großer Teil der Parteioberen hoffte, durch eine Zustimmung zum Krieg ihre Zugehörigkeit zur Nation unter Beweis stellen und ihren Status als arrivierte Partei festschreiben zu können, was am 4. August zur Bewilligung der Kriegskredite führte. Auch Teile der assimilierten jüdischen Bevölkerung stimmten in der Hoffnung, nun endlich zeigen zu können, daß sie »gute Deutsche« seien, in die Kriegsbegeisterung ein.

In den Reaktionen auf den Kriegsausbruch spiegelte sich die ganze Breite der Gründe für oder gegen einen Krieg wider – von Verweigerung, Ratlosigkeit und Erschütterung bis hin zu patriotischem Überschwang und Hysterie. In den ersten Monaten überwog noch die allgemeine Kriegsbegeisterung. Sowohl die, die in den Krieg zogen, als auch jene, die sie mit Blumen und Liedern verabschiedeten, waren fest davon überzeugt, daß Deutschland nicht anders denn als Sieger aus diesem Krieg hervorgehen könne.

Hunger und Zahlenspiele

Für Sebastian Haffner, der weniger als die Erwachsenen ahnen konnte, daß sich dieser Krieg zur »Urkatastrophe des Jahrhunderts« ausdehnen würde, war allein das vorzeitige Ende der Ferien und die damit verbundene Enttäuschung ein Unglück. Immer wieder hat er später die ersten Tage des Augusts 1914 als einen Schlüsselmoment seines Lebens dargestellt. In der *Geschichte eines Deutschen* setzt er sie mit dem Beginn seines »bewußten Lebens«[17] gleich, und noch in einem Gespräch, das er anläßlich seines achtzigsten Geburtstages im Dezember 1987 mit dem Fernsehjournalisten Richard Schneider führt, betont er die Genauigkeit und Komplexität seiner Erinnerungen an den Ersten Weltkrieg, »und zwar von Anfang an. Ich möchte sagen, das erste große Erlebnis meines Lebens, an das ich mich ganz genau erinnere, war der erste und zweite August 1914.«[18]

Für den Sechsjährigen hält die Trauer um die verdorbenen Ferien nur kurz an. Was nun kommt, ist schon Teil des kindlichen Spiels, das den Verlust der auf dem Lande genossenen Freiheit fast augenblicklich wettmacht und vier Jahre andauern wird. Schon die Rückreise nach Berlin ist ein Abenteuer. Der Zug ist überfüllt, und die Familie sitzt nicht wie sonst in einem eigenen Abteil, sondern muß sich zwischen Dutzenden anderer Reisender, die panikartig ihre Feriendomizile verlassen haben, einrichten. Immer wieder hält der Zug auf offener Strecke, und niemand kann über die Gründe Auskunft geben, bis sich auf dem Gegengleis ein mit Soldaten besetzter Zug vorbeischiebt. Es wird gerufen und gewunken, die besten Wünsche für den Krieg werden ausgetauscht.

Abenteuer auch bei der Ankunft in Berlin. Es ist weit nach Mitternacht, als die Familie am Stettiner Bahnhof aus dem Zug steigt. Der prächtige Kopfbahnhof, Vorgänger des heutigen Nordbahnhofs, macht mit dem Chaos aus Tausenden von Koffern, Gepäckträgern und unfreiwilligen Urlaubsheimkehrern seinem Namen – die Berliner nennen ihn »Urlaubsbahnhof« – alle Ehre. Im Getümmel verschwindet das Urlaubsgepäck der Familie. Die zahlreichen Soldaten geben dem Bahnhof, der Stadt und – so muß es nicht nur Sebastian Haffner scheinen – der Zeit ein ganz neues Gepräge.

Der Sechsjährige setzt sich mit dieser neuen Zeit und dem Krieg auf seine Art auseinander. Zurück im Direktorenwohnhaus, verwandelt sich das Kinderzimmer alsbald in das Hauptquartier eines imaginären Generalstabs. »Von da ab fing ich mich auch ungeheuer an, zu interessieren – was ist das denn nun für ein Krieg und zwischen wem und wem, und mein älterer Bruder Uli – Ulrich, später Professor in Hamburg, der war damals schon ein großer Junge, acht Jahre älter als ich –, der erklärte mir auf dem Atlas: hier liegen wir, da liegt Frankreich, das ist feindlich, hier liegt England, das ist feindlich, hier liegt Rußland. Mit Österreich sind wir verbündet, und ich hatte sofort das

Gefühl, mit Frankreich und England werden wir natürlich irgendwie fertigwerden, aber Rußland? Das war ja so *ungeheuer* groß! Seitdem habe ich dann also die Kriegsnachrichten verfolgt. Ich könnte sagen, wenn man mich nach Schlachtendaten fragt, nach Einzelheiten dieser Art, wie sie so die dicken Zeitungsüberschriften hergaben – ich maß die Wichtigkeit der Nachrichten an der Dicke der Zeitungsüberschriften –, dann bin ich für den Ersten Weltkrieg sicherer im Gedächtnis als für den Zweiten.«[19]

In den folgenden vier Jahren interessierte sich Sebastian Haffner hauptsächlich für »die Namen von Heerführern, die Stärke von Armeen, die Bewaffnung und Wasserverdrängung von Schiffen, die Lage der wichtigsten Festungen, den Verlauf der Fronten – und ich kam alsbald dahinter, daß hier ein Spiel im Gange war, geeignet, das Leben spannend und aufregend zu machen wie nichts zuvor. Meine Begeisterung und mein Interesse für dieses Spiel erlahmten nicht bis zum bitteren Ende.«[20]

Schuld an seiner Begeisterung für den Krieg ist »die Luft; die anonyme tausendfältig spürbare Stimmung ringsum, [...] der Sog und Zug der massenhaften Einigkeit, die den, der sich hineinwarf (und sei es ein siebenjähriger Junge), mit unerhörten Emotionen beschenkte, und den, der draussen blieb, fast ersticken ließ in einem Vacuum von Oede und Einsamkeit.«[21] Zum ersten Mal spürt Haffner »mit naiver Lust und ohne eine Spur von Zweifel oder Konflikt, die Auswirkung der seltsamen Begabung [s]eines Volkes, Massenpsychosen zu bilden«[22].

Auch wenn ihm der Vater und die Brüder erklären, was da weit entfernt in Frankreich, Belgien und Rußland vor sich geht, ist keinesfalls die Familie dafür verantwortlich zu machen, daß der jüngste Sohn »binnen weniger Tage zum fanatischen Chauvinisten und ›Heimkrieger‹ wurde«[23]. Die Einstellung zum Krieg, die zu Hause herrscht, beschreibt Haffner 1939 so: »Ich muß hier meine Familie in Schutz nehmen. Es waren keineswegs meine nächsten Angehörigen, die mir den Kopf verdrehten. Mein Vater litt unter dem Kriege vom ersten Augenblick an und blickte auf die Begeisterung der ersten Wochen mit Skepsis, auf die Hasspsychose, die ihr folgte, mit tiefem Ekel – wenn er auch selbstverständlich, loyal und patriotisch, Deutschlands Sieg wünschte.«[24]

Der Vater gehört zu den vielen Liberalen seiner Generation, die im stillen der festen Überzeugung sind, daß Kriege unter Europäern der Vergangenheit angehören. »Er konnte mit dem Kriege, sozusagen, nichts anfangen – und er verschmähte es durchaus, sich, wie so viele andere, etwas darüber vorzumachen. Ich hörte ihn ein paar Mal bittere und skeptische Worte sagen – nicht mehr nur über die Österreicher –, die mich in meiner neugewonnenen Kriegsbegeisterung befremdeten.«[25]

Genährt wird die Begeisterung Sebastian Haffners für das »große, aufregend-begeisternde Spiel der Nationen«[26] durch die tägliche Lektüre der Heeresberichte. Nach der Schule läuft er zum nächsten Polizeirevier und studiert auf den Zehenspitzen stehend die neuesten Erfolgsnachrichten von der Front. Nicht einmal das Kriegsspiel mit den Schulkameraden ist so spannend wie diese Zahlenkolonnen. Der Krieg findet für den Jungen vor allem auf dem Papier und in seiner Phantasie statt. Da keiner seiner nächsten Verwandten an die Front muß oder gar den Tod findet, läßt ihn kein Schmerz die grausame Bedeutung des kriegerischen Geschehens wirklich empfinden. Der Vater arbeitet weiterhin als Rektor, die Brüder sind bei Ausbruch des Krieges noch zu jung, um an die Front zu müssen, und gegen Ende des Krieges werden sie als Einjährige und Reservisten nicht mehr eingezogen.

Selbst die schwierige Versorgungslage, die als Folge der auf Kriegsindustrie umgestellten Wirtschaft bald auch in Berlin zu spüren ist, mindert nicht Haffners infantiles Vergnügen. Was zählt, ist »die Faszination des kriegerischen Spiels«[27]. Daß an neue Kleidungsstücke und Schuhe nicht zu denken ist und man spätestens seit dem »Kohlrübenwinter« 1916/17 auch in der privilegierten Lehrerfamilie weiß, was hungern heißt, ist für ihn Teil des Abenteuers. In den letzten beiden Kriegsjahren ist er oft krank und muß mit fiebrigen Infekten das Bett hüten. Daß er dann nicht zur täglichen Lektüre der Heeresberichte aufs

Polizeirevier laufen kann, macht ihm mehr zu schaffen als der Hunger. Voller Unverständnis reagiert er auf jedes Anzeichen von Kriegsmüdigkeit und hält den Frauen, die beim Einkaufen nach Kunsthonig und Magermilch anstehen, »Vorträge über die Notwendigkeit des ›Durchhaltens‹«[28]. An der Front erlahmt die anfängliche Kriegsbegeisterung noch schneller. Niemand hatte zu Beginn des Krieges damit gerechnet, daß er mehr als ein paar Monate dauern würde, und keiner hatte eine Vorstellung von der Grausamkeit, die ihn durch den Einsatze von Maschinengewehren, Flammenwerfern und Gasgranaten von allen bisher gewesenen Kriegen unterscheiden sollte. Hunderttausende Soldaten wurden in Stellungskriegen und Materialschlachten »aufgerieben«. Mit der Schlacht von Verdun fanden idealisierende Vorstellungen von Kämpfer- und Heldentum und individueller kühner Tat ihr Ende. »Nicht mehr als natürliches Mittel zur Auswahl der nationalen Elite und zur Katharsis des Volkes, sondern vielmehr als Massengrab, als Chaos ohne jeden Sinn, als Wahnwitz und ›Welt-Widerruf‹ (Rilke) empfanden viele Zeitgenossen spätestens ab Verdun den [...] Krieg.«[29]

Für Haffner kommt die Kriegsmüdigkeit der Erwachsenen einer Gotteslästerung gleich. Obwohl die Heeresberichte immer trüber werden, glaubt er noch im Oktober 1918 an den »Endsieg« der Mittelmächte. Dieser Sieg ist für ihn das, »was für den frommen Christen das Jüngste Gericht und die Auferstehung des Fleisches ist, oder für den frommen Juden die Ankunft des Messias«[30].

Skepsis

Schon in der *Geschichte eines Deutschen* analysiert Haffner die Wirkung, welche die Niederlage auf ihn als Elfjährigen hatte. War der Ausbruch des Krieges mit dem Beginn seines *bewußten Lebens* einhergegangen, so ließ sich mit der Niederlage der Deutschen etwas beobachten, das man das Erwachen eines kritischen, wenn auch noch kindlichen Bewußtseins nennen kann. Das Spiel, das er über vier Jahre gespielt hatte – von dem er glaubte, die Regeln zu kennen und das ihm Sinn und Struktur bot –, endet am 11. November 1918 mit der Unterzeichnung des Waffenstillstands von Compiègne durch Matthias Erzberger und den französischen Marschall Foch.

In der *Geschichte eines Deutschen* stellt Haffner seiner eigenen Reaktion auf das Ende des Krieges die Adolf Hitlers gegenüber. Was auf den ersten Blick recht wunderlich wirkt, erklärt sich wohl auch dadurch, daß Haffner seine Erinnerungen im englischen Exil verfaßt hat. Seine Absicht war es, den Engländern zu zeigen, was in Deutschland zu den gegenwärtigen Zuständen geführt hat. Hitler ist für ihn die Personifizierung dieser Zustände, und die Parallele, die sich im Leben der beiden Männer zeigt, ist für Haffner, der auch später in seinen Kolumnen und Abhandlungen mit großem intellektuellem Vergnügen scheinbar Abwegiges zusammendenken wird, Grund genug für diesen eigenwilligen Vergleich. Trotzdem scheint die Ernsthaftigkeit, mit der er sich, den Elfjährigen, als die bei weitem reifere Persönlichkeit stilisiert, kühn, beinahe anmaßend und erfrischend arrogant.

Die Nähe, die er durch seinen Vergleich heraufbeschwört, ist ein erster Hinweis auf Haffners Bestreben, sich zu bedeutenden Personen der Zeitgeschichte in Beziehung zu setzen. Aber nicht nur der »gemeinsam erlebte Schmerz«[31] verbindet Haffner und Hitler. Folgt man Haffners Selbstinszenierung in der *Geschichte eines Deutschen* – und nichts anderes kann eine Autobiographie, zumal die eines Einunddreißigjährigen sein – und nimmt seine *Anmerkungen zu Hitler* hinzu, dann ergibt sich eine weitere Parallele zwischen dem Elfjährigen und dem dreißigjährigen Kriegsheimkehrer Hitler: Für beide ist der Erste Weltkrieg zugleich das erste »Bildungserlebnis«. Haffner setzt die Fronterfahrung Hitlers und seine eigene kindliche und spielerische Erfahrung in Beziehung. Der Krieg bleibt Haffner zufolge Hitlers »einziges Bildungserlebnis«[32]. Wo der Kriegsausgang für Hitler in dem Entschluß gipfelt, Politiker zu werden, pflanzt er Haffner eine tiefe Skepsis ein. Diese Erfahrung – der »Zweifel an der Gültigkeit der Spielregeln und (das) ahnende Grauen vor der Unberechenbarkeit des Lebens«[33] –, die furchtbare Ernüchterung, als er an einem regnerischen Novembertag die Bedingungen des Waffenstillstands liest, haben ihn nicht nur gegen die folgende nationalsozialistische Massenpsychose immunisiert, sondern ermöglichten ihm Jahrzehnte später auch, die politischen und massenpsychologischen Folgen dieser Niederlage zu erklären. Nachdem die Kriegspropaganda bis zum Schluß keine Zweifel an einem deutschen Sieg hatte aufkommen lassen, kam das Bekanntwerden der Kapitulation und ihrer Bedingungen einem Schock gleich. Nach all den Siegesmeldungen, selbst noch aus den letzten Monaten, wollte die Bevölkerung die Niederlage nicht glauben. Die verantwortlichen Militärs gaben denen die Schuld, die durch Streiks und Revolten das sinnlose Sterben beenden wollten, meuternden Matrosen der Kriegsflotte und den streikenden Arbeitern aus den Munitionsfabriken. Sie seien der kämpfenden Front in den Rücken gefallen. Obwohl sachlich völlig unhaltbar, wurde die Legende vom Dolchstoß in den nächsten Jahren von der politischen Rechten als Waffe im innenpolitischen Kampf gegen die Weimarer Parteien benutzt. Niemand hat diese Glut mehr geschürt als Hitler, und das Spiel auf dieser Klaviatur – Warum hat Deutschland den Krieg verloren? Waren wir nicht die Stärkeren? Dolchstoß! Novemberverbrecher! – sollte bald das wichtigste Propagandainstrument seiner »Bewegung« werden.

Die anrüchige Revolution

Auch die Novemberrevolution bietet Haffner die Möglichkeit, sich und Hitler nebeneinanderzustellen. Beide sind durch die politischen Ereignisse dieser Zeit geprägt worden; beiden sind sie, wenn auch aus unterschiedlichen Gründen, suspekt. Haffner zufolge war die Revolution das »Erweckungserlebnis«[34] Hitlers, das ihn den Vorsatz fassen ließ, daß es in Deutschland nie wieder einen November 1918 geben dürfe und geben werde.

Für Haffner selbst waren die revolutionären Ereignisse das

»erste politische Erlebnis«[35]. Noch fünfzig Jahre später erinnert er sich an alles, »an das eigentümlich beklemmende Wetter am 9. November, an die Weltuntergangsstimmung, in die mich zwei Tage später die Waffenstillstandsbedingungen versetzten, an die Januar- und Märzkämpfe 1919 in Berlin – im März hatten wir wochenlang schulfrei, und als der Unterricht wieder begann, war unter meinem Platz in der Quarta eine riesige eingetrocknete Blutlache, die noch wochenlang nicht wegging. Ich war ein bürgerlicher Junge, und meine Empfindungen damals waren antirevolutionär. In nichts kann ich mich noch heute so leicht zurückversetzen wie in die Stimmung meiner nationalen Schulkameraden, die ich teilte. Die meisten von uns sind dann später Nazis geworden.«

Haffner hat sich immer wieder mit den Vorgängen der Jahre 1918/19 beschäftigt. Höhepunkt dieser Auseinandersetzung war das zum Zeitpunkt seines Erscheinens vieldiskutierte Buch *Die verratene Revolution*, in dem er die Mitwirkung der führenden Sozialdemokraten an der Zerschlagung der Revolution sowie deren Verstrickung in die Morde an den Kommunisten Karl Liebknecht und Rosa Luxemburg schildert. In seiner fesselnden Aufarbeitung dieses Kapitels der deutschen Geschichte und Sozialdemokratie kommt Haffners Abneigung gegen jene Art von politischen Halbheiten zum Ausdruck, wie sie sich in anderen Kommentaren und Abhandlungen immer wieder findet. Es war seines Erachtens diese »erstickte« und »verratene« Revolution, welche die aus ihr hervorgehende Weimarer Republik so labil machte und die vielzitierte »Demokratie ohne Demokraten« zur leichten Beute der Nazis werden ließ.

Zu einer solchen Analyse der Ereignisse ist der Elfjährige natürlich nicht in der Lage. Es ist ja, neben der eben überstandenen Enttäuschung all seiner patriotischen Hoffnungen, gerade die Unübersichtlichkeit der Vorgänge, die ihm die ganze Unternehmung so suspekt macht und die in keiner Weise dazu beiträgt, das erschütterte Weltbild des Elfjährigen zu stabilisieren. Auch die Tatsache, daß sich Geschichte plötzlich vor seiner Haustür abspielt und bis in sein alltägliches Leben hineinwirkt, ändert nichts daran. Viel zu verworren und unentschieden scheint alles zu sein, was in diesen Monaten passiert. Auch Haffners Herkunft und sein gesellschaftlicher Hintergrund erklären seine negative Wahrnehmung der Ereignisse von 1918/19. Die »roten Revolutionäre«, so hat er gehört, wollen ganz neue Zustände einführen: Denen, die viel Geld haben, soll alles genommen werden, ja man will ihnen vielleicht sogar ans Leben! Haffner, dem »Durchschnittsprodukt der deutschen bürgerlichen Bildungsschicht«[36], der sein Leben als glücklich und gesichert wahrnimmt, macht dieser drohende Umsturz seiner geordneten Welt Angst.

In der *Geschichte eines Deutschen* nimmt die Schilderung der Eindrücke des Elf- und Zwölfjährigen einen großen Raum ein. Sie mischt sich nicht nur mit der ironischen Sicht des über dreißigjährigen Haffner, es finden sich auch schon viele der Gedanken, die Haffner dann in seinen Überlegungen zur *verratenen Revolution* ausarbeiten wird. Die Ereignisse nach dem revolutionären Wochenende des 9. und 10. November sind in feiner Ironie geschildert. Als die Schüler am Montag in die Schule kommen – Haffner besucht seit dem Frühjahr 1917 das Königstädtische Gymnasium in der Nähe des Alexanderplatzes –, verkündet ihnen der tyrannischste aller Lehrer, daß in der Schule keine Revolution stattgefunden habe und weiterhin Ordnung herrsche. Um dies zu bekräftigen, verabreicht er einigen Mitschülern, die sich in der Hofpause beim Revolution-Spielen besonders hervorgetan haben, eine Tracht Prügel. Die anwesenden Schüler empfinden diese »Exekution« als ein »Symbol von böser und umfassender Vorbedeutung [...]. An einer Revolution stimmte etwas nicht, wenn bereits am Tage darauf die Jungen in der Schule für Revolution-Spielen verhauen wurden. Aus einer solchen Revolution konnte nichts werden. Es wurde ja denn auch nichts aus ihr.«[37]

Auch hier wieder der fließende Übergang zu Selbstinszenierung und Stilisierung, die Haffner schon im Vergleich seiner Person mit Hitler eingeführt hatte. Haffner, klug und bescheiden genug, spricht hier zwar davon, daß *alle*, die der Prügelorgie beiwohnen, ein ungutes Gefühl in bezug auf die Zukunft der Revolution haben. Er entwirft gleichsam das Bild einer Runde politikverständiger Zehnjähriger, die zweiflerisch die Köpfe wiegen und schon wissen, daß es so nicht gehen kann.

Beim Kapp-Putsch anderthalb Jahre später hofft Haffner noch auf die Rückkehr des Kaisers, doch bald kommen ihm Zweifel. »Ich erinnere mich auch noch an das erste Erlebnis, das mich nachdenklich machte. Es muß im Herbst oder Winter 1920 gewesen sein, daß sich bei uns der Verlobte einer älteren Cousine vorstellte, ein hübscher, blonder junger Mann namens B. Es waren noch Notzeiten, das kalte Abendbrot war nur mit einem Krabbensalat aufgebessert, den meine Mutter irgendwie gezaubert hatte, und später stellte die Familie betreten fest, daß B. *nur* Krabben und *alle* Krabben aß. Aber mir machte B. durch etwas anderes Eindruck. Es stellte sich heraus, daß er Freikorps-Mann gewesen war, und er erzählte während des ganzen Essens davon, wie hart man bei den Freikorps wurde und wie man oft seinen eigenen Gefühlen männlich Gewalt antun mußte, wenn man die Gefangenen dutzendweise an die Wand stellte. Besonders bei den Kämpfen im Ruhrgebiet nach dem Kapp-Putsch ›das war die Blüte der Arbeiterjugend, die wir da erschießen mußten.‹ Er blickte blau, tat sich leid und aß Krabben. Und plötzlich merkte ich mit einer Art von Schrecken, daß ich innerlich auf die Seite der Erschossenen übergegangen war.«[38]

Diese Exekutionen, von denen der Freikorps-Mann hier berichtet, fanden nach dem Kapp-Putsch im Auftrag der zurückgekehrten Regierung der Republik statt und bestätigten, was Haffner und seine Mitschüler angesichts der Prügelorgie ihres tyrannischen Lehrers geahnt hatten. Nach dem Putsch eines Teils der im Grunde noch kaiserlichen Armee gegen die sozialdemokratisch geführte Regierung, mit der man bis dahin bei der Unterdrückung der Revolution noch zusammengearbeitet hatte, floh die Regierung und rief als letzte Amtshandlung zum Generalstreik auf. Als sich dieser Streik, der den Putsch in sich zusammenbrechen ließ, vor allem im Ruhrgebiet zu einer zweiten Revolution ausweitete, mobilisierte die alte Regierung, wieder im Amte, das reaktionäre Heer, um dem Aufstand ein blutiges Ende zu bereiten. Über diesen dunklen Fleck auf der so oder so nicht gerade sauberen Weste der Weimarer Republik, dessen Schilderung durch den blonden Freikorps-Mann den jugendlichen Haffner so gründlich umdenken ließ, schrieb er in einem seiner brillantesten Sätze 1968 im *Stern*: »So endete der Kapp-Putsch: mit einem mörderischen Strafgericht der immer noch sozialdemokratisch geführten Regierung über ihre Retter, ausgeführt von denen, vor denen sie gerettet worden war.«

Für Carl Louis Albert Pretzel bedeutete das Ende des Kaiserreichs und die veränderte Politik der Weimarer Republik nicht nur die Chance, eine seinen Fähigkeiten angemessene Karriere zu machen, sondern er hatte nun endlich die Möglichkeit, seine schulreformerischen Visionen in die Tat umzusetzen. Er stieg in der Hierarchie des preußischen Kultusministeriums recht weit auf und konnte so auf das reaktionäre Bildungswesen Einfluß nehmen. Seine politischen und fachlichen Kontakte reichten bis in Regierungskreise. Für die Familie war dieser Aufstieg mit einem Wohnungswechsel verbunden. Sie verließ 1924 das Direktorenwohnhaus in der Prenzlauer Allee und bezog eine Dienstwohnung in Lichterfelde in der Zehlendorfer Straße, heute Finckensteinallee.

Für Haffner war dieser Umzug, wie er einmal überspitzt formulierte, ein größerer Bruch als die Emigration von Deutschland nach England. Im Bezirk Prenzlauer Berg hatte er das Leben von Arbeitern, Handwerkern, Händlern, kurz das Leben einfacher Leute kennengelernt. Das Königstädtische Gymnasium besuchte er zusammen mit den Kindern jüdischer Geschäftsleute. »Sie waren die geistige Elite des Gymnasiums, und unter ihnen fand ich meine Freunde und verwandte Seelen. Meine erste Schule[39] lehrte mich: Die Juden sind das bessere, das intellektuelle und kultivierte Deutschland. Horst Wessel war auch ein Mitschüler von mir dort, aber er war nun nicht mein Freund.«[40]

Der Umzug nach Lichterfelde und der Wechsel an das dortige Schillergymnasium verschlägt Haffner in die Welt »Klein-Potsdams«, wo die Obristen, die mittleren und höheren Beamten und die mittleren Offiziere wohnen. »Dort lebte schon lange vor Hitler der Geist des 20. Juli. Das waren Leute, die durchaus gegen die Weimarer Republik waren, die aber auch gegen die Nazis waren – sie waren gegen alles Rabaukentum, sie waren eben die deutsche Elite. Am Königstädtischen Gymnasium unter der jüdischen Elite war ich ziemlich links, hier wurde ich rechts. Mein ganzes Leben ist bestimmt gewesen von meinen Erfahrungen auf diesen beiden Schulen.«[41]

Die einzige Zeit, in der man überhaupt eigentlich leben konnte

Mit der Amtszeit Stresemanns als Außenminister beginnt für Haffner die »einzige Zeit, in der man überhaupt eigentlich leben konnte«[42]. Hinter ihm liegen zehn Jahre wechselvoller deutscher Geschichte. Die Inflation des Jahres 1923 hatte noch einmal alles in Frage gestellt. Erst durch die Währungsreform und die Einführung der Rentenmark im November 1923, an der Stresemann maßgeblich beteiligt war, stabilisierte sich der Geldwert allmählich. Nach Stresemanns Rücktritt als Reichskanzler ist er von 1923 bis zu seinem Tod im Jahre 1929 Außenminister und in dieser Eigenschaft einer der umstrittensten und zugleich populärsten Politiker Deutschlands.

Haffner beschreibt Stesemann in seiner *Geschichte eines Deutschen* als melancholischen und gedankenvollen Menschen. Wenn er vom »stillen Vertrauen« und der »respektvollen Dankbarkeit« spricht, die er und seine Freunde für den »Unauffälligen«[43] empfinden, dann drängt sich zum wiederholten Male sein, man möchte fast sagen vertrauter Umgang mit einem Mann der Macht auf. Seine Schilderung ist keine nüchterne Analyse, sondern sie suggeriert, daß Haffner direkt neben diesem Mann der Geschichte steht. Diesselbe Art der Annäherung wendet

Haffner in der *Geschichte eines Deutschen* auch auf Rathenau und Hitler an. In diesen Darstellungen spiegelt sich das starke Gefühl Haffners, wie sehr die Politik dieser einzelnen Männer, im positiven wie im negativen, sein Leben als Privatperson beeinflußt hat.

Metropolis

Die Politik Stresemanns sorgt nach zehn unruhigen Jahren für ein »vernünftiges Maß von Freiheit, Ruhe, Ordnung [...]. Jedermann war seinem Privatleben zurückgegeben und herzlichst eingeladen, sich sein Leben nach seinem Geschmack einzurichten und auf seine Fasson selig zu werden.«[44]

Es ist aber nicht nur die Politik Stresemanns, die Haffners Leben in der zweiten Hälfte der zwanziger Jahre prägt. Er profitiert vielmehr von einer glücklichen Konstellation mehrerer Umstände. Weder er noch seine nächsten Verwandten haben das Grauen des Ersten Weltkriegs und dessen psychische und physische Folgen am eigenen Leib zu spüren bekommen. Um seine unmittelbare Zukunft muß sich Haffner nicht sorgen. Der bürgerlichen Bildungsschicht zugehörig, sind Schulbildung und Studium garantiert. Die Atmosphäre im Elternhaus hat ihn zu einem selbstbewußten jungen Mann heranwachsen lassen, der nun, auch auf Grund der stabilen politischen Situation, seine Jugend in vollen Zügen genießen kann.

Die sechsjährige Atempause, die die Außenpolitik Stresemanns mit sich bringt, fällt nicht zufällig mit der Glanzzeit Berlins zusammen, die als die Goldenen Zwanziger legendär wurden. Als Sechzehn- bis Zweiundzwanzigjähriger lebt Haffner in einer Stadt, die in der zweiten Hälfte der zwanziger Jahre beim Aufstieg zur Weltstadt ihren Zenit erreicht und ob ihres kulturellen Lebens zu den aufregendsten Metropolen der Welt gehört.

Berlin, seit der Reichsgründung von 1871 Reichshauptstadt, hatte sich im Zuge der Industrialisierung zum bedeutenden wirtschaftlichen Zentrum entwickelt. Noch zu Beginn des 19. Jahrhunderts mit 220000 Einwohnern eine kleine Residenzstadt, ist es seit der Gebietsreform von 1920 nach New York und London die drittgrößte Stadt der Welt. Hier konturieren sich die Gegensätze und Widersprüche, die den Aufstieg des Deutschen Reiches zur wirtschaftlichen Großmacht und Berlins zur Weltstadt begleiten, am schärfsten. So stehen zum Beispiel den in der Gründerzeit errichteten monumentalen und pompösen Bauten wie dem Dom und der Kaiser-Wilhelm-Gedächtniskirche die fünfstöckigen Mietskasernen gegenüber, in denen unter oft katastrophalen und beengten Zuständen die Masse der Arbeiter wohnt.

Vor allem ab 1919/20 kam es zu einer niemals zuvor gekannten Konzentration von Künstlern und Geistesschaffenden und von Produktionsmöglichkeiten für die Kunst, den Film und die Unterhaltungs- und Vergnügungsindustrie.[45] Seit der Entstehung der industrialisierten Massenkultur im letzten Jahrzehnt des 19. Jahrhunderts hatte sich ein neues Verständnis von Freizeit und Unterhaltung etabliert. In Berlin fand sich vom Groschenkino bis zur Staatsoper und vom klassischen Ballett bis hin zu den Nackt- und Ekstasetänzern das ganze Spektrum »ernster« bis »unterhaltsamer« Kultur.

Vor diesem Hintergrund verlebt Haffner seine Jugend. Er frequentiert aber nicht das Berlin der »düsteren Spelunken, wo sich junge Burschen mit dem Messer stechen und wo die Huren kreischen«[46], und auch nicht das finstere Berlin, das sich vom Alexanderplatz bis zum Schlesischen Bahnhof erstreckt und wo in den Kaschemmen die »Trostlosen und Ausgestoßenen«[47] hocken. Wenn Haffner ausgeht, dann in der »feinen Jejend«[48] um den Kurfürstendamm herum und am Potsdamer Platz, wo es die besseren Restaurants, Lokale und Unterhaltungstempel gibt. Haffner ist ein eifriger Konzertbesucher, er geht ins Kino, ins Theater und sitzt mit Freunden beim Gespräch im Café. Regelmäßig trifft er in einem »akademischen Tennisclub« mit Menschen aus aller Welt zusammen. Die »jugendlich-offene Atmosphäre«, die er dort beim sportlichen und geselligen Umgang mit anderen jungen Leuten kennenlernt, wird später, als er schon im englischen Exil ist, zu seinen »köstlichsten und geliebtesten«[49] Erinnerungen gehören.

Im Tennisclub am Heidelberger Platz lernt Haffner dann auch Teddy kennen, eine Österreicherin, »honigblond, sommersprossig, beweglich wie eine Flamme«[50]. Sie ist seine erste große Liebe, und wohl auch deshalb die »tiefste und nachhaltigste«[51] Liebeserfahrung, wie Haffner schreibt. Sie prägt den jungen Haffner mehr als alle historischen Ereignisse, die er bisher erlebt hat. So wichtig ihm das Phänomen der Liebe aber auch ist, er geht nie so weit, daß er ihr in romantischer Verklärung allein allen Wert zuspricht. An seiner Beziehung zu Charlie, einem jüdischen Mädchen, das er im Jahr 1933 kennenlernt – Teddy ist schon lange in Paris und steht im Begriff zu heiraten –, wird deutlich, daß er den Unterschied zu machen weiß zwischen der großen Liebe und einem von Zuneigung und Sympathie geprägten Zusammensein. Haffner ist kein Romantiker und auch niemand, der erdrückt von Bildungslast und gelähmt von Lebenszweifeln in seiner Kammer sitzt und zu sozialen Kontakten nicht fähig ist. Er ist ein junger Mann mit gepflegten Umgangsformen, der gerne ausgeht und sich mit Freunden und Frauen umgibt.

Haffners Verhältnis zum Elternhaus ist entspannt und positiv. Da er ohne Zwang und Druck erzogen wurde, sieht er keinen Grund, gegen die Welt seiner Eltern zu opponieren. Er verehrt seine Eltern, ist aber frei von übertriebener Anhänglichkeit. Sich mit den Werten, die zu Hause gelebt werden, identifizierend, entwickelt er auch in den stürmischen Jugendjahren nie das Bedürfnis, aus seinem Elternhaus auszubrechen. Er steht als »Haussohn« weiter unter dem Einfluß seines Vaters, mit dem er alle wichtigen Dinge und Entscheidungen bespricht.

Ein anständiger Beruf

Auch nach dem Wechsel an das Schillergymnasium ist Haffner Klassenbester. Er braucht nicht viel Energie für die Schule aufzubringen und richtet seine Aufmerksamkeit schon bald nach dem Schulwechsel auf die Vorbereitung einer Aufführung des Sophoklesschen Dramas »König Ödipus«. Gemeinsam mit einem Lehrer führt er Regie. Das Stück wurde zwischen dem 20. und dem 25. März 1925 je zweimal in deutscher und altgriechischer Sprache aufgeführt. In einer Besprechung im *Lichterfelder Anzeiger* wird die glänzende Regie von Dr. Albert Ippel und Raimund Pretzel gelobt. Auf die gelungene Inszenierung, in die etliche Schüler und Lehrer einbezogen waren, kam Haffner noch im hohen Alter gelegentlich zu sprechen.

Bedingt durch diesen Erfolg, erwägt Haffner sogar eine Zeitlang, Theaterregisseur zu werden. Außerdem interessiert er sich ebenso lebhaft für Literatur wie sein Vater. Bei ihm bleibt es aber nicht bei der Lektüre und beim inneren Dialog mit seinen Lieblingsdichtern, sondern er versucht sich selber als Literat. Nach dem Abitur, das Haffner 1926 als Bester der Schule abschließt, muß er sich für eine berufliche Richtung entscheiden. Seine eigenen Aussagen über den Entschluß, Rechtswissenschaften zu studieren, sind widersprüchlich. In der *Geschichte eines Deutschen* spricht er davon, daß es der Vater gewesen sei, der die »richterlich-gouvernementale Zukunft« für ihn geplant habe.[52] Der Vater ist der Überzeugung, daß man zunächst etwas »Vernünftiges« zu lernen habe. Haffner akzeptierte und verinnerlichte dieses Prinzip so sehr, daß er es später auch auf seine Tochter anzuwenden versuchte, als sie die Schule vorzeitig beendete und sich ganz der Malerei zuwandte. »Malen ist kein Beruf«, beschied er ihr knapp – ein Streitpunkt, den die beiden erst kurz vor Haffners Tod beilegen konnten.

In späteren Interviews hat Haffner seine Berufswahl als persönlichen Wunsch dargestellt. Das Studium der Rechtswissenschaften sollte am Anfang einer Beamtenkarriere stehen, die er dann als Verwaltungsjurist in gehobener Position, als Regierungsrat oder Staatssekretär beenden wollte.

Die Geschwister hatten in der Wahl ihres Studienfachs alle die philologische Richtung eingeschlagen. Ulrich und Eva hatten Deutsch und Englisch studiert, sein ältester Bruder Bernhard Latein, Altgriechisch und außerdem Geschichte. Aber selbst Geschichte kam für Haffner nicht in Frage, obwohl sie ihn ohne Zweifel schon immer interessiert hatte. »Und ich bin im Grunde froh, daß ich nicht in den zwanziger Jahren Geschichte studiert habe. Denn was ich damals hier an Geschichte vorgesetzt bekommen hätte, das war großenteils sehr entstellte Geschichte. In der Weimarer Zeit gab es ja eine sehr tendentiöse deutsche Neuere Geschichtslehre. Auch und gerade an der Berliner Universität. Man war ungeheuer nationalistisch. Und man war die ganze Zeit damit beschäftigt zu lehren, daß Deutschland am Ersten Weltkrieg völlig unschuldig gewesen sei und diesen Krieg eigentlich gewonnen hätte.«[53]

»Ich wollte nicht Lehrer werden«, erzählt Haffner 1984,[54] und fährt lachend fort: »Irgendwie hatte ich mir in den Kopf gesetzt: ich wollte weiter aufsteigen. Und zwar stellte ich mir meine Existenz damals so vor, daß ich Jurist – Juristerei war ja der Schlüssel zur Machtsphäre –, daß ich Verwaltungsjurist werden […] und vielleicht […] mein Leben als Staatssekretär für Irgendwas beenden [würde]. Das traute ich mir zu. Ich war auch ein guter Student soweit, nicht unbegabt. Aber in *Wirklichkeit*, mein *wirkliches* Leben wollte ich als Literat führen. Ich wollte schreiben, und zwar nicht unbedingt nur Romane, auch Romane, aber auch Literaturkritik und eben so Literarisches, Essays, Geschichtsessays […]. So dachte ich mir mein schönes Leben.« Dieses »schöne Leben« ist sicherlich etwas anders verlaufen, aber doch nicht so ganz anders. Schreiben wurde der Beruf, mit dem er schließlich sein Geld verdiente. Und waren es nicht seine großen historischen Essays, die ihn schließlich berühmt machten? Immerhin gelangte er mit dem Journalismus zumindest in die Nähe der Macht, hatte Kontakt zu mehreren Bundeskanzlern und Ministern, auch in England. Nur Churchill lernte er nie persönlich kennen.

Haffners Vater sieht die schriftstellerischen Ambitionen seines Sohnes nicht allzu gern. Doch solange die von ihm finanzierte Ausbildung nicht gefährdet ist, kann er nicht allzuviel dagegen sagen. Tatsächlich schafft es Haffner, neben seinem Studium der Rechtswissenschaften auch literarisch tätig zu sein. Er schreibt zwei Romane und hat sogar einen Literaturagenten kontaktiert, um einen Verleger für seine Bücher zu finden. Einer der Romane wird in den ersten Jahren seines Studiums stark gekürzt in den *Hamburger Nachrichten* als Fortsetzungsroman veröffentlicht. Im September 1929 macht er einen Buchvertrag mit einem Münchener Verlag, doch die Weltwirtschaftskrise wenig später verhindert den Druck.

1930 beginnt Haffner den praktischen Teil seiner Ausbildung. Als Referendar in Rheinsberg, wo er nach dem ersten Staatsexamen sein Wissen auf Altenteil- und Alimentenprozesse anwendet, schult er sich erstmals in der Ausübung von Autorität. Er führt ein geordnetes, bürgerliches Leben und bekommt langsam Geheimratsecken. Nach getaner Arbeit treibt er ein wenig Sport und trinkt am Abend mit Kollegen Bier. Er liest viel und arbeitet an seinen eigenen literarischen Versuchen. Im Frühherbst des Jahres kommt Teddy aus Paris zu Besuch. Jedes Wochenende fährt Haffner mit der Eisenbahn nach Berlin, um Zeit mit ihr zu verbringen. Sie spielen wie früher Tennis, sie sitzen gemeinsam in Cafés und gehen ins Theater. Teddy erzählt von den Bohemiens, die sie in Paris kennengelernt hat, junge Leute, die von der Hand in den Mund leben und nicht wissen, ob sie sich am nächsten Tag eine warme Mahlzeit leisten können. Haffner, der weiterhin großzügig vom Vater unterstützt wird und jeden Tag im Ratskeller zu Mittag ißt, beneidet dieses wilde Leben ein wenig. Für ihn gilt es, sein Studium zu beenden. Am Ende seiner Ausbildung, deren letzte Monate mit der Machtübertragung an die Nationalsozialisten zusammenfallen, arbeitet er am Kammergericht in Berlin-Schöneberg.

ZEITLUPENFLUCHT

In einem Notizbuch, das Haffner 1946 bei seiner ersten Nachkriegsreise durch Deutschland benutzte, skizzierte er einen neuen Entwurf der nie beendeten *Geschichte eines Deutschen*, in die er nur wenige Kapitel aus dem schon vorliegenden Material einarbeiten wollte.[1] In diesem Exposé nennt er die Emigration, die er und seine zukünftige Frau über einen längeren Zeitraum vorbereitet haben und bei der sie gezwungen waren, getrennt auszureisen, »Zeitlupenflucht«. Im übertragenen Sinn trifft diese Bezeichnung auf die gesamte Zeit von der Machtübertragung auf Hitler bis zu Haffners Ausreise Ende August 1938 zu. Fünf Jahre lang versucht Haffner, sich in den bestehenden Verhältnissen einzurichten und zugleich so wenig wie möglich zu deren Konsolidierung beizutragen. Haffner ist kein Widerstandskämpfer und kein Märtyrer. Seine Emigration ist nicht in erster Linie politisch motiviert, sondern vielmehr durch Entwicklungen in Haffners Privatleben unumgänglich geworden. Daß selbst die intime Tatsache, daß seine Freundin ein Kind von ihm erwartet, mittlerweile gegen ein Gesetz verstößt, macht deutlich, daß die politischen Verhältnisse dabei sind, den Privatmenschen Haffner endgültig zu verschlingen.

Deformation

Das erste Mal spielt Haffner im März 1933 mit dem Gedanken auszuwandern. Noch ist es eine mehr trotzige und hilflose Reaktion auf die politischen Zustände der Zeit und den Schock über das Ergebnis und die Folgen der Reichstagswahl vom 5. März 1933. Diese Wahlen waren der vorläufige Höhepunkt einer politischen Entwicklung, in deren Verlauf die Parteien der Weimarer Republik die Macht Stück für Stück an die Nationalsozialisten übergeben sollten. Bei den Reichstagswahlen vier Monate zuvor war die NSDAP unter propagandistischer Ausschlachtung der sich verschärfenden Weltwirtschaftskrise stärkste Fraktion geworden. Als Hitler am 30. Januar 1933 zum Reichskanzler ernannt wird, ist Haffners erste Reaktion »eisiger Schreck«[2]. Durch Gespräche mit dem Vater und mit Freunden versucht er sich zu ordnen und zu beruhigen. Hitler ist vielleicht doch nicht so gefährlich, eigentlich ist er ja nicht viel mehr als das »Mundstück« einer Regierung, die sich nicht wirklich von den beiden letzten unterscheidet. Eine Mehrheit in der Bevölkerung, vor allem bei den Arbeitern, wird seine Partei nicht finden können. Das Ausland wird mit Sicherheit auf Machtgebärden und Aufrüstungsversuche der neuen Regierung reagieren, bei den Wählern Hitlers wird schnell Ernüchterung einsetzen und ein weiteres Mal werden sie nicht für ihn stimmen.

Die politische Szene verändert sich. Schon ein halbes Jahr später regiert Hitler unangefochten. Ein atemberaubender Vorgang, »der natürlich nicht ohne zahlreiche Rechtsbrüche, nicht ohne Schrecklichkeiten und Gemeinheiten abgelaufen war«, wie Haffner es im Rückblick formulierte. »Das entscheidende Ereignis, das bis heute nicht wirklich aufgeklärt ist, war der Brand des Reichstages am 27. Februar 1933 gewesen«.[3] Erst einmal aber gelingt es Haffner, trotz des Schreckens, in den ihn die Ernennung Hitlers zum Reichskanzler versetzt hatte, und trotz des Unbehagens und Ekels, die ihm die politische Entwicklung einflößt, die Hoffnung auf ein privates Leben, abseits vom Naziterror, aufrechtzuerhalten.

Und in der Tat scheint ihm im Februar 1933 ein »normales unpolitisches Weiterleben«[4] noch möglich. Haffner geht mit Freunden und Bekannten ins Kino. Gemeinsam sitzen sie in einem der zahlreichen Cafés am Kurfürstendamm, trinken Wein und besprechen die neuesten Filme und Theaterstücke. Sie schwärmen von Elisabeth Bergner in der Rolle der Hanna Elias in Hauptmanns *Gabriel Schillings Flucht* und belächeln die Melodramatik, mit der Paul Czinner sie im Film *Der träumende Mund* als zart verträumte Musikergattin in Szene setzt.

Als am 27. Februar der Reichstag brennt, ist Haffner bei einem Freund und Mitreferendar in einem Vorort von Berlin. Mehrere junge Männer, alle bürgerlich und am Beginn einer Karriere in der Justiz stehend, trinken Moselwein und diskutieren die bevorstehenden Reichstagswahlen. Noch hat Haffner keine »entschiedenen politischen Ansichten«[5]. Der Entschluß, gegen die Nazis zu wählen, scheint ihm mehr eine »Angelegenheit des guten Geschmacks« als eine dezidiert politische Enscheidung zu sein.[6]

Haffner geht weiter jeden Tag ins Kammergericht, wo er als Referendar arbeitet. Er versteht seine Tätigkeit im Gericht als Teil seines Privatlebens, und der Umstand, daß die Rechtsprechung bei allem, was in der politischen Sphäre geschieht, seinen gewohnten und geordneten Gang geht, scheint ihm ein weiterer Beweis dafür, daß die »ganze Meerestiefe des wirklichen Lebens« vom nationalsozialistischen Getöse unberührt bleiben kann. Auch dieses Festhalten an den alten, anscheinend unumstößlichen Gesetzen ist nichts weiter als Haffners Versuch, das Private zu retten.

Auf den Reichstagsbrand folgt die von Hitler veranlaßte und von Hindenburg erlassene Reichstagsbrandverordnung. Meinungsfreiheit, Brief- und Telefongeheimnis werden genau für die Sphäre aufgehoben, die Haffner für unantastbar hielt. Die unbeschränkten Haussuchungs-, Beschlagnahme- und Verhaftungsrechte, die ebenfalls mit dieser Verordnung in Kraft treten, bereiten den Boden für die Reichstagswahlen am 5. März.

Betroffen von der ersten Verhaftungswelle sind vor allem linke Politiker und Publizisten. Im nächsten Reichstag – der Urnengang fand eine Woche nach dem Reichstagsbrand statt – sitzt keiner der 81 gewählten kommunistischen Abgeordneten mehr. Wer von ihnen es nicht geschafft hatte, in der Brandnacht zu fliehen oder unterzutauchen, sitzt in einem der ersten

Konzentrationslager der Nazis. Dieser staatliche Terror verschafft den Nazis, die 43,9 Prozent der Stimmen erhalten hatten, nun doch noch die absolute Mehrheit im Reichstag. Mit den bürgerlichen Parteien verfügen sie, nachdem die kommunistischen Abgeordneten verschwunden waren, über die für die Annahme des Ermächtigungsgesetzes notwendige Zweidrittelmehrheit.[8]

Nach den Wahlen regiert, halb versteckt, aber doch offen genug, »um allgemein Furcht, Schrecken und Unterwerfung hervorzubringen«,[9] der Terror: In großangelegten Aktionen werden Kommunisten und Sozialdemokraten von den Nazis gejagt. »Nach dem 5. März gingen die Nationalsozialisten ohne Zögern, mit größter Umsicht und rücksichtsloser Entschlossenheit an die Eroberung der gesamten politischen Macht. Ihre Methode wird für Politiker, die sich nicht durch Erwägungen des Rechts und der politischen Moral leiten lassen, stets vorbildlich sein.«[10] Vor allem die SA, von Göring zur Hilfspolizei ernannt, agiert mit unvorstellbarer Grausamkeit und demonstriert den politischen Gegnern damit ihre nahezu uneingeschränkte politische Macht.

Sebastian Haffner »schäumte und tobte« in diesem März 1933. Er spielt mit dem Gedanken, »den Staatsdienst zu quittieren; auszuwandern; demonstrativ zum Judentum überzutreten«[11], setzt aber, zumindest für den Moment, nichts davon in die Tat um. »Unsicher und abwartend« geht er seiner täglichen Routine nach wie Millionen andere und läßt die Dinge, »Wut und Grauen herunterwürgend«, an sich herankommen. Und sie erreichen ihn an dem Ort, den er bis eben noch für eine Trutzburg des Privaten hielt, wo er sich »sicher und fertig fühlte«, im traditionsreichen Kammergericht.

Am Morgen des 31. März 1933 sitzt Haffner, umgeben von dickleibigen Kommentarbänden, in der Bibliothek des Kammergerichts und arbeitet in der Atmosphäre, die er so liebt: äußerste Stille, Konzentration und die Spannung vielfältiger Tätigkeit. Plötzlich hört man erst fern, dann immer näher, in den weitläufigen Fluren des altehrwürdigen Gerichtsgebäudes

Türenschlagen, eiliges Laufen auf den Treppen, das harte Schlagen von schweren Stiefeln. Rufe werden laut und schließlich bricht die Unruhe in Person eines braun uniformierten SA-Mannes auch in die Bibliothek ein. »Nichtarier haben sofort das Lokal zu verlassen!« Sebastian Haffner schlägt das Herz bis zum Hals. Er, den sonst so leicht nichts aus der Fassung bringt, ist nicht in der Lage, einen klaren Gedanken zu fassen. Er versucht, Haltung zu bewahren und ungerührt weiterzuarbeiten, jedoch es will ihm nicht gelingen. Der SA-Mann tritt auf ihn zu und fragt, mit Blick auf Haffners Nase: »Sind Sie arisch?«, und Haffner hört sich antworten: »Ja.«

In diesem Moment wird Haffner klar, daß es nicht mehr möglich ist, unter diesen politischen Umständen »Privatmann« zu bleiben. Als Blamage und Demütigung, als »Niederlage« und »Schande« empfindet Haffner seine Antwort, während er die Potsdamer Straße hinunterläuft. Du hast versagt, bist überrumpelt worden, hast »eine furchtbare Schlappe«[12] erlitten – diese Sätze gehen ihm immer wieder durch den Kopf, während er gleichzeitig nach der richtigen, mutigeren, ehrenvollen Entgegnung sucht. Eine, die nicht die Sprache des vorauseilenden Gehorsams spricht: Wer will das denn wissen? Wer sind Sie, daß Sie meinen, mich hier so examinieren zu dürfen? Wieso ist das denn von Interesse? Was sagt das Ihrer Meinung nach aus? Und selbst?

Die Ereignisse der letzten Wochen haben ihre Wirkung getan, auch bei Sebastian Haffner. Auch er, obwohl er die Entwicklung skeptisch beobachtet hat und das »Würgend-Ekelhafte des Ganzen«[13] spürte, obwohl er die Lage mit dem Vater und Freunden wieder und wieder besprochen und diskutiert hat, antwortet auf die erste absurde Frage, die ihm ein SA-Mann stellt, wie aus der Pistole geschossen. Die Szene im Gericht macht ihm deutlich, daß die Deformation der eigenen Person schon begonnen hat, daß er nicht mehr in der Lage ist, »seine eigene Persönlichkeit, sein eigenes Leben und seine private Ehre« zu bewahren. Die Privatperson Haffner wird das erste Mal in Frage gestellt, ihre Integrität verletzt. Von dieser Einsicht bis zur Emigration werden allerdings noch fünf Jahre vergehen, und noch bis 1936 wird er auch als Jurist tätig sein.

Das Leben der Fußgänger

Da Haffners Eintritt ins Berufsleben mit Hitlers Eintritt in die Reichskanzlei und der schrittweisen Beseitigung des Rechtsstaats zusammenfällt, wächst Haffner niemals richtig in den Beruf des Juristen hinein. »Wie alles wurde«, schreibt Haffner 1939 in der *Geschichte eines Deutschen*, habe er »wenig Gelegenheit gehabt«, von seiner Ausbildung »den vorgesehenen Gebrauch zu machen.« 1933 will Haffner zunächst nicht einmal mehr das zweite Staatsexamen ablegen, weil es ihm sinnlos erscheint, sich in einem Unrechtsstaat der Rechtsprechung zu widmen. »Ich war ja Jurist. Ich hatte einen gewissen Sinn für Rechtsstaatlichkeit gewonnen denn doch im Laufe meines Studiums und meines Referendariats.«[14]

Es ist schließlich sein Vater, der Haffner klarmacht, daß er nach zwanzig Jahren Ausbildung nicht einfach alles hinschmeißen kann, nur weil ihm die gegenwärtige Regierung nicht zusagt. Als strenger, aber auch besorgter und pädagogisch geschickter Vater präsentierte er einen Plan, dem Haffner schwer widerstehen kann. Erst solle er das Examen machen, dann könne er gehen, wohin er wolle, und seine Doktorarbeit schreiben. Wenn er das in Paris tun wolle, würde der Vater es finanzieren. Außerdem könne er sich in Paris nach Arbeitsmöglichkeiten umsehen und so seine Emigration vorbereiten. Sollte es nicht klappen, habe er sich nichts verbaut und könne immer noch zurückkommen. »Das wird etwa in einem Jahr sein«, fügt der Vater hinzu, »und wer will überhaupt heute sagen, was in einem Jahr sein wird.«[15] In diesem Nachsatz schwingt seine Hoffnung mit, daß es mit dem braunen Spuk vielleicht bald wieder vorbei sein könnte. »In den frühen dreißiger Jahren glaubte man auch nicht, daß das zwölf Jahre dauern würde. Man dachte, ach, das kann alles noch vorbeigehen ... Wer weiß, was in Deutschland wird und wie lange sich der ganze Unsinn hält?«[16]

Haffner hatte sich seinen Paris-Aufenthalt eigentlich etwas anders vorgestellt. Die Redaktion der angesehenen *Vossischen Zeitung*, für die er ein paar Artikel geschrieben hatte, zeigte Interesse an seiner ständigen Mitarbeit. Könnte er das nicht auch von Paris aus tun? Am besten sofort? Raus und weg? Doch die Argumente und die Autorität seines Vaters waren stärker. 1933 legt er die Assessorprüfung ab, nimmt danach jedoch das Angebot der *Vossischen Zeitung* an, in die Berliner Redaktion einzutreten. So erlebt er das Ende der seit zwanzig Jahren im Ullstein Verlag erscheinenden rund 200 Jahre alten traditionsreichen Zeitung hautnah mit. »Tante Voss« stellt ihr Erscheinen am 31. März 1934 »aus wirtschaftlichen Gründen« ein.

Dort erscheint in der vorletzten Ausgabe unter der Überschrift »Das Leben der Fußgänger« eine Glosse von Raimund Pretzel. In ihr beschreibt Haffner das Verhältnis des Fußgängers zum immer mörderischer werdenden Verkehr. Auf bemerkenswerte Art nimmt er in diesem Artikel ein Motiv aus der 1939 geschriebenen *Geschichte eines Deutschen* vorweg, die mit den Worten beginnt: »Die Geschichte, die hier erzählt werden soll, hat zum Gegenstand eine Art von Duell. Es ist ein Duell zwischen zwei sehr ungleichen Gegnern: einem überaus mächtigen, starken und rücksichtslosen Staat, und einem kleinen, anonymen, unbekannten Privatmann.«

Die Glosse, die Haffner 1934 für die *Vossische Zeitung* schreibt, scheint auf den ersten Blick eine geistreiche und überspitzte Darstellung des Großstadtdschungels und der ihm eigenen Hektik zu sein. »Der Fußgänger«, heißt es da, der es auf sich nimmt, »ungepanzert und waffenlos, auf eigenen Füßen, in schlichter Zivilkleidung, ausgerüstet mit nichts als der auslugenden Verschmitztheit des Menschengeistes, den Dschungel des Großstadtverkehrs zu durchqueren, darf die Urangst vor der morddrohenden Körperüberlegenheit der Ungetüme ebenso nachempfinden wie den stillen und wilden Triumph seiner eigenen List und Behendigkeit.« Ein »äußerst aufregendes und lebensgefährliches Spiel« sei das, »mit gewissen Regeln, die ihm ungünstig sind. Er hat gewisse Stellen zur Verfügung, an denen ihm Freiheit und Sicherheit zugesagt ist, nämlich die Bürgersteige und die bezeichnend genug benamsten ›Rettungsinseln‹. Sobald er, wie unvermeidlich, diese Schutzparks und Zufluchtsstätten verläßt, haben alle Ungetüme das Recht der freien Jagd auf ihn … Nicht genug, dass sie ihm nach dem Leben trachten, sie verwirren ihn noch zuvor und versuchen ihn durch heulende, drohende, kreischende und bellende Kampfschreie um seine einzige Verteidigungswaffe, seinen Verstand zu bringen. Sein Spiel scheint aussichtslos.«

Haffner erörtert von äußerster Korrektheit und Vorsicht bis hin zum »Rette sich wer kann« »verschiedene taktische Mittel«, zu denen man in diesem Spiel greifen könne, um es »wohl gar zum guten Ende zu führen«. Wie die Wahl jedes einzelnen ausfalle, sei eine »Sache des persönlichen Charakters«. Ein Mittel sei »das der äußersten Korrektheit und Vorsicht. Inmitten der Wildnis und des Kampfes aller gegen alle gibt es gewisse freundliche Weglichter und Richtsterne, Verkehrsampeln, die ungewiß, aber tröstlich über dem Wirrwarr scheinen wie die Gebote der Sitte und des Rechts über dem verwirrten Leben der Menschen. An sie klammert sich der Vorsichtige; entsagungsvoll, demütig, bemüht, Zeitopfer und Umwege nicht scheuend, tastet er sich über die ungewissen Wege, die sie weisen, wie ein Wanderer auf schwanken Brettern über ein tiefes Moor. – Seit indessen die irdische Gottheit des Verkehrs, die Polizei, mehr und mehr die Partei der wilden Tiere« – Haffner schrieb zuvor von Tigern, Auerochsen und Elefantenbullen – »genommen hat und es sich angelegen sein läßt, den Fußgänger zu züchtigen und in seine Schranken zu weisen, bietet der Tag der Korrektheit keine großen Chancen mehr. Die meisten, die ihn früher beschritten, haben sich jetzt der zweiten möglichen Taktik zugewandt, nämlich der des ›Rette sich, wer kann‹. Die Fußgänger dieser Klasse leben auf einer ständigen Flucht. Sobald sie nur einen Fahrdamm betreten, beginnen sie zu laufen und mit den Armen rechts und links Ergebung und Erbarmen zu winken.

Sie vertrauen dabei weniger auf die Schnelligkeit ihrer Füße, als auf das Mitleid ihrer Verfolger. Wenn sie, wie häufig, alte Damen und Herren sind, deren persönliche Würde ihr verzweifeltes Gebahren aus dem Peinlich-Lächerlichen ins Tragisch-Rührende hebt, haben sie auch mitunter Erfolg damit.«

Am würdigsten erscheint Haffner »eine dritte Klasse von Fußgängern [...]. Es sind diejenigen, die bewußt die Menschenwürde der Fußgänger hochhalten, die kaltblütig mit Todesverachtung, den Kampf gegen die Übermacht aufnehmen. Diese Fußgänger, zumeist junge Leute und nicht selten verhinderte Autofahrer, überqueren die Straßen mit Vorliebe an den Stellen des dichtesten Verkehrs, und zu den Zeiten, da die Meute eben losgelassen worden ist. Sie lieben es, wenn die Autos ihren brüllenden Kampfruf ertönen lassen, stehenzubleiben und sich eine Zigarette anzuzünden. Sie bluffen.«

Wenn sie doch einmal die Flucht ergreifen oder ausweichen müssen, tun sie es »achselzuckend, wie ein Heerführer ein zerschossenes, strategisch unwichtig gewordenes Gelände aufgibt«. In diesen heldenhaften Fußgängern »triumphiert noch einmal der listige, unverschämte und mutige Geist des schmächtigen, wehrlosen einzelnen Menschen über die brutal gehäufte Uebermacht der Materie«. Haffner schließt: »Das Leben der Fußgänger zu studieren, kann jedermann nur nützlich und ersprießlich sein. Denn inmitten des tobenden und klirrenden Wirrwarrs losgelassener Mammutmächte auf dieser wildgewordenen Welt – was ist jeder einzelne von uns anderes als ein Fußgänger?«[17]

Kein Widerstandsartikel, oder doch? In jedem Fall wohl das Äußerste dessen, was man im Frühjahr 1934 in Deutschland schreiben konnte. Läßt man den Aufhänger beiseite, den Verkehr, wird schnell deutlich, daß Haffner hier verschiedene Möglichkeiten, auf den Nazistaat zu reagieren, diskutierte. Da Haffners journalistische Ambitionen durch die Einstellung der *Vossischen Zeitung* vorerst ein Ende finden, weicht er auf den Plan aus, den er zusammen mit dem Vater entworfen hatte: Er geht für sechs Monate nach Paris.

Im Spätsommer 1934 kehrt Haffner nach Deutschland zurück. Er hatte in Paris seine Doktorarbeit fertig geschrieben und sich ein wenig umgeschaut. Als er seinem Vater gesagt hatte, er würde nun »ein wenig in die Welt gehen«, hatte er geglaubt, daß sich Möglichkeiten finden würden, in Frankreich Fuß zu fassen. Eine »gewisse betäubte Verzweiflung« und eine »jugendliche Abenteuerlust«[18] bescheinigt er sich später in der *Geschichte eines Deutschen*, eine Naivität, die sich aus seiner persönlichen Lebenssituation als »Haussohn« ergeben habe. Ob dieses »in die Welt gehen« ein Weg ins Exil sein würde, war vollkommen offen, die Rückkehr ohne weiteres möglich.

Um einige Illusionen ärmer fährt er zurück nach Berlin. »Frankreich ist sehr schön für Leute, die dahin Verbindungen haben, dahin gehören, Geld haben. Aber wenn man als deutscher Emigrant kommt, da ist man erst einmal ein Deutscher, was in Frankreich damals gar nicht so sehr angesehen war.«[19]

Er hatte erlebt, wie die zunächst freundliche Stimmung gegenüber den deutschen Exilanten, die unter anderem in einer großzügigen Aufnahmepolitik zum Ausdruck kam, 1934 umgeschlagen war. Fremdenfeindliche Kampagnen in Presse und Rundfunk führten zur verstärkten Ausweisung deutscher Emigranten.

Paris war eine wichtige Anlaufstelle für die deutschen politischen Emigranten, Künstler und Intellektuellen und hatte sich schnell zum Zentrum vielfältiger Aktivitäten der deutschen Auswanderer entwickelt. Schriftsteller wie Thomas und Heinrich Mann, Lion Feuchtwanger, Alfred Döblin, Anna Seghers und Joseph Roth, Publizisten wie Alfred Kerr oder Politiker wie Rudolf Breitscheid und Willi Münzenberg beteiligten sich in Paris an den Veranstaltungen der »deutschen Kolonie« oder schrieben für das *Pariser Tageblatt* und andere Exilzeitschriften. Andererseits hatten viele, die in Deutschland zu Ruhm und Ehren gekommen waren, große Schwierigkeiten, im Exil Fuß zu fassen, wenn sie nicht über Beziehungen verfügten. Die Konkurrenz der Emigranten um die wenigen Verdienstmöglichkeiten war hart. Nicht wenige schlugen sich am Rande des Existenzminimums gerade eben so durch. Haffner, mit einer finanziellen Unterstützung des Vaters in der Tasche, mag es wenig attraktiv erschienen sein, sich am Kampf um einen schlecht bezahlten Job zu beteiligen.

Wieder in Berlin, steht er mit ziemlich leeren Händen da. Er ist hochqualifiziert für einen Beruf, in dem er nicht mehr arbeiten will. Die *Vossische* gibt es nicht mehr. Auf alle Zeitungen wird politischer Druck ausgeübt. Jede Bewerbung, jeder Versuch, neue Kontakte anzuknüpfen, wird erschwert durch das überlebensnotwendige Mißtrauen gegen jedermann. Aber irgendeine Verdienstmöglichkeit muß er finden. Mit der großzügigen Finanzierung seines Studiums ist es nun, nach dem Nachschlag des Vaters für die Doktorarbeit, endgültig vorbei.[20]

Zwischenexistenz

So läßt er sich doch auf den Beruf des Juristen ein – allerdings nicht ganz so, wie er es sich ursprünglich vorgestellt hatte. Als Beamter in der Verwaltung oder in einem Ministerium wäre er weisungsgebunden gewesen. Mit der Befähigung zum Richteramt hat er aber auch die Möglichkeit, als Rechtsanwalt zu arbeiten. »Ich war dann wieder hier«, beschreibt Haffner im Interview mit Jutta Krug seine Situation nach der Rückkehr aus Paris, »und habe noch zwei Jahre lang, von Mitte 34 bis Mitte 36, so dies und das getan, meistens Anwälte vertreten, aber gelegentlich war ich auch auf dem Gericht tätig.« Wie in seiner Studienzeit, als er sich neben der Vorbereitung auf eine juristische Tätigkeit durchaus ernsthaft um eine literarische Karriere bemüht, geht Haffner zweigleisig vor. Neben seiner gelegentlichen Tätigkeit als Anwalt hält er auch nach Möglichkeiten journalistischer Betätigung Ausschau. Als Haffner seinen früheren Kollegen Harald Schmidt-Landry, der in der *Vossischen* für philosophische Themen zuständig gewesen war, um Rat fragt, empfiehlt ihm Landry, mit seiner Frau Erika zu sprechen. Erika Landry, die von ihrem Mann getrennt lebt, hatte als

Bibliothekarin an der Hochschule für Politik gearbeitet, an der so renommierte Wissenschaftler wie Albrecht Mendelssohn-Bartholdy, Arnold Wolfers und Theodor Heuss lehrten. Mit der Gleichschaltung der Hochschule wurden fast alle Dozenten, zumeist gestandene Liberale und Anhänger der parlamentarischen Demokratie, entlassen. Von dem am 7. April 1933 verabschiedeten »Gesetz zur Wiederherstellung des Berufsbeamtentums«, das als Handhabe zur Gleichschaltung des öffentlichen Diensts und zur Entlassung von Gegnern des NS-Regimes diente, waren auch alle Beamten und Angestellten jüdischen Glaubens betroffen. Der in diesem Gesetz erstmals ausformulierte »Arierparagraph« verbot die Beschäftigung von »Nichtariern« im öffentlichen Dienst.

Erika Landry, geborene Hirsch, entstammte einer seit Generationen assimilierten, inzwischen sogar zum protestantischen Glauben übergetretenen jüdischen Familie. Ihr Vater war ein in Berlin-Kreuzberg ansässiger Fabrikant gewesen. Sie fiel dem »Arierparagraphen« zum Opfer und verlor ihre Stellung, was auch ihr Vorgesetzter, Theodor Heuss, nicht verhindern konnte. Heuss, der selbst im Mai seinen Entlassungsbescheid erhielt und dem am 12. Juli auch sein Reichstagsmandat aberkannt wurde, hatte noch am 23. März 1933, nur eine Woche vor dem Inkrafttreten des Berufsbeamtengesetzes, dem Ermächtigungsgesetz zugestimmt, das Reichstag und Reichsrat von der Gesetzgebung ausschloß.

Ein Teil der Mitarbeiter der Hochschule entschloß sich bald zur Emigration; zu einigen anderen ehemaligen Kollegen, die blieben, hatte Erika Landry weiterhin Kontakt.

Während der Tätigkeit an der Hochschule hatte Erika auch Margret Boveri kennengelernt, die an der Friedrich-Wilhelm-Universität bei Hermann Oncken promovierte und gleichzeitig an der Hochschule für Politik Vorlesungen hörte. Als dann viele ihrer Lehrer und Studienfreunde emigrierten, bemühte sich Margret Boveri um eine Karriere als Journalistin. Für die Zeitschrift *Die Hilfe*, deren Herausgeber Theodor Heuss die Leitung der Zeitschrift 1936 nach mehreren Verwarnungen von Seiten des Propagandaministeriums niederlegte, schreibt sie Artikel vornehmlich zum Fernen Osten, findet aber zunächst keinen Zugang zu den wichtigen meinungsbildenden Blättern wie der von ihr favorisierten *Frankfurter Zeitung.* 1934 wird sie Redakteurin am *Berliner Tageblatt*, dessen Schicksal sie 1966 in dem aufsehenerregenden Buch *Wir lügen alle. Eine Hauptstadtzeitung unter Hitler* schildert.[21] Margret Boveri hatte schon Erika Landry einen kleinen Verdienst verschafft, indem sie sie damit beauftragte, in Heimarbeit Zeitungen für sie auszuwerten. Haffner hofft nun, über die Frau seines ehemaligen Kollegen neue Kontakte zu knüpfen.

Als Haffner Erika Landry in der Wilmersdorfer Künstlerkolonie besucht, ihr seine Situation schildert und auch von seinen schriftstellerischen und journalistischen Ambitionen erzählt, verstehen sich die beiden sofort: Haffner, den die Nazis seiner beruflichen Perspektive beraubt haben, und Erika Landry, die durch die Nazis ihre Anstellung verloren hat, entdecken neben der bitter empfundenen Einschränkung ihrer beruflichen Zukunft weitere Gemeinsamkeiten. »Vor vielen Jahren«, schrieb Haffner 1967 in einer seiner Kolumnen in der Zeitschrift *konkret*, »in einer unserer ersten Unterhaltungen, entzückte mich meine spätere Frau mit der Bemerkung, wenn Freud und Marx sich begegneten, könnten sie sich nicht verständigen: Freud würde den Marxismus immer nur als Resultat von Marx' persönlichen Komplexen, Marx die Psychoanalyse immer nur als Ausgeburt von Freuds Klassensituation verstehen können.«[22] Die schlagfertige Intelligenz und der Humor der neun Jahre älteren Erika faszinieren ihn ebenso wie die Ausstrahlung der reifen, erfahrenen Frau. In ihr findet Haffner eine Gefährtin, bei der er sich geborgen fühlt und die ihm intellektuell gewachsen ist.

Haffner hatte also keine Arbeit, aber die Liebe seines Lebens gefunden. Das Problem, Geld verdienen zu müssen, wird dadurch bald noch drängender, denn die Lage seiner zukünftigen Frau und ihres dreijährigen Sohnes Peter ist angesichts der von den Nazis erzwungenen Arbeitslosigkeit weitaus prekärer als seine eigene. Ihr Mann, mit dem sie in Scheidung lebt, hat durch die Einstellung der *Vossischen Zeitung* ebenfalls keine regelmäßigen Einnahmen mehr, kann Erika also kaum unterstützen.[23] Bis sie ihre Stellung verlor, war es Erika gewesen, die den größten Teil des Familieneinkommens bestritt. Da Haffner mit Erika und ihrem Sohn nun bald mehr oder weniger zusammenwohnt[24], gerät er notgedrungen in die Rolle des Ernährers einer kleinen Familie.

Er arbeitet bis Mitte 1936 weiter als Anwalt, übt verschiedene Vertretungen aus,[25] ist im Frühjahr 1936 ein paar Wochen in einer Scheidungskammer des Landgerichts beschäftigt. »Aber das war alles mit dem Wort ›vorläufig‹ im Herzen. Man mußte sich ja irgendwie sein Geld zu verdienen suchen. Und ich war eben Jurist.«[26]

Doch eben das will er unter den gegebenen Umständen nicht mehr sein. »Als Jurist wirst du hier Gesetze anwenden müssen, kannst in die Lage kommen, sie anwenden zu müssen, die du absolut mißbilligst.« Er sucht daher auch weiterhin nach Möglichkeiten, schreibend sein Geld zu verdienen. So verfaßt er unter anderem Werbetexte für einen Geschenkkatalog und gelegentliche Glossen. Schließlich ist es sein alter Verlag, Ullstein, bei dem er unterkommt. Im dritten Stock des Ullstein-Hauses, wo die Illustrierten hergestellt werden, bekommt Haffner 1937 eine Stelle als Feuilletonredakteur einer Beilage der Zeitschrift *Neue Modenwelt*, genannt *Die kleine Zeitung*. »Das war eine etwas snobistische, etwas auf Mode, etwas auf das, was man damals für Frauenfragen hielt, ausgerichtete ›kleine Zeitung‹ feuilletonistischer Art. Deren Redakteur war ich. [...] Davon lebte man gar nicht ganz schlecht, und man hatte wirklich noch das Gefühl, man lebt in einer Nicht-Nazi-Welt [...] Man konnte nicht alles so schreiben, wie man wollte, man konnte aber trotzdem vermeiden, direkt etwas gegen sein Gewissen zu schreiben. Es gab noch so komische Grauzonen, wo man sich rumdrücken konnte [...] Man konnte natürlich nicht schreiben ›Hitler ist gräßlich‹, aber man mußte auch nicht schreiben ›Der

Führer ist wundervoll‹, man schrieb über Moden und Pferde und snobistische Bücher.«[27]

Haffner, der befürchtete, als Anwalt zum Mittäter der Nazi-Justiz zu werden, ist ab Mitte 1936 in der Lage, mit seiner journalistischen Tätigkeit den Lebensunterhalt für sich und seine kleine Familie zu verdienen. Er wird nie in den Justizdienst zurückgehen. Doch was er in diesen Jahren auch unternimmt, jeder Teilrückzug bringt neue Probleme und Fragestellungen mit sich.

Obwohl er schon seit 1933 ahnt, daß es unmöglich sein würde, sich durch einen Rückzug ins Privatleben dem Nazisystem zu entziehen, hält er lange Zeit an der Idee fest, er könne sich seine persönliche Integrität bewahren, indem er sich unpolitischen Tätigkeiten widme. Als solche versteht er seine Arbeit beim »Deutschen Verlag«, wie der seit 1933 schrittweise »arisierte« Ullstein-Verlag seit 1937 heißt. Aber hatte er als Journalist nicht eine weitaus öffentlichere Rolle inne als ein Anwalt, der sich mit unbedeutenden Zivilprozessen oderEhescheidungsfragen beschäftigte? Haffner wird auch später immer darauf verweisen, daß er sich politischer Themen enthalten hat, was bei den Zeitschriften, für die er arbeitete, vergleichsweise unproblematisch war. »Ich hab' mir damals auch gesagt: Ich will nie etwas schreiben, keinen Artikel, auch keine Zeile, aus der man mir später sagen könne: ›Da hast du ja Hitler gepriesen!‹ Habe ich, glaube ich, auch wirklich nicht gemacht.«

Den Vorwurf, sich herausgehalten, weggesehen, nicht die Stimme erhoben zu haben und zu lange geblieben zu sein, muß er sich später machen lassen. 1979, als er schon lange wieder in Berlin lebt und durch seine *Anmerkungen zu Hitler* in der Bundesrepublik sehr bekannt geworden ist, wird er mit einer scharfen Polemik in der *Zeit* konfrontiert[28]: »Man muß sich immerhin vorstellen, was zur selben Zeit geschah, zu der – verkrochen in diese ›Zeit‹ ignorierende Unberührbarkeit – Wolfgang Staudte muntere Filme drehte – später gar eine Rolle im Jud Süß-Film annahm –, Max Bense eine Einführung in das Werk Kierkegaards abfaßte oder die Verleger Stomps und Rowohlt sich im Vorkriegs-Berlin bei Jazzmusik mit Horst Lange und Günter Eich am Kurfürstendamm trafen. Carl von Ossietzky war da schon halb totgeprügelt. ›Die Novelle lebt‹, rief 1937 Sebastian Haffner in der *Dame*. Erich Mühsam war tot.« Der Autor, der damalige Feuilletonchef der *Zeit*, Fritz J. Raddatz, fährt fort: »Vielleicht ist es überzogen pharisäisch. Aber ich möchte dauernd fragen: pardon, wie war das eigentlich damals? Man trank gewiß auch mal Champagner, man ging aus, flirtete – kein Mensch ist je dauernd bedrückt; man gab wohl auch Parties, hatte gar elegante Häuser. Aber da fehlten doch ein paar Kollegen? Die früher dabei waren?«

Sicher ging man aus und flirtete. War man dauernd bedrückt? Champagner? Man kann Haffners *Geschichte eines Deutschen* als eine um 40 Jahre verfrühte Antwort auf Raddatz' Fragen lesen.

Der Erkenntnis, daß er durch den Versuch, sich zu entziehen und so zu tun, »als gäbe es das alles nicht«, zum Erhalt und zur Rechtfertigung des Nazi-Systems beiträgt, kann er sich immer weniger verschließen. Drumherumschreiben im Feuilleton ist auf die Dauer keine Lösung. »Man hilft eine Fassade mit aufbauen von einem normalen netten Deutschland, mit dem sich leben läßt und das ja so in Wirklichkeit nicht existiert; das war ein Gewissensbiß.«[29] Der Gedanke, diese unbefriedigende und quälende »Zwischenexistenz« zu beenden und Nazi-Deutschland den Rücken zu kehren, beschäftigt ihn immer häufiger.

»Jeder von uns«, schreibt Sebastian Haffner 1941 in einem an die Emigranten in England gerichteten Leitartikel in einer der ersten Ausgaben der deutschsprachigen Londoner *Zeitung*, »der nach 1933 in Deutschland gelebt hat, erinnert sich an Hunderte von Diskussionen um die Frage: ›Soll man hinausgehen?‹ Es war in Wirklichkeit immer nur, in persönlicher Abwandlung, ein und dieselbe Diskussion – die eine *grosse* Diskussion des unterirdischen Deutschland. Streifte man die persönlichen Zufälligkeiten ab, so ergaben sich immer wieder dieselben zwei festen Reihen von Argumenten.

Die Vertreter des Dortbleibens sagten: ›Indem ihr hinausgeht, richtet ihr nichts gegen Hitler aus. Ihr räumt ihm nur das Feld. Wirklicher Widerstand kann nur im Innern vorbereitet und geleistet werden. Wer Deutschland verlässt, schneidet seine Verbindung mit dem Schicksal Deutschlands ab. Er mag, bestenfalls, in die neue Schicksalsgemeinschaft seines Gastlandes hineinwachsen. Seinen Anteil an der künftigen Revolution gegen Hitler gibt er auf; und damit auch sein Anrecht auf Mitgestaltung eines künftigen Deutschland nach Hitler.‹

Die Vertreter des Fortgehens sagten: ›Indem ihr hierbleibt, unterwerft ihr euch Hitler – vielleicht nicht in euren Gedanken und Gefühlen, aber in euren Worten und Taten. Und nur diese zählen. Wirklichen Widerstand im Innern gibt es nicht mehr. Auf Revolution zu hoffen, ist Illusion. Das Ende Hitlers kann nur noch von aussen kommen – durch den Krieg, auf den alles hindrängt. Wer hierbleibt, gibt seinen Anteil an diesem Weltkrieg gegen Hitler auf; er macht sich zu einem Soldaten Hitlers. Und wer ein Soldat Hitlers gewesen ist, hat seinen Anspruch auf Mitgestaltung eines künftigen Deutschland nach Hitler verwirkt.‹

Die Diskussion fand nie ein Ende. Die einen blieben und die anderen gingen. Es war eine Art stillschweigender Wette, wer die richtige Position im Kampf gegen den gemeinsamen Feind einnahm. Mit logischen Gründen konnte man einander nicht überzeugen. Nur der Ausgang konnte zeigen, wer Recht hatte. Die Zurückgebliebenen haben ihre Wette bereits verloren. Die Emigranten haben die ihre noch nicht gewonnen.«[30]

Als Haffner diesen Artikel für die *Zeitung* schrieb, erinnerte er sich noch gut an die letzten Jahre in Berlin. Er hatte diese Diskussion jahrelang mit sich und in seinem Freundeskreis geführt und sich lange Zeit nicht entschließen können, das Land zu verlassen. »Ich bewegte mich mit meiner damaligen Freundin in einem Kreis von Leuten, die später ziemlich berühmt wurden, zum Beispiel Peter Huchel, Günter Eich, Horst Lange und seine Frau, Oda Schaefer, die kürzlich gestorben ist. Das waren alles ausgesprochene Nicht-, ja Anti-Nazis. Natürlich schimpfte man einhellig über die Politik. Andererseits waren es alles junge

Leute in einem Alter, in dem man anfängt, eine Existenz zu gründen, Geld zu verdienen und zu heiraten, oder man ist schon verheiratet. Es waren alles Intellektuelle, die nur mit ihrem Kopf Geld verdienen konnten, also im Rundfunk, in der Presse oder indem sie Romane schrieben, wie Horst Lange.«[31] Die Schriftstellerin Oda Schaefer bestätigte in ihren Erinnerungen die damaligen Diskussionen: »Unter den Anwesenden befand sich Sebastian Haffner; er hatte sich entschlossen, nach England zu emigrieren, seine Frau befand sich schon dort. Haffner beschwor uns, ihm zu folgen, er versicherte uns, daß wir dort Arbeit finden würden. Wir konnten uns nicht entschließen. Horst Lange war an die deutsche Sprache gebunden, er besaß außerdem kein Sprachtalent. Es blieb auch Erich Kästner, er war der gleichen Meinung wie wir, man müsse bis zum ›bittern Ende‹ bleiben.«[32]

Neben den politischen Überlegungen galt es zwischen den Gefahren des Dableibens und den Risiken der Emigration abzuwägen. Was erwartete einen im Ausland? Wie würde man aufgenommen? Wovon sollte man leben? Hitler hat diese Entscheidung durch seine »psychologische Meisterleistung«[33] nicht leichter gemacht, die Haffner so beschrieb: »Erst Furchterregung durch wüste Drohungen, dann schwere, aber hinter den Drohungen zurückbleibende Terrormaßnahmen und danach allmählicher Übergang zu einer Beinahe-Normalität, aber ohne völligen Verzicht auf ein wenig Hintergrund-Terror«.[34]

Aufbruch

1938 kommen für Sebastian Haffner und Erika Landry immer mehr Gründe zusammen, die schon länger erwogenen Auswanderungsgedanken in die Tat umzusetzen. Ausschlaggebend ist schließlich ein sehr persönlicher Grund: Erika ist schwanger, und dieses Kind soll nicht in Deutschland geboren werden. Schon im Winter 1936/37 hatte es konkrete Pläne gegeben, nach England zu gehen, und Erika hatte versucht, sich an der Universität von Cambridge zu immatrikulieren. Auch damals war sie schwanger, erlitt aber im Februar eine Fehlgeburt. Daß nach der Fehlgeburt die Exilpläne nicht weiter verfolgt wurden, läßt erkennen, welch große Bedeutung die Schwangerschaft und das zu erwartende Kind bei den Überlegungen, Deutschland zu verlassen, spielten. Nach den Nazi-Gesetzen würde es ein Kind der »Rassenschande« sein. Wollten er und Erika ihr eigenes Leben und das des ungeborenen Kindes nicht gefährden, mußten sie Deutschland verlassen. Daß ihre nach Hitlers Gesetzen illegale Liebesbeziehung nicht verfolgt wird, verdanken Sebastian Haffner und Erika Landry auch dem Blockwart in der Künstlerkolonie. Dieser, obwohl Parteimitglied, sieht offensichtlich das Tausendjährige Reich nicht unmittelbar bedroht von der »Rassenschande« der etwas ungewöhnlichen Familie in der Bonner Straße 1A. Er beruhigt mißtrauische Nachbarn damit, daß die Frau Landry ja nur »Halbjüdin« sei.

»Der Antisemitismus war immer da, und es wurden von 33 an viele Gemeinheiten gegen die Juden begangen, aber die Judenverfolgung in dem Sinne, daß man ihnen ans Leben ging, das war erst seit 38.«[35] Das Leben in den Jahren bis 1938 war so, »daß wir keineswegs in ständiger Angst lebten, denn dort am Breitenbachplatz, wo meine Frau damals wohnte und wo ich ein und aus ging, lebten keine Nazis. Es war noch ein anderes Ambiente. Trotzdem wurden Vorsichtsmaßnahmen ergriffen. Xenia Klar, die Tochter von Erikas Freundin Irmgard Klar, die im selben Haus wohnte, erinnert sich, daß man für den Fall einer Razzia Klopfzeichen verabredet hatte und Haffner, durch das Signal alarmiert, im Pyjama Wohnung und Bett wechseln sollte. Nach der Erinnerung von Xenia Klar wurden zwischen ihren Eltern, Erika Landry und Haffner viele politische Diskussionen geführt. Die Rolle der SPD-Führung während der gerade einmal rund 15 Jahre zurückliegenden Revolution 1918 für den späteren Aufstieg der Nazis habe in diesen Diskussionen eine wichtige Rolle gespielt. Möglich, daß Haffner hier die linken Positionen kennenlernte, die er gegenüber der SPD bereits in der *Geschichte eines Deutschen* und in *Germany: Jekyll and Hyde* formulierte.[36]

Die ungeheure Aufrüstung der letzten Jahre und die Kriegspläne Hitlers lassen keinen Zweifel daran, daß der Krieg näher rückt. Österreich ist »erobert«, und in der fingierten Blomberg-Fritsch-Krise schaltet Hitler die Reichswehrführung, auf deren Widerstand noch manch einer gehofft hatte, kurzerhand aus. Wäre es allein nach Hitler gegangen, hätte der Krieg schon 1938 begonnen. Es ist also nicht mehr nur das zunehmende Unbehagen, dem System zu dienen, ohne es zu wollen. Haffner sieht auch die ganz konkrete Gefahr: »Ich sah den Krieg kommen und ich sah, im Krieg würde es mit der Zwischenexistenz aus sein. Im Kriege würde ich in irgendeiner Form offen dafür mitarbeiten müssen, daß Hitler gewinnt. Wahrscheinlich nicht mehr als Soldat, ich war nachgerade dreißig, aber zum Beispiel als PK-Mann oder irgendsoetwas oder als Regisseur, oder Kriegsberichterstattung; Redakteur einer Soldatenzeitung, was mein Freund Kindler, mit dem ich damals bei Ullstein zusammenarbeitete, ja wurde, und der geriet über diese Mitarbeit, über diese offene Kollaboration dann sogar in den wirklichen Widerstand und machte Waffengeschäfte mit dem polnischen Untergrund und so etwas. Ob ich mir das zugetraut hätte, weiß ich auch nicht. Vielleicht, vielleicht auch nicht, aber sehr zum Märtyrer geboren fühle ich mich nicht.«[37]

So ist 1938 der Punkt erreicht, an dem die Furcht vor den Nazis und dem drohend heraufziehenden Krieg größer wird als die Angst vor den Unsicherheiten eines Lebens im Exil.

Noch ist es möglich, wenn auch nicht mehr ganz einfach, aus Deutschland auszureisen. Die schwierigste Frage ist, wohin. Die aus Deutschland Geflüchteten werden nicht gerade mit offenen Armen empfangen. Auch die von Präsident Roosevelt angeregte Konferenz von Evian im Juli 1938 verbessert die Situation ausreisewilliger Deutscher keineswegs. Roosevelt erklärte für die USA, daß es bei der einmal festgelegten Quote von 27370 Flüchtlingen jährlich aus Deutschland und Österreich bleiben würde. Die Schweiz – die sich im Vorfeld dagegen verwahrt, daß die Konferenz am Sitz des Völkerbunds in Genf, also auf Schweizer Boden, stattfindet, weil man sich die Handelsbeziehungen mit Deutschland nicht verscherzen will – bietet sich lediglich als Transitland an. Man wolle schließlich nicht »verjuden«. Der australische Vertreter verkündet, daß man bisher »kein Rasseproblem« habe, und dies solle auch so bleiben. Mit rund 200000 bereits aufgenommenen Flüchtlingen seien die Kapazitäten erschöpft, bedauert der französische Delegierte. Sein Land sei kein Einwanderungsland, rundet der Vertreter Englands das deprimierende Bild ab. Leicht vorstellbar, wie die deutsche Propagandamaschinerie in einfachster Verkehrung von Ursache und Wirkung – wer hatte denn durch politische Unterdrückung und rassistische Gesetze das Flüchtlingsproblem hervorgerufen? – das in der Tat beschämende und für viele Verfolgte niederschmetternde Ergebnis der Konferenz von Evian ausschlachtet.

Also wohin? Frankreich, das Haffner kennt und liebt, wo er seine Doktorarbeit geschrieben und das er damals als mögliches Exil in Erwägung gezogen hat, ein Land, mit dessen Sprache und Kultur ihn so sehr viel mehr verbindet als mit England, erscheint ihm nach seinen Erfahrungen aus dem Jahre 1934 wenig geeignet. Außerdem ist zu bedenken, daß der Ausgang des Krieges 1918 seit zwanzig Jahren im Mittelpunkt jeder nationalistischen Propaganda steht. Ein Krieg gegen den »Erzfeind« Frankreich scheint da nur noch eine Frage der Zeit. Sicher, möglicherweise auch gegen England, doch die zwanzig, dreißig Meilen des natürlichen Festungsgrabens zwischen den britischen Inseln und dem europäischen Kontinent haben eine recht beruhigende Wirkung auf diejenigen, die Schutz vor dem hochgerüsteten Land in der Mitte Europas suchen. Der Nachteil, daß man sich in England zunächst nur mehr oder weniger radebrechend würde verständigen können, mochte gegen diese Überlegungen zweitrangig scheinen.

Erikas Geschwister leben bereits in England; so hat man wenigstens einen einleuchtenden Grund, einen Besuch zu beantragen, und weiß, wo man erst einmal unterkommen könnte. Erikas erster Versuch, ein Visum zu beantragen, scheitert. Als sie Haffner davon erzählt, schlägt er ihr vor, es am nächsten Tag einfach noch einmal zu versuchen, den kleinen Jungen mitzunehmen, etwas Schminke aufzutragen. Vielleicht geriete sie an einen anderen Beamten ... Und diesmal klappt es tatsächlich: Im Juni 1938 verläßt die inzwischen geschiedene Erika Hirsch gemeinsam mit ihrem Sohn Peter Deutschland und wohnt zunächst bei ihrem Bruder, der schon 1934 ausgewandert war und soeben in Cambridge promoviert hatte.

Nachdem seine viel stärker gefährdete Frau außer Landes ist, folgt der letzte Teil seiner Zeitlupenflucht. »Nach England kam man jedoch sehr schwer rein. Wenn ich gesagt hätte, ich möchte hierher, um zu heiraten, weil ich in Deutschland die Frau, die ich heiraten will, nicht heiraten kann, hätten mich die Engländer für verrückt erklärt. – Wovon wollen Sie denn hier leben, wir haben Arbeitslosigkeit. Das änderte sich im Kriege. Aber vor dem Krieg war es schwerer, irgendwo reinzukommen, als hier rauszukommen.«[38]

Haffners Paß in die Freiheit ist ein unverdächtiger und vollkommen unpolitischer Auftrag für eine Reportage aus London: 120 Seiten, fertigzustellen bis Mitte Dezember. Damit schlägt er zwei Fliegen mit einer Klappe: Ausreise aus Deutschland inklusive Devisenausfuhrgenehmigung und Einreise nach England. Sicherlich würde dieser »halbe Schwindel« irgendwann auffliegen, aber dann würde er wenigstens schon auf der britischen Insel sein (tatsächlich ist Haffner 1939 haarscharf einer Abschiebung entgangen).

Im Deutschen Verlag gibt es einige Mitwisser: jene, die ihm den fingierten Auslandsauftrag verschafft haben. Wenn man so will, sind sie Fluchthelfer. Ganz ungefährlich ist ein solches Engagement nicht. Seine Nachfolge in der Redaktion der *Kleinen Zeitung* hat Haffner geregelt. Ein junger Mann namens Helmut Kindler soll schon wenige Tage später auf Haffners Stuhl sitzen, er selbst hat ihn den Direktoren vorgeschlagen. Kindler ist zu dieser Zeit Regieassistent an Berliner Bühnen, gelegentlich auch mal Schauspieler, und hatte in letzter Zeit ein paar Artikel und Glossen für die Feuilletonbeilage der *Neuen Modewelt* geschrieben.

Es vergehen mehr als zwei Monate, bis Haffner seiner zukünftigen Frau folgen kann. In dieser Zeit lebt Haffner einerseits sein normales Leben weiter und arbeitet in der Redaktion für zwei, weil Urlaubszeit ist. Vor der Arbeit nimmt er täglich eine Privatstunde Englisch und muß daher jeden Morgen um sieben Uhr aufstehen, was ihm große Selbstdisziplin abverlangt. Dazu kommen mehrere Besuche auf dem britischen Konsulat, da es trotz Einladung und Rechercheauftrag Schwierigkeiten gibt, ein Visum zu bekommen. Erikas Möbel sind eingelagert, die Wohnung in der Bonner Straße ist leer. Haffner wohnt provisorisch in der Wohnung eines Freundes in der Charlottenburger Sybelstraße und verhandelt mit der Spedition über die Mehrkosten für einen Transport nach Cambridge, wohin Erika nach Schwierigkeiten mit ihrem Bruder gezogen ist, sowie über den Zeitpunkt der Anlieferung. Schließlich treffen Haffner und die Möbel fast gleichzeitig in England ein. Am 26. August 1938 schickt Haffner per Luftpost eine Postkarte an Mrs. Erika Landry in Cambridge, 47 Bateman Street: »Liebe Erika, wenn nichts dazwischenkommt, komme ich Montag, 29.8., 12.15 mittags in Cambridge an. Ich nehme den Zug Hoek-Harwich, fahre aber dann noch über London, weil ich dort mein Akkreditiv einlösen muss. Es wäre nett, wenn mich jemand am Bahnhof abholen könnte. Herzliche Grüsse, auch an Peter und Kurt, und auf ein frohes Wiedersehen! Dein R.«

ENGLAND

»Ich weiss, Du hast schon lange auf Antwort gewartet und Dir vielleicht sogar schon Sorgen gemacht, aber ich konnte und wollte Dir nicht eher schreiben, bis gewisse Ereignisse eingetreten waren, die für mich den Anfang einer neuen Lebensperiode bedeuten und die mich endlich in den Stand setzen, Dich auch in den Teil meines Lebens einzuweihen, den ich bisher streng für mich behalten musste«[1], schreibt Haffner am 1. November 1938 aus Cambridge an seine Mutter in Berlin.

»Setze Dich also jetzt am besten ruhig in eine Sofaecke und mache Dich auf grosse Neuigkeiten, Überraschung, ja auf einen gewissen Schreck gefasst. Glaube aber bitte nicht, weil es ein Schreck sei, müsste es auch ein Unglück sein. Im Gegenteil, es ist ein ganz grosses Glück. Ich bin so glücklich wie kaum je zuvor in meinem Leben, und ich bitte Dich, es mit mir zu sein – auch wenn es im ersten Augenblick alles so anders scheint, als Du es Dir vorgestellt haben magst.«

Weit ausholend und wortreich bereitet Haffner seine Mutter darauf vor, daß sie seit zwei Tagen ein neues Enkelkind habe: Oliver Robert Louis – ein Wunschkind und nicht etwa die »unerwünschte Folge eines unüberlegten Streichs«. Es heißt »Robert und Louis nach seinen beiden Grossvätern, und Oliver als Hauptname für sich allein. Es ist ein Name, den er sowohl in Deutschland wie in England gebrauchen kann, denn so klein er ist, hat der Junge schon zwei Staatsangehörigkeiten: Jedes in England geborene Kind ist nach englischem Recht Engländer, und es mag sein, dass der Junge einmal Grund haben wird, sich darüber zu freuen.«

Jahrelang hat er seine Beziehung zu Erika vor seiner Familie, Mutter und Geschwistern geheimgehalten. Mißtrauen und Lieblosigkeit hat die Mutter ihm vorgeworfen, gekränkt und beunruhigt, da er sich immer mehr zurückzog und über sein Leben, seine Pläne so gut wie gar nichts mehr erzählte. Er habe sie nicht beunruhigen wollen, rechtfertigt er sich: »Ich wollte nicht, dass Du die Angst um eine Sache teilen musstest, von deren Glück Du nichts hattest.« Dabei habe es ihn bedrückt, die Mutter in dem Glauben zu lassen, er »verjuble und vertue« sein Geld, während er in Wirklichkeit damit, wie jeder andere, seine Familie ernährte.

In den letzten Jahren sei es ihn überhaupt »oft sehr bitter« angekommen, »das, was jeder Mensch mit einer gewissen stolzen Selbstverständlichkeit vor aller Welt vertritt und vorzeigt, sein glückliches Familienleben, verbergen zu müssen wie ein Verbrechen. Aber ich habe lieber diesen Weg gewählt als den, feige darauf zu verzichten.«

Er habe auch vermeiden wollen, daß sie ihm »(in bester Absicht)« und aus mütterlicher Sorge in seine Pläne hineinredete, zumal sein Entschluß »ganz fest war« und er im Zusammenleben mit Erika sein »Lebensglück« sah, räumt er ein. So habe er die Mutter aus verschiedenen Gründen vor vollendete Tatsachen stellen müssen, was sie ihm jedoch gewiß nachsehen werde. Denn Erika sei, beteuert er, »genau das, was auch Du mir immer als das Wunschbild meiner künftigen Frau ausgemalt hast: eine kluge Frau, die alle meine Interessen teilt – wie Evchen*, würdest Du sagen –, mit der ich meine Arbeiten besprechen kann, die mich fördert und anregt […] Und so bin ich eben, geschiedene Frau oder nicht geschiedene Frau, so glücklich mit ihr, wie ich nur mit irgendeiner Frau sein kann. Und das ist es doch, worauf es ankommt, und was auch Du mir wünschst – nicht wahr?«

Nachdem Haffner die aufregenden Neuigkeiten mitgeteilt, seine Mutter beruhigt und sich gerechtfertigt hat, beschreibt er die Lebensverhältnisse seiner kleinen Familie. Sie wohnen in Cambridge zur Miete in einem billigen Häuschen, »sehr gemütlich«, »alles wohnt hier in kleinen Häusern, Wohnungen gibt es

* Haffners Schwester Eva

kaum, außer in London, wo sie teurer sind als anderswo die Häuser«. Seine Frau habe ein Jahr zuvor eine kleine Erbschaft gemacht, die sie »unter tausend Schwierigkeiten und Verzögerungen« und »unter ungeheuren Abzügen, aber auf legalem Wege« nach England transferieren konnten. Davon – es sind immerhin »einige tausend Mark« – könnten sie einige Zeit leben, »lange genug hoffentlich, bis ich wieder einen Verdienst in Gang gebracht habe«.

Daß er seine Mutter sogar in Komplikationen während der letzten Schwangerschaftswochen und bei Olivers Geburt einweiht, weist ihn als fürsorglichen Vater und Ehemann aus, zugleich beglaubigt er damit seinen Vorsatz, sie künftig am Geschick seiner Familie Anteil nehmen zu lassen. Über seinen Sohn schreibt er: »Ich bin natürlich nicht kompetent, über das Baby zu urteilen, aber bei aller Vorsicht wegen väterlicher Liebe: Ich finde es ganz nett. ... In jedem Fall bin ich schon jetzt viel glücklicher über das kleine Geschöpf, als ich je geglaubt hätte.« Er bedauert, daß er seiner Mutter ihren Enkel nicht stolz vorführen kann. »Aber was hilft es, darüber zu klagen, dass es anders ist! Wir alle können nichts dafür. Und irgendwann wird es sich vielleicht einrichten lassen, dass Du Dein neues Enkelkind kennen lernst – wenn nicht hier, dann vielleicht auf halbem Wege. Nun, das ist Zukunftsmusik.«

Des wichtigsten Werkzeugs beraubt

Am 1. September 1938, zwei Tage nach seiner Ankunft in England, heiraten Sebastian Haffner, der damals noch Raimund Pretzel heißt, und Erika Schmidt, geborene Hirsch, in Cambridge.

Die erste gemeinsame Zeit in England ist von existentiellen Sorgen geprägt. Als Emigrant, der Sprache des Gastlandes noch kaum mächtig, ohne konkrete Pläne und mit wenigen Kontakten, dafür aber zwei kleinen Kindern, steht Haffner vor der Frage, wie er den Lebensunterhalt für sich und die Seinen verdienen soll. Die wegen der »Reichsfluchtsteuer« arg geschrumpfte Erbschaft würde bald aufgezehrt sein.

Ähnlich wie 1934 in Paris, als er halbherzig versucht hatte, sich in Frankreich eine neue Existenz aufzubauen, erlebt Haffner, daß die zahlreichen deutschsprachigen Emigranten heftig um die wenigen Arbeitsmöglichkeiten konkurrieren.

In Deutschland hätten ihm gutbezahlte oder doch zumindest aussichtsreiche Tätigkeiten offengestanden. Verschiedene juristische Berufe, in denen er schon gearbeitet hatte, hätte er ebenso ausüben können wie eine Tätigkeit als Redakteur im Deutschen Verlag; auch eine Karriere als Romanautor schien nicht ausgeschlossen. Keine dieser Möglichkeiten ist ihm geblieben.

Haffner hatte sich in Berlin pragmatisch auf die Emigration vorzubereiten versucht. Durch Privatstunden polierte er sein angestaubtes Schulenglisch auf und absolvierte vorsichtshalber einen fototechnischen Grundkurs. Oliver Pretzel erzählt in der Trauerrede, die er 1999 in der Kapelle des Lichterfelder Parkfriedhofs für seinen Vater hält, daß die junge Familie damals über wenig Geld verfügte, von dem der Vater einen Teil in den Kauf einer teuren Fotoausrüstung investierte. Haffner hoffte ernsthaft – obwohl ohne jede Begabung, wie der Sohn anmerkt –, in England als Pressefotograf seinen Lebensunterhalt verdienen zu können.

Vom Tag seiner Ankunft an liest Haffner nur englische Zeitungen und Bücher, damit ihm Lebenswelt, Habitus und Sprache schneller vertraut werden. Ihr mangelhaftes Englisch stellt für die meisten Emigranten die größte Barriere dar, ganz besonders für jene, deren berufliche Existenz direkt auf der Sprache basiert. So bekommen Schauspieler, solange sie mit Akzent sprechen, nur Rollen als Ausländer. Elisabeth Bergner, in Deutschland ein großer Theaterstar, wird zwar neben dem jungen Laurence Olivier für die Verfilmung von Shakespeares »Wie es euch gefällt« engagiert, doch wegen ihres deutschen Akzents gerät ihr Auftritt zum Mißerfolg. Als zu Propagandazwecken immer mehr Kriegsfilme entstehen, werden Deutsche gebraucht, die Deutsche spielen, was groteskerweise dazu führt, daß Wehrmachtsoffiziere, SS- oder SA-Leute von emigrierten deutschen Schauspielern zumeist jüdischer Abstammung dargestellt werden.

Anders sieht die Situation für Literaten und Publizisten aus: Sie brauchen gute Übersetzer, denn in England gibt es im Gegensatz zu Frankreich und Amerika weder einen Emigrantenverlag noch eine Exil-Zeitschrift. Nur wenige wie etwa Arthur Koestler oder Robert Neumann sind in der Lage, von Anfang an englisch zu schreiben. Neumann, bereits 1934 aus Österreich nach London emigriert und vier Jahre später britischer Staatsbürger geworden, bezeichnet sein Englisch allerdings als eine »Sprache, die Nichtengländer für Englisch halten«. Wie die Wiener Schriftstellerin Hilde Spiel bestätigt, hat er tatsächlich »eine Sprache erfunden, die es gar nicht gibt«.[2]

Auch Haffner kann sein wichtigstes Werkzeug nicht mehr wie bisher einsetzen. Hin und wieder gelingt es ihm, Artikel an deutschsprachige Zeitungen in der Schweiz zu verkaufen, gelegentlich erscheint auch ein Beitrag von ihm in der englischen Presse, den er übersetzen lassen muß. Damit verdient er kaum mehr als ein Taschengeld.

Vage Hoffnungen auf eine Anstellung an der Universität von Cambridge zerschlagen sich ebenfalls schnell, denn das britische Rechtssystem und die juristische Ausbildung sind von der deutschen so verschieden, daß ein zweites Jura-Studium erforderlich gewesen wäre. »Auf dem Kontinent ist Recht und Gesetz praktisch dasselbe. Was nicht im Gesetz steht, in der Verfassung, auf dem Papier, das ist nicht geltendes Recht. In England entwickelt sich das Recht dauernd an den Fällen und jeweils vorhandenen ähnlichen Urteilen in ähnlichen Fällen. Es wird von den Gerichten immer an sich selbst entwickelt.« Also nicht nur eine andere Sprache, auch eine andere Wissenschaft. »Da hätte ich mich also völlig neu eindenken und eigentlich wieder neu studieren müssen. Das war nichts, das sah ich von Anfang an.«[3]

»Frieden« zu Lasten Dritter

Unmittelbar nach seiner Flucht aus Deutschland ist Haffner schmerzhaft bewußt geworden, daß auch das Land, in dem er Schutz gesucht hat, keine absolute Sicherheit zu bieten vermag, von Widerstand gegen Hitler ganz zu schweigen. »Ich war am 29. August in England angekommen, habe also gerade die unmittelbare Vorgeschichte von München als meinen ersten Eindruck miterlebt, und ich muß sagen: Damals war ich entsetzt. Ich war mit dem Gefühl abgereist, daß da eine große Krise auf uns zukommt, aber ich nahm an, daß England und Frankreich Hitler zumindest Gegenhalt bieten, ihn vielleicht sogar zu einer Art Rückzieher zwingen würden. Und ich war damals entsetzlich enttäuscht, daß bereits am 15. September Chamberlain, der englische Premierminister, zu Hitler nach Berchtesgaden flog – nicht etwa, um ihm nachdrücklich ins Gewissen zu reden, sondern um irgend etwas mit ihm auszuhandeln, was im Wesentlichen zum Rückzug der Westmächte in der tschechischen Frage wurde.«[4]

Am Streben Deutschlands nach Vorherrschaft in Mittel- und Osteuropa hegten die maßgeblichen britischen Politiker keinen Zweifel. Im Herbst 1937 – Deutschland war bereits wieder zu einer militärischen Großmacht aufgestiegen und Hitler verkündete in einer Besprechung mit kommandierenden Generälen der Wehrmacht sowie den Ministern von Blomberg und Neurath, zur »Lösung der deutschen Frage könne es nur den Weg der Gewalt geben« – schickte Premierminister Neville Chamberlain Außenminister Lord Halifax zu Gesprächen nach Berlin. Im Protokoll der Unterredung mit Hitler heißt es: Halifax »müsse im Namen der englischen Regierung betonen, daß keine Änderung des bestehenden Zustandes ausgeschlossen sein sollte, daß aber Änderungen nur auf Grund einer vernünftigen Regelung erfolgen dürften«. An der Frage, ob sich eine Änderung der europäischen Ordnung auf dem »Wege friedlicher Evolution« erreichen lasse, wenn England den Deutschen sekundiere, entzündeten sich im Parlament heftige

Debatten. Chamberlain, entschlossen, Hitler soweit als möglich entgegenzukommen, unterzeichnet als letzten, definitiven Ausdruck der Appeasementpolitik am 29. September 1938 das Münchener Abkommen. Bei seiner Rückkehr nach England verkündet er, dieser Vertrag bedeute »Friede für unsere Zeit«.

Chamberlain wird als Friedensbringer bejubelt. Für Haffner ist das Arrangement natürlich ein Schock, und auch in London formiert sich bald eine Opposition. Anfang Oktober attackiert Winston Churchill in einer Unterhaus-Sitzung die amtierende Regierung: »Dies ist nur der erste Schluck, der erste Vorgeschmack eines bitteren Bechers, der uns nun Jahr für Jahr gereicht werden wird, sofern wir nicht durch eine außerordentliche Wiederherstellung unserer moralischen Gesundheit und kriegerischen Stoßkraft aufstehen und unsere Position auf der Seite der Freiheit wie in früheren Zeiten einnehmen.«

Zweifellos war Haffner diese kraftvolle und für Churchill so typische Rhetorik aus dem Herzen gesprochen. Doch im Rückblick relativiert er seine Kritik an Chamberlain: »Ich habe damals die Schwäche der Westmächte einfach als eine moralische Schwäche ausgelegt. Also: Die geben auch nach. In Wirklichkeit war es eine materielle, tatsächliche Schwäche, von der ich nicht genug wußte. Ich wußte nicht, daß England in der Rüstung und in seiner politischen Verteidigungsbereitschaft so außerordentlich zurückgefallen, so geschwächt war, daß ihm wirklich gar nichts anderes übrig blieb als irgendeine gesichtswahrende Lösung, die jedenfalls auf Zeit den Frieden verlängerte.«

Von der Hand in den Mund

Wie die meisten anderen Immigranten ist Haffer in permanenten Geldsorgen. »Zum Glück wurde man in England damals noch mit Pump sehr großzügig behandelt. Man konnte überall bei den Läden so Kreditkonten halten, und irgendwann zahlte man mal was.«[5] Einem kleinen Kaufhaus in Cambridge schulde er noch immer 14 Pfund, erzählt er 1989. »Das bedrückt mich manchmal.«[6]

Nach dem deutschen Einmarsch in Österreich, der Besetzung des Sudetengebietes, der Massenflucht von Juden und Sozialisten aus beiden Ländern und den Pogromen in Deutschland im November 1938 lockert die britische Regierung ihre Einwanderungsbestimmungen. Bis September kommen rund 55000 Deutsche, Österreicher und Tschechen ins Land. Obwohl die meisten keine praktische Ausbildung haben, geben sich viele als Landarbeiter aus, weil für diese weniger strenge Arbeitsbestimmungen gelten. Relativ problemlos ist der Erwerb einer Arbeitserlaubnis als Hausangestellte. Wem keine andere Wahl bleibt, der muß sich durch Rasenmähen, Putzen, Wäschewaschen und Bügeln seinen Lebensunterhalt verdienen, auch wenn er sich nur schwer mit einer solchen Rolle abfinden kann, weil er in Deutschland vielleicht selbst Hausangestellte beschäftigt hat.

Aufgrund der hohen Arbeitslosigkeit wird in so manches »alien certificate« ein generelles Verbot eingestempelt, bezahlte oder unbezahlte Arbeit anzunehmen. Als aber nach Kriegsbeginn plötzlich Arbeitskräftemangel in Großbritannien herrscht, sind die Behörden gezwungen, den Arbeitsmarkt auch für Ausländer zu öffnen. 1940 werden sogar spezielle Kurse eingerichtet, um Emigranten als Facharbeiter auszubilden.

Jobs, die deutschsprachigen Flüchtlingen das Überleben sicherten, bietet auch der nach Kriegsbeginn expandierende Monitoring Service der BBC, dessen Aufgabe es war, deutsche Rundfunksendungen in verschiedenen Sprachen abzuhören und ins Englische zu übersetzen. In den Holzbaracken des expandierenden Monitoring Service der BBC im mittelenglischen Evesham gibt sich ein Teil der geistigen Elite der deutschsprachigen Emigration die Klinke in die Hand. Als der aus Wien stammende George Weidenfeld, der wie Haffner seit 1938 in England lebt und nach verschiedenen Tätigkeiten bei der BBC sowie diversen Zeitungen später als Verleger Ruhm und Reichtum erwirbt, um eine dieser in der *Times* inserierten Stellen vorstellig wird, findet er sich inmitten einer »Schar bebrillter mitteleuropäischer Intellektueller, manche mit Wörterbüchern unter dem Arm«, die darauf warten, vorgelassen zu werden. »Wir arbeiteten in drei Schichten und hörten täglich jeweils acht Stunden feindliche Rundfunksendungen ab«, erinnert er sich in seinem 1995 veröffentlichten Buch *Von Menschen und Zeiten.* »Nach jeder Sendung mußten wir das Wesentliche an zwei Kontrollbeamte weitergeben, von denen der eine für die allgemeinen Nachrichten und der andere, der intern ›Blitz‹-Beamter hieß, für überraschende Zwischenmeldungen verantwortlich war.« Für Weidenfeld, der sich seine Bewerbung für zweieinhalb Schilling von einem Schreibbüro hatte anfertigen lassen, ist das ein gutbezahlter Intensivkurs sowohl in Englisch als auch im Bearbeiten von Nachrichten. Später arbeitet er zunächst als Journalist, unter anderem für den *Observer* und die *News Chronicle*, bevor er ins Verlagsgeschäft einsteigt. Voller Dankbarkeit erinnert sich Weidenfeld noch im hohen Alter an die BBC-Sekretärinnen, denen er seine Notizen diktierte, denn sie waren ihm Redakteurinnen und Sprachlehrerinnen in einem.

Mit dem Aufbau der deutschsprachigen Programme der BBC entstehen weitere Arbeitsplätze für Emigranten. Nachrichtensprecher werden gesucht; deutschsprachige Dramatiker inszenieren Hörspiele, für die Sprecher – zumeist Schauspieler – engagiert werden. »Diese Stellungen waren verhältnismäßig gut bezahlt«, erinnert sich der Theaterwissenschaftler Martin Esslin 1986. Esslin, als Zwanzigjähriger 1938 aus Wien emigriert, wo er Philosophie und Anglistik studierte und Regieschüler bei Max Reinhardt war, bringt aufgrund seiner Sprachkenntnisse bessere Voraussetzungen für einen beruflichen Neuanfang mit als der elf Jahre ältere Haffner. Als Leiter der BBC-Hörspielabteilung (ab 1963) und Autor von Hörspielen und Studien über das moderne englische Theater integriert er sich dauerhaft in den fremden Kulturraum. Daneben setzt er sich mit der zeitgenössischen Dramatik auf dem Kontinent auseinander, u. a. mit zwei Büchern über Bertolt Brecht. Seine berufliche Karriere beginnt 1941 beim Monitoring Service, nach einem Jahr wechselt er zur Feature-Abteilung. »Wer so einen Posten erlangte, fand sofort zurück in die Sphäre der gesicherten Bürgerlichkeit. Kein Wunder, daß um diese Posten ein manchmal mörderischer Konkurrenzkampf tobte. Alle wirklich wesentlichen Stellen in diesen Diensten waren natürlich mit waschechten Engländern besetzt. Im deutschen Dienst der BBC z.B. war es eine eiserne Regel, daß keine deutsche Stimme jemals eine eigene Meinung äußern dürfe: man wollte (mit Recht) um jeden Preis den Eindruck vermeiden, der deutsche Dienst der BBC sei ein Organ irgendeiner Gruppe von deutschen Emigranten.«[7]

Deutsche Emigranten müssen also ihren englischen Chefs beibringen, beim Verlesen ihrer Kommentare halbwegs verständliches Deutsch zu sprechen. Mitunter weisen Emigranten, die selbst nicht bei der BBC untergekommen sind, in Briefen an den Sender darauf hin, daß dieser oder jener Sprecher einen »böhmischen Akzent« habe oder »zu jüdisch« klinge, um in Deutschland akzeptiert zu werden. Nicht immer finden solche Denunziationen den Weg in den Papierkorb.[8]

Die größte Gefahr: Abschiebung

»In gewissem Sinne war das, was ich beging, Irrsinn. Ich wanderte aus und gründete eine Familie in einem Land, wo ich die Sprache nicht beherrschte, wo ich nicht einmal eine dauernde Aufenthaltsgenehmigung hatte.«[9]

Haffner hat im Interview mit Jutta Krug seine damalige Situation keineswegs dramatisiert. In den ersten Monaten in England droht ihm mehrmals die Abschiebung. Aus Sicht der Einwanderungsbehörde ist er ohne offensichtlichen Grund, weder rassisch noch politisch verfolgt, aus Deutschland emigriert. Daß er mittlerweile eine Jüdin geheiratet hat, beeindruckt die englischen Beamten nicht; diese Heirat erhärtet im Gegenteil den Verdacht, daß der Zeitungsauftrag für den Deutschen Verlag, mit dem er eingereist ist, eine List und ein Täuschungsmanöver war.

Eine Schwester Erikas macht schließlich eine Quäker-Organisation auf die problematische Lage aufmerksam. »Als ich im Mai 1939 im Begriff war, wieder zurückgeschickt zu werden, weil ich ja unter falschen Voraussetzungen gekommen war, da haben mir komischerweise die Quäker geholfen, die damals überhaupt sehr hilfreich waren und sich ziemlich vieler solcher Notfälle annahmen. Also, ich hatte ja nun Zeit genug gehabt, meine Reportage für Deutschland zu schreiben, und daß ich nun inzwischen geheiratet hatte und nicht mehr zurück konnte, ja, das war meine Sache. Ich nehme es den Engländern gar nicht übel. Sie mögen diesen halben Schwindel, zu dem ich verurteilt war, nicht, das mögen sie noch heute nicht, und das ist ein anständiger Zug bei ihnen. Für mich war das sehr bedrohlich. Eine Quäker-Dame ist also ins Home Office* gegangen und hat gesagt, sehen sie mal an, der Mann hat hier eine Familie gegründet und sich in Deutschland unmöglich gemacht. Wir können ihn doch nicht zurückschicken.«[10]

Haffner erhält eine Aufenthaltsgenehmigung für ein Jahr. Die Aussicht, daß er keine Verlängerung bekommen würde, belastet ihn nur wenig. Er ist sich sicher, daß bis dahin Krieg herrscht, und dann würde man ihn gewiß nicht mehr nach Deutschland zurückschicken.

Endlich ein Ziel

Nachdem sich Haffners Vorstellung, er könne an der Universität arbeiten, als unrealistisch erwiesen hat, beginnt er im Laufe des Jahres 1939 mit der Arbeit an einem Buch. »Was ich dann schrieb, war sehr auf's persönliche gestellt. Ich will es nicht eine Autobiographie nennen – für Autobiographien hatte ich schon damals keinen rechten Sinn. Ich schrieb, was ich persönlich gesehen und erlebt hatte. Ich beschrieb die Kreise, in denen ich mich bewegt hatte, und wie so das Leben war in Deutschland, nämlich keineswegs so, daß alle Deutschen Nazis waren, aber auch wieder nicht so, daß es den Nazismus im Alltag gewissermaßen kaum gab. Ich beschrieb es so, wie ich es erlebt hatte, daß

* Innenministerium

man so ein bißchen daran vorbeileben konnte. Es war alles sehr an meinen persönlichen Erlebnissen aufgehängt, bei Ullstein, im Gericht. Ich beschrieb, was es Unangenehmes gab und was es überraschend Normales daneben auch noch gab. Dieser Text war mein erster Einfall. Ich überlegte, was kannst du denn eigentlich schreiben? Und es fiel mir auch auf, daß man damit in England vielleicht ein Publikum finden konnte, denn das Verhältnis zu Deutschland mit dem in der Luft liegenden Krieg war ja da, und in vielen Kreisen fragte man sich, was ist dieses Deutschland eigentlich, wir haben es doch gekannt. Sind die Deutschen jetzt verrückt geworden, sind sie wirklich alle verrückt geworden?«

Dieses Vorhaben hilft ihm zwar noch nicht aus der Misere, stellt aber entscheidende Weichen. »Im Frühjahr 1939«, so der Londoner Verleger Fredric Warburg in seinen 1973 erschienenen Erinnerungen *All Authors are equal*[11], war Haffner »mit seiner Weisheit am Ende, schrieb mir in großer Verzweiflung und legte ein Exposé eines Buches bei, das er zu schreiben beabsichtigte. Er schickte es an meinen Verlag, weil ich, wie er schrieb, ›der Verleger von Thomas Mann und allgemein der führende Verlag in England für zeitgenössische deutsche Literatur‹ sei. [...] Haffner wußte nicht, in welcher verzweifelten Notlage sich der Verlag befand, und ich traute mich nicht, es ihm zu erzählen. [...] Aber ich erinnere mich an seinen Entwurf als den brillantesten, der mir jemals vorgelegen hat.«

1939 steht Fredric Warburg noch am Anfang seiner bemerkenswerten Verlegerkarriere, die er 1936 praktisch ohne Eigenkapital begonnen hatte. Im Herbst 1935 war ihm nach einem Konflikt im Vorstand des Verlages Routledge gekündigt worden. Mit geliehenem Geld stieg er in den Verlag Martin Seckers ein, der sich in großen finanziellen Schwierigkeiten befand, aus denen auch Warburg lange Zeit keinen Ausweg fand.

Haffner kann sein Glück kaum fassen, als Warburg ein Treffen vorschlägt und ihm, nachdem er ein erstes Kapitel vorgelegt hat, einen Vertrag anbietet. Er soll für ein halbes Jahr einen Vorschuß von wöchentlich zwei Pfund bekommen. »Niemals in meinem Leben, nicht davor und nicht danach, habe ich eine solche Erleichterung gefühlt«, schreibt Haffner 1970 in einem Brief an Warburg. Von diesem Geld kann er weder sich noch seine Familie ernähren, doch ist der Vertrag für ihn eine »wenn auch noch so kleine Grundlage, auf der man irgendwie zu existieren anfangen konnte«[12]. Nach den Monaten des Suchens und der Orientierungslosigkeit eröffnet er ihm eine unverhoffte Perspektive. Endlich ist er mit einem Verleger in Kontakt, vielleicht könnte er seine Intention, Schriftsteller zu werden, doch noch verwirklichen, nachdem 1929 die Weltwirtschaftskrise das Erscheinen seines ersten Romans mit dem Titel *Die Tochter* verhindert hatte.

Mit neuem Schwung setzte er die Arbeit an dem Buch, für das er nun einen Vertrag hatte, fort. Dieses Buch war die *Geschichte eines Deutschen*, ein Werk, das Haffner nie abgeschlossen hat und das erst sechzig Jahre später posthum in Deutschland erscheinen sollte. Weder der Autor noch der Verleger Fredric Warburg hätten sich wohl damals träumen lassen, daß dieses Buch Haffner Jahrzehnte spater mehr Ruhm und Anerkennung einbringen würde als die meisten seiner zahlreichen nach dem Krieg publizierten Bücher, vielleicht sogar eines Tages noch seine *Anmerkungen zu Hitler*, das immerhin eine Millionenauflage erreicht hat, übertreffen könnte.

Dieser Erfolg hat nicht jedem gefallen. Das ist in Ordnung, nicht aber die Methoden, die daraufhin zur Anwendung gekommen sind. »Die Gegner werfen dem Buch ohne irgendwelche objektiven Begründungen vor, es sei eine Fälschung und im Nachhinein erdichtet«, schreibt dazu Haffners Sohn Oliver Pretzel in der *Zeit*. »Sie werfen mit Behauptungen um sich, und es kümmert sie gar nicht, wenn ihre Thesen widerlegt werden, man kann ja neue erfinden.« Was war geschehen?

Ausgelöst durch einen Kunsthistoriker, den emeritierten Dresdner Professor Jürgen Paul, schreckte Mitte August 2001 eine »Haffner-Debatte« das Feuilleton des Landes aus dösiger Sommerhitze. Paul wollte herausgefunden haben, verkündete er im Deutschlandradio Berlin, nachdem etliche Zeitungen an seinem »Material« kein Interesse gezeigt und abgewinkt hatten, daß Haffner die *Geschichte eines Deutschen*, so wie sie im Herbst 2000 veröffentlicht wurde, nicht bereits 1939 geschrieben haben kann. Er versuchte, diese Behauptung zu belegen, indem er anführte, daß bestimmte Worte oder Redewendungen in Haffners Text im Jahre 1939 noch nicht existierten oder Haffner sie nicht gekannt haben kann: Endsieg, business as usual, political star, virtuell oder, man höre und staune, das Wort »herauspicken«.[13] Außerdem habe Haffner von Rolltreppen in Berliner U-Bahnhöfen geschrieben, die es zu dem Zeitpunkt noch nicht gegeben habe, womit Professor Jürgen Paul schlicht unrecht hat. Seine Bemerkungen wenigstens oberflächlich zu überprüfen, was er zumindest seiner wissenschaftlichen Reputation schuldig gewesen wäre, hat er unterlassen.[14]

Fast beleidigt klingt auch folgender Kritikpunkt Pauls: »Und er soll schon die Nazis gesehen haben, die ›Angst vor dem Ende‹ haben werden und die ›wenn der Tag kommt, ganz bestimmt es nicht gewesen sein wollen‹.« Man fragt sich, als unvoreingenommener Leser viel eher, was daran nun hellseherisch und ganz und gar unwahrscheinlich sein soll. Daß Haffner 1939 tatsächlich diese Prognose machte, läßt sich mit einem Blick in *Germany: Jekyll and Hyde*, ein Buch, das Haffner schrieb, nachdem er die *Geschichte eines Deutschen* abbrach, leicht bestätigen. Dort schrieb Haffner, daß die kleinen Nazis, die es nicht schaffen werden, außer Landes zu kommen, wenn der Spuk vorbei ist, »in der elften Stunde zum Verräter werden und leugnen, daß sie jemals etwas mit der Sache zu tun hatten.« So ist es ja dann bekanntlich auch gekommen.

Fast schon kurioser Höhepunkt der Unterstellungen des Kunsthistorikers ist, daß in Haffners Erinnerungen vieles »vage und schemenhaft« bleibe. »Da gibt es niemals konkrete Angaben zu Orten und Personen. Weder erfährt man, neben welcher SS-Kaserne der Vater gewohnt hat, in der Tag und Nacht getrommelt wurde,[15] noch für welche ›große und angesehene Zeitung‹ Haffner schrieb oder wer die ›Dichter der Innerlichkeit‹ waren, die er ›persönlich kannte‹ und die bald lernten, was es mit der Naziherrschaft auf sich hatte.« Die meisten »auftauchenden Namen« seien »entweder Spitznamen oder klingen eher konstruiert«.

War Herrn Paul denn wirklich nicht klar, daß ein Buch eines deutschen Emigranten, in England publiziert, mit Sicherheit interessierte Leser in der Gestapo-Zentrale gefunden haben würde? Hätte Haffner, nach Pauls Meinung, der Gestapo vollständige Listen seiner Freunde und Verwandten übermitteln sollen, womöglich mit wörtlichen Zitaten staatsfeindlicher Äußerungen? Ob sich Professor Paul eigentlich jemals darüber Gedanken gemacht hat, warum Haffner sich in England ein Pseudonym zulegte?

Nachdem Paul, der, aus Tübingen kommend, seit 1993 an der TH Dresden lehrte, dem überraschten Publikum erklärte, welche Worte Haffner 1939 nicht gekannt haben könne, legte der Berliner Historiker Henning Köhler am 16. August 2001 in der *Frankfurter Allgemeinen Zeitung* nach und dozierte, welche Gedanken Haffner damals nicht gedacht haben könne. Wären die Argumentationen der beiden professoralen Haffner-Kritiker repräsentativ für die deutsche Professorenschaft, müßte man sich wohl ernste Sorge um den akademischen Nachwuchs machen. Köhler schreibt: »1939 wußte er (Haffner – d. V.) mit Sicherheit nicht viel von der politischen Konstellation des Winters 1918/19, denn der Umsturz von 1918 war längst vergessen, Literatur darüber kaum vorhanden. Was er hier (in der *Geschichte eines Deutschen* – d. V.) von der Revolution schreibt, entsprach nicht seinem Wissensstand von 1939, sondern seiner aggressiven Position aus der Apo-Zeit, die er 1969 in dem Buch *Die verratene Revolution* niedergelegt hatte.« Dieser Wissenschaftler wäre besser beraten gewesen, ebenfalls in *Germany: Jekyll and Hyde*, das unbestreitbar tatsächlich 1939/40 geschrieben und 1940 in London veröffentlicht worden ist, nachzuschlagen, bevor er derartige Behauptungen in die Welt setzte. Dort nimmt Haffner sehr genau und im gleichen Tenor zur Revolution und dem Verhalten der SPD-Führer Stellung.[16]

Professor Henning Köhler hat sich dieser Mühe nicht unterzogen. Er hat keinen einzigen Beleg für irgend etwas, aber er weiß: »Haffner hat bewußt diesen ›Durchschlag‹ (nach dem die DVA-Ausgabe entstanden ist – d. V.) in den letzten Jahren seines Lebens als posthumes Werk, als Überarbeitung und Ausweitung des ursprünglichen Textes konzipiert.« Muß man nicht fast glauben, Köhler, der nur einige Straßen von Haffners letzter Wohnung in Dahlem entfernt wohnt, habe den greisen Haffner bei seiner kujauesken[17] Tätigkeit beobachtet?

Sofort war auch der *Spiegel* zur Stelle: »Muss die Geschichte umgeschrieben werden? Ein Hauch der ›Hitler-Tagebücher‹ wehte durchs Land«. Zwar seien die Unterstellungen der Professoren haltlos, Haffners Manuskript aber dennoch nicht vor dem Zweiten Weltkrieg abgeschlossen, sondern später. Doch auch der *Spiegel* kann keinen einzigen Beleg dafür anführen, daß Haffner den Text nach 1939 geschrieben haben *muß*. Das einzige, was der *Spiegel* zu bieten hat, sind Erkenntnisse anderer Journalisten, die als eigene Recherchen verkauft werden, und unergiebige Zahlenspiele. Höhepunkt der Argumentation ist die Neu-Interpretation eines Zitats von Haffner aus dem Jahre 1984, das man in einem aktuellen Artikel im Berliner *Tagesspiegel* entdeckt hat.

Das Problem mit dem Buch ist tatsächlich folgendes: Alles begann mit einer winzigen Ungenauigkeit der DVA. In einer knappen »Editorischen Notiz« der Deutschen Verlags-Anstalt heißt es: »*Geschichte eines Deutschen* von Sebastian Haffner ist ein Jugendwerk aus dem Nachlaß. Die Niederschrift des Textes kann auf den Beginn des Jahres 1939 datiert werden.« Zwar wird diese Notiz – wohl bewußt – etwas vage gehalten (»*kann* datiert werden«), doch lädt sie zu Spekulationen ein, denn niemand schreibt ein Buch in wenigen Tagen oder Wochen, eher *beginnt* oder *endet* die Arbeit an einem Manuskript zu einem angegebenen Zeitpunkt. Da sich Haffner in dem Buch zu manchen Dingen äußert, die wohl nur in geringem zeitlichen Abstand zum Zweiten Weltkrieg gesagt werden können, setzte hier die Kritik an und machte so, trotz aller Dürftigkeit der sonstigen Argumente, den ersten und einzigen Punkt.

Der Grund für die Ungenauigkeit aber ist ganz einfach der, daß im Sommer des Jahres 2000, als die Notiz geschrieben wurde, nicht genau genug bekannt war, wann Haffner dieses Buch geschrieben hat. Weder war das hochinformative Interview Jutta Krugs mit Sebastian Haffner in der Öffentlichkeit bekannt, noch die Äußerungen Warburgs in seinem zweiten Memoirenband, der im Unterschied zum ersten nie auf deutsch erschienen ist. Erst durch die Recherchen für das vorliegende Buch sind diese Quellen bekannt geworden. Ein weiterer Grund dürfte auch gewesen sein, daß niemand vorhersehen konnte, daß man in der Öffentlichkeit einmal über Tage und Wochen feilschen würde, wie es der *Spiegel* beispielsweise tat, als er festlegte, daß der 15. März 1939, der im Buch erwähnte Tag der Besetzung der Tschechoslowakei, nicht mehr zu dem Begriff »Anfang 1939« gezählt werden könne. Etwa zur Mitte 1939? Wer mit solchen »Argumenten« zu Werke geht, um Haffner in die Nähe eines Fälschers zu rücken, muß sich nach den dahinterliegenden Motiven, aber auch nach der intellektuellen Integrität fragen lassen.

Festzuhalten bleibt: Haffner hat den größten Teil des Jahres 1939, bis zum Krieg, an einem autobiographischen Buch, eben der *Geschichte eines Deutschen* gearbeitet. Zwar wird dieser Titel nie erwähnt, doch beschreiben Haffner an verschiedenen Stellen und ebenso sein Verleger Warburg das Projekt so genau, daß kein Zweifel möglich ist. Lediglich die Datierung durch die DVA ist ungenau, wenn auch nicht falsch. Tatsächlich hat Haffner mit dem Buch zu »Beginn des Jahres 1939« begonnen. Mehr als die Korrektur dieser Ungenauigkeit in der Editorischen Notiz bleibt von der Debatte kaum übrig, außer ein gewisses Unbehagen über zwei deutsche Professoren und deren geradezu manische Besessenheit, Haffner von einem Denkmal zu stoßen, auf das er sich selbst nie gestellt hat. Was macht an Haffners *Geschichte eines Deutschen* eigentlich solche Angst? Könnte es der unbequeme Beweis sein, daß man so früh so viel wissen konnte?

Am 20. August schreibt Haffner an Harald Schmidt-Landry, er habe gerade das dritte Kapitel abgeliefert, sei aber nicht so recht inspiriert und komme zu langsam voran. Der Brief endet mit dem Satz »Werden wir wohl in acht Tagen Krieg haben?«[18] Nach dem 1. September 1939 legt Haffner das Manuskript der *Geschichte eines Deutschen* beiseite und beginnt mit der Arbeit an einer Streit- und Aufklärungsschrift über Nazideutschland und die Deutschen. Warburg erinnert sich: »Als Haffner die Hälfte geschafft hatte, brach der Krieg aus und er fühlte, daß er etwas weniger Privates und etwas mehr Politisches schreiben mußte.« Der Verleger zahlt die vereinbarten zwei Pfund weiter. Im Spätherbst schickt Haffner ihm mehrere Kapitel eines neuen Manuskripts. Als Erika Harald Schmidt-Landry im Januar 1940 mitteilt, ihr Mann habe, »von einer plötzlichen Eingebung gepackt – vor einigen Wochen die Produktion an seinem großen Buch zugunsten eines kleinen gestoppt«, das den Titel *Deutschland, ein Querschnitt* trage, korrigiert Haffner unterhalb des Wortes Wochen die Zeitangabe in »(Monaten!)«.[19] Das Buch erscheint im Sommer 1940 nicht unter dem von Haffner vorgeschlagenen Titel *A Survey of Germany*, Warburg nennt es *Germany: Jekyll and Hyde*.

Haffner beschreibt darin, wie die Nazis an die Macht gekommen sind und die Deutschen zu Nazis wurden. Er analysiert den Zustand der Opposition und das Schwanken Deutschlands zwischen Kulturnation und atavistischer Diktatur. Daß sich das Deutsche Reich zum »europäischen Werwolf« entwickelt habe, sieht er im Bismarckschen Preußen angelegt, den Ursprung der »deutschen Krankheit« führt er auf preußisch-deutsche Machttradition zurück: »[...] es sind nur Nuancen, die das Dritte Reich und das Deutsche Reich voneinander unterscheiden. Für die Welt sind sie im großen und ganzen identisch; der Geist der Aggression, der Drang nach Expansion und das Streben nach Weltherrschaft sind Mittel, Seele und Dämon dieses Staates.«[20]

Ausgehend von der These, das Deutsche Reich sei von Anfang an eine Fehlkonstruktion gewesen, erörtert er Konsequenzen für eine Neugestaltung Deutschlands nach der Zerschlagung der nationalsozialistischen Diktatur, um einen dauerhaften Frieden zu sichern.

So nehmen schon in *Germany: Jekyll and Hyde* Haffners

Bemühungen ihren Anfang, Deutschland zu erklären – den Briten und der Welt ebenso wie später den Deutschen selbst. 1939/40 verfolgt er zugleich einen tagespolitischen Zweck: Seine Analyse soll den Briten Hinweise für die psychologische Kriegführung geben und durch die Unterstützung der britischen Propaganda »auf ganz bescheidene Weise helfen, den Krieg zu gewinnen«.

Doch bevor es erscheinen kann, wird Haffner als in höchstem Maße suspekter »feindlicher Ausländer« interniert.

Internierung

Am 3. September 1939, nach dem deutschen Überfall auf Polen, erklären Großbritannien und Frankreich Hitlerdeutschland den Krieg. Während die französischen Behörden die sofortige Masseninternierung der deutschen Emigranten anordnen, reagieren die britischen gelassener, doch sorgen Differenzen zwischen Innen-, Außen- und Kriegsministerium sowie den Einwanderungsbehörden und Reaktionen in der britischen Presse für diverse Unwägbarkeiten und Spekulationen.[21] Mit Ausnahme jener Emigranten, die bereits britische Staatsbürger sind, werden die deutschen Einwanderer über Nacht samt und sonders zu feindlichen Ausländern (»enemy aliens«) erklärt, zum Teil müssen sie verschiedene Auflagen und Einschränkungen hinnehmen. Die harmloseste resultiert aus der Angst vor Spionage und Sabotage: der Besitz von Fahrrädern und Landkarten ist untersagt.

Während des Ersten Weltkriegs hatten insgesamt 67000 deutsche und österreichisch-ungarische Staatsbürger auf dem Boden des Königreichs gelebt, von denen rund 32000 wehrfähige Männer jahrelang interniert waren. 1923 beschloß ein britisches Regierungskomitee, daß »feindliche Ausländer« im Falle eines kommenden Krieges sofort ausgewiesen werden sollten, um eine ähnlich kostspielige Aktion zu vermeiden. Nur für ein kleines Kontingent sollten Internierungsstätten geschaffen werden.

Im Verlauf des Jahres 1939 wird zwar nicht über eine Massenausweisung debattiert – immerhin sind von den in Großbritannien registrierten 62244 Deutschen und 11989 Österreichern neun Zehntel Juden –, aber die Regierung erwägt wiederum eine Masseninternierung. Obwohl das Anfang 1939 gebildete Committee on Imperial Defence zu dem Schluß kommt, die meisten Emigranten könnten nur im formalen Sinne als »feindliche Ausländer« betrachtet werden, da »sie diesem Land freundlicher gesinnt sind als jenem, aus dem sie flüchten mußten«, empfiehlt die Behörde, Vorkehrungen für die Festnahme und Internierung von 18000 Mann zu treffen. Der Geheimdienst MI 5 wird ermächtigt, im Kriegsfall alle als verdächtig geltenden »enemy aliens« zu verhaften, die anderen sollen vor besonderen Gerichten ihre Loyalität unter Beweis stellen. Das Innenministerium arbeitet Richtlinien aus, nach denen die Verhörten in Kategorien eingeteilt werden. Wer zur Kategorie A gehört, also zu den Personen, die für England ein Sicherheitsrisiko darstellen könnten oder an deren Loyalität Zweifel bestehen, soll sofort festgenommen werden. Darunter fallen zumeist Spezialisten, die in militärisch relevanten Berufen tätig sind, aber auch frühere Staatsbeamte und Mitglieder der KPD, SPD und der Internationalen Brigaden werden besonders beargwöhnt. In die B-Kategorie werden alle eingeordnet, die »unter Aufsicht« zu stellen, jedoch nicht zu internieren sind. Sie dürfen weder Waffen noch Autos, Ferngläser oder Fotoapparate besitzen. Den C-Status erhalten alle aus rassischen, politischen und religiösen Gründen Verfolgten; diese Gruppe unterliegt keinen Beschränkungen.

Die vorwiegend mit Laien besetzten Ausländertribunale nehmen im September 1939 ihre Arbeit auf. Von mehr als 73000 überprüften Personen stufen sie 569 in die Kategorie A ein, 6782 in die Kategorie B und 66000 in die Kategorie C. Innerhalb dieser Gruppe wird 55457 Menschen der Status »Refugee from Nazi oppression« zuerkannt.

Innenminister Sir John Anderson spricht sich im November in einem Schreiben an Außenminister Lord Halifax gegen eine generelle Internierung aus. Sie sei kostspielig, und es sei falsch, »solche Flüchtlinge als Feinde zu behandeln, die das Naziregime ablehnen. Es ist ganz unwahrscheinlich, daß sie dem Feind in irgendeiner Weise zu Hilfe kommen, vielmehr wünschen sie, das Land zu unterstützen, das ihnen Asyl gewährt.«[22] Seine liberale Position setzt sich zunächst in der Regierung durch. Am 27. November erteilt sie allen in die C-Kategorie eingestuften Personen eine Arbeitserlaubnis.

Ungerechte und widersprüchliche Entscheidungen lassen sich bei so vielen Anhörungen nicht ausschließen. In der Öffentlichkeit werden Proteste laut: Vor allem Hilfsorganisationen prangern das Verfahren an, und das Home Office interveniert wegen der hohen B-Quote. Im Frühjahr 1940 werden eine Revisionsinstanz für A-Fälle und 12 Revisionstribunale für B-Fälle eingerichtet. Robert Neumanns Kommentar: »Die Tribunale zu Kriegsbeginn, die die ›feindlichen Ausländer‹ nach drei Kategorien der Gefährlichkeit einstuften, diskriminierten selten die Falschen«, ist dahingehend zu präzisieren, daß sie sich seltener eines Mißgriffs schuldig machten als der Geheimdienst MI 5.

Zu den spektakulärsten Irrtümern, die den Anhörungstribunalen unterliefen, dürfte der Fall des damals 31jährigen Sebastian Haffner gehört haben. Für die englischen Behörden ist er kein politischer Flüchtling, selbst wenn er die Nazis ablehnt, sondern einer von Zehntausenden Emigranten aus Deutschland, obendrein einer, der es nicht einmal nötig gehabt hätte, zu fliehen. Er hatte sich in Deutschland so unauffällig verhalten, daß ihm eine Auslandsreise als Journalist bedenkenlos genehmigt wurde. Den letzten Anstoß zu seiner relativ späten Ausreise hatten persönliche Gründe gegeben. Gerade diese aber muß er, so glaubt er jedenfalls, verschweigen.

Das für Haffner zuständige Tribunal in Cambridge läßt sich mit der Entscheidung viel Zeit. Haffner regt sich über den Richter so auf, daß er erwägt, den zweiten Anhörungstermin nicht mehr wahrzunehmen, weil er es nicht »riskieren will, aus der Haut zu fahren«, wie seine Frau ihrem ersten Mann Harald Schmidt-Landry berichtet.[23]

Entsprechend der Beurteilung durch die Einwanderungsbehörde, die seine Ausweisung erwirken will, wird Haffner in die Gruppe der für England »gefährlichsten« Einwanderer eingeordnet. Er selbst sieht darin nicht einmal reine Willkür: »Mit mir konnte dieser Mann, der das Tribunal in Cambridge leitete, nichts anfangen. Er dachte wohl, das ist kein Jude, der war nicht verfolgt, hatte nun hier eine Jüdin geheiratet, das könnte aber auch ein Vorwand sein, vielleicht ist er doch ein deutscher Agent – gehen wir auf Nummer sicher und internieren ihn besser. So wurde ich im Februar 1940 zum ersten Mal interniert.«[24] Auch der geringe Verdienst – Warburgs zwei Pfund pro Woche – machte das Tribunal mißtrauisch. »Was hat er in England zu suchen und wovon lebt er genau genommen?« War denn nicht derjenige verführbar, gegen Bezahlung Sabotageakte durchzuführen, der keine sichere Existenz vorzuweisen hatte?

Haffner kommt in ein Lager nach Seaton (Devon), wo ausschließlich Ausländer der A-Kategorie untergebracht sind. Seine hochschwangere Frau bleibt mit den Söhnen in Cambridge zurück. Eine Woche nach seiner Einlieferung, am 27. Februar, wird seine Tochter Margaret geboren. Haffner erfährt es beim Morgenappell: »Pretzel, ein Telegramm!«

In Seaton, das in einer von Touristen noch heute gern besuchten Gegend liegt, ist die Internierung gut vorbereitet. Das Lager Warner's Camp, ursprünglich eine für sommerliche Nutzung ausgelegte Ferienanlage, erweist sich jedoch als ausgesprochen unkomfortabel. Die Gefangenen müssen trotz des ungewöhnlich kalten Winters zu dritt in kleinen, nicht beheizbaren Hütten leben. Haffner ist mit zwei »netten Wiener Juristen« zusammen. Es gibt große Eß- und Schlafsäle und ausreichend Lesestoff. Erika schreibt Harald Schmidt-Landry, Haffner habe sich mit dem Sohn des *Weltbühnen*-Begründers Siegfried Jacobsohn angefreundet und *Lotte in Weimar* gelesen.[25] Die Zusammensetzung der Internierten ist recht absurd: »Ich war wieder fast ein bißchen in Deutschland, aber eben unter englischer Oberaufsicht«, so Haffner später. Er erinnert sich an einen Gefährten, den er »sehr gern hatte«, es war »ein Junge namens Melchior, der Sohn eines deutschen Wirtschaftlers. Er kam nach England wie ich, ohne äußerlich nachweisbare Gründe. Er war kein Jude, kein Verfolgter, man fragte sich, was will so ein

Mann hier, vielleicht ist er doch ein Agent, und so internierte man ihn.«[26] Urlauber, die der Krieg auf einem »Kraft durch Freude«-Schiff überrascht hatte, die Mannschaft und mitfahrende Gestapoleute finden sich in dem Lager ebenso wieder wie deutschnationale Anti-Nazis und viele Kommunisten.

Die eigentlich zu vermeidende gemeinsame Internierung von Antifaschisten und Nationalsozialisten ist keine Ausnahme. Die Nazis, die den Engländern eher zufällig in die Hände geraten waren, geben oft den Ton an, und die militärischen Bewacher haben zu ihnen häufig ein besseres Verhältnis als zu den übrigen Gefangenen, unter denen Intellektuelle die Mehrheit bilden.

Die Insassen im Warner's Camp in Seaton haben die Gelegenheit – oder werden gezwungen? – zu arbeiten. Haffner berichtet, daß die Häftlinge Fischernetze knüpften und sie sich ihr Werkzeug selbst schnitzten. Haffners Arbeitsgerät befindet sich im Nachlaß, er hat es mit seinem Namen gekennzeichnet.

Jürgen Kuczynski, Wirtschaftswissenschaftler und Redakteur der *Roten Fahne*, war 1936 nach England emigriert. Er beschreibt in seinen *Memoiren* die Verhältnisse im Lager als »materiell durchaus erträglich. Das Essen ›reichte‹, wenn man zusätzlich Pakete bekam und in der Kantine etwas zukaufte. Nur die Kälte war arg in den Hütten, in denen wir die Nacht zubrachten; wir schliefen zu viert, auf an den Seitenwänden übereinander angebrachten Holzpritschen, der Raum wurde durch eine kleine Glühbirne erwärmt, die wir kurz brennen lassen durften. Am Tag hielten wir uns in gut geheizten Holzbaracken auf, in denen man sich zum Beispiel durch das Schnitzen von Weberschiffchen etwas Geld dazuverdienen konnte. Es dauerte nicht lange, bis ich das Amt des ›Lagerstatistikers‹ erhielt, das heißt die Buchführung über diese und ähnliche Arbeiten zu machen hatte.«[27]

Kuczynski ist Leiter der vierköpfigen KPD-Gruppe im Lager, die mit acht anderen »linken« Insassen eine Volksfront-Gruppe bildet. Bald wird im Lager eine Art Volkshochschule eingerichtet. Kuczynski darf »einmal in der Woche […] einen ›unpolitischen‹ Vortrag halten. Das Lagerleben war langweilig, und da die Nazis (im Warner's Camp ebenfalls internierte Seeleute von gekaperten deutschen Schiffen – d.V.) aufgrund des ›Pakts‹* uns gegenüber keine offen feindliche Haltung einnahmen und meine Vorträge nicht langweilig waren, kamen bald mehr und mehr von ihnen. Nach einiger Zeit sprach ich einmal in der Woche zur Mehrheit des Lagers, das heißt zu etwa zweihundert Mann.«

Da die Vorträge niemals »proenglisch« sind, gewinnt Kuczynski, wie er schreibt, »die Nazis für uns«. Gegen Ende seiner Zeit im Lager kommen mehr als 300 Zuhörer, »von denen etwa hundert standen, ein und eine halbe Stunde lang«. Haffner hingegen, etwa zur gleichen Zeit in Seaton interniert, weiß auch auf Nachfrage von kulturellen Aktivitäten nichts zu berichten. Er sei nur kurz im Lager gewesen und habe davon nichts mitbekommen. Vielleicht hat ihn aber auch die dominante Rolle Jürgen Kuczynskis gestört.

Aufgrund der Protektion einflußreicher Freunde auf höchster Ebene wird Kuczynski am 24. April 1940 entlassen. Als er die Mitteilung erhält, läßt er den Lagerkommandanten wissen, er müsse zunächst seine Funktionen ordnungsgemäß übergeben, wozu er zwei bis drei Tage benötige. (Kuczynski hatte neben den genannten Ämtern ein weiteres übernommen, er war zum Kantinenrevisor gewählt worden, einstimmig, obwohl man ihm »wahrlich seine ›jüdische Abstammung‹ ansah«. Nach dem Krieg kehrt er nach Berlin zurück, wo er wiederum über sein Fachgebiet hinaus tätig ist und Renommee erwirbt. Die SED-Führung kann der »linientreue Dissident« nur zum Teil für seine Reformvorschläge gewinnen.

Warburg ist in großer Sorge über den Verbleib seines Autors. Mit einer Bekannten der Familie Pretzel spricht er bei den Behörden vor. »Zu sagen, daß ich wütend war, wäre untertrieben. […] Haffner war verschwunden, und ich hatte keine Idee, wohin. Mein Autor und sein Buch waren in Gefahr.« Zornig ruft

* Gemeint ist offensichtlich der deutsch-sowjetische Nichtangriffspakt vom 23.8.1939.

er im Home Office an und erklärt einer jungen Mitarbeiterin, die er zufällig kennt, daß Haffner ein wichtiges Buch geschrieben habe. Es sei von großem Nutzen für England im Kampf gegen Deutschland, weil es eine originäre Analyse des Charakters des Feindes biete. Wie soll er das Buch veröffentlichen, wenn der Autor in einem Internierungslager steckt? »Seltsame Dinge passierten in diesen Tagen [...] Zwei Monate später rief Haffner an. Er war freigelassen worden.«[28]

Das Buch ist noch immer nicht im Druck. Vor das Vorwort läßt Warburg noch eine »Anmerkung des Verlegers« setzen, in der er Haffner seinen Lesern vorstellt: »Der Autor ist ein ›arischer‹ Deutscher unter 40« und erläutert: »Dieses Buch wurde im April 1940 fertiggestellt und vor der deutschen Besetzung der Niederlande in Druck gegeben.[29] Sein Inhalt war nach Ansicht des Verlages von so aktueller nationaler Bedeutung, daß die Korrekturbögen imprimiert wurden, ohne daß der Autor Gelegenheit bekam, noch irgendwelche Änderungen an seinem Kapitel über deutsche Emigranten (Kapitel VII) vorzunehmen.«[30]

Zweite Internierung

Im Frühjahr 1940 spitzt sich die Lage der Flüchtlinge zu. Nach dem Überfall der Wehrmacht auf Dänemark und Norwegen und der Offensive in Westeuropa vergeht kaum ein Tag ohne fremdenfeindliche Attacken in der britischen Massenpresse. Berichte über die »fünfte Kolonne«, die in den Niederlanden als Antinazis und deutsche Flüchtlinge getarnt agiere, schüren in der Bevölkerung laut Meinungsumfragen sogleich Mißtrauen gegenüber den Flüchtlingen. Von der Regierung wird ein schärferes Vorgehen gegenüber den »feindlichen Ausländern« gefordert. »Handeln! Handeln! Handeln! – Und zwar sofort! Die Festnahme von feindlichen Agenten muß den örtlichen Tribunalen aus ihren unsicheren Händen genommen werden. Alle Flüchtlinge aus Österreich, Deutschland und der Tschechoslowakei, gleich ob Männer oder Frauen, sollten sofort in einen abgelegenen Winkel des Landes gebracht und unter scharfe Bewachung gestellt werden«, verlangt der Kommentator der *Daily Mail*, Ward Price, am 20. April 1940, also noch zu Zeiten Chamberlains. Ausgerechnet diese Zeitung war in den dreißiger Jahren führend daran beteiligt, ein positives Bild des Nationalsozialismus zu zeichnen. Unterstützt wird die *Daily Mail* in dieser Hetzkampagne von *Sunday Despatch*, *Daily Sketch* und *Sunday Chronicle*. Innenminister John Anderson, der sich den Plänen einer Gesamtinternierung bisher widersetzt hatte, gerät von seiten der Öffentlichkeit wie auch des Kriegs- und Außenministeriums mehr und mehr unter Druck.[31] Am 10. Mai tritt Chamberlain zurück, nachdem 30 Konservative mit den Oppositionsparteien gegen die Regierung gestimmt haben. Neuer Premier wird Winston Churchill, der sein Amt mit der berühmt gewordenen Blut-, Schweiß- und Tränenrede antritt. Sein Plädoyer für eine zweite, viel umfangreichere Internierungswelle am 15. Mai läßt nicht unbedingt darauf schließen, daß er der allgemeinen Hysterie erlegen wäre. Ihm scheint die Aktion gleichermaßen zur Abwendung von Gefahr für Großbritannien dienlich wie zum Schutz der »enemy aliens« vor Pogromen: »Es sollte eine großangelegte Verhaftungsaktion zur Festnahme aller feindlichen Ausländer und Verdächtigen durchgeführt werden. Es ist besser, wenn diese Personen hinter Stacheldraht sind. Die Internierung würde für alle deutsch sprechenden Personen wahrscheinlich mehr Sicherheit bedeuten, denn bei zunehmenden Luftangriffen wird sich die Öffentlichkeit erregen, und diese Menschen wären in großer Gefahr, befänden sie sich noch in Freiheit.«[32]

Jeder »enemy alien« wird einzeln abgeholt. Meist erfolgen die Festnahmen in den frühen Morgenstunden. Am 12. Mai, Pfingstsonntag, zwei Tage nach dem deutschen Angriff im Westen, ist Haffner an der Reihe. Die frühere Regelung, entlassene Internierte nicht noch einmal festzunehmen, ist außer Kraft gesetzt. Von amtlichen Kriegspropagandastellen verbreitete Berichte warnen vor den Emigranten, im Volk wächst die Furcht, sie würden sich bei einer Invasion deutscher Fallschirmspringer oder Truppen mit diesen verbünden. Das Home Office sieht sich zu einem Zickzack-Kurs genötigt. Andersons Vorschlag, nur die »enemy aliens« zwischen 16 und 60 Jahren in den militärischen Schutzzonen zu verhaften, wird als nicht ausreichend beurteilt, und so beginnt am 15. Mai die Internierung aller Männer, die in die Kategorie B eingeordnet waren. Anschließend werden binnen weniger Tage die als B-Fälle eingestuften Frauen festgenommen. »In der Kabinettssitzung am 11. Juni 1940 wurde dann das letzte Stadium der Masseninternierung eingeleitet, nachdem die Regierung bereits am Vortage entschieden hatte, nach dem Kriegseintritt Italiens über 4000 italienische ›enemy aliens‹ festzunehmen und in Lager zu überstellen. Der Druck der Militärführung und der Sicherheitsdienste war so stark, daß Churchill befand: ›Als generelles Prinzip sollten wir so schnell wie möglich die Verhaftung aller feindlichen Ausländer in Angriff nehmen, so daß sie keinen Schaden anrichten können. Danach sollten wir die einzelnen Fälle prüfen und jene entlassen, die diesem Lande freundlich gesonnen sind.‹«[33]

Mitte Juni sind 12000 von insgesamt 76000 Deutschen und Österreichern in Haft. Die Internierung der C-Männer wird für den 25. Juni angeordnet. Die englischen Behörden sind auf diese ganze Aktion logistisch nicht vorbereitet. Es gibt weder ausreichend Essen noch genügend Quartiere. Haffner wird über einen Monat lang von einer Notunterkunft in die andere verbracht. Die Regierung hält dennoch an dem einmal gefaßten Plan fest. Bis Anfang Juli werden 25000 Menschen interniert, darunter 4000 Frauen und einige hundert Kinder.

Erika Pretzel muß mit den beiden drei bzw. 18 Monate alten Kindern in eines der Frauenlager auf der Isle of Man, die bis dahin ein Ferienparadies des englischen Mittelstandes war. Besuche internierter Ehemänner sind nicht erlaubt. Erst später gestatten die Behörden dies einmal im Monat, ab 1941 werden sogar Familienlager auf der Insel eingerichtet. Oliver Pretzel erinnert sich später daran, wie seine Mutter erzählte, daß die Beamten ihr geraten hätten, die kleine Tochter in eine dicke Wolldecke zu wickeln, da Einheimische die verhaßten Deutschen beim Betreten der Schiffe mit Steinen beworfen hätten. Die Mutter und ihre Kinder haben solche Übergriffe der englischen Bevölkerung glücklicherweise nicht erlebt.

Ein fürsorglicher Verleger

Am 14. Juni 1940 erscheint *Germany: Jekyll and Hyde*, an diesem Tag fällt Paris den Deutschen in die Hände. Haffner erfährt beides erst später, er verbringt den Tag an Bord eines überladenen Schiffes, das Hunderte »enemy aliens« zur Isle of Man transportiert. Dort wird er bis zu seiner erneuten Freilassung Ende August festgehalten.

Die Haftbedingungen in den Camps auf der Isle of Man sind erträglicher als etwa im Zeltlager Prees Hearth oder in den Unterkünften auf der Pferderennbahn von Kempton Park. Haffner hat wohl unter der Internierung nicht allzusehr gelitten, im Rückblick erscheint ihm diese Zeit »ein bißchen wie verlängerte Ferien«. Wahrscheinlich mißfällt ihm der Aufenthalt in den Massenunterkünften dennoch mehr als anderen Intellektuellen oder Künstlern, die den Zwangsaufenthalt zur Fortsetzung ihrer Arbeit nutzen können, Vorträge halten oder organisieren wie Kuczynski, Konzerte für die Mithäftlinge geben, Kabarett spielen, Bilder malen und ausstellen. Für ihn ist entscheidend, daß er diese Monate heil überstanden hat und ihm die Deportation nach Kanada oder Australien im Sommer 1940 erspart geblieben ist.

Die Verschickung Internierter in die Dominions gehört nämlich zu den prekärsten Maßnahmen gegenüber den »enemy aliens«. Zunächst hat die britische Regierung derartige Deportationen im großen Stil geplant, doch erklären sich nur die Instanzen in Ottawa und Sidney auf mehrfaches Drängen hin bereit, das Mutterland angesichts tatsächlicher oder vermeintlicher Sicherheitsrisiken zu entlasten. Die Zusammenstellung der Transporte erfolgt nach keinen einheitlichen Kriterien. Als sich herausstellt, daß die vorgegebene Zahl an Häftlingen der Kategorie A, die vordringlich außer Landes gebracht werden sollen, nicht erreicht wird, füllen Internierte der B- und C-Kategorie das Kontingent auf. Einige melden sich, gelockt durch falsche Versprechungen, sogar freiwillig: Sie sollen angeblich freigelassen werden, ihre Familen nachholen und in die USA einreisen können. In anderen Lagern werden Leute willkürlich herausgegriffen und mit ihrem Gepäck zum Schiff gebracht, ohne irgendwelche Informationen zu erhalten.

Nach einer Überfahrt unter meist katastrophalen Bedingungen werden viele Flüchtlinge ausgeraubt und als »Nazis« beschimpft. Gerhard Zadek illustriert in dem gemeinsam mit seiner Frau Alice verfaßten Buch *Mit dem letzten Zug nach England* die Hintergründe: »Die Tragik bei der Durchführung dieses Projektes bestand jedoch darin, daß auf den insgesamt fünf Schiffen, die vom 20. Juni bis 10. Juli ab Liverpool nach Übersee ausliefen, überwiegend gerade jene Internierten untergebracht wurden, die sich als Antifaschisten und in der Masse jüdischer Religion oder Herkunft vor den Verfolgungen durch die Nazis nach Großbritannien retten konnten. Als die Schiffe in Kanada landeten, wurden die vermeintlichen Feinde im Hafen von zornigen Menschenmengen mit Buh-Rufen empfangen. Aus Wochenschauen in den Kinos war auch den Kanadiern bekannt, welche Opfer und Zerstörungen die deutsche Luftwaffe bei der Bombardierung britischer Städte verursacht hatte. Der Zorn wich großer Betroffenheit, als nicht Kriegsgefangene, sondern Zivilisten aller Altersgruppen, auch Jugendliche, die Schiffe verließen. Die kanadische Regierung machte auch keinen Hehl daraus, daß sie sich von der britischen Regierung betrogen fühlte.«

Von den vier Transporten, die nach Kanada geschickt werden, erreichen nur drei das Ziel. Die »Arandora Star«, ein Luxusdampfer, wird von einem deutschen Unterseeboot torpediert und sinkt innerhalb von 30 Minuten. 650 deutsche und italienische Internierte ertrinken, unter ihnen auch jener junge Mann namens Melchior, mit dem Haffner während seiner ersten Internierung Freundschaft geschlossen hatte. Nur etwa 450 Menschen können gerettet werden. Gerhard Zadek berichtet auch, daß er Überlebende der Arandora-Katastrophe im Lager Prees Hearth in der Grafschaft Shropshire kennengelernt habe, die streng isoliert wurden und striktes Verbot hatten, über das zu sprechen, was ihnen zugestoßen war. Eine knappe Woche später werden sie dann mit einem anderen Schiff nach Australien gebracht. Unter den Geretteten ist Peter Jacobsohn, der Sohn von Siegfried Jacobsohn, der wie Haffner in Seaton interniert war. Von ihm stammt folgender Bericht (wiedergegeben von Gerhard Zadek): »Es gab weder ausreichend Rettungsboote noch Schwimmwesten. [...] Die Lichtanlage fiel durch die Explosion im Motorraum aus, so daß es in den unteren Decks völlig dunkel war. Wie viele der Internierten deshalb gar nicht erst den Weg nach oben fanden, konnte nie genau ermittelt werden. Wem das dennoch gelang, der fand die wenigen Rettungsboote bereits zu Wasser gelassen, so daß nur die Wahl blieb, in die plus zwei Grad kalte See zu springen. Besonders ältere Männer wagten diesen Sprung in die Tiefe nicht und gingen mit der Arandora Star unter.«

Ihr Schicksal hat Haffner tief erschüttert. Bis ins hohe Alter entsetzt ihn der Gedanke, er hätte zu den Passagieren der »Arandora Star« gehören können. In dem bereits erwähnten Brief an Warburg schreibt er: »Du hast mir damit wirklich das Leben gerettet, denn es war ausschließlich Deiner unverlangten Intervention beim Home Office zu verdanken, daß ich freikam. Wie Du das gemacht hast, weiß ich bis heute nicht. Normalerweise hätte es mindestens sechs Monate gedauert, bis ein Internierter vor einem Berufungstribunal angehört wurde. Wenn ich im Mai[34] noch im Lager Seaton gewesen wäre, wäre ich mit allen anderen Insassen nach Kanada verschifft worden, auf der Arandora Star, die torpediert wurde und sank und es große Verluste an Menschenleben gab. Ich bin mir ziemlich sicher, daß ich nicht unter den Überlebenden gewesen wäre, weil mein körperlicher Zustand zu der Zeit nicht besonders robust war.« Warburg fühlt sich geehrt: in einem so wörtlichen Sinne das Leben eines Autors zu retten, gehöre nicht zu den üblichen Erfolgen eines Verlegers. In seinen Erinnerungen bekennt er, daß er keineswegs nur ein Gebender gewesen ist: »Während des Krieges einen Deutschen gekannt zu haben, der Verstand, Weitblick und Anstand mit echter Liebe für sein eigenes Land verband, gab mir ein gewisses Maß an Objektivität, als der Krieg endete. Er hat eine großartige Arbeit für England und Deutschland geleistet.«

Vorher war ich ein Niemand

Nach mehreren Anläufen ist *Germany: Jekyll and Hyde* das erste Buch Haffners, das tatsächlich Druckerschwärze gesehen hat. Mit diesem erfolgreichen Debüt als politischer Publizist hat er sich selbst eine Art Visitenkarte für die englische Politik ausgestellt und den Weg in die Redaktionen zweier Zeitungen geebnet.

Man kann *Germany: Jekyll and Hyde* daher mit Recht als den entscheidenden Wendepunkt im Leben seines Autors bezeichnen. Da scheint es nur passend, daß gerade mit diesem Buch das Pseudonym »Sebastian Haffner« in die Welt gesetzt wird, mit dem er seine Verwandten in Deutschland zu schützen hofft. Es dauert allerdings nicht lange, bis die Nazis herausfinden, wer sich hinter dem Namen verbirgt. Helmut Kindler hat ihn das erste Mal aus dem Munde eines Gestapo-Mannes, der ihn verhörte, vernommen.[35]

Der Entscheidung für das Pseudonym Sebastian Haffner geht eine eingehende Beratung mit Erika voraus. Für die Wahl sind schließlich mehrere Gründe ausschlaggebend: Der Name sollte leicht über die englische Zunge gehen, als deutscher erkennbar sein, vielleicht Assoziationen an deutsche Kultur wecken (Sebastian von Johann Sebastian Bach, Haffner von Mozarts Haffner-Symphonie oder der Haffner-Serenade; beide Stücke sind auch in England sehr bekannt), und es sollte kein jüdisch klingender Name sein. Haffner hat oft darauf hingewiesen: »Sebastian ist kein Judenname.« Er will nicht den falschen Eindruck erwecken, daß er zu der Gruppe der aus rassischen Gründen Verfolgten gehört. Er sieht sich als Emigrant, weniger als Flüchtling. »Seitdem hängt mir dieser Name an, und ich hab ihn behalten und hab ihn versucht, zu Ehren zu bringen.«[36]

Warburgs Idee, vor Erscheinen von *Germany: Jekyll and Hyde* Leseexemplare zu versenden, zahlt sich aus. Haffner erzählt: »[...] plötzlich fing ich an, Ende April, Anfang Mai 1940, in politischen Kreisen, bei Abgeordneten und Journalisten ein bißchen bekannt zu werden, vorher war ich ein Niemand. Das war sehr schön, ich hatte einen kleinen Erfolg.«

Der Publizist Henry Wickham Steed, bis 1914 *Times*-Korrespondent in Berlin und vorher in Wien, später Chefredakteur, ist einer der ersten, der auf Haffners Buch aufmerksam wird – gewiß nicht ohne Zutun des umtriebigen Verlegers, da Steeds Lob bereits auf dem Schutzumschlag der Erstausgabe prangt. In der Zeitschrift *Fortnightly* nennt der »damalige große alte Mann des englischen Journalismus«[37] *Germany: Jekyll and Hyde* das »erhellendste Buch über den Nazismus und die Nazis, das bisher geschrieben wurde«. Er lädt Haffner ein, um ihn kennenzulernen.

Und bei dieser einen Begegnung bleibt es nicht. Haffner berichtet später, er habe in den Jahren 1940 und 1941, »kurz bevor Steed starb, noch eine Anzahl höchst lehrreicher Gespräche« mit diesem Mann geführt,[38] der sich »immer ein großes Interesse für Deutschland bewahrt« habe.

Steed, eine bemerkenswerte Persönlichkeit nicht nur der englischen Publizistik, sondern auch der Politik, hatte vor dem Ersten Weltkrieg das Kunststück fertiggebracht, als Korrespondent der *Times* aus Wien ausgewiesen zu werden. Er hatte den kommenden Krieg vorhergesagt, nachdem Österreich-Ungarn 1908 Bosnien und die Herzegowina annektiert hatte. Seinen Vorschlag, die zehn Völkerschaften der Doppelmonarchie als Föderation nach Schweizer Muster zu gliedern, hatten die Mächtigen in Wien als Frontalangriff auf ihr weit ausgreifendes, doch innerlich zerfallendes Reich aufgefaßt und »Hochverrat« genannt.

Vor dem nächsten Krieg, 1934, war Steed der erste Brite, der einen Bericht über das Ausmaß der offenen und versteckten Aufrüstung Hitlers veröffentlichte. Im Juni 1940 initiiert und leitet er eine Organisation nicht dienstpflichtiger Freiwilliger. »Die damaligen Wochenschauen zeigten Steed beim Austeilen der Waffen an Kampfwillige und -fähige ohne Altersbegrenzung«, berichtet der Berliner Kommunist Karl Retzlaw: »Wer sich, wie Steed selber, auch mit 70 Jahren noch rüstig genug fühlte, sollte mitkämpfen.«[39] An der 1941 gegründeten deutschsprachigen *Zeitung*, an der Haffner ein Jahr mitgearbeitet hat, läßt Retzlaw aus ideologischen Gründen kaum ein gutes Haar. In diesem Zusammenhang erwähnt er auch, Steed habe ihm »mit Wohlwollen von Haffner erzählt«. Daß Steed für *Die Zeitung* bereits im ersten Monat ihres Erscheinens einen Artikel beisteuert, läßt ebenfalls auf eine tiefere Wirkung von Haffners Buch schließen. Dessen Standpunkt, man müsse Deutschland unter Hitler jeden nur denkbaren Widerstand entgegensetzen, ohne dieses Land insgesamt zu verdammen, dürfte mit seinem Deutschlandbild korrespondiert haben.

Die *Times* lobt *Germany: Jekyll and Hyde* als eine der »klügsten Analysen der deutschen Mentalität«. Im *Observer* weist man besonders auf Haffners Behauptung hin, daß eine Mehrheit der Deutschen »in ihrem Herzen« Hitler-Gegner sei.[40]

Das Buch wird im Rundfunk vorgestellt,[41] Leitartikel des *Evening Standard* und des *New Statesman* geben den Inhalt wieder. Der Schriftsteller J.B. Priestley wünscht *Germany: Jekyll and Hyde* eine Millionenauflage.[42]

Auch in den USA ist das Presseecho beachtlich. Der *New Yorker* rühmt die »auffallend realistische und scharfsinnige Analyse der Ideen, die das Deutsche Reich von Bismarck bis hin zu Hitler dominiert haben«. Für die *Washington News* ist »im Sammelsurium der Bücher, die die Nazis beklagen, schmähen oder analysieren, dies das erste, das auf glaubwürdige Weise die Einstellung des deutschen Volkes darstellt«. Das *Worcester Telegram* (Massachusetts) teilt diese Wertung: »ein hervorragend geschriebenes Buch«, »ein aufrichtiger, erfolgreicher Versuch« zu erklären, »wie eine Nation intelligenter, gebildeter und freundlicher Menschen einen Verbrecher in solchem Maße unterstützen kann«.

Der britische Informationsminister Duff Cooper empfiehlt es ausdrücklich und erwähnt es im Laufe des Sommers zweimal im Unterhaus und einmal im House of Lords. Im amerikanischen Princeton notiert Thomas Mann am 15. Mai 1940 in seinem Tagebuch: »Las aufmerksam in einem engl. Buch: *Germany: Jekyll and Hyde* von S. Haffner (Pseudonym?), ausgezeichnet.« An anderer Stelle heißt es: »vorzügliche Analyse«.

Als Thomas Mann, Haffners großes Vorbild, die Lektüre beendet hat, wendet er sich am 23. Mai 1940 an den Verlag Harper & Brothers in New York: »Ich schreibe, um Ihnen Sebastian Haffners kürzlich erschienenes Buch sehr ans Herz zu legen, von dem ich annehme, das Sie es bereits erhalten haben. – Dieses Buch, eine sehr kraftvolle Analyse des gesamten Phänomens des Nazismus, ist eines der instruktivsten, das über die Deutschen in ihrer gegenwärtigen Situation geschrieben wurde. Die Haltung jener Deutschen, die das Regime unterstützen, wird ebenso behandelt wie die derjenigen, die dagegen sind. Die psychologische Studie von Hitler und seinen Anhängern ist exzellent und sehr aufschlußreich. Der Autor hat tatsächlich die gesamte nationalsozialistische Bewegung, die er gut kennt, mit einer seltenen Einsicht und Erkenntnis interpretiert. – Ich glaube, die Publikation dieses außergewöhnlichen Buches, das es uns möglich macht, diese täglich von größerer und vitalerer Wichtigkeit werdende Sache gründlich zu verstehen, käme in dieser schweren Stunde zur richtigen Zeit und ich bitte Sie inständig um ihre wohlwollende Abwägung und Unterstützung meines Anliegens.« Haffners Buch erscheint 1941 auch in den USA, jedoch in einem anderen Verlag.

Auch die Fürsprache eines Mannes mit so großem Ansehen, wie Wickham Steed es genoß, dürfte für vieles Weitere ebenso nützlich gewesen sein wie die Empfehlung durch den Informationsminister. (Er war derjenige, der im folgenden Jahr die Genehmigung für *Die Zeitung* erteilt und die benötigten Gelder bewilligt hat.) Und Thomas Mann schickt ein knappes Jahr später ein fast euphorisches Telegramm für die erste Nummer der *Zeitung*, das auf der Titelseite abgedruckt wird.[43]

Haffner, noch immer im Internierungslager, kann das positive Echo nicht unmittelbar aufnehmen und auskosten. Warburg bemüht sich wieder um seine Entlassung. Diesmal hat er einen Teil der öffentlichen Meinung auf seiner Seite. Im Unterhaus fragt der Abgeordnete Parker den Innenminister, ob »er vorhabe, Sebastian Haffner, den Autor von *Germany: Jekyll and Hyde,* freizulassen und von seinen Diensten Gebrauch zu machen, der interniert sei trotz seines großartigen Beistands für die alliierten Kriegsbemühungen«. Im Oberhaus macht es sich der Bischof von Chichester zu seiner Sache, die Internierung von Nazigegnern zu kritisieren. Trotzdem vergeht mehr als ein Vierteljahr, bis Haffner freikommt. Er trifft am 24. August 1940 in London ein, dem Tag, als dort die ersten Bomben fielen.[44] »Das kann ja angenehm werden«, dachte er sich in seiner Pension am Brunswick Square, in der er abgestiegen war – allein, denn seine Familie mußte noch einige Zeit im Internierungslager ausharren. Das Häuschen in Cambridge war inzwischen neu vermietet und die persönliche Habe eingelagert worden.

Erst im Dezember 2001 berichtete George Weidenfeld in der »Welt«, daß er von Churchills Sohn Randolph erfahren hat, daß Winston Churchill von Haffners Buch so angetan war, daß er sein Kabinett mitten im Krieg dazu verdonnerte, es zu lesen. Sicher ist, daß Haffner von dieser besonderen Anerkennung nie erfahren hat.

Die Eltern Carl Louis
Albert Pretzel und
Wanda geb. Lehmann

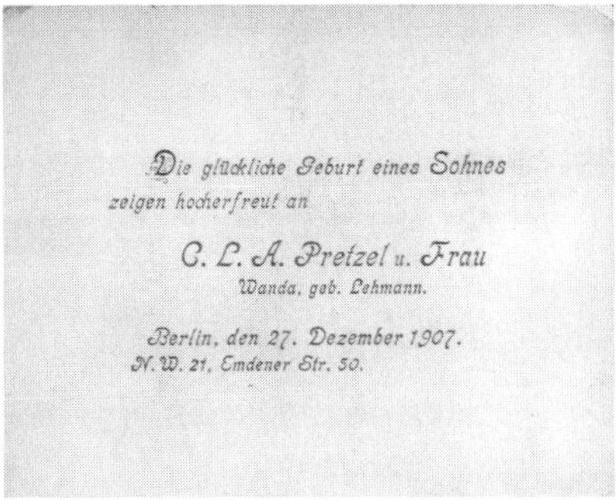

Die glückliche Geburt eines Sohnes
zeigen hocherfreut an

C. L. A. Pretzel u. Frau
Wanda, geb. Lehmann.

Berlin, den 27. Dezember 1907.
N.W. 21, Emdener Str. 50.

Geburtsanzeige

Die Familie vor der Dienstwohnung des Vaters im Hof der Schule, Prenzlauer Allee, August 1918
stehend Bernhard, Eva und Ulrich

Spaziergang, zwanziger Jahre

Ausflug der Abiturklasse, August 1924
ganz links am Rand Sebastian Haffner

Mit Teddy im Tennisclub, 1930

Bootsfahrt mit einem Freund, Juni 1927

Beim Moselwein, Mai 1928

Faschingsfeier, die junge Frau im Türkenkostüm ist vermutlich Charlie

PARIS. — Basilique du Sacré-Cœur,
vue de la rue du Chevalier de la Barre.

Lieber Raimund,
sag' mir einmal wie es Dir geht. inzwischen wünsche ich Dir ein frohes Weihnachtsfest und ein glückliches Neues Jahr
Dein Teddy.

134 « IMAGES DE PARIS ».

« Les Editions d'Art YVON », - Paris, 15, Rue Martel
Reproduction interdite - Fabrication Française

POSTES 1f REPUBLIQUE FRANÇAISE

Monsieur
Dr. Raimund Pretzel
Tietzenweg 135
Berlin-Lichterfelde
Allemagne

Postkarte von Teddy aus Paris, 20. Dezember 1937

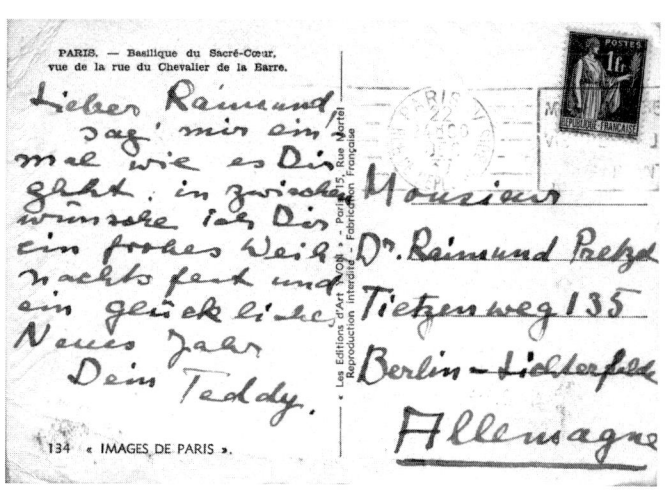

Sebastian Haffner und seine Mutter vor dem Haus in Berlin-Lichterfelde, Tietzenweg 135, Mitte der dreißiger Jahre

Mit Freunden in Paris,
Anfang der dreißiger Jahre

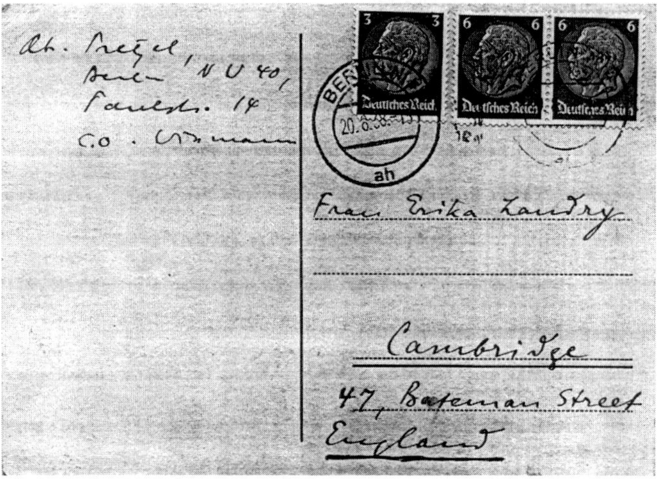
Dr. Pretzel,
Berlin NW 40,
Paulstr. 14
c.o. [illegible]

Deutsches Reich
Berlin
20.8.38

Frau Erika Landry

Cambridge
47, Bateman Street
England

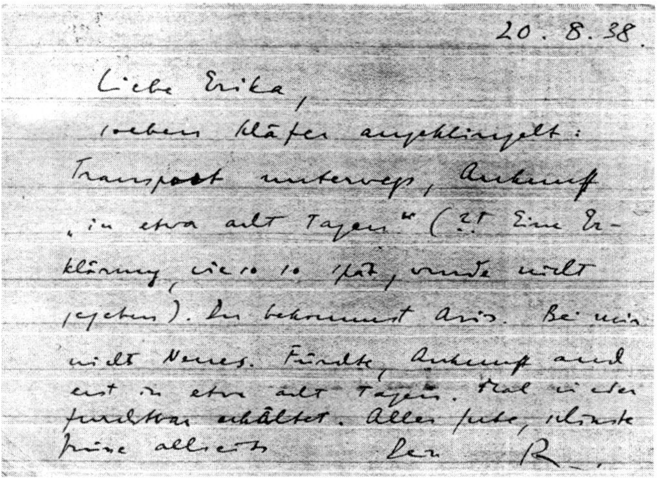
20. 8. 38.

Liebe Erika,
soeben Kläger angeklingelt: Transport unterwegs, Ankunft „in etwa acht Tagen" (?! Eine Erklärung, wieso so spät, wurde nicht gegeben). Du bekommst Avis. Bei uns nichts Neues. [illegible], Ankunft auch erst in etwa acht Tagen. [illegible] Alles Gute, schönste Grüße allerseits Dein R.

Haffner informiert seine künftige Frau, die offiziell ausreisen konnte, am 20. August 1938 über das baldige Eintreffen ihrer Möbel

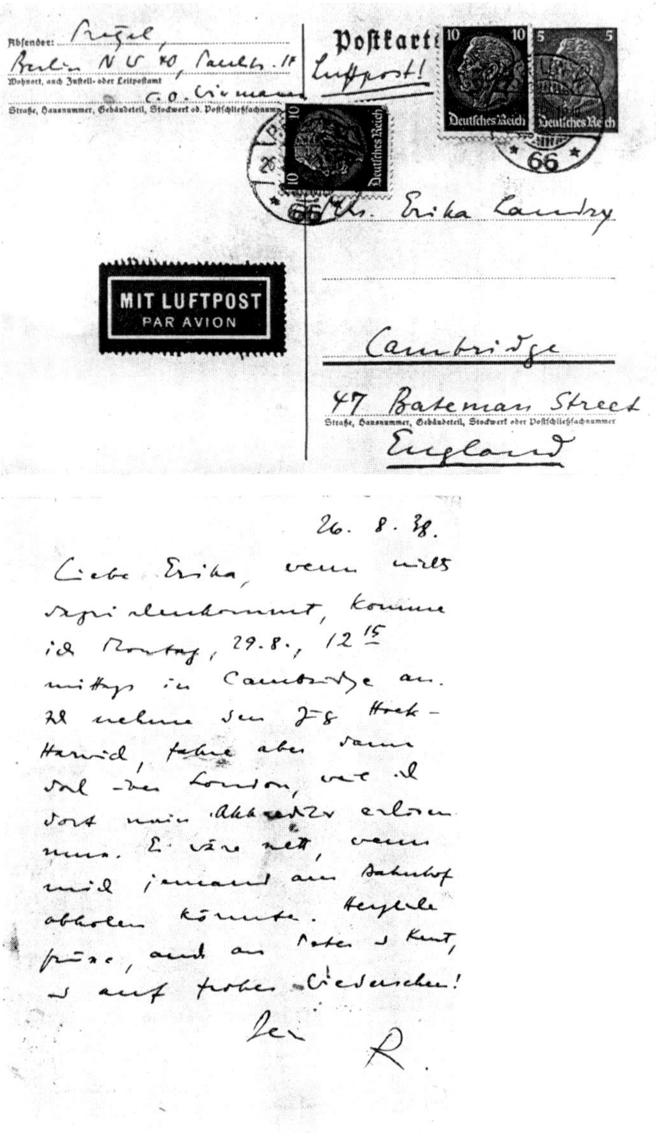

Absender:

Wohnort, auch Zustell- oder Leitpostamt

Straße, Hausnummer, Gebäudeteil, Stockwerk od. Postschließfachnummer

Postkarte

Luftpost!

Deutsches Reich

MIT LUFTPOST
PAR AVION

Mrs. Erika Landry

Cambridge

47 Bateman Street

Straße, Hausnummer, Gebäudeteil, Stockwerk oder Postschließfachnummer

England

26. 8. 38.

Liebe Erika, wenn nichts dazwischenkommt, komme ich Montag, 29.8., 12 15 mittags in Cambridge an. Ich nehme den Zug Hoek-Harwich, fahre aber dann doch über London, weil ich dort mein Akkreditiv erheben muss. Es wäre nett, wenn mich jemand am Bahnhof abholen könnte. Herzliche Grüße, auch an Peter u. Kurt, u. auf frohes Wiedersehen!

Dein R.

Haffner kündigt seine Ankunft in Cambridge an, Postkarte vom 26. August 1938

Ein Bestseller, vor dem September 1939 in England geschrieben, in Deutschland im Jahr 2000 erstveröffentlicht

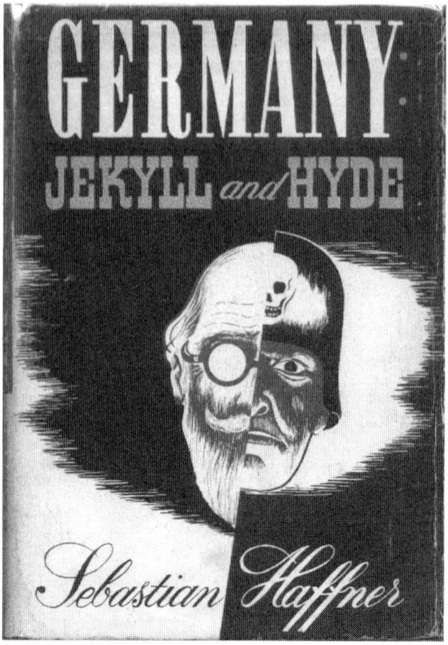

Sebastian Haffners erstes Buch, erschienen im Juni 1940 bei Secker & Warburg in London

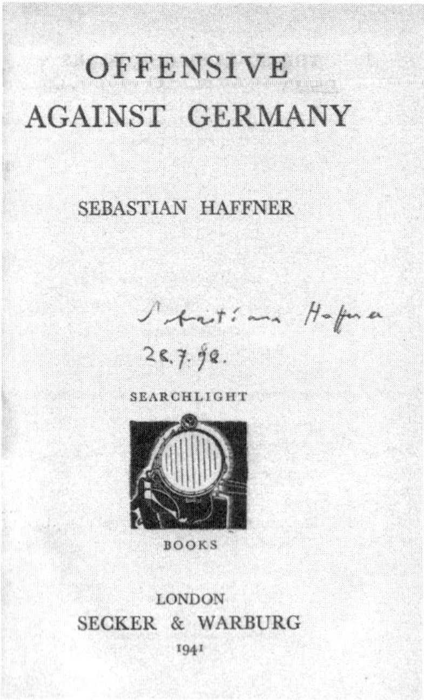

Titelblatt des einzigen bisher nicht ins Deutsche übersetzten Buches von Sebastian Haffner; die Reihe Searchlight Books wurde von T. R. Fyvel und George Orwell herausgegeben.

Winston Churchill während einer Propagandareise an der französischen Front im Jahr 1940; links General Ironside, rechts Gmelin und Gort

Das zerbombte London, im Hintergrund die St. Pauls Kathedrale, um 1944

George Orwell als BBC-Kommentator

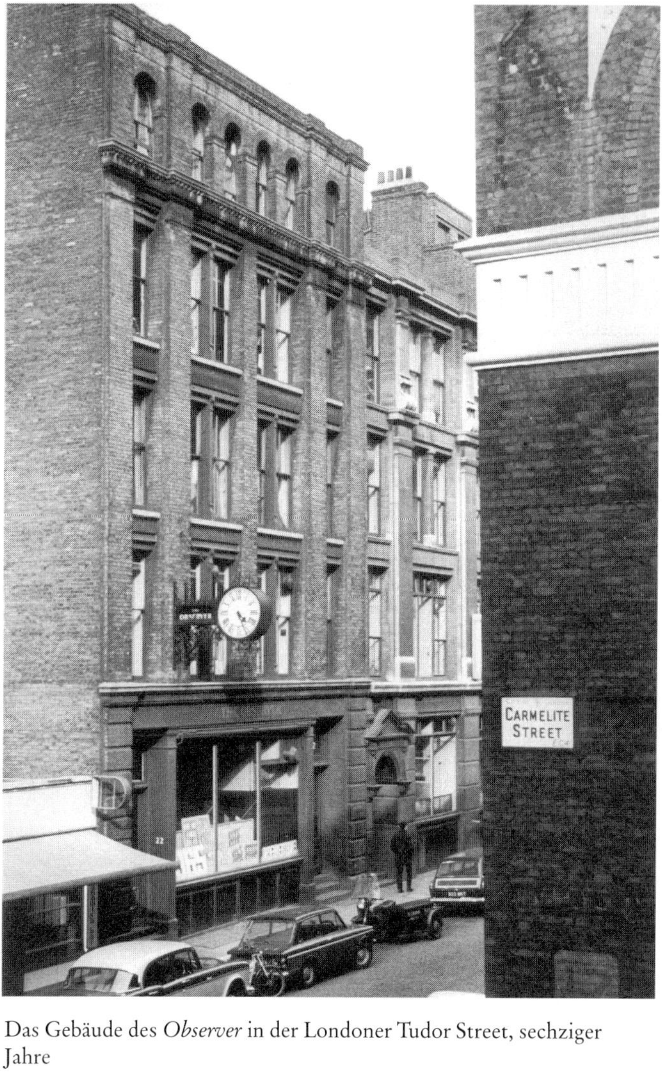

Das Gebäude des *Observer* in der Londoner Tudor Street, sechziger Jahre

Mittwoch, den 12. März 1941 London Nummer 1

ERSCHEINT JEDEN WOCHENTAG

PREIS: EIN PENNY

Die Zeitung

DIE ZEITUNG

Aufmarsch im Atlantik

Amerikahilfe versendungsbereit — Weitere 75 Zerstörer für England — Frühjahrsoffensive der U-Boote hat begonnen—Nazi-Intriguen um die französische Flotte

DIE KRIEGSLAGE

von

SEBASTIAN HAFFNER

Deutschlands Machtradius

Britische Niederlage

THOMAS MANN BEGRÜSST „DIE ZEITUNG"

WESTERN UNION

CABLEGRAM

Titelseite der ersten Ausgabe der *Zeitung*

Die Geburtsstunde des politischen Redakteurs

David Astor in der Redaktion des *Observer*

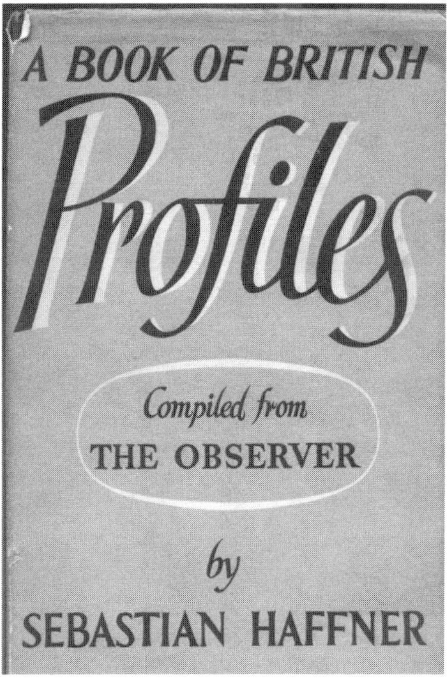

Die von Sebastian Haffner betreute Serie »Profile« war eine »nationale Institution«. Der Band enthält eine Auswahl aus 5 Jahren.

Sebastian Haffner, porträtiert von seiner Kollegin Jane Bown, um 1950

Auf Warburgs Begabung zu »strategischer Freundschaft« und seinen Spürsinn für intellektuelle Originalität gründen sich mannigfache Buchideen und Projekte. Im Januar 1940 macht er Haffner mit zwei Autoren bekannt, die im Gegensatz zu anderen Intellektuellen Faschismus und Demokratie stets für unvereinbar gehalten haben: George Orwell und Tosco R. Fyvel. »Das Treffen fand in der Londoner Wohnung von Hans Lothar statt, der vor Hitlers Machtergreifung Mitherausgeber des früheren liberalen Blattes in Deutschland, der *Frankfurter Zeitung*, gewesen war.«[1]

Diese Begegnung ist der Auftakt für ihre Debatten über »Kriegsziele« und die neue Reihe *Searchlight Books*. Fyvel hatte sich in seiner 1938 bei Secker & Warburg erschienenen Studie über den Zionismus *No Ease in Zion* mit den Ansprüchen der Juden, Araber und Engländer auseinandergesetzt und die Problematik der europäischen Juden auf die Aggressionspolitik Hitlers und Mussolinis zurückgeführt. Dem Schlußsatz des Buches »Nicht der Friede allein, auch die geistige Gesundheit ist unteilbar geworden« dürften Orwell, Warburg und Haffner vorbehaltlos zugestimmt haben, die während des Sommers 1940 häufig mit Fyvel diskutieren.

Die Phase des Scheinkrieges ist für England vorbei: Außer den Luftangriffen zermürbt die Menschen die Furcht vor einer Invasion, die angesichts der nach dem Debakel von Dünkirchen fast entwaffneten Armee verheerend wäre. Als Intellektuellen ohne Machtpositionen bleibt ihnen indessen das Wort, um Vernunft und Menschenwürde zu verteidigen und zum Kampf gegen Hitler zu mobilisieren. So kreieren sie ein neues Forum – die Reihe *Searchlight Books.* »Die vier bildeten eine kleine ›Kriegszielgruppe‹ und saßen [...] in Warburgs Londoner Garten in Twyford, von wo aus sie die Rauchfahnen der Luftschlacht um England beobachteten und dabei beratschlagten, wer von ihnen über welches Thema schreiben solle«.[2]

Fyvel und Orwell, die Herausgeber der *Searchlight Books*, gewinnen neben Haffner in kurzer Zeit 15 Autoren. Die programmatische »Verlagsankündigung« ist von Orwells nonkonformistischem Patriotismus ebenso geprägt wie von Fyvels geradezu missionarischem Eifer: »Wir können Deutschland nicht besiegen, ehe wir uns nicht unserer eigenen Schwächen entledigt haben. Es ist das Ziel der SEARCHLIGHT-BOOKS, alles in ihrer Macht Stehende zu tun, um das zu kritisieren und auszumerzen, was faul ist an der Zivilisation des Westens, und konstruktive Ideen beizusteuern für die vor uns liegenden schwierigen Zeiten. Die Buchreihe [...] wird Großbritanniens internationale und imperiale Verantwortung herausstellen und das Ziel eines nach Plan sich entwickelnden Großbritannien an der Spitze eines größeren und freieren British Commonwealth, das im Bunde mit den Vereinigten Staaten von Amerika und mit anderen Ländern das Gerüst einer neuen Weltordnung bilden soll.« Angekündigt werden »in einfacher Sprache geschriebene« Bücher, »frei von den politischen Phrasen und Klischees der Vergangenheit«, adressiert »an die neue Generation, welche in diesem Krieg auf den Schlachtfeldern und in den Fabriken kämpft, sowie an all jene, die erkennen, welche Möglichkeiten einer weltweiten Entwicklung vor uns liegen«.

1941 veröffentlicht der Verlag neben Orwells *The Lion and the Unicorn – Socialism and the English Genius* und Haffners *Offensive against Germany* sechs weitere Titel*, 1942 kommen noch zwei hinzu**. Die bereits vorbereiteten Bände von Michael Foot, Cyril Conolly, George Catlin, Tosco R. Fyvel, François Lafitte und Arthur Koestler können nicht erscheinen,

* Ritchie Calder, The Lesson of London; Cassandra, The English at War; T.C. Worsley, The End of »The Old School Tie«; Arturo Barea, The Struggle for the Spanish Soul; Joyce Cary, The Case for African Freedom; B. Causton, The Moral Blitz: War Propaganda and Christianity.
** Olaf Stapledon, Beyond the »Isms«; Stephen Spender, Life and the Poet.

da bei der Zerstörung von Warburgs Druckerei in Portsmouth die kostbaren Papiervorräte vernichtet werden.

Orwell hatte einige Thesen seines Buches schon in früheren Artikeln dargelegt: Der Krieg sei »die letzte Möglichkeit eines Sieges der Demokratie über den Faschismus«, und das englische Volk könne »nur auf dem Weg des Umsturzes [...] zur Freiheit gelangen«. Erstmals führt er jedoch seine Reflexionen zu der Konsequenz, daß »der Sieg über Hitler die Beseitigung der Klassenprivilegien voraussetzt«. »Es wird einen harten politischen Kampf geben [...] Doch gerade weil der Sinn der Engländer für nationale Einheit niemals verlorenging, weil der Patriotismus letztlich stärker ist als aller Klassenhaß, besteht die Aussicht, daß der Wille der Mehrheit sich durchsetzen wird.« Er schlägt ein Sechs-Punkte-Programm vor, dessen Realisierung die Nation von Kopf bis Fuß umgestaltet hätte: Verstaatlichung des Grundbesitzes, der Banken, Versicherungen und Großindustrie; Begrenzung der Einkommen, eine Schulreform nach »demokratischen Prinzipien«, Indien solle sofort der Dominionstatus zuerkannt werden und sich nach dem Krieg von England trennen können, Erklärung einer Allianz mit China, Abessinien und »allen anderen Opfern der faschistischen Mächte«. Der Sieg über Hitler sei die Voraussetzung, »etwas zu errichten, was eine westliche Nation für Sozialismus halten könnte«. »Andererseits können wir Hitler nicht besiegen, solange wir wirtschaftlich und sozial im neunzehnten Jahrhundert verharren.«

Fredric Warburg hat Orwells Manuskript mit Begeisterung gelesen, es sei die einzige positive Äußerung seiner Ansichten, die der Autor jemals zu Papier gebracht habe – auf Anregung von Fyvel. Arthur Koestler schreibt im Januar 1950, eine Woche nach Orwells Tod, im *Observer*: »Unter all den Pamphleten, Traktaten und Ermunterungen, die der Krieg hervorrief, ist kaum etwas der Mühe wert, es heute noch einmal zu lesen, außer vielleicht E.M. Forsters *What I believe*, einige Abschnitte aus Churchills Reden und, vor allem, George Orwells *The Lion and the Unicorn*.« Der erste Abschnitt, »England, dein England«, sei das bewegendste Porträt des englischen Charakters.

Lion and the Unicorn ist kaum rezensiert worden. Es hat damals wahrscheinlich in der Öffentlichkeit Orwells Ruf als Exzentriker gefestigt, denn wer hätte 1940/41 in England Anzeichen für eine revolutionäre Situation entdecken können? Man mag seine Thesen als fatalen Irrtum abqualifizieren; eine Handhabe, Orwell als Antikommunisten und Kalten Krieger zu reklamieren, bieten sie keinesfalls.

Die Biographen Lutz Büthe und Bernard Crick führen die Fehldeutungen von Orwells politischer Haltung sowie seiner berühmten Werke *Farm der Tiere* und *Neunzehnhundertvierundachtzig* u.a. auf die Unkenntnis von *Lion and the Unicorn* zurück.[3]

Von Haffner sind keine Äußerungen über *Lion and the Unicorn* bekannt. Orwells »oligarchischer Kollektivismus« muß ihn befremdet haben, da er weder die Hoffnung auf eine sozialistische Revolution noch die Vorstellungen von sozialer Gleichheit geteilt hat. Später begründet Haffner seine Motivation, für die Serie *Searchlight Books* ein Buch mit dem Titel *Offensive against Germany* zu schreiben, mit dem Bedürfnis, »denjenigen, die sich in Deutschland nicht für den Nationalsozialismus begeistern, eine Art positives Ziel zu geben. Ich unterstrich nochmals die Idee eines ›United Europe‹.«

»Ich schrieb dieses Buch Anfang 41, also nach dem Fall von Frankreich, wo ja die ganze Stimmung sich sehr geändert hatte. Als ich *Germany: Jekyll and Hyde* schrieb – das war im ersten Kriegswinter während des sogenannten ›phoney war‹ –, glaubte man, daß England und Frankreich natürlich den Krieg gewinnen würden, wenn auch langsam. Im zweiten Winter hoffte man eher, na, hoffentlich kommen die Deutschen nicht und gewinnen den Krieg. Ich nannte dieses zweite Buch *Offensive against Germany* (Angriff auf Deutschland) und sagte, die einzige ›Offensive‹, die man jetzt noch vornehmen kann, ist moralischer Art.«

Crick zufolge hat der Verlag von Orwells Streitschrift 10000 Exemplare verkaufen können, Haffners Pamphlet hingegen wird kein solcher Erfolg. Nach Meinung seines Autors ist es zu Recht vollkommen in Vergessenheit geraten. Er distanziert sich von keinem anderen seiner Bücher so stark wie von diesem. Auch *Die Sieben Todsünden des Deutschen Reiches* und *Der Selbstmord des Deutschen Reiches*, mit 56 und 61 Jahren verfaßt – beide »schreienden Zeitschriftentitel« stammen nicht von ihm –, nennt er »Jugendsünden«[4], die er nicht noch einmal veröffentlicht sehen will, während er 1996 nach früheren Absagen seine Einwilligung gibt, *Germany: Jekyll and Hyde* durch eine Rückübersetzung dem deutschen Publikum zugänglich zu machen.

Einem Oberstudienrat aus Zwickau, der, ohne jede Publikationsabsichten, eine Übersetzung von *Offensive against Germany* angefertigt hatte, schreibt Haffner am 21. Dezember 1997: »Ich werde einer Wiederveröffentlichung dieses Buchs, falls sie beabsichtigt sein sollte, keinesfalls zustimmen. Es ist das einzige meiner Bücher, zu dem ich nicht mehr stehe – nach fünfzig Jahren politischer Erfahrung. Ich glaube nicht mehr, daß Kriege durch Propaganda gewonnen werden können, auch vieles andere an diesem Buch kommt mir heute falsch vor.« Und 1989 im Interview mit Jutta Krug bewertete Haffner *Offensive against Germany* als »ein schwächeres Buch, es war auch schneller geschrieben* und mehr ad hoc. Ein bißchen Opportunismus ist auch dabei, und außerdem hat ein Lektor bei Warburg zu sehr darin rumgeändert. Das Buch verteidige ich nicht mehr besonders. *Germany: Jekyll and Hyde* hingegen sehe ich als authentisches Zeugnis meiner selbst, wie ich damals war und wie ich dachte.«

Gründung der *Zeitung*

Von den Teilnehmern jenes Treffens im Januar 1940 hat Hans Lothar wohl Haffner politisch näher gestanden als Orwell und Fyvel. Lothar war vor seiner Emigration nach London im Jahre 1936 Geschäftsführer der Frankfurter Societäts-Druckerei, in

* Im Besitz Oliver Pretzels befindet sich ein Exemplar des Buches, das der Familie Hirsch in Leicester gewidmet ist. Der Widmung zufolge hat Haffner das Buch dort in der Zeit von Oktober 1940 bis März 1941 geschrieben. Für das wesentlich umfangreichere Buch *Germany: Jekyll and Hyde* hat Haffner keinesfalls mehr Zeit zur Verfügung gehabt.

der u.a. die *Frankfurter Zeitung* gedruckt wurde, als deren Mitherausgeber er fungierte. Das Organ hatte seine liberalistischen Leitlinien zum Teil bereits vor 1933 aufgegeben, unterwarf sich nach der Machtergreifung Hitlers einer ständigen Selbstzensur und ging zur regierungskonformen Berichterstattung über. Lothar gab seinen Posten nicht auf, als die Nationalsozialisten im Frühjahr 1934 die »Arisierung« des Unternehmens verlangten, Heinrich Simon, dessen Familie die Societäts-Druckerei gegründet hatte, ausgewandert war und 12 von rund 80 Redakteuren ausscheiden mußten. In London, wo Lothar noch einige Zeit für das Inseratengeschäft der *Frankfurter Zeitung* tätig war, gehörte er für vier Jahre zu den leitenden Mitarbeitern im Verlag Secker & Warburg.

In einem Dossier aus dem Aktenbestand des Foreign Office wird Lothar eine opportunistische Haltung zugeschrieben: »Er ist der Typus eines Geschäftspolitikers, von dem nur eines feststeht, dass er nicht sozialistisch ist.«* Gleich nach seiner Entlassung aus dem Internierungslager hat sich Haffner wahrscheinlich mehrmals mit Hans Lothar getroffen. Am 9. September unterzeichnen beide das *Memorandum on »Die Zeitung«*, mit dem sie bei englischen Behörden um Unterstützung für die Herausgabe einer deutschsprachigen Emigrantenzeitung werben. Ihrem Gesuch wird entsprochen: Die erste Ausgabe der *Zeitung* erscheint am 12. März 1941 in London.

Die Projekt-Idee ist mehrfach Haffner zugeschrieben worden,[5] der diese Behauptung jedoch ebenso zurückgewiesen hat wie die Annahme, er habe Lothar während der Internierung kennengelernt. Er stellt gegenüber Jutta Krug die Entstehungsgeschichte der *Zeitung* folgendermaßen dar: »Ich habe sie nicht mitbegründet, sondern ich wurde von dem Gründer Hans Lothar, der übrigens später aus privaten Gründen Selbstmord begangen hat, angestellt.« Lothar habe seine Bücher gelesen und sich gedacht, »das

* Das Schriftstück zum Komplex der deutschen Einwanderer enthält außerdem Einschätzungen von Sebastian Haffner, dem Vertrauten Friedrich Stampfers Victor Schiff, dem früheren kommunistischen Politiker Rudolf-Möller Dostali sowie dem späteren SPD-Parteichef Erich Ollenhauer. Der Verfasser ist unbekannt. (Public Record Office-FO 371/34399)

ist ein neuer, unverbrauchter Name, ein Mann mit einem gewissen politischen Sinn, offenbar ganz intelligent auf seine Art. Er engagierte mich als ›political editor‹*. Ich schrieb Leitartikel.«

Naheliegend erscheint nach bisherigen Kenntnissen folgende Version: Lothar, dem das Management und die technische Abwicklung einer Zeitung vertraut sind, hat die Idee, ein deutsches Presseorgan zu gründen, das sich an die deutschen Emigranten wendet. Haffner paßt aus mehreren Gründen perfekt zu diesen Plänen: Er pflegt einen ungewöhnlich erzählenden Schreibstil, besitzt das Talent, diffizile Beobachtungen mit hellsichtigen Verallgemeinerungen zu verknüpfen, und verficht eigene Meinungen. Seine subtile Analyse Hitlerdeutschlands und der Situation der Exilierten, die Ablehnung eines Kompromißfriedens mit der Wehrmachtsgeneralität und konstruktive Angebote für eine Neugestaltung Deutschlands in *Germany: Jekyll and Hyde* haben bei einflußreichen Politikern und Publizisten sowie in der Öffentlichkeit Beachtung gefunden. Zudem ist Haffner weder Jude noch Sozialist, beides kommt den englischen Behörden sehr entgegen.[6] Kurzum – einen geeigneteren Redakteur, der das Projekt auch nach außen zu präsentieren vermag, hätte Lothar kaum finden können. Haffner seinerseits, dessen Englischkenntnisse immer noch sehr mangelhaft sind, sucht eine Möglichkeit, sich in die öffentlichen Debatten einzumischen, und er braucht dringend eine Arbeit, die ihm ein größeres regelmäßiges Einkommen sichert. Vom Bücherschreiben allein kann er keine fünfköpfige Familie ernähren.

Das Memorandum

Ab 1938 ist die Zahl der Mitteilungsblätter und hektographierten Rundbriefe von Parteien, Gewerkschaften und Vereinen stark gewachsen; immer mehr Funktionäre politischer Organisationen strömen nach England. Ihre Publikationen indessen

* Editor wird gewöhnlich als »Redakteur«, nicht als »Herausgeber« übersetzt, zumal in Verbindung mit dem Adjektiv »political« oder »literary«.

erreichen nur die eigene Mitgliedschaft. Nach der strengen Kontingentierung des Papiers zu Kriegsbeginn müssen sie ihre geringe Auflage zum Teil weiter reduzieren oder werden ganz eingestellt.

Der tiefste ideologische Graben verläuft zwischen Sozialdemokraten und Kommunisten. Aber auch andere nichtmarxistische linke Gruppen und ideologische Plattformen sind – neben dem Ringen ums Überleben – mehr mit gegenseitigen Attacken beschäftigt als mit dem Kampf gegen den Nationalsozialismus.

Derartige Gefechte sind Haffner zu abstrakt, zu ideologieverhaftet. Er betrachtet nach den Erfahrungen der Weimarer Republik alle deutschen Parteien eher skeptisch. Daher nimmt er auch zu jenen politischen Gruppen, die ihm von Hause aus näherstehen (etwa die 1936/37 von bürgerlichen Emigranten in Paris und London gegründete Deutsche Freiheitspartei) keinen Kontakt auf.

Er will sich vor keinen Karren spannen lassen, doch sucht er nach Möglichkeiten, die Polarisierung der politischen Emigranten zu überwinden und deren publizistisches Potential stärker für den Kampf gegen Hitler zu nutzen. »Lothar schwebte so etwas vor wie eine kleine *Frankfurter Zeitung* unter den Emigranten, ein vornehmes, liberales Blatt, was von jedem gelesen werden konnte, möglichst parteipolitisch ganz ungebunden«, erinnert sich Haffner im Interview mit Jutta Krug. So kommt es schließlich im Herbst 1940 zur Projektierung der deutschen Emigrantenzeitung. Seine eigenen Vorstellungen sind fast noch ambitionierter: Er hoffte, *Die Zeitung* könne »so eine Art allumfassendes, innenpolitisch mehr oder weniger neutrales, aber für irgendeine Mitwirkung der Deutschen in der Nachkriegszeit sich bereithaltendes deutsches Exil-Komitee ins Leben rufen, nicht unbedingt eine Exilregierung«. »Ich hatte die Hoffnung, daß die Zeitung zu einem kleinen Brennpunkt werden würde, um den sich alle möglichen politischen, aber nicht parteigebundenen Emigranten zu einem deutschen Komitee in London sammeln würden.«

Haffner hat später seine Rolle bei der Gründung heruntergespielt, doch trägt das *Memorandum on »Die Zeitung«*, das er und Lothar am 9. September 1940 unterzeichnen, eindeutig seine geistige Handschrift. Sie haben sich wahrscheinlich über die Erfolgsaussichten informiert, bevor sie den Antrag auf Förderung einer deutschsprachigen Tageszeitung an diverse englische Dienststellen senden. Das Projekt wird unter anderem von Sir Firoz Khann Noon, einem pakistanischen Politiker, der von 1936 bis 1941 britischer Hochkommissar für Indien war, unterstützt. Und daß sich der große alte Mann des englischen Journalismus, Wickham Steed, für das Projekt ausspricht, öffnet manche Tür und schafft Sympathie.

Die Initiatoren weisen in dem Memorandum darauf hin, daß es eine französische, eine holländische, eine tschechische, drei polnische, eine norwegische und sogar eine griechische, jedoch keine deutsche Zeitung in London gibt, obwohl wahrscheinlich die meisten Immigranten deutsch sprechen. Deutschland sei, noch vor Österreich, das erste von Hitler eroberte Land. In England lebende Personen deutscher Nationalität würden dennoch nicht als Verbündete anerkannt. Praktisch seien die größtenteils unpolitischen Flüchtlinge alle gegen Hitler, es fehle ihnen im Gegensatz zu Angehörigen anderer Nationalitäten jedoch ein einigendes Zentrum. Eine Zeitung könnte der erste Schritt zu einem Zusammenschluß sein.

Sie soll Prinzipien individueller Freiheit und sozialer Gerechtigkeit verpflichtet sein und jede Form von Totalitarismus ablehnen. Strikt parteiunabhängig, doch grundsätzlich antibolschewistisch ausgerichtet, werde die Zeitung im Interesse des schnellstmöglichen Erfolgs der englischen Kriegsführung Rücksicht auf sowjetische Interessen nehmen, um die Verbesserung der englisch-russischen Beziehungen nicht zu behindern. Man hoffe auf eine mögliche »Synthese aus einem neuentdeckten, verjüngten europäischen Konservatismus, Sozialismus und Liberalismus«, wie sie sich in England derzeit realisiere.

Haffner ist tief beeindruckt von Churchills Initiative, Konservative, Labour Party, Liberale sowie Gewerkschaften in einer

Koalitionsregierung zusammenzuschmieden und die gesamte Gesellschaft mit äußerster Kraft und Rücksichtslosigkeit – »victory at all costs« – zu mobilisieren. Während sich die Engländer bereitfinden, gegensätzliche Interessen und ideologische Feindschaften zurückzustellen, um mit vereinter Kraft den Gegner zu bekämpfen, sind die deutschen politischen Emigranten von einem ähnlichen Burgfrieden – man ist geneigt zu sagen: von einem Frieden in der Diaspora – weit entfernt. Sie haben ja nicht einmal ein Forum, um unterschiedliche Standpunkte zu debattieren oder gemeinsame Ziele zu formulieren. *Die Zeitung* will ihnen eine Plattform bieten, besonders das Gros der »unpolitischen« Flüchtlinge auf die englischen Kriegsziele einschwören und so die zersplitterte Emigrantenszene bündeln und auf ihre Rolle beim Aufbau eines künftigen demokratischen Deutschlands vorbereiten. Auf diese Weise könnte sich das »andere Deutschland« der Öffentlichkeit vorstellen, als Gestalter der eigenen Zukunft legitimieren und für England bündnisfähig werden.

Ihren Entschluß, eine Tages- und keine Wochenzeitung zu publizieren, begründen Lothar und Haffner damit, daß letztere »nur Intellektuelle und andere Leser, die mehr oder weniger von Anfang an mit ihrem Inhalt übereinstimmten«, zur Kenntnis nehmen würden. »Ihr politischer Einfluß wäre sehr gering. Politische Wirkung erzielen, eine Flagge hissen, um die die Flüchtlinge sich versammeln können, ist nur einer Tageszeitung möglich.« Daß es dazu letztlich nicht kam, ist einer der Gründe, weshalb Haffner *Die Zeitung* nach kaum mehr als 15 Monaten wieder verließ.

Sowohl den deutschen Exilanten in Großbritannien und den »freien Deutschen in aller Welt« als auch der Opposition in Deutschland will man klarmachen: Dieser Krieg ist »kein nationaler, sondern ein ideologischer Krieg«, und es ist die patriotische Pflicht der Deutschen und der anderen von Hitler unterjochten Völker, sich an dem gemeinsamen Kampf zu beteiligen. Als Instrument der Gegenpropaganda könne *Die Zeitung* die zahlreichen Nazigegner ermutigen, die in der Armee und als potentielle Verbündete in Deutschland bereitstünden.

Das Memorandum stellt klar: Keinesfalls dürfe es einen wie auch immer gearteten Kompromißfrieden mit Hitler geben, sondern alle Bemühungen müßten dem Ziel dienen, den Sieg über Hitler zu beschleunigen. Die Unterstützung der britischen Kriegführung habe oberste Priorität. Daher werde man Faschismus, Defätismus und alle Appeasement-Tendenzen bekämpfen, selbst wenn sie von Briten vertreten würden. Auch werde sich *Die Zeitung* das Recht herausnehmen, die englische Regierungspolitik »rein objektiv und taktvoll« zu kritisieren, sofern sie den Erfolg der Kriegsführung gefährde, wie dies etwa bei der Internierungspolitik der Regierung der Fall sei. Abschließend heißt es, daß *Die Zeitung* die aktive und besonders wichtige Rolle Englands im gegenwärtigen Weltkrieg sowie die zentrale Position Englands in einer zukünftigen Weltfriedensordnung zu schätzen wissen wird. Generell fühle sich *Die Zeitung* mit England verbunden, sei aber kein englisches Organ.

Der Antrag auf Zulassung einer deutschsprachigen Zeitung stößt bei den britischen Behörden zwar auf offene Ohren, da man sich davon eine Ventilfunktion für den Unmut, der unter den deutschen Flüchtlingen herrscht, verspricht, doch sieht man von Beginn an verschiedene Probleme, die es zunächst abzuwägen gilt. Sicherlich könne *Die Zeitung* dazu dienen, hieß es in einer Aktennotiz von Ende November 1940, daß die deutschen Emigranten vergleichsweise harmlos Druck ablassen und ihre Vorstellungen untereinander klären könnten. Eine Zeitung nur für Großbritannien zu produzieren lohne jedoch den Aufwand nicht. Vielleicht, so wurde überlegt, könne man *Die Zeitung* später auch nach Deutschland schmuggeln. Das sei nützlicher, als Flugblätter abzuwerfen. Zu überlegen sei, inwieweit *Die Zeitung* deutschen Flüchtlingen in anderen Ländern zugänglich gemacht werden könne – tatsächlich wurde später eine 14tägliche erscheinende Überseeausgabe produziert. Wieder einmal wollten englische Behörden viele, vielleicht zu viele Zielgruppen mit einer einzigen Publikation erreichen, genau so, wie es Haffner schon in *Germany: Jekyll and Hyde* kritisiert hatte: »Manchmal versucht sie (die englische Propaganda – d. V.), mit ein und demselben Flugblatt Nazis, aufrichtige Patrioten und Anhänger der Opposition gleichermaßen zu beeinflussen, was zur Folge hat, daß niemand auf sie anspricht und allgemeines Mißtrauen hervorgerufen wird.«

Zur Finanzierung des Projekts schlagen Haffner und Lothar einen Kredit vor, der jedoch im Falle eines möglichen Scheiterns nicht zurückgezahlt zu werden braucht. Es ist naheliegend, daß die englischen Behörden das nicht mitmachen wollen und sich dazu entschließen, die *Zeitung* gleich als Projekt des Informationsministeriums aufzuziehen. Man will sich eine gewisse Einflußmöglichkeit sichern, zumal man glaubt, diplomatische Rücksichten auf die Exilregierungen der von Hitlerdeutschland überfallenen Länder nehmen zu müssen. Ohne weiteres mag man den deutschen Emigranten die angestrebte politische Rolle wohl nicht zugestehen.

So kam es, daß ein der deutschen Sprache mächtiger Mitarbeiter, Richard Hare, als Aufsichtsperson in die Redaktion entsandt wurde. Dieser, so heißt es in einer Aktennotiz, solle ein besonderes Auge auf *Die Zeitung* richten und wurde im Außenministerium dafür bedauert, das »ganze Ding jeden Tag zu lesen«. Haffner und Lothar hatten selbst auch eine gewisse Kontrolle, jedoch auf einem »höheren Niveau«, vorgesehen und vorgeschlagen, ein beratender Ausschuß von »geborenen Engländern mit hohem Ansehen« solle über die Einhaltung der grundlegenden Prinzipien wachen.

Die Überlegung von Haffner und Lothar, eine Tageszeitung herzustellen, begrüßen die ministeriellen Beamten, da es einer solchen Zeitung leichter fiele, Neutralität zu wahren und sich an eine möglichst breitgestreute Leserschaft zu wenden. Insofern vollzieht man die Gedanken des Memorandums durchaus nach. Schwierigkeiten erwartet man im Zusammenhang mit der Person Haffners, der zwar ohne Zweifel ein intelligenter Mann sei, jedoch aufgrund seiner in *Germany: Jekyll and Hyde* entwickelten Pläne in der englischen Öffentlichkeit vornehmlich als Verfechter der Aufteilung Deutschlands wahrgenommen werde; dies könne von der deutschen Propaganda ausgeschlachtet werden, zumal wenn bekannt würde, daß die *Zeitung* vom britischen Informationsministerium subventioniert wird. Solche Bedenken gegenüber Haffner werden jedoch zurückgestellt: man faßt schließlich den Beschluß, daß die *Zeitung* im Auftrag des Ministeriums herausgegeben und von ihm subventioniert werden soll. Um die Person Haffners gab es dann doch den meisten Streit – unter den Exilgruppen.

Am 26. Februar 1941 kündigt die *Times* das Erscheinen einer deutschsprachigen Zeitung in London an und wertet dies als Fortschritt in der Organisation der deutschsprachigen Gruppe im Lande. »Das Blatt wird *Die Zeitung* heißen und von Mr. J.H. Lothar und Mr. Sebastian Haffner, dem Autor von *Germany: Jekyll and Hyde* und *Offensive against Germany*, herausgegeben.«

Forum für das »andere Deutschland«

Am 12. März 1941 erscheint die erste Ausgabe der *Zeitung*, die in ihrer Aufmachung durchaus an die *Frankfurter Zeitung* erinnert. Auf die Frage, welche Funktion er ausgeübt habe, antwortet Haffner 1989: »*Die Zeitung* war nicht mein Blatt, ich war ein Angestellter der *Zeitung*, es war Lothars Blatt.« Dem Herausgeber und Chefredakteur ist es gelungen, hochkarätige Mitarbeiter zu gewinnen, die meist für große liberale Presseorgane der Weimarer Republik geschrieben haben. Das Politikressort leitet Sebastian Haffner, für diesen Bereich sind außerdem zuständig: Julius Oskar Reichenheim, früher Londoner Korrespondent der *Neuen Zürcher Zeitung*, und Dietrich E. Mende, bis zur Emigration im Jahre 1937 zeitweilig Chefredakteur der linksliberalen Monatsschrift *Die Hilfe* und davor Ministerialbeamter. Als Haffner im Juli 1942 *Die Zeitung* verläßt, verfaßt Mende die Mehrzahl der Leitartikel und den größten Teil der historischen Analysen. Nach Lothars Selbstmord im Januar 1944 übernimmt er auch dessen Funktion. (Nach dem Krieg wird Mende zunächst wissenschaftlicher Mitarbeiter im Foreign Office, kehrt 1952 nach Deutschland zurück, ist Mitbegründer des

Instituts für Europäische Politik und Wirtschaft in Frankfurt und gehört später zu den Mitherausgebern der Jahrbücher *Die Internationale Politik.*) Das Wirtschaftsressort führt der frühere Wirtschaftsredakteur der *Frankfurter Zeitung* Hans Uhlig unter dem Namen »Peter Conrad«. Im Juli 1941 übernimmt Wolfgang von Einsiedel (Pseudonym »Peter Bratt«) das Feuilleton, das in den ersten Monaten von Mende mitverwaltet worden war. Von Einsiedel war von 1933 bis zur Einstellung der *Vossischen Zeitung* im Jahr 1934 deren Feuilletonchef – damals sammelte Haffner dort seine ersten Zeitungserfahrungen – und 1936/37 Chefredakteur von Peter Suhrkamps *Neuer Rundschau*. Von 1946 bis 1950 gibt er die Monatsschrift *Blick in die Welt* heraus.

Monty Jacobs, früher Theaterkritiker der *Vossischen Zeitung*, gestaltet zeitweilig als Redaktionsmitglied und später als freier Mitarbeiter den Kulturteil entscheidend mit.

Der Schriftsteller, Publizist und Übersetzer Peter de Mendelssohn, nun ebenfalls als fester Redakteur bei der *Zeitung*, hat sich seit seiner Tätigkeit als Korrespondent des *Prager Tageblatts* 1927/28 in London nur besuchsweise in Deutschland aufgehalten. Von 1929 bis 1933 lebt er meist in Paris, dann in Wien (1934/35) und seit 1936 mit seiner Frau Hilde Spiel wieder in London. Nach einer Amerikareise im Jahre 1938 arbeitet er von 1939 bis 1941 für das britische Informationsministerium. 1945 geht er als Presseoffizier der Britischen Kontrollkommission nach Deutschland, begründet dort u.a. die *Süddeutsche Zeitung*, den *Tagesspiegel* und *Die Welt* mit, kehrt 1949 als Korrespondent des Bayerischen Rundfunks sowie verschiedener Zeitungen noch einmal nach London und 1970 endgültig nach Deutschland zurück, wo er eine Geschichte der Zeitungsstadt Berlin verfaßt.

Im Laufe der Jahre steuern mehr als hundert zum Teil namhafte Schriftsteller, Publizisten und Politiker Artikel für *Die Zeitung* bei. Erich Fried, Bruno Frank, Hilde Spiel, Bruno Adler, Robert Neumann, Theodor Plivier und Erika Mann schicken Beiträge aus Moskau bzw. aus den USA, Paul Wegner schreibt für den Wirtschaftsteil, Friedrich Burschell, Victor Schiff und nach 1944 auch Erich Ollenhauer für das Politikressort.

Die Zeitung erscheint bis Ende 1941 täglich außer sonntags mit vier Seiten Umfang zum Preis von einem Penny. Mit einer Dünndruckausgabe, die über Deutschland abgeworfen wird, hofft man Leser zu erreichen, die nach acht Jahren nationalsozialistischer Herrschaft »weder der Herzverhärtung noch der Gehirnerweichung verfallen« sind. Eine zweimal im Monat auf Luftpostpapier gedruckte Überseeausgabe richtet sich vor allem an »freie Deutsche« in Südamerika. Nach der Umstellung auf ein Wochenblatt ab 1942 werden die Ressorts neu eingeteilt; der politische Teil nimmt mit Berichten über die Kriegslage in Europa sowie Analysen und Kommentaren zur Entwicklung in Deutschland nach wie vor den größten Raum ein.

Selbstbewußt heißt es im Editorial auf der Titelseite der ersten Ausgabe: »Diese Zeitung wird in London von Deutschen für Deutsche gemacht. Sie hat die Billigung und das Wohlwollen der zuständigen britischen Regierungsstellen, aber sie ist kein Organ der britischen Regierung [...] Die Meinungen, die in ihren Artikeln ausgedrückt werden, sind die Meinungen der Artikelschreiber, nicht die irgendeiner Behörde, Partei oder Interessengruppe. Dieses Blatt ist etwas, das man sich kaum mehr vorstellen kann: eine freie, unabhängige deutsche Tageszeitung, die einzige, die es heute in Europa gibt.« Mit kämpferischem Pathos wird die eigene Rolle definiert: »Diese Zeitung gibt der deutschen Emigration das Signal zum Sammeln und zur Attacke« und will ihr »helfen, Kämpfer zu werden«. Die scharfen Vorwürfe an die Emigration, sie sei weder eine »kämpfende« noch eine »geistige Einheit«, habe kein Ziel und keinen politischen Plan entwickelt, decken sich mit Haffners Ansichten. Man kann davon ausgehen, daß er dieses Editorial selbst verfaßt hat. Zwei Wochen später wendet er sich in einem Leitartikel über die »Verantwortung der deutschen Emigration« mit einem dramatischen Appell an die Leser: »Ende 1939 und Anfang 1940 hätte die innerdeutsche Opposition Deutschland und die Welt vor einer Tragödie ohne gleichen retten können, wenn sie die Kraft dazu gefunden hätte. Jetzt ist ihre Stunde vorbei. Der Zeiger der

Weltuhr hat sich gedreht. Er weist jetzt, ob wir wollen oder nicht, auf uns.« Was als leidenschaftliches Plädoyer für ein gemeinsames Engagement über alle Parteigrenzen hinweg gemeint ist, führt zu empörter Distanzierung, schließlich sogar zum jahrelangen Boykott seitens der Sozialdemokraten. Von einem wie Haffner, der »nur neuerdings über Politik schreibt, nachdem das mit der Beamtenkarriere nicht geklappt hat«, lassen sie sich nicht vorwerfen, in ihrer Widerstandsarbeit versagt zu haben. Das Urteil eines politisch unerfahrenen Debütanten, der sich selbst in keiner erkennbaren Weise in der Oppositionsarbeit engagiert und Deutschland erst 1938 den Rücken gekehrt hat, wird ebenso als Anmaßung empfunden wie der Anspruch, die deutschsprachige Emigration in ihrer Gesamtheit zu vertreten, repräsentiere die *Zeitung* doch »nicht mehr als Herrn Haffner, seine Mitredakteure und gewisse Kreise, wenn nicht gar nur einige fehlgeleitete Einzelpersonen, im Informationsministerium«.

Die Beziehungen zu sozialdemokratischen und zu Gewerkschaftskreisen sind von Beginn an empfindlich gestört. Die in der Union deutscher sozialistischer Organisationen in Großbritannien[7] seit März 1941 zusammengeschlossenen Gruppen rufen zum Boykott der *Zeitung* auf und verbieten ihren Mitgliedern jede journalistische Mitarbeit. Weil die Gründungserklärung der »Union« vom 19. März 1941 erst nach einer Intervention des für internationale Fragen zuständigen Sekretärs der Labour Party, William Gillies, abgedruckt wurde,[8] sehen die Sozialdemokraten ihren Verdacht bestätigt, daß *Die Zeitung* einen Versuch zur Sammlung des Exils unter bewußtem Ausschluß der Linken darstelle. Der Redaktion wird vorgehalten, sie biedere sich bei den Engländern an und lasse sich von ihnen finanzieren. Die Sozialdemokraten können sich wohl schwer damit abfinden, daß andere ohne eine Organisation im Hintergrund in Kriegszeiten eine solche Zeitung herausbringen: Die *Sozialistischen Mitteilungen*, nach der Einstellung des *Vorwärts* im Mai 1940 das bedeutendste Organ der Exil-SPD, erscheinen monatlich mit etwa 20 Seiten Umfang, die Auflage beträgt im Dezember 1941 ganze 620 Exemplare.[9]

Im Gewerkschaftsblatt *Die Arbeit*[10] vom 15. April 1941 empört man sich, »mit wie unwichtigen Erörterungen man wertvolles Papier bedrucken kann, mit wie wenig politischem Gehalt man so tun kann als ob man eine politische Tageszeitung hätte, wie leicht es ist, aus der Übereinstimmung der unmittelbaren Kriegsziele Englands und der deutschen Opposition eine nicht gerade würdevolle Anbiederei zu machen«.

Die finanzielle Abhängigkeit vom Informationsministerium und die Verpflichtung auf bestimmte Rahmenrichtlinien der britischen Politik schränken die redaktionelle Autonomie in der Tat ein und veranlassen zu einer gewissen Selbstzensur: »Wir hatten von Anfang an so eine Art Aufpasser«, erinnert sich Haffner 1989. »Es war ein netter, höflicher Mann [...] Der Einfluß war da, es waren Grenzen gesetzt [...] Mr. Hare war da, und die Sachen mußten ihm vorgelegt werden, meist gingen sie durch, aber andererseits hatte man so ein Gefühl dafür, was nicht durchgehen würde, und das schrieb man gar nicht erst«. Der »Aufpasser« »kam zu jeder Redaktionskonferenz. [...] Er mischte sich nicht dauernd in alles ein und ließ auch gern möglichst viel durchgehen, aber bei gewissen Sachen sagte er, das wollen wir lieber nicht machen. [...] Beim Tode Wilhelms II. im Sommer 1941 [...] schrieb ich einen Leitartikel und sagte, es sei eigentlich sehr schade um die deutsche Monarchie. Wenn wir sie gehabt hätten, wäre uns vielleicht Hitler erspart geblieben. Das wollte er nicht im Blatt sehen. Das war zu monarchistisch und wurde dann auch nicht gedruckt. Ich erinnere mich noch daran, weil ich dachte, das war ein sehr origineller und gut geschriebener Leitartikel, und es tat mir leid um ihn.«

27 Jahre später kommt Haffner im *Stern* in seiner Serie über die deutsche Revolution 1918/19 auf diese These zurück: »Für die fernere Zukunft war das Wegschleichen des Kaisers und der lautlose Einsturz der deutschen Monarchie, den es bedeutete, ein ungeheures Ereignis. Es nahm den deutschen Oberklassen ihre Tradition und ihren Halt; es gab ihrer kommenden Gegenrevolution den desparaten und nihilistischen Zug, den sie als monarchistische Gegenrevolution schwerlich gehabt hätte; es

hinterließ das Vakuum, das dann schließlich Hitler füllte.« Ob sich ähnlich las, was Mr. Hare in den Papierkorb wandern ließ?

Zielscheibe der teilweise diffamierenden Kritik aus Kreisen der Sozialdemokraten und der Gewerkschaften ist in erster Linie Haffner, mit dessen Ansichten das Organ weigehend identifiziert wird. Emigrierte Sozialdemokraten werfen ihm u.a. vor, er habe Deutschland erst 1938 verlassen und ihm fehlten »Kenntnisse und Erfahrungen auf dem Gebiet der illegalen Arbeit«.

Der den sozialdemokratischen Kreisen nahestehende Emigrant Wilhelm Sternfeld schreibt am 15. April 1941 in einem Brief an einen Parteifreund in New York: »Die neue *Zeitung*, deren Mitarbeiter ich bin, stößt nur teilweise auf Billigung, wofür vor allem Haffners Haltung die Schuld zu geben ist. Die sozialistischen Gruppen weigern sich, irgend etwas mit dem Blatt zu tun zu haben.« Ein Vierteljahrhundert später schreibt Wilhelm Sternfeld in einem Beitrag für eine Ausstellung über deutsche Literatur im Exil (Mai 1965 in Frankfurt), unter den Flüchtlingen habe »anfangs die Meinung« bestanden, daß es sich bei der *Zeitung* um »eine Emigrationsgründung handle, die für die Flüchtlinge gemacht und bestimmt sei, doch sehr bald stellte sich heraus, daß dies ein Irrtum war«, denn sie sei »vielmehr dazu bestimmt [...], deutsche Leser im Auslande, vor allem in Spanien, Portugal und Südamerika, von England her über die Kriegslage und Kriegsereignisse zu unterrichten, als den in England selbst lebenden Flüchtlingen eine Unterhaltung zu bieten. Obgleich also die englische Regierung hinter dieser Gründung stand, muß gesagt werden, daß niemals eine englische Regierungsstelle Einfluß auf die Leitung der *Zeitung* zu nehmen versucht hat, die ganz in Händen deutscher Emigranten lag.« Eine merkwürdige Darstellung: Weder verheimlichte *Die Zeitung*, daß britische Regierungsstellen im Hintergrund Pate gestanden hatten, noch schließt die Tatsache, daß *Die Zeitung* auch außerhalb des Commenwealth gelesen werden sollte, aus, daß das Blatt für Emigranten hergestellt wurde, wenn vielleicht auch nicht aus dem Grund, »Unterhaltung zu bieten«. Unrealistisch erscheint zudem auch die Darstellung, daß englische Regierungsstellen keinerlei Einfluß auf die *Zeitung* genommen hätten – das hätte im Ernst keiner der Zeitgenossen angenommen.

Der sozialdemokratische Funktionär Walter Auerbach läßt am 23. April 1941, sechs Wochen nach Erscheinen der ersten Ausgabe der *Zeitung*, den Vorsitzenden der Exil-SPD Hans Vogel wissen: »Lieber Genosse Vogel! Ich möchte Dich als Vorsitzenden der Sozialdemokratischen Union vertraulich über ein Gespräch informieren, das ich gestern hatte. Ich wurde gefragt, ob ich einen Journalisten kenne, der bereit und in der Lage sei, in die Redaktion der *Zeitung* einzutreten. Ich antwortete, dass meines Wissens kein Sozialist mit einem Haffner zusammenarbeiten würde. Die nächste Frage war: ›und ohne Haffner, etwa als Haffners Nachfolger?‹ [...] Es wurde mir ein Name genannt, den ich bei Gelegenheit wiedergeben werde. Auf meine Frage sagte man mir aber, dass der betreffende Sozialist selbst noch nicht befragt worden sei.«

»Es sind mir in dieser Frage noch weitergehende Mitteilungen zugegangen, von denen man aber im Augenblick nicht sagen kann, ob sie sich auch verwirklichen werden«, erwidert Vogel zunächst. »Die Stimmungen und Absichten ändern sich da ständig. Die Unzufriedenheit mit dieser Zeitung scheint jetzt doch eine allgemeine zu sein. Nach meiner Meinung ist sie in den letzten Tagen etwas besser geworden, einige Artikel waren sogar sehr gut.« Am 8. Mai 1941 dankt Vogel dem »lieben Genossen J. P.« verbindlichst für eine »Information betr. *Die Zeitung*«. Er kündigt die baldige Ankunft des früheren Chefredakteurs des *Neuen Vorwärts* Dr. Curt Geyer sowie der Journalisten Fritz Heine und Irene Herzfeld an. Vogel hatte Gillies gebeten, bei Beschaffung von Einreisevisa zu helfen, da die drei »für die jetzt vor uns liegenden Aufgaben eine Erfahrung und Qualifikation mitbringen, die wir bei den jetzt in England lebenden deutschen Sozialisten nicht gefunden haben. Wenn wir aber hier zu einer nützlichen Arbeit kommen wollen, können wir die Mitarbeit solcher Genossen nicht entbehren.«

Es ist nicht erwiesen, daß die Genannten tatsächlich als mögliche Nachfolger Haffners im Gespräch waren. Britische Stellen betrachten die polarisierende Wirkung Haffners zwar als kontraproduktiv, zeitweilige Erwägungen, ihn abzulösen, werden jedoch fallengelassen. Da die »Union« keinen Einfluß auf die *Zeitung* gewinnt, bleibt sie bis 1944 bei ihrem Boykott, allerdings gibt es trotz des offiziellen Verbots aus ihren Kreisen durchaus Annäherungsversuche.

Der Publizist Kurt Hiller, selbst im Streit mit der Emigrationsleitung der SPD, läßt am 21. April 1941 seinen Freund Eugen Brehm wissen, ihm habe keine Organisation irgendeinen Boykottbeschluß mitgeteilt. Er ärgert sich über das Einstimmigkeitsprinzip in der »Union«, die Berührungsängste seiner Genossen teilt er nicht. Hiller hat sich seit 1913/14 bemüht, Bündnisse zwischen Vertretern verschiedener nichtmarxistischer linker Strömungen zu schmieden. Im Ersten Weltkrieg desertiert, gründet er 1926 die Gruppe Revolutionärer Pazifisten und 1931 den Sozialistenbund. 1933 wird er von der Gestapo verhaftet und ins Konzentrationslager Oranienburg eingeliefert. Nach seiner Entlassung 1934 gelingt ihm die Flucht nach Prag, wo er u.a. an der *Neuen Weltbühne* und an der in Paris erscheinenden *Sozialistischen Warte* mitarbeitet. Über Frankreich kommt er 1938 nach London. Hier wirkt der Kritiker der Volksfronttaktik 1939 mit politischen Freunden aus anderen Exilzentren an der Bildung des Freiheitsbundes Deutscher Sozialisten und der Gruppe Unabhängiger Deutscher Autoren mit. Seine Internierung auf der Isle of Man im Jahre 1940 resümiert er mit dem Satz: »Am Ufer dieses Eilandes ist für mich der ärgerlichste Tag ein Vorgeschmack des Paradieses gewesen, verglichen mit dem angenehmsten Tag in Hitlers Konzentrationslagern.«

Als Leiter des Londoner Arbeitskreises des Freiheitsbundes sucht Hiller ein Forum zur Verbreitung seiner Vision vom Zusammenschluß sämtlicher Parteien, Bünde, Wohlfahrtsorganisationen und Publikationsorgane und schickt drei Artikel an die politische Redaktion der *Zeitung*. Es kommt zu einem »98 1/2 %igen Krach«, so Haffner, da Hiller unterstellt, Haffner lehne den dritten Beitrag, der ihm besonders am Herzen liegt, aus »Eigensinn und Journaille-Despotismus«[11] ab.

Bei der zweiten Begegnung fragt Hiller ihn ganz direkt: »Dulden Sie Sozialisten und Sozialismen in Ihrem Blatt oder nicht?« Haffner antwortet, er habe fünf, sechs Sozialisten gleich zu Anfang zur Mitarbeit aufgefordert, sie hätten ihm sämtlich die kalte Schulter gezeigt. »Alles Sozialdemokraten?« – »Ich glaube«. Die »Union« habe den Boykott ohne triftigen Grund verhängt, denn er habe sich keineswegs geweigert, ihre Gründungserklärung zu veröffentlichen. Man müsse sich darauf einstellen, daß sich nach dem Krieg ein gewisses Maß an Sozialismus, dem er persönlich nichts abgewinnen könne, nicht vermeiden lasse. *Die Zeitung* sei zwar un-, aber nicht antisozialistisch und denke nicht daran, den sozialistischen Teil der Emigranten auszuschließen.

Haffner hat nach eigenen Angaben im Interesse eines breiten »Free German Movement« sogar eine Zusammenarbeit mit emigrierten deutschen Kommunisten in Betracht gezogen; solche Offenheit sei allerdings einigen seiner Kollegen zu weit gegangen: »›Nein, wenn du den Kommunisten den kleinen Finger gibst, nehmen sie beide Hände, und wir sind plötzlich ein kommunistisches Blatt.‹ Daraus wurde also nichts.«

Der Abdruck von Hillers Artikeln zeigt, daß die Redaktion sich dennoch keinem ideologisch doktrinären Freund-Feind-Schema unterwirft und zu ihrem Wort vom Meinungsforum steht. Hiller wendet sich in seinem ersten Beitrag »Chemie der Begriffe« an »Liebhaber eines revolutionär umgekrempelten, neu-anständigen Deutschlands, das friedvoll geeint ist unter den Sternen Gerechtigkeit, Kraft, individuelle Freiheit, nationale Freiheit«. Eine Aktionseinheit »über den Sozialistenblock« hinaus vermag er mit seinen hier verbreiteten Vorstellungen von einer »Demokratie der Diskussion« als der »Fahne, unter der heute der große Krieg gegen ›Totalitarismus‹ und Satanismus« geführt werde, allerdings ebensowenig zu fördern wie mit der im Artikel »Freiheitlicher Sozialismus« dargelegten Idee, eine »gesellschaftliche Ordnung der Vernunft« solle die dem Kapitalismus eigenen »künstlichen Schranken der Menschenauslese« aufheben und Voraussetzungen für die Ersetzung der »Bestienherrschaft« durch die »Bestenherrschaft« schaffen. Der von der

Redaktion erhoffte »lebhafte« Austausch kommt nicht zustande, auch die von Hiller in hektographierten Rundbriefen des Freiheitsbundes propagierten Vorschläge werden nur in einem kleinen Kreis aktiver Mitglieder diskutiert. Eine Zusammenarbeit mit dem Parteivorstand der SPD scheitert nicht nur an »seiner Weltanschauung, die geistesaristokratisch, antidemokratisch, ein bißchen platonisch war – die Könige sollten Philosophen und die Philosophen Könige sein«[12], sondern auch an seiner Ablehnung des allgemeinen Wahlrechts und des Parlamentarismus sowie an seiner harschen Kritik am »Ebertinismus«.

Im Urteil über die SPD-Führung stimmen beide Publizisten teilweise überein: Haffner hat den Sozialdemokraten ebenfalls im Hinblick auf Schlüsselereignisse der deutschen Geschichte beispielloses Versagen vorgeworfen. Am 4. August 1914 hätten sie den Kriegskrediten zugestimmt und »mit einem Schlag den heiligen Grundsatz der internationalen Solidarität des Proletariats« aufgegeben, der 24. Dezember 1918, als die »Volksbeauftragten« der SPD zum ersten Mal die Freikorps gegen das eigene Volk einsetzten, markiere »das klägliche Scheitern der sozialdemokratischen ›Revolution‹ von 1918, einer Revolution, die bald Angst vor ihrer eigenen Courage bekam, Konterrevolutionäre zu Hilfe rief, um für ›Recht und Ordnung‹ zu sorgen, und die Macht so rasch wie möglich an das Zentrum und die Liberalen abtrat«. Und am 20. Juli 1932 habe die »sozialdemokratische preußische Regierung, der die 120000 Mann starke gut bewaffnete und kampfbereite preußische Polizei unterstand, beim Staatsstreich des Reichskanzlers von Papen« kampflos kapituliert und dadurch »Millionen von wehrlosen Arbeitern [...] zu Opfern der Zufälle des politischen Spiels zwischen Papen und Hitler« gemacht. Diese Einschätzung und die Forderung, die SPD solle sich »dazu entschließen, ihre Sünden zu bekennen«,[13] hat er später nicht zurückgenommen und trotz seiner Sympathie für die SPD unter Willy Brandt 1968 die Parteiführung des »Verrats« in der Revolution 1918/19 angeklagt.[14]

Die Erinnerungen beider erhellen, warum es letztlich zum

Zerwürfnis zwischen den beiden eigenständigen Denkern kommt. Hiller, ein Oppositioneller par excellence, kann nicht verwinden, daß »der gnädig geduldete Deutsche« sich vor dem Detachierten des Propagandaministeriums »geduckt« hat.[15] Haffner erzählt im Interview mit Jutta Krug eine »eigentlich traurige Geschichte«: »Hiller war kein dummer Mann, aber er war ein furchtbarer Querulant.[16] [...] Beim dritten Artikel wollte er nun wirklich sagen, wie es weitergehen soll, mit ihm möglichst als Präsidenten des neuen Deutschland. Dieser scheiterte an unserem Aufpasser. Das nahm Hiller aber nie hin. Er bestand darauf, daß wir auch den dritten bringen, und wenn wir ihn schon nicht bringen können, dann sollten wir ihn wenigstens bezahlen. Das haben wir dann getan, das war eine sehr unangenehme Sitzung, und wir haben nachher einander gemieden.«

Haffners Anwürfe bringen die Sozialdemokraten 1941, als sich deren Beziehungen zur Labour-Party verschlechtern[17] und sie mit den Folgen ihrer Politik auf existentielle Weise konfrontiert sind, zusätzlich in Bedrängnis. Zu einer offensiven Debatte über die Rolle der SPD in der Vergangenheit und ihre künftigen Aufgaben außerstande, entscheiden sie sich für den Boykott der *Zeitung* und greifen Haffner an. Warum sich für ihn als Mann zwischen den Parteifronten die Kritik an der SPD und das Angebot zu einer Zusammenarbeit an der *Zeitung* nicht ausschließen, zeigt folgender Satz aus *Germany: Jekyll and Hyde*: »Sozialdemokraten treten genauso wie die Liberalen und Konservativen bewußt oder unbewußt für ein humanistisches Ideal ein, für ein ewig junges menschliches Ziel, das sich scheu hinter ihrem kalten Materialismus und ihren ökonomischen Zwangsvorstellungen verbirgt: für das Ideal der Gerechtigkeit und der Brüderlichkeit.« Diese Einschätzung korrespondiert mit der im Memorandum erklärten Hoffnung auf eine »Synthese aus einem neuentdeckten und erneuerten europäischen Konservativismus, Sozialismus und Liberalismus« als gedanklicher Basis der *Zeitung*.

Zu ihren wichtigsten Anliegen gehört für Haffner, das »andere« Deutschland zu repräsentieren. In *Germany: Jekyll and*

Hyde kann er zwar kaum politische Gegenkräfte ausmachen, die »ein konkretes Aktionsprogramm und ein konkretes Ziel haben«, doch »15 bis 20 Millionen illoyale Deutsche«, »welche die potentiellen Verbündeten Englands und Frankreichs sind«, und schlußfolgert, die »innere Geschlossenheit« und »nationale Einheit« Deutschlands sei nur vorgetäuscht, tatsächlich sei die Nation »in zwei unversöhnliche Lager gespalten«. Im Frühjahr 1941 fällt sein Urteil über die innerdeutsche Opposition bereits weit skeptischer aus. Um so dringender erscheint ihm, »die Brücke über die Schlucht zu schlagen, die sieben Jahre Nazipropaganda und siebzig Jahre ›patriotischer‹ Erziehung zwischen der politischen Mentalität Deutschlands und der Welt aufgerissen haben«[18].

Haffners Einschätzung der innerdeutschen Opposition provoziert die Sozialdemokraten ebenso wie seine Vorstellung von der Rolle der Emigranten nach dem Sieg über Hitler. Sie empören sich über die Mißachtung ihrer Widerstandsarbeit in Nazideutschland, und die Gewerkschaftszeitung *Die Arbeit* tritt in der Ausgabe vom 15. April 1941 zur »Ehrenrettung für unsere Kämpfer an der illegalen Front« an: Das »entscheidende Wort über die künftige Gestaltung Deutschlands« würden nicht die Emigranten sprechen. »Nein, das werden und können nur diejenigen tun, die den inneren Kampf gegen das Hitlersystem führen, immer noch – nach acht Jahren – dem Terror der Hitlerei Widerstand leisten. Die für die Kriegsführung gegen Hitler verantwortlichen Engländer wissen längst, dass diese Kräfte in Deutschland ihre besten Bundesgenossen sind und in immer steigenden Masse entscheidende Bedeutung gewinnen werden. Herr Haffner wird das noch lernen müssen!« – Sie alle mußten erfahren, daß weder die Opposition in Deutschland noch die Emigranten in England, ja letztlich nicht einmal die britische Regierung über die Zukunft Deutschlands zu entscheiden hatten.

Sebastian Haffner hat längst nicht alle mündlichen und schriftlichen Anfeindungen gegen sich im einzelnen gekannt. Ein bißchen naiv sei er wohl gewesen, meint er in dem Gespräch über seine Situation im Exil, das Jutta Krug mit ihm 1989 führte.

»Die Sozialdemokraten waren gegen mich [...] Die altgestandenen Leute, wie Ollenhauer, sagten, was will denn dieser junge Mensch, warum ist er eigentlich emigriert, und was will er hier. Ich dachte mir, von ihrem Standpunkt aus haben sie ein bißchen Recht. Ich bin ja kein erklärter deutscher Politiker, ich gehöre zu keiner Partei, habe keine festen innenpolitischen Ziele, nicht einmal richtig außenpolitische Ziele, ich will nur, daß Hitler möglichst nicht den Krieg gewinnt, im Gegenteil, daß er als Ergebnis des Krieges verschwindet. Darüberhinaus hatte ich keine festen politischen Ansichten. Sie nannten mich ›politischen Hochstapler‹, ›politischen Dilettanten‹ – das waren unfreundliche Ausdrücke für eine Art Teilwahrheit. Ich habe ja Politik eigentlich erst in England gelernt.«

Die kritische Auseinandersetzung mit der deutschen Geschichte und mit der Opposition, die u. a. Mende in seiner Artikelserie in der *Zeitung* über die »Ursprünge des Nationalsozialismus« fortführt, stellt das liberale Geschichtsverständnis in Frage und ruft Gegenstimmen im konservativen bürgerlichen Lager hervor, das gleichfalls Anspruch auf das »andere Deutschland« erhebt und lange auf die Beseitigung des NS-Regimes durch einen auf die konservativen Führungseliten gestützten Armeeputsch setzt. Solche Vorstellungen lehnt Haffner bereits in *Germany: Jekyll and Hyde* ab, wo er den Ursprung der »deutschen Krankheit« in der Bismarckschen Reichsgründung ausmacht und eine Kontinuitätslinie von Preußen bis zum Nationalsozialismus zieht. Die Autoren des von den Liberalen Karl Spiecker und Hans Albert Klothe 1938 bis Ende 1940 in London herausgegebenen Exilorgans der Deutschen Freiheitspartei *Das wahre Deutschland* hingegen gehen bis zum Schluß von einer Diskontinuität der deutschen Geschichte aus. Und für die Sozialdemokraten ist der Nationalsozialismus »keine logische, unvermeidliche Konsequenz der Geschichte oder der Mentalität des deutschen Volkes als Ganzes«, sondern in erster Linie eine Spielart des Faschismus.

Da *Die Zeitung* kaum noch Kräfte des »anderen« Deutschland zu integrieren vermag, kann sie ihre beabsichtigte Funktion als

Sammelbecken der Opposition gegen Hitler nur noch begrenzt aufrechterhalten und stellt ihr eigenes Konzept in Frage. Als Wickham Steed mit seinem Artikel »Die deutsche Aufgabe« in die Diskussion über die moralische und politische Verantwortung der Emigranten eingreift, hofft Haffner vergeblich, dies könne der Auftakt zu einem deutsch-britischen Dialog werden, in dessen Rahmen die politischen Emigranten Einfluß auf die britische Deutschlandplanung gewinnen könnten.

Haffner hat bereits in *Germany: Jekyll and Hyde* auf die Bedeutung der psychologischen Kriegführung hingewiesen und an die Engländer appelliert, »ein Bündnis mit jenen Kräften in den Reihen des Feindes einzugehen, mit denen später der Frieden geschlossen wird. Man muß sich über die Identität dieser Kräfte im klaren sein.« Am 2. Mai 1941 setzt er sich in der *Zeitung* im Artikel »Propaganda« mit der »Deutschlandpolitik Englands« auseinander, die sich auf die »Zerstörung des Hitlerismus und die Wiederherstellung der überfallenen fremden Staatsgebiete« beschränkt habe. »Beide Punkte sind für die Mehrheit der Deutschen annehmbar, für eine beträchtliche Minderheit aufs innigste erwünscht. Aber sie enthalten für sich allein noch keine Lösung des deutschen Problems. Sie beantworten nicht die ängstliche Frage, die sich zweifellos Millionen Deutsche stellen, was mit ihnen nach einem englischen Siege geschehen wird. (Es ist zugleich der große Trumpf der Nazi-Propaganda, die dieses Vakuum nach Belieben mit den schwärzesten Schreckbildern ausfüllen kann.)«

Churchill hat für den deutschen Widerstand – zu Recht, wie Haffner aus späterer Sicht anmerkt – nur Geringschätzung übrig und sieht in den politischen Emigranten keine Verbündeten. Die Deutschlandplanung der Briten konzentriert sich zunächst auf die Rahmenbedingungen, alle Fragen der politischen und gesellschaftlichen Neuordnung, die Kontroversen hervorrufen könnten, werden vertagt. Dies hält Haffner für einen fatalen Fehler. Er kommt zu dem Schluß, daß er sich direkt an die englische Öffentlichkeit wenden muß, wenn er Einfluß auf die englische Politik ausüben will.

Je länger Haffner bei der *Zeitung* arbeitet, desto öfter fragt er sich: »Für wen wird sie eigentlich geschrieben, auf wen soll ich da eigentlich einwirken?« Andere Widrigkeiten kamen hinzu: »Was mich eher vertrieb als dieser Umstand, war eine gewisse Eifersucht von Lothar, der meine Tätigkeiten außerhalb der *Zeitung*, unter denen auch die beginnenden gelegentlichen Artikel für den *Observer* waren, unterbinden wollte, und das wollte ich nicht. Da ich bei der *Zeitung* soundso nicht ganz glücklich war, wollte ich meine außerhäusliche Freiheit nicht auch noch beschränkt wissen.«

Haffners Mitarbeit bei der *Zeitung*, bei der anzufangen für ihn vor noch nicht einmal anderthalb Jahren ein Glücksfall war, neigt sich daher bald ihrem Ende entgegen. Als Anfang 1942 die Tageszeitung in ein Wochenblatt umgewandelt wird und die Redaktion einen neuen Zuschnitt erhält, hat Haffner »das Gefühl, dafür war die Redaktion zu groß, sie können gut mit einem weniger auskommen«.

Politische Gründe habe es für diesen Bruch nicht gegeben, erklärt Haffner in dem Radio-Bremen-Interview, gesendet am 31. Januar 1988. Obwohl er einräumt, daß er wohl später mit dem einen oder anderen Mitarbeiter der *Zeitung* »politisch über Kreuz geraten« wäre.

AN DEN HEBELN DER MEINUNGSMACHT

Haffner verließ die Redaktion der *Zeitung* nach 16 Monaten, ohne eine neue Stelle zu haben, die ihm ein regelmäßiges Einkommen sicherte. 1997 erzählt er Marlies Menge: »Da hatte ich meinen Job bei der deutschen Emigrantenzeitung gekündigt, weil ich mich über sie geärgert hatte, und stand völlig ohne Geld da, aber mit Familie. [...] Ich wußte noch nicht, wo ich dann arbeiten würde.« Erneut trifft er die Entscheidung, lieber Unwägbarkeiten auf sich zu nehmen, als in einem Organ zu publizieren, mit dem er sich nicht mehr identifizieren will. Diese Konstellation wiederholt sich einige Male in seinem Berufsleben als Journalist, beispielsweise nach dem Mauerbau oder der *Spiegel*-Affäre.

In einem Interview für Radio Bremen formulierte Haffner ein souveränes Selbsturteil: »Ich war ein bißchen töricht enttäuscht. Ich hatte mir von der *Zeitung* so ein bißchen so etwas wie eine politische Sammlung versprochen und vielleicht später sogar mal so etwas wie die Grundlage eines Freien Deutschen Komitees.«[1] Er nannte die Idee, *Die Zeitung* zu einem kleinen Brennpunkt verschiedener politischer, aber nicht parteigebundener Emigranten zu machen, im Rückblick größenwahnsinnig. »Daß ich diese Idee überhaupt hatte, spricht nicht unbedingt für mein damaliges politisches Urteil.«

Die Vorstellung, auf das von einer Zeitung ausgesandte »Signal zum Sammeln und zur Attacke« würden die Emigranten »so eine Art allumfassendes, innenpolitisch mehr oder weniger neutrales, aber für irgendeine Mitwirkung der Deutschen in der Nachkriegszeit sich bereithaltendes deutsches Exil-Komitee ins Leben rufen, nicht unbedingt eine Exilregierung« –, war unter den oben geschilderten Verhältnissen illusionär. Haffner äußerte jedoch 1941 eine solche Hoffnung nicht aus allgemeiner Realitätsblindheit, sondern weil er wollte, daß die Realität besser durchschaut und verändert wird. Er wußte aus eigenem Erleben, daß die Flüchtlinge ein Spiegelbild des breiten Spektrums aller Nicht-Nazis in Deutschland waren, die nur die bittere Erfahrung einer existentiellen Bedrohung durch Hitler verband. Ein großer Teil von ihnen dachte gar nicht daran, sich noch mit der Zukunft jenes Landes auseinanderzusetzen, dem sie gerade noch entkommen waren. »Das waren jüdische Flüchtlinge, die nun den Staub von ihren Füßen schüttelten und nichts anderes wollten, als Engländer zu werden, oder auch weiterzuwandern und Amerikaner zu werden. Sie dachten nicht daran, irgendetwas als Exildeutsche zu vertreten, was man ihnen gar nicht übel nehmen kann. Was ich in bezug auf die politischen Emigranten völlig unterschätzte, war die Zersplitterung.«

Grollend beobachtete er, wie sich die Grabenkämpfe zwischen Deutschnationalen, Liberalen, Sozialdemokraten, Kommunisten und Anarchisten im Exil vertieften und sich die Gruppen, Vereine und Verbände auch nach dem September 1939 weiterhin gegenseitig attackierten, statt sich zum gemeinsamen Widerstand gegen Hitler zu formieren. Die gleichen Gründe hatten sie daran gehindert, eine wie auch immer geartete gemeinsame Front gegen Hitler aufzubauen: Die Kommunisten warfen den Sozialdemokraten nicht ohne Berechtigung – man denke nur an die Ermordung Rosa Luxemburgs und Karl Liebknechts oder den Bürgerkrieg der Freikorps unter dem Befehl Noskes – vor, die Chance der Revolution nach dem Kriegsende vertan, die Revolution verraten zu haben. Die Sozialdemokraten hielten den Kommunisten, auch nicht ganz unberechtigt, Sektierertum vor. Und die Gemeinsamkeit zwischen linken Gruppierungen und bürgerlichen Nicht-Nazis war nach deren Votum für Hitlers Ermächtigungsgesetz, initiiert nach dem immer noch unaufgeklärten Reichstagsbrand, natürlich auch begrenzt. Die Exil-SPD, die ihren Vorstandssitz nach England verlegt hatte, setzte ihr »jemietliches Parteileben« – von Kurt Tucholsky in den Beobachtungen eines »älteren, aber leicht besoffenen

Herrn« so anschaulich beschrieben – mit der charakteristischen Mischung aus Zahlabendatmosphäre und Wichtigtuerei trotz ihrer Bedeutungslosigkeit unbeirrt fort. Die Spaltung der Partei im Exil und die endlosen Querelen bis zum erneuten organisatorischen Zusammenschluß der etwa 160 SPD-Mitglieder in London im März 1941 wollten so gar nicht zu der Niederlage passen, die vor allem die deutsche Sozialdemokratie erlitten hatte, als ihnen ihre ureigene, 1919 in Weimar gegründete Republik so brutal zerschlagen worden war.

In *Germany: Jekyll and Hyde* wirft Haffner allen Exil-Parteien, besonders aber der SPD, vor, sich hartnäckig zu weigern, die Ursachen für das eigene Versagen zu ergründen. Dies sei »eine der großen Schwächen der Opposition, und das um so mehr, als die Sozialdemokraten von ihrer unhaltbaren Position aus bemüht sind, ihren aussichtslosen Kampf fortzusetzen, der nur dazu führt, daß die deutsche Opposition wie ein Haufen hoffnungslos wirklichkeitsferner Spinner erscheint. Bei ihnen ist alles beklagenswert: nicht nur ihre Methoden [...], sondern auch die geistige Basis, der Ausgangspunkt, die Parole, das Ziel.« Angesichts der Kriegslage erscheint es ihm zwei Jahre später noch dringender, historische und gegenwärtige politische Ereignisse zu erklären, Perspektiven aufzuzeigen, und immer wieder auf nicht genutzte Chancen hinzuweisen.

Haffner war willens, sich neue publizistische Möglichkeiten zu erschließen, zumal ihn kein Geringerer als David Astor zur Mitarbeit einlud. Den Sohn des langjährigen *Observer*-Herausgebers Lord Astor hatte das mit seinen eigenen Anschauungen übereinstimmende differenzierte Deutschland-Bild, das Haffner in *Germany: Jekyll and Hyde* zeichnet, überzeugt. Er schätzte als Zeitungsmann die Begabung des Autors zur Analyse wie zur These und den übergroßen Wert, den Haffner in beiden Büchern der Propaganda beimißt, wie die Schlußsätze aus *Offensive against Germany* zeigen: »Heutzutage können Siege nicht mehr erfochten werden, wenn man keine moralische Kriegsrüstung hat, die genauso effektiv ist wie die militärische und technische Ausrüstung. [...] Englands Propaganda-Offensive gegen Deutschland ist fällig. Startet sie JETZT.« Solche Behauptungen lassen Haffner später über sich selbst den Kopf schütteln, 1941 aber öffnen sie ihm die Türen zum *Observer*, denn David Astor will die psychologische Kriegführung als Taktik zur Durchsetzung der Kriegsziele nutzen. In seinem ersten Artikel für die Zeitung, einem *Forum*-Text, diskutierte Haffner denn auch die Notwendigkeit einer *Propaganda*-Offensive gegen die Nazis in Deutschland.

»David, begeistert von Haffners Äußerungen über die Möglichkeiten der Propaganda«, schreibt der englische Historiker Richard Cockett in seinem Buch *David Astor and the Observer*, »bekam seine Adresse von Secker und Warburg und fand einen für einen Hungerlohn arbeitenden Journalisten vor, der für eine deutsche Zeitung mit englischer Unterstützung arbeitete.« Die Begegnung war mehr als der Auftakt zu einer zwei Jahrzehnte währenden engen Zusammenarbeit unter wechselnden Bedingungen. David Astor, an den Umgang mit »großen Männern der Politik«, Exzentrikern und Selbstdarstellern gewöhnt, waren Haffners Humor, Selbstironie und seine Art, sich nicht allzu ernst zu nehmen, besonders sympathisch. Wie für George Orwell und seine Frau Eileen Blair wurde er für Sebastian Haffner, Erika Pretzel und die Kinder Peter, Oliver und Margaret ein echter Freund. Bei seinen gelegentlichen Besuchen in Wimbledon, wo die Familie 1942 ein eigenes Haus erworben hatte, brachte er den Kindern Geschenke mit, sie fanden sich zu gemeinsamen Mahlzeiten zusammen und diskutierten natürlich auch über Politik und den *Observer*. Beide Männer betrachteten ihre Freundschaft als etwas Besonderes. Trotz aller Vertrautheit und gegenseitigen Wertschätzung haben sie sich zu Beginn der fünfziger Jahre einander entfremdet, und im Jahre 1961 kommt es zum endgültigen Bruch. Haffner schmerzt der Verlust der einzigartigen Nähe, die ihn, abgesehen von engeren Angehörigen, mit David Astor verbunden hat, bis ans Ende seines Lebens.

Interessante Aufgaben hätten sich für Haffner auch bei der *Picture Post* ergeben, einer 1938 gegründeten Illustrierten, die im Gegensatz zu fast allen anderen englischen Zeitungen eine deutliche Haltung gegen die Appeasementpolitik eingenommen und völlig neue Maßstäbe für den Bildjournalismus gesetzt hat. Ähnlich wie später David Astor und Sebastian Haffner sind dabei ein Sohn eines bedeutenden englischen Zeitungsverlegers, Edward Hulton, und ein Exilant aus Deutschland, der gebürtige Ungar Stefan Lorant, eine äußerst fruchtbare Zusammenarbeit eingegangen. Lorant hatte, vom Film kommend, in den zwanziger Jahren für das Berliner Büro der *Münchener Illustrierten Presse* gearbeitet und wurde später deren Chefredakteur. In England gelang es ihm, mit den Illustrierten *Picture Post* und *Lilliput* Pressegeschichte zu schreiben, selbst auf die Magazine *Time* und *Life* färbte seine Arbeit ab. Lorant stellte der englischen Leserschaft neben außergewöhnlichen Fotoessays u.a. Zeichnungen von Walter Trier, dem Illustrator der meisten Kinderbücher Erich Kästners, und Fotomontagen von John Heartfield vor. Neben Stefan Lorant gelten Arthur Koestler und Sebastian Haffner allgemein als die erfolgreichsten deutschsprachigen Emigranten in England. Jeder hat über sein Metier hinaus gewirkt: Lorant übte auf den Journalismus bleibenden Einfluß aus, Koestler gehörte während des Krieges zu den Leitfiguren der Intellektuellen, Haffner wurde nach dem Einstieg beim *Observer* ein »Meinungsmacher«.

Als Engländer maskiert

Mit seinem Eintritt in die Redaktion des *Observer* endet Haffners Existenz als Exilant. Er ist dieser Rolle überdrüssig und hat, seit er in dieses Land geflohen ist, den Kontakt zu englischen Schriftstellern, Publizisten und Politikern gesucht. Unter den weit mehr als 10000 deutschsprachigen Flüchtlingen, die in ihrer Heimat intellektuelle Berufe ausübten, wollten viele wie Haffner außerhalb der Exil-Parteien unter den extremen psychologischen und politischen Bedingungen des Krieges den Kampf gegen den Nationalsozialismus im Bündnis mit den Engländern fortsetzen, ihren Mitemigranten beistehen und Anregungen vermitteln. Stellvertretend für diese Kreise sei der Gelehrte Fritz Demuth genannt, der dem Londoner Komitee der »Notgemeinschaft deutscher Wissenschaftler im Ausland« vorstand, sowie Alfred Kerr, der brillante Feuilletonist und frühere Theaterkritiker des *Berliner Tageblatt*, und der Maler Oskar Kokoschka als Präsident des Freien Deutschen Kulturbunds. Haffner wird weder in dieser Organisation noch in der Gruppe Unabhängiger Deutscher Autoren noch im deutschen PEN-Zentrum Mitglied. Kerr hatte sich gegen eine Mitgliedschaft Haffners im PEN ausgesprochen, die von dritter Seite ohne sein Wissen angeregt worden war: »Das ist mir nie bekannt geworden. Es tut mir leid, daß Kerr so gegen mich war, ich war nicht gegen ihn. Ich habe mich immer nachträglich sehr gewundert, warum wir eigentlich Kerr nie zur Mitarbeit auch nur gebeten haben. Er war doch einer der besten deutschen Federn in London«, erzählte er Jutta Krug. Er besucht keine Vortragsabende, Diskussionen, Dichterlesungen, Ausstellungen, Konzerte und Theateraufführungen (seit 1943), die für viele Emigranten zu Höhepunkten im Kriegsalltag werden, weil sie Vertrautes vergegenwärtigen. Die Entfernung kann für Haffners Fernbleiben nicht ausschlaggebend gewesen sein: Solange die Familie in Cambridge lebt, hält er sich oft wochenlang in London auf, und 1942 beziehen sie ein eigenes Haus in Wimbledon.

Haffner wählt einen anderen, einen schöpferischen Weg, um den Verlust der deutschen Kultursphäre zu kompensieren: In der *Geschichte eines Deutschen* vergewissert er sich noch einmal der eigenen Kindheit und Jugend, der geistigen und sinnlichen Eindrücke und vor allem der Menschen, die ihn prägten in jener für immer verlorenen Welt. Zugleich schafft er sich ein Forum, um den Engländern das Geschehen in Deutschland zu erhellen. Zwar bleibt es ihm versagt, die Identität eines Engländers anzunehmen, doch schöpft er aus der Spannung zwischen den beiden Polen Deutschland und England neue Vitalität.

Bevor Haffner als »eine sehr glaubwürdige Nachahmung eines Engländers« gelten kann, muß er lernen, »richtiges Englisch« zu schreiben. Bisher wurden seine Beiträge für die englische Presse überarbeitet, d.h. in journalistisches Englisch übersetzt. Die im *Observer* unter Pseudonym erschienenen Artikel hat David Astor übersetzt, später übernimmt nach seiner Erinnerung auch George Orwell gelegentlich diesen Freundschaftsdienst.

Das Sprachproblem löst Haffner innerhalb weniger Wochen auf sehr ungewöhnliche Art. Er bewertet dies noch 1984 in einem Gespräch mit dem Journalisten Hermann Rudolph als seine »größte Lebensleistung«, etwas, »worauf ich innerlich immer noch ein bißchen stolz bin«. Nächtelang habe er Sätze ausprobiert, sich aufgesagt und hingehört: »Ist das ein wirklicher englischer Satz? Klingt das wirklich Englisch? Sind die Anspielungen richtig? Eine der schwierigsten Sachen beim Englischlernen war ja nicht nur das Grammatische und daß man richtig schrieb – und meinetwegen auch ein bißchen musikalisch schrieb –, sondern war, daß man für die englische Vorstellungswelt schrieb.«[2] Man müsse auch die Bedeutung von Kinderreimen wie »All the King's horses and all the King's men could not put humpty-dumpty together again« verstehen. Sich den englischen Zitatenschatz, Sprachbilder und Anspielungen anzueignen sei vielleicht am schwersten gewesen.

Wieder kommen Haffner seine Lesewut und seine Fähigkeit zur sezierenden Beobachtung wie zum Einfühlen zugute. »Ein großes Glück für mich war, daß Churchill Premierminister war. Erstens hatte ich viele seiner Bücher vorher gelesen und mit großem Genuß gelesen, und ich liebte Churchill.« Ein Vierteljahrhundert später bedankt sich Haffner – mit einer meisterlichen Biographie. »Den *Churchill* habe ich mit Liebe geschrieben«, erinnert er sich im Dezember 1987 in einem Gespräch mit Richard Schneider. »Ich konnte mich in Churchill wirklich mehr als manche Engländer – er war ja immer, auch in seinen Premierzeiten ein umstrittener Mann – konnte ich mich hineindenken, hineinfühlen – auch sogar ein bißchen vorausfühlen, was er jetzt wohl denken und planen würde. Churchill war eine große Hilfe.«

David Astor

David Astor war gut vier Jahre jünger als Haffner. Seine Mutter Nancy Langhorne wurde 1879 im US-Bundesstaat Virgina geboren. Davids Vater William Waldorf Astor hatte sie auf der Überfahrt von Amerika nach Europa kennengelernt, wo Nancy schon den dritten Winter ihrem Hobby, der Jagd, nachgehen wollte. Der Wohlstand der Familie Langhorne, der ihr diesen Lebensstil ermöglichte, speiste sich hauptsächlich aus Gewinnen ihres Vaters zur Blütezeit der amerikanischen Eisenbahnindustrie. Nancy Astor wurde 1919 als erste Frau ins Unterhaus gewählt, dem sie bis 1945 angehörte.

Die Familie Astor dominierte mit den Morgans, Vanderbilts und Rockefellers die amerikanische Finanzwelt im 19. und zu Beginn des 20. Jahrhunderts. Begründet wurde ihr kolossaler Reichtum von Johannes Jacob Astor (geboren 1763), einem aus der Heidelberger Gegend stammenden Einwanderer, der mit seinen Profiten aus dem Pelzhandel auf der noch wenig besiedelten Insel Manhattan Land erwarb. Seine Nachkommen brauchten nur noch »gerade zu sitzen, während das Geld unaufhaltsam hereinfloß«, heißt es in einer Biographie über Nancy Astor.

William Waldorf Astor, einer der Urenkel von Johannes Jacob Astor, war US-Botschafter in Italien und später Mitglied der Regierung des Staates New York. Nach 1890 lebte er wieder eine Weile in Italien und ließ sich dann in England nieder. Er gab Millionen für seine Kunstsammlung aus und gründete 1892 eine Zeitung, die *Pall Mall Gazette*.

1911 suchte der damalige Chefredakteur des *Observer*, James Louis Garvin, einen neuen Besitzer für die 1791 gegründete Zeitung, da er sich mit dem Eigentümer Lord Northcliffle zerstritten hatte. Wenn ihm das gelänge, könne er auf seinem Posten bleiben, andernfalls, drohte Northcliffle, müsse er den Stuhl räumen, den er erst seit drei Jahren innehatte. Garvins Suche war erfolgreich: William Waldorf Astor erstand das Blatt auf Betreiben seines ältesten Sohnes, David Astors Vater, für 45 000 Pfund und legte es mit der auflagenstärkeren *Pall Mall Gazette* zusammen. Northcliffle nahm das Elffache des Kaufpreises ein, den er 1905 gezahlt hatte. Den Verlust des *Observer* konnte er leicht verkraften: Bis zu seinem Tode 1922 gehörte ihm die angesehenste aller Tageszeitungen, *The Times*, die dann in den Besitz von Waldorfs Bruder John Jacob überging.

Garvin erfand, was man heute in England mit dem Begriff *Sunday journalism* verbindet, eine am Sonntag erscheinende tagesaktuelle Wochenzeitung mit Niveau, und entwickelte den *Observer* zu einer ebenso auflagenstarken wie einflußreichen Zeitung, genauso, wie es sich William Waldorf Astor und sein Sohn vorstellten. Sie hatten die Zeitung schließlich nicht gekauft, um damit Geld zu verdienen, sondern in erster Linie aus politischen Gründen. Waldorf Astor war von 1910 bis 1919 Abgeordneter der Konservativen im Unterhaus und von 1918 bis 1921 Parlamentarischer Staatssekretär der Regierung Lloyd Georges. Nach dem Tod seines Vaters im Jahr 1919 übernahm er die Geschäfte der Zeitung. Garvin blieb bis 1942 auf seinem Posten.

Auf dem Höhepunkt von Garvins Karriere konnte niemand, der als gut informiert gelten wollte, seine Leitartikel ignorieren. Er repräsentierte die Zeitung immer stärker nach außen: Garvin war der *Observer*, und der *Observer* war Garvin. Doch Mitte der zwanziger Jahre begann der Stern der Zeitung mit dem des alternden, selbstgerechten und an politischem Einfluß verlierenden Chefredakteurs zu sinken. Nach und nach büßte Garvin seine Kontakte zu politischen Kreisen ein. Außerdem ließ ihm die Arbeit an einem mehrbändigen Buch über Joseph Chamberlain weniger Zeit für seine Hauptaufgaben in der Redaktion, die er seit dem Kauf eines Hauses außerhalb Londons nur noch selten aufsuchte. Ein Heer von Boten soll zwischen dem Zeitungsgebäude in der Tudor Street und seinem Haus hin- und hergependelt sein, um Druckfahnen zu bringen und Korrekturen bzw. seine Leitartikel mitzunehmen.

Lord Astor sorgte sich um den Zustand der »komplizierten Maschine«, hielt sich aber an das Garvin gegebene Versprechen einer lebenslangen Zusammenarbeit und verlängerte dessen Vertrag immer wieder. In den späten dreißiger Jahren belasteten politische Differenzen die Beziehungen zwischen Garvin und Lord Astor sowie seinem Sohn David, der sich wegen der herrschsüchtigen Haltung Garvins lange Zeit von der Redaktion vollkommen fernhielt. Die Meinungsverschiedenheiten betrafen zunächst die Appeasementpolitik Neville Chamberlains. Chefredakteur und Eigentümer stimmten darin überein, daß es für England kaum eine Alternative zum Münchener Abkommen gegeben habe, da man quasi unbewaffnet einem schwerbewaffneten Gangster – Hitler – in die Arme gelaufen sei. Während jedoch Lord Astor für eine sofortige Aufrüstung plädierte und der Meinung war, der *Observer* solle diese fördern, wies Garvin das Ansinnen, sich öffentlich in einen Dissens mit der Regierung zu begeben, als »unpatriotisch« zurück.

Lord Astor mußte mitansehen, wie seine Zeitung wider besseres Wissen Chamberlain bis zum bitteren Ende Gefolgschaft leistete. An dessen politischem Ende dürfte er dennoch einen bescheidenen Anteil gehabt haben. Er nutzte seine Kontakte zu führenden Abgeordneten der Labour-Fraktion wie zur Fraktion der Konservativen – schließlich war seine Frau Lady Nancy deren Mitglied und gehörte dann zu jenen 30 konservativen Abgeordneten, die sich am 8. Mai 1940 dem Fraktionszwang verweigerten und so Chamberlain stürzten.

Die Wahl Churchills zum Premierminister mißfiel Lord Astor. Er hatte auf den bisherigen Außenminister Lord Halifax gesetzt, der ein Mann des Ausgleichs und der deutschfreundlichste aller führenden Politiker jener Zeit war, sich jedoch früher und souveräner als Chamberlain von der Appeasementpolitik distanzierte. Churchill erschien ihm ungehobelt, fast diktatorisch. Garvin bedachte den neuen Regierungschef mit der gleichen Loyalität wie den alten und unterband jede Diskussion über die Eignung Churchills, obwohl die Nation in jenen Wochen angesichts des Vormarschs der Deutschen und der eigenen Niederlagen über Personalfragen und politisch-taktische Strategien heftig debattierte. Die britische Presse titulierte das neue

Kabinett nicht selten mit »Gangster«, Lord Astor sprach von »Freibeutern«, und Lord Halifax fragte sich verzweifelt, ob man Churchill »dazu bringen könne, seinen Verstand auf geordnete Weise zu gebrauchen«.

Lord Astor bedrängte Garvin, im *Observer* zumindest eine konstruktive Kritik an Churchill zuzulassen. Mit Sorge beobachtete er, wie es der seinem Bruder gehörenden *Times* gelang, das aufgrund der bedingungslosen Unterstützung der Appeasementpolitik verlorengegangene Vertrauen der Leser durch eine fundierte Auseinandersetzung mit der neuen Regierung zurückzugewinnen. Dies erschien ihm um so notwendiger, als Großbritannien seit dem Frühjahr 1940 nur Niederlagen erlitten hatte: Ende April scheiterte die »Norwegen-Operation«, mit der Hitlers Zugang zum schwedischen Erz unterbunden werden sollte, das Land wurde statt dessen wie Dänemark von der deutschen Wehrmacht besetzt. Den überlegenen deutschen Panzerverbänden gelang es im Mai, bis zur Kanalküste vorzustoßen und die anglo-französischen Streitkräfte zu spalten; die in Dünkirchen eingeschlossenen englischen Soldaten konnten zwar evakuiert werden, mußten aber ihre schweren Waffen zurücklassen. Die Niederlande, Belgien und Frankreich kapitulierten innerhalb weniger Wochen. Und im August begann die Luftschlacht um England. Die italienische Offensive in Libyen konnte zwar Anfang Dezember zunächst zurückgeschlagen werden, doch das Mitte Februar 1941 eintreffende deutsche Afrika-Korps und italienische Einheiten warfen die Briten im Mai bis zum Halfaya-Paß in Ägypten zurück. Da die britischen Truppen im April 1941 ihre Stellungen auf dem griechischen Festland wie auf Kreta nach verlustreichen Kämpfen räumen mußten, waren die Seewege im östlichen Mittelmeer gefährdet.

Haffner nannte Churchill in seiner Biographie einen »Mann des Schicksals«, weil er in diesen traumatischen Situationen eine ungeheuerliche Entschlossenheit zum Sieg um buchstäblich jeden Preis gezeigt habe: »Dank Churchill hat sich England 1940 Hitler im entscheidenden Augenblick seines fast schon gelungenen Durchbruchs in den Weg geworfen – wenn man will, gegen sein eigenes eng und nüchtern kalkuliertes Interesse. Es hat dabei seine physische Existenz ebenso wie seine wirtschaftliche und imperiale Existenzgrundlage aufs Spiel gesetzt. Seine physische Existenz hat es erfolgreich verteidigt; seine Wirtschaft hat es nachhaltig ruiniert und sein Empire verloren.« Nach Dünkirchen, als fast jedermann in England nur ans nackte Überleben dachte, plante er die »neue Kriegskoalition mit Amerika und den Totalsieg dieser Koalition«, »er war schlimmstenfalls bereit, dafür sogar Englands Existenz dranzugeben«.[3]

Obwohl England im Frühjahr 1940 von einer Niederlage in die nächste schlitterte, weigerte sich Garvin, von seiner Linie abzuweichen. In diesen schwierigen Monaten trat der noch nicht dreißigjährige David Astor auf den Plan. Galt die unglaublich reiche Familie Astor in ihrer Klasse als rebellisch, außenseiterisch und wegen ihrer »amerikanischen Herkunft« auch ein wenig unbritisch, so war David der Aufständische. Er schlug seinem Vater im Frühjahr 1941 vor, auf der Meinungsseite eine neue Kolumne, genannt *Forum*, einzurichten. In den nicht namentlich gezeichneten Artikeln sollten Publizisten verschiedener politischer Richtungen dezidiert ihre Meinung äußern, vor allem über die innenpolitische Lage Englands und die Frage der Kriegsziele debattieren. Zu dieser Idee dürften ihn u. a. die bei Secker & Warburg erscheinenden *Searchlight Books* inspiriert haben. Einige Autoren der Reihe gewann er für das *Forum*, so den Chefredakteur des *Evening Standard*, Michael Foot, Sebastian Haffner und George Orwell, dessen Buch *The Lion and the Unicorn* Astor mit Bewunderung las, »ohne unbedingt alle darin geäußerten Ansichten zu teilen«.

Lord Astor verfügte im Mai 1941 in einem Brief an Garvin, daß künftig direkt unter dessen Leitartikel die *Forum*-Artikel mit »rund 800 Worten« zu erscheinen hätten – ein Frontalangriff auf die Stellung des Chefredakteurs, der ihm endlich Chancen zur Infiltration der Redaktion und zu Eingriffen in deren Autonomie eröffnete (Besitzer von Zeitungen sind in dieser Hinsicht gewöhnlich sehr erfinderisch). Der »alte Menschenfresser von Beaconsfield« scheint die Tragweite der Anordnung nicht erkannt zu haben, sonst hätte er sie wohl kaum akzeptiert. Oder er machte gute Miene zum bösen Spiel, ahnend, daß er sich nun immer mehr mit David würde auseinandersetzen müssen. Das schmeichelhafte Lob über David Astor in einem Brief an dessen Vater vom 3. Juni 1941 klingt so, als versuchte Garvin sich mit dem kommenden Mann beim *Observer* gutzustellen – wenn auch nicht ganz freiwillig: Jetzt, da er und David sich ein wenig aneinander gewöhnt hätten, begännen dessen Ansichten und Berichte ihn auf eine merkwürdige Art zu beeindrucken. Er habe das Gefühl, daß David »jeden Tag wachse und das Zeug zu einem bemerkenswerten Mann« habe.

Mitunter äußerte sich Garvin zu David Astor selbst anerkennend über die neue Kolumne, obwohl er sie letztlich als Angriff auf Churchill betrachtete und die Autoren in seinem Tagebuch als »Nörgler, Griesgrame, Waldhühner, enttäuschte Moralapostel, aufdringliche Menschen, schlafwandlerische Kriegszielträumer« und »Feiglinge in Uniform« abqualifizierte. Ende August schließlich weigerte sich der Chefredakteur erstmals, einen ihm vorgelegten *Forum*-Artikel zu veröffentlichen, da er die anglo-amerikanischen Beziehungen beeinträchtigen könnte. Gegenüber David Astor bezeichnete er die Kolumne als »Müll«, und genau da landete sie auch. Die Konfrontation spitzte sich daraufhin zwangsläufig weiter zu, denn David Astor war stolz auf das *Forum*, weil es bereits Elemente des künftigen *Observer* aufwies, der nicht mehr das Zentralorgan eines einzigen berühmten Journalisten sein sollte, sondern ein radikal-liberales Blatt, in dem ohne Rücksicht auf irgendwelche Empfindlichkeiten analysiert und diskutiert werden konnte.

Garvins bisheriger Vertrag sollte zum 1. März 1942 auslaufen. In den anstehenden Verhandlungen schlug Lord Astor vor, einen zweiten Chefredakteur einzustellen. Doch der 73jährige, der weder auf einen Teil seiner Macht verzichten noch sich auf die Rolle des Elder Statesman und Leitartiklers zurückziehen wollte, lehnte das Angebot schroff ab, wohl auch weil er die Churchill-Regierung hinter sich wußte – die allerdings mit der Besetzung von Chefredakteursposten nicht allzuviel zu tun hatte.

Eine Kontroverse über die Politik des noch immer glücklosen Churchill führte Ende Februar zum endgültigen Bruch. Garvin hatte einem *Forum*-Artikel, in dem dringend eine Reform des Regierungsapparates und der Rücktritt Churchills als Verteidigungsminister verlangt worden war, damit der Premier sich seinen Aufgaben an der Heimatfront widmen könne, in der folgenden Ausgabe Punkt für Punkt widersprochen, obwohl er wußte, daß besagter Artikel zwar aus der Feder des Journalisten Stephen King-Hall stammte, Lord Astor jedoch hinter jedem Wort stand. Der Eigentümer interpretierte dies als gezielten Affront und sorgte dafür, daß jener Artikel Garvins letzter war. Am 28. Februar 1942 erschien die erste Ausgabe des *Observer*, die nicht durch seine Hände gegangen war – seit 1908. Er und Lord Astor sollten nie wieder ein Wort miteinander wechseln. Als sie sich Jahre später einmal im Savoy Hotel begegneten, gaben sie einander wortlos die Hand.

»College *Observer*«

Der *Observer* drohte im Chaos zu versinken. Zwar hatte Lord Astor Netze für den Notfall geknüpft, doch diese rissen sofort. Einige erfahrene Journalisten, die das Blatt für kurze Zeit leiten sollten, wurden krank oder nicht vom Kriegsdienst* entbunden, wobei Premierminister Churchill – in seiner Rolle als Verteidigungsminister – seine Finger im Spiel gehabt haben soll. David Astor hatte einerseits wenig Berufserfahrung, als er sich in der Rolle des kommenden Herausgebers wiederfand. Andererseits wollte er als Journalist arbeiten, und nichts lag da näher, als den Neuaufbau der Zeitung, die sich »zufällig« im Besitz der Familie befand, zu übernehmen (und nebenbei seinen Bruder Bill, der in Nordafrika stationiert war, auszustechen). Zerrieben zwischen der als intelligent und intuitiv geltenden, sozial engagierten, aber auch kämpferisch aggressiven, zunehmend intoleranten und religiös-fanatischen Mutter und einem sehr viel ruhigeren,

* Aufgrund des ersten Gesetzes, das Churchills Kabinett erlassen hatte, mußte sich jeder Bürger vorbehaltlos der Regierung zu Kriegszwecken zur Verfügung stellen.

gebildeteren intellektuellen Vater fand David – nach einigen Mißerfolgen während seines Studiums – nur schwer seinen eigenen Weg.* Mit 21 Jahren hatte er die Universität ohne Abschluß verlassen und zunächst einige Zeit in der Redaktion der *Yorkshire Post* gearbeitet.

Im *Observer*-Chaos des Jahres 1942 fragte niemand nach einem Abschluß, jetzt kam es einzig und allein darauf an, was er aus der Situation machte. David wollte die Führung der Redaktion nicht selbst übernehmen – sein Einsatz als Presseoffizier des Combined Operation Headquarters unter Lord Mountbatten hätte dies ohnehin ausgeschlossen – und suchte nach Publizisten und Schriftstellern für sein Blatt, nicht unbedingt Journalisten. Redaktionelle Routine könne man erlernen, fand er, mit dem Schreiben sei es schon schwieriger. Da die profilierten Leute bei anderen Zeitungen unter Vertrag oder in die Armee eingetreten waren oder kriegswichtige Aufgaben im Rahmen der Informations- und Propagandapolitik übernommen hatten, gestaltete sich die Suche schwierig. David raste in den Mittagspausen vom Londoner Stadtteil Richmond, wo er seinen Kriegsdienst als Presseoffizier des Combined Operation Headquarters versah, in die Redaktion und rekrutierte in den Abendstunden Autoren für den neuen *Observer*, vornehmlich im Restaurant »Shanghai« im Stadtteil Soho, wo sich jeden Dienstag etliche Journalisten zum »Shanghai Club« einfanden, um brennende politische Fragen zu diskutieren. Seine verzweifelte Situation zwang Astor, sich in einen sehr effektiven Talentscout zu verwandeln, eine Tätigkeit, in der er bereits im Zusammenhang mit seiner *Forum*-Kolumne recht erfolgreich war und die er noch Jahrzehnte später als die wichtigste – und aufregendste – eines Chefredakteurs beschrieben hat.

Haffner erinnert sich 1989 in einem Interview noch genau an David Astors Worte, ihm bleibe nur die Wahl, Journalisten im Ruhestand zu reaktivieren, auf Frauen zurückzugreifen oder auf Ausländer; Astor habe sich für die dritte Möglichkeit entschie-

* David Astor unterzog sich später einer psychoanalytischen Behandlung bei Anna Freud.

den. »Ich konnte keinen besseren Autor über Deutschland finden«, erklärt Astor gegenüber dem Fernsehjournalisten Christian Walther, der 1997 einen Film über Sebastian Haffner drehte.

Für Haffner war David Astors Angebot »ein wahres Himmelsgeschenk«. Niemals hätte er sich, vor zwei Jahren noch als feindlicher Ausländer von Internierung, vor drei Jahren gar von Ausweisung bedroht, träumen lassen, in einer der angesehensten englischen Zeitungen, »als Engländer maskiert«, englische Politik beeinflussen zu können (sofern Journalismus dazu überhaupt imstande ist). Zugleich bleibt Deutschland – der Kriegsgegner, das Land, über dessen Geschichte und Kultur er mehr weiß als über jedes andere – weiterhin sein wichtigstes Thema.

Schon die ersten beiden kommissarischen Chefredakteure, die *Economist*-Redakteure Geoffrey Crowther und Barbara Ward, die nach Feierabend beim *Observer* vorbeischauten, brachten neue Gedanken in das altehrwürdige Blatt. Sie gehörten zu jenen jungen Journalisten, die sich als Sozialisten oder zumindest progressive Tories ansahen, für eine friedliche Revolution, staatliche Planung und die Sozialisierung einiger wichtiger Industriezweige eintraten.

Diese Vorstellungen waren alles andere als kommunistisch, sie richteten sich vielmehr gegen eine möglicherweise eines fernen Tages drohende kommunistische Revolution, die man verhindern wollte, indem man populären Forderungen der Massen entgegenkam. Oder, mit den Worten Lord Astors: »Die wirkliche Gefahr nach dem Krieg geht vom Kommunismus aus. Um den zu vermeiden, müssen wir eine fortschrittliche Politik machen.«[4] Diese mehr oder weniger in der Luft liegenden Ideen haben in den nächsten Jahren das Klima in der Redaktion, in gewisser Weise auch das England der Nachkriegsjahre bestimmt. Mit einer solchen Devise kann der *Observer* Plattform sein für so unterschiedliche Charaktere wie den ehemaligen Kommunisten Arthur Koestler, den früheren Spanienkämpfer George Orwell, den marxistischen »nicht praktizierenden Kommunisten«[5] Isaac Deutscher, den gebürtigen Schweizer Juden Jon Kimche, einen linken Journalisten und Buchhändler, der seit seinem zwölften Lebensjahr in England lebte, oder den vergleichsweise konservativen deutschen Einwanderer Sebastian Haffner, dem es in erster Linie darum geht, daß Hitler besiegt und vernichtet wird. »Wir drei«, sagt Haffner im Interview von 1989, bezogen auf sich, Deutscher und Kimche, »waren eine Weile die wichtigsten Leute im nach-Garvinschen *Observer*, wobei ich der englischste war«.

Kimche und Haffner benutzen im *Observer* gemeinsam das Pseudonym *Liberator* für militärstrategische Kommentare, und obwohl sie ganz verschiedene Standpunkte vertreten, funktioniert es, weil sie auf verschiedenen Ebenen argumentieren: Kimche aus streng militärstrategischer, Haffner mehr aus historischer Perspektive. In Anspielung auf das gemeinsame Pseudonym sagt Kimche Jahrzehnte später: »Haffner befreite Europa von rechts, ich von links.« David Astor hatte Kimche im März 1942 in dessen Buchladen »Socialist Bookcentre« nahe der Fleet Street, der zugleich Treffpunkt linker Kreise war, aufgesucht und ihn um Mitarbeit im neuen *Observer* gebeten. Kimche hatte früher für den *Evening Standard* gearbeitet und war Geschäftsführer der *Tribune*, deren Redaktion von den linken Labour-Abgeordneten George Strauss und Aneurin Bevan geleitet wurde. Die 1937 gegründete Zeitung *Tribune* attackierte sowohl die britische Regierung wegen ihrer Kriegführung als auch die eigene Parteispitze und wußte in ihrer Kritik an der Sowjetunion zwischen dem Partei- und Regierungsapparat und dem »heldenhaften« russischen Volk zu unterscheiden. Da Orwell die Argumentationslinien der *Tribune* überzeugen, wird er Ende November 1943 dort fester Mitarbeiter als Literaturredakteur. Kimche nimmt Astors *Observer*-Angebot an, und als er in die Redaktion kommt, findet er das nachrevolutionäre Chaos vor: keine Redaktionssitzungen, beinahe wöchentlich wechselnde Chefredakteure. Haffner vergleicht den Moment, als er das erste Mal die Redaktionsräume des *Observer* betritt, mit der japanischen Eroberung Singapurs: Mit etwas Furcht, zumindest aber einigem Respekt aufgetaucht, stellt er verblüfft fest, daß es keine Gegenwehr gibt.

Die schärfsten, aber auch interessantesten Gefechte in den Redaktionskonferenzen liefern sich Haffner und Deutscher, der polnisch-jüdische Trotzkist, den Astor 1943 zum *Observer* holt. Sie hätten »um die Politik dieses Blattes in nächtelangen Streitgesprächen gerungen [...] wie der Teufel um die arme Seele«, resümiert Haffner in seiner unter dem Titel *Der reale Sozialismus* erschienenen Kolumne zu Deutschers Buch *Die Unvollendete Revolution*.[6] In einem Fall, der umstrittenen britischen Intervention im griechischen Bürgerkrieg, wird die Diskussion zwischen beiden sogar als »pro & contra« im Blatt fortgesetzt. 1946 verläßt Deutscher die Redaktion, um sich wieder dem Bücherschreiben zuzuwenden (unter anderem verfaßt er eine vielgelesene Stalin-Biographie). Wenn Haffner im Artikel *Der reale Sozialismus* bemerkt: »Nachträglich scheint es mir manchmal, daß er dabei mehr recht gehabt hat als ich«, und dann den Streit »in aller Hochachtung und Pietät, aber auch mit aller Vorsicht« postum fortsetzt, denn es sei »immerhin möglich, daß er irgendwann einmal wiederum recht behält«, so illustriert er, daß ihre Zusammenarbeit auf gegenseitiger Stimulation gründet. Beide fühlen sich durch Widerspruch des anderen nicht düpiert, sondern zur Überprüfung des eigenen Standpunkts provoziert und zu neuen Gedanken angeregt, beide pflegen die geistvolle Polemik in dem Wissen, daß es in der Politik keine ewigen Wahrheiten geben könne, beide wollen die öffentliche Meinung durch Aufklärung beeinflussen.

Orwell, von dem erste Beiträge im März und April 1942 im *Observer* erscheinen, macht in der Zusammenarbeit mit dieser Zeitung die Erfahrung, daß enge persönliche Freundschaft für eine berufliche Zusammenarbeit nicht zwangsläufig förderlich ist. Er verfaßt für den *Observer* bald nur noch in Ausnahmefällen politische Artikel, da er das Gefühl hat, in der Redaktion »teilweise unter falschen, aus einem Mißverständnis herrührenden Voraussetzungen akzeptiert zu sein: nämlich, daß Astor zwar Orwells Patriotismus und radikalen Liberalismus ernstgenommen habe, nicht aber seinen Sozialismus«.[7] Von Dezember 1943 bis Mai 1946 schreibt er Buchkritiken, die alle zwei Wochen erscheinen, David Astor gibt ihm auch Reportageaufträge, kommt aber später zu der Meinung, daß Orwell in der Zeitung »nie zu seiner besten Form gefunden« hat.

Orwell und Haffner, die zwar in der Kritik an der Sowjetunion übereinstimmen, doch vor allem in sozialen Fragen unterschiedliche Standpunkte einnehmen, sind sich persönlich nicht nahegekommen: »Ich hatte Orwell damals (1940 – d. V.) natürlich kennengelernt und habe ihn den ganzen Krieg über gekannt. Später war er auch Mitarbeiter des *Observer*. Ich kannte ihn also recht gut, aber ich muß leider sagen, weder waren wir besonders gute Freunde, noch habe ich damals je geahnt, daß Orwell so eine Jahrhundertfigur werden würde. Als die *Animal Farm* 1944 erschien, hätte ich ihm ein so gutes Buch gar nicht zugetraut. Als Mensch empfand ich ihn eigentlich als ›cantankerous‹ (mürrisch, streitsüchtig – d. V.), als geborenen Nörgler. Er fand immer an allem etwas auszusetzen, selbst sein Patriotismus war mit viel Ressentiments durchsetzt.«

David Astor hat beide Männer als eine Art »Adoptivkinder«[8] betrachtet. Da Orwell in der *Tribune* eine eigene Kanzel gefunden hatte, von der er seine Anti-Predigten halten konnte,[9] wird seine persönliche Beziehung zu Astor, in den wenigen Jahren, die Orwell noch zu leben hatte, nicht durch ideologische Differenzen getrübt. Haffners Freundschaft zu Astor hingegen sollte letztlich daran scheitern, daß ihr politischer Dissenz im Verein mit Rollenkämpfen in der Redaktion das persönliche Vertrauen untergräbt.

Haffner hat sich schnell als das intellektuelle Rückgrat des *Observer*, als die »führende Stimme« der Zeitung etabliert, ja, er ist, bis David Astor 1948 aus dem Kriegsdienst entlassen wird, der heimliche Chefredakteur. Daß er der natürliche Spezialist in allen jenes Land betreffenden Fragen ist, mit dem man in einem mörderischen Kampf liegt, stärkt seine besondere Rolle in der Redaktion ebenso, wie es die Freundschaft mit David Astor vertieft. Diesem Problem wird in der – man kann das wörtlich nehmen – Hitze des Gefechts keine Bedeutung geschenkt, es kann auch gar nicht beachtet werden, gilt es doch, das wöchentliche

Erscheinen der Zeitung zu sichern. Als David Astor Chefredakteur wird, muß er die Führung an sich reißen und versuchen, den Geist seines besten und begabtesten Mitarbeiters, dem er über Jahre die politische Leitung des *Observer* überlassen hatte, wieder in die Flasche zu bekommen. Da Haffner zu Beginn der fünfziger Jahre seine Standpunkte in bezug auf die Funktion der Nato und die Politik der amerikanischen wie der sowjetischen Regierung teilweise revidiert und für ein neutrales Deutschland eintritt, kommt es nicht nur zu Auseinandersetzungen über die Linie des *Observer*, sondern auch zu ernsthaften persönlichen Konflikten und schließlich zur schrittweisen Trennung Haffners von der Zeitung.

Doch zunächst ist der *Observer* – nach dem Verlag Secker und Warburg und der *Zeitung* – ein weiterer Glücksfall für ihn, zugleich ist aber Sebastian Haffner auch ein Glücksfall für den *Observer*. Der offizielle Redaktionsleiter Ivor Brown ist ein eher schwacher Chefredakteur, der aber gut zur »College-Atmosphäre« (David Astor) in der Redaktion paßt, von der auch Astor und Haffner profitieren. Was Astor an der Universität versäumt hatte, so empfindet er es selbst, holt er in der Redaktion des *Observer* nach. Haffner schätzt für sich im Rückblick ein, daß er erst beim *Observer* gelernt habe, politisch zu denken. Brown hält sich als Theater- und Literaturkritiker aus den politischen Angelegenheiten mehr oder weniger heraus. Allerdings bemüht er sich im Oktober 1942, Orwells Kritik zu O.D. Gallaghers Buch *Retreat in the East* zu verhindern, da darin Passagen zitiert werden, die seiner Meinung nach »›einigen übelwollenden Amerikanern in die Hände arbeiten‹ würden, das heißt solchen, die den Krieg nicht als Mittel zur Rettung des britischen Empire ansahen«. Orwell ist über diese Zensur so empört, daß er bis zum September 1943 keine Rezensionen mehr für die Zeitung schreibt.[10]

Haffner bringt sich beim *Observer* keineswegs nur als Deutschland-Spezialist ein, da er über eine juristische Ausbildung und eine ungewöhnlich breite Allgemeinbildung verfügt, in Deutschland als Feuilletonredakteur gearbeitet und sich – wenn auch eher erfolglos – als Schriftsteller versucht hat. Buchstäblich von Kindesbeinen an hat er sich mit historischen, politischen und militärischen Fragen beschäftigt und kann den Ablauf eines Krieges verstehen, den Krieg »lesen«. Er hat – im besten Sinne – zu allem etwas zu sagen, und die leeren Seiten der Zeitung verlangen allwöchentlich danach, beschrieben zu werden. Haffner läßt sich nicht lange bitten. »Ich habe alles mögliche geschrieben. Ich war eine Weile sogar so eine Art Faktotum«, erinnert er sich 1989 im Gespräch mit Jutta Krug. »Ich schrieb also hauptsächlich politische Leitartikel, politische ›center-page‹-Artikel, diese unter dem Pseudonym ›A student of Europe‹. Dann schrieb ich strategische Artikel zusammen mit Kimche und einem Amerikaner unter dem Pseudonym ›Liberator‹. Außerdem schrieb ich Profile, Kommentare, Kurznotizen und diplomatische Stories unter ›By a special Correspondent‹. Später, als der Krieg vorbei war, wurde ich ganz offiziell ›Our Diplomatic Correspondent‹ und ging im Foreign Office aus und ein. Eine Weile schrieb ich, so grotesk es klingt, auch Musikkritiken, dies unter dem Namen ›Martin Raymond‹. Dann schrieb ich natürlich auch Buchbesprechungen. Ich machte wirklich ein bißchen von allem, ich schrieb das Blättchen voll. Es hatte damals nur sechs Seiten, große Zeitungsseiten allerdings, aber es gab kaum eine Seite außer vielleicht der Sportseite, auf der nicht jeden Sonntag irgend etwas von mir stand. Es war die fleißigste Zeit meines Lebens. So viel Begeisterung für meinen Job und guten Willen, es bestens zu machen, habe ich nie wieder für irgend etwas aufgebracht.«

Für die von ihm redigierte Serie *Profile* hat Haffner unter anderem Porträts von Winston Churchill, Charles de Gaulle sowie Heinrich Himmler, Generalfeldmarschall Gerd von Rundstedt, Hitler, Joseph Goebbels, Hermann Göring, Joachim Ribbentrop geschrieben. David Astor erinnert sich, daß Haffners Vorschlag, Albert Speer zu porträtieren, skeptisch aufgenommen wurde, da die anderen Redakteure mit der Person von Hitlers Leib-und-Magen-Baumeister nichts anfangen konnten.[11] Gerade dieser Text[12] weist Haffner als meisterlichen Publizisten aus, der in wenigen Sätzen das Wesen einer Person, einer Erscheinung, eines Vorgangs analysiert und zur Anschauung bringt. Indem er Speers Aufstieg vom »Staatsdekorateur Nr. Eins« zum »obersten Gebieter über alle im weitesten Sinne industriellen, Bau- und Transportaktivitäten in sämtlichen von Deutschen beherrschten Gebieten« als phantastische Karriere eines erfolgreichen Angestellten charakterisiert, führt er ihn als »einen Typus, der in allen kriegführenden Ländern zunehmend wichtiger wird«, vor: »den reinen Techniker der Macht, den klassenlosen, intelligenten jungen Mann ohne großartige Herkunft, der ursprünglich kein anderes Ziel, als im Leben voranzukommen, und keine anderen Mittel als seine technischen und administrativen Fähigkeiten hat«. Bestechend leitet er den Aufstieg aus dem »Mangel an psychologischem und intellektuellem Ballast und der Leichtigkeit, mit der diese unauffälligen Typen die entsetzliche technische und organisatorische Maschinerie unserer Zeit handhaben«, her. Seine prophetischen Sätze: »Das ist ihr Zeitalter; die Hitlers und Himmlers werden wir vielleicht los, doch diese besondere Spezies der Speers wird uns, in welcher Gestalt auch immer, noch lange erhalten bleiben«, haben die Leser wohl kaum als Warnung verstanden. Hier zeigt sich bereits jene unverwechselbare Eigenart, die Haffner vor so vielen anderen angesehenen Publizisten seiner Zeit auszeichnet und die gewiß einen wesentlichen Teil der Faszination für die heutigen Leser ausmacht, die ihn wiederentdecken. Er verknüpft in völlig natürlich erscheinender Weise das Individuelle mit dem der Zeit Geschuldeten und stellt so Zusammenhänge her, die zu verblüffenden und scharfsichtigen Erkenntnissen führen.

Auch wenn Haffner nach dem Krieg Politiker wie Kurt Schumacher, Jakob Kaiser, Konrad Adenauer und Theodor Heuss vorstellt, die Wiederaufbau und Zukunft Deutschlands seiner Meinung nach entscheidend mitprägen, rückt er mit der Person immer zugleich zeitgeschichtliche Konflikte ins Bewußtsein.[13] Da er seit 1946 jedes Jahr mindestens einen Monat in Deutschland verbrachte, basieren die Artikel nicht auf Informationen aus zweiter Hand. Das 1948 geschriebene Porträt der Sozialdemokratin Louise Schröder etwa, damals Amtierende Oberbürgermeisterin Berlins, da die Sowjets die Wahl von Ernst Reuter nicht anerkannten, informiert die Briten kurz und knapp über die komplizierte politische Situation in der Viersektorenstadt.

Cyril Dunn, einer der wenigen von Astor eingestellten professionellen Journalisten, kommt 1948 zum *Observer* und erinnert sich an Haffners Rolle in diesen Jahren wie folgt: »Haffner stieß mir sofort als der Größte in der Redaktion auf. Ein typischer *Herr Doktor*[14] mit hoher Stirn, der auf den Redaktionskonferenzen mit gottähnlicher Autorität die Zusammenhänge beschrieb. [...] Mit eiserner Konzentration saß er, wie aus Stein gemeißelt, an seiner Schreibmaschine und brachte seine gediegenen Leitartikel über die Weltpolitik zu Papier. Nichts konnte ihn in diesem beängstigenden Zustand stören. Doch außerhalb seiner Tätigkeit war Haffner einer der Liebenswürdigsten überhaupt, machte sich Umstände, um beispielsweise mir schmeichelnd Mut zu machen, als ich in meinen *Observer*-Tagen nicht so recht wußte, woran ich war.« Ein eigenes Büro hatte Haffner nie in der Redaktion, erinnert sich David Astor.[15] Er habe einfach nie danach verlangt.

Eine Redaktion, in der es so frei zugeht, nimmt auch in dem, was sie hervorbringt, selten ein Blatt vor den Mund. Oft genug bringt der *Observer*, auf den sich nur schwer Druck ausüben läßt, die britischen Regierungsstellen zur Verzweiflung. Ende 1942 beispielsweise nimmt sich die Redaktion den Exilpolitiker General de Gaulle vor, dessen politische Ziele sowie die Mittel, diese durchzusetzen, David Astor mehr als fragwürdig erscheinen. De Gaulle gilt in England als Galionsfigur des freien Frankreich und ist in dieser Rolle sehr populär. Daß er gegen politische Gegner im Exil hart und rücksichtslos vorgeht – sogar von einem Folterkeller mit Hundekäfigen im Hauptquartier des von ihm mitbegründeten Nationalkomitees »Freies Frankreich« in der Duke Street ist die Rede –, ist weniger bekannt, ebenso die Tatsache, daß einige seiner Mitkämpfer vor Kriegsausbruch in einer obskuren, quasi-faschistischen Organisation namens Cagoule aktiv gewesen waren.

Noch ist de Gaulle nicht als französischer Exilpräsident anerkannt, da beginnt der *Observer* am 1. November 1942 eine Kampagne mit einem »Freedom« überschriebenen Editorial David Astors, in dem er die Erfolglosigkeit des französischen Komitees anprangert. De Gaulles Gegenspieler General Henri Giraud wird in der von Haffner redigierten *Profile*-Kolumne sehr schmeichelhaft porträtiert.[16] Im März 1943 attackiert Astor de Gaulle erneut als autokratisch und nennt ihn einen potentiellen Diktator und eine Gefahr für das Europa der Nachkriegszeit. Im britischen Informationsministerium stellt man bedauernd fest, daß man den *Observer* kaum beeinflussen könne.

Zwar zeitigt die Kampagne keine direkte Wirkung, sie unterstreicht jedoch das Image des neuen *Observer*, eine Zeitung zu sein, die unerschrocken auch der Regierung unbequeme Positionen einnimmt. Daß Astor seine beste Karte gegen de Gaulle, ein ganzseitiges Dossier über dessen Praktiken, schließlich nicht ausspielt, kann damals niemand wissen. Vielleicht ist es der britischen Regierung doch noch gelungen, einen Hebel zu finden, auf »Captain Astor« (eine Anspielung auf seine militärische Tätigkeit) Einfluß zu nehmen. Zwar ist Churchill auch kein besonderer Freund de Gaulles, doch sei es ihm lieber, schreibt er im Juli 1943 an Roosevelt, ihn in das französische Exilkomitee eingebunden zu wissen, als daß er als eine Mischung aus Jeanne d'Arc und Clemenceau, dem französischen Premier während des Ersten Weltkriegs, herumstolziere.

Weit wirksamer ist auf lange Sicht der Meinungskampf, den der *Observer* in den letzten Kriegsjahren um die Politik gegenüber der Sowjetunion beginnt. Ausdrücklich stellt sich das Blatt ab 1943 gegen die in der britischen Öffentlichkeit verbreitete sowjetfreundliche Haltung, die zweifellos Folge des Bündnisses mit der Sowjetunion gegen Hitler ist, aber auch jener damals virulenten prosozialistischen Grundstimmung entspricht. Man dürfe nicht gleichgültig zusehen, wenn Rußland ein Protektorat über weite Teile Osteuropas errichte, ist die Devise der Zeitung. Nach Abbruch der Beziehungen der Sowjetunion zur bürgerlichen polnischen Exilregierung in London im April 1943 führen um die Jahreswende 1943/44 sowjetische und britische

Diplomaten Verhandlungen über die künftige Ostgrenze Polens, die vom *Observer* öffentlich gemacht werden. Autor des Artikels ist Isaac Deutscher, der nach eigener Aussage über Dritte Kontakt zu einem Mitglied der sowjetischen Delegation hat.

Die britische Regierung ist außer sich; es ist das erste Mal, daß während des Krieges der Verpflichtung zur Geheimhaltung nicht entsprochen wird. Das Gerücht, der Bericht stamme von einem in der Redaktion des *Observer* tätigen Flüchtling, veranlaßt den britischen Außenminister Eden zu der Äußerung, die deutschen (!) Emigranten sollten besser nach Hause gehen, wenn sie »ungehörigerweise unsere Gewässer trüben«. Churchill beauftragt Eden, sich den Chefredakteur Ivor Brown vorzuknöpfen, den bedauernswerten Theaterkritiker, der nicht so recht weiß, in was er da eigentlich hineingeraten ist. Die Astors stärken ihm den Rücken, doch das zweistündige Beinahe-Verhör ist etwas zu viel für ihn, und er will hinterher von seinem Posten zurücktreten.[17] Brown verlangt von Deutscher, seine Quellen offenzulegen, da die britische und die sowjetische Regierung auf der Suche nach der undichten Stelle sind. Deutscher denkt nicht im Traum daran, seinen Informanten preiszugeben, und bereitet sich innerlich darauf vor, inhaftiert zu werden.

Brown ist es leid, die Verantwortung für einen Autor tragen zu müssen, den er sich nicht ausgesucht hat, streicht von nun an Deutschers Artikel zusammen und überträgt seinen Ärger auch auf andere Emigranten. Haffner erfordere zuviel Kontrolle, Kimche sei schlicht ein politischer Spion, klagt er. Doch ist es Brown selbst, der in der Affäre am meisten beschädigt wird, da er bei der peinlichen Befragung im Außenministerium die Nerven verloren hatte und – wie später kolportiert wurde – auf dem Boden herumgekrochen sein soll. Als David Astor 1948 aus dem Militär ausscheidet und die Chefredaktion übernimmt, ist Brown froh, sich wieder ausschließlich seinem geliebten Theater zuwenden zu können; weniger froh ist er allerdings, als David Astor ihn 1953 durch einen jüngeren, höchst umstrittenen Theaterkritiker ersetzt.

Im Zuge der Polen-Kampagne entwickelt der *Observer* einen äußerst sowjetkritischen Kurs, der die Linie konservativer britischer Zeitungen an Schärfe weit übertrifft; dies wohlgemerkt zu einem Zeitpunkt, als die zweite – westliche – Front gegen Hitlerdeutschland immer noch nicht steht und die Sowjetunion nach wie vor die Hauptlast im Krieg gegen Hitler zu tragen hat.

Kriegsende

Schon 1943 ist für Haffner die Niederlage Deutschlands beschlossene Sache. Im Interview mit Radio Bremen resümiert er 1988 die Lage: »Im Grunde genommen sah ich den Kalten Krieg anfangen längst vor dem Ende des Zweiten Weltkrieges, so etwa seit 43. Ich hab ihn nicht gemacht. Ich sah ihn anfangen. Ich sah, daß die Russen und die Westmächte einfach anfingen, gegeneinander zu arbeiten. Der Krieg gegen Hitler ging zwar noch weiter, mußte noch zu Ende geführt werden, konnte aber als gewonnen vorausgesetzt werden seit etwa Mitte 43. Und seitdem ging es eben darum: Wer wird nun den Krieg wirklich gewinnen – die Westmächte oder die Russen –, und ich war für die Westmächte und würde es übrigens, wenn die Frage sich so stellt wie damals, auch heute noch sein. Ich ziehe den liberalen Westen – nicht alles, was es im Westen gibt –, aber den liberalen Westen ziehe ich dem Sozialismus vor, dem real existierenden Sozialismus, und damals in der Stalin-Zeit tat ich das noch mehr und entschiedener als heute.«

Als Haffner im Herbst 1943 Erwägungen über das Ende Hitlerdeutschlands anstellt, glaubt er, eine Konstellation wie 1918, als das Land in militärisch hoffnungsloser Lage durch die Kapitulation die politische Initiative an sich gerissen habe, werde sich wohl nicht wiederholen: »In der Zwangsjacke von Verbrechen und Terror trottet die Nation mechanisch, in dumpfer Unverantwortlichkeit ins Verderben. [...] Noch ist nichts gewiß, doch es sieht sehr danach aus, als werde es mit routinemäßiger Verbissenheit fast – aber nicht ganz – bis zum bitteren Ende kämpfen, darniedersinken, mit den Schultern zucken und erstarren.«[18] Spekuliert er hier auf den Plan der Naziführung, das anglo-amerikanische Bündnis zu spalten und entweder im Osten oder im Westen einen Separatfrieden zu erreichen, so meint er nach einer Rede Hitlers am 30. Januar 1944, dieser wolle »die Westmächte mit der Drohung zur Räson bringen, daß er die Russen Deutschland erobern läßt, während er Frankreich und Italien hält«[19]. Beide Strategien gründen sich für – den damaligen – Haffner auf Hitlers absurde Hoffnung, Großbritannien und Amerika fänden »das Vorrücken der Roten Armee bis zum Rhein so unerträglich, daß sie sich lieber mit Nazi-Deutschland arrangieren würden«[20].

Mehr als Hypothesen über eine angebliche Kriegsmüdigkeit der Deutschen oder die Möglichkeit eines Militärputsches gegen Hitler interessiert Haffner die Ausgestaltung der Nachkriegsordnung. Die Auseinandersetzungen hierüber zwischen den westlichen Alliierten und der Sowjetunion interpretiert er bereits als Kern des späteren Ost-West-Konflikts. Im Artikel »Deutschlands Ostgrenzen«[21] warnt Haffner davor, Territorialfragen nicht bis zum Ende der Feindseligkeiten offenzuhalten, sondern in Geheimverhandlungen vorab zu regeln und dadurch ein Friedensabkommen zu gefährden.[22] Die Alliierten sollten sich die Konsequenzen der vorgeschlagenen Umsiedlung von drei bis acht Millionen Ostpreußen, Pommern und Schlesiern klarmachen und eventuellen sozialen Unruhen vorbeugen. Aufgrund der jahrhundertealten Tradition, »daß Rußland und Deutschland ihre Streitigkeiten ... auf Kosten Polens regeln«, seien diese Gebiete »ein trojanisches Pferd für Polen – und eine chronisch eiternde Wunde im europäischen Friedensprozeß«. Im Falle einer gewaltsamen Umsiedlung ins kriegsverheerte Deutschland käme es entweder zu Massakern oder zu einer unkontrollierbaren Wanderung bis an die Tore des Westens.

Im Juni 1944 geht er auf die ideologische Komponente des Zweiten Weltkrieges ein, wenn er auf die vielen Ausländer hinweist, die im Namen Deutschlands Krieg gegen die Alliierten führen. Nicht alle seien dazu gezwungen worden, viele kämpften freiwillig mit den Deutschen gegen die Ideale von 1789. Seit dem Spanischen Bürgerkrieg sei Europa in zwei Lager gespalten, von denen das eine eben für die »Ideale von 1933« streite.[23]

Anfang 1945 jedoch werden Haffners Gedanken nur noch von einer Frage beherrscht: Wann endlich wird das nationalsozialistische Terrorregime abdanken und den Weg frei machen für einen Neuaufbau des zerstörten Landes?[24] In düsteren Bildern malt er die Szenerie eines vollkommen zerstörten Deutschland, das seine Befreier nicht willkommen heißen wird. Die Städte verwüstet und ohne Wasser und Energieversorgung; die Zahl der Obdachlosen schätzt er auf 20 Millionen. Wenig später skizziert er die politische Lage in wenigen Sätzen: »Es gibt keinen Staat mehr und über den lokalen Bereich hinaus keine arbeitsfähige Regierung. Es gibt (im Gegensatz zu Italien) keine politische Gruppe irgendeiner Couleur, die fähig und willens wäre, die zentrale Regierungsgewalt auszuüben. Andererseits gibt es auch keinen nennenswerten politischen Widerstand. Die breite Masse der Bevölkerung akzeptiert ihre Eroberer als Herren und ist ohne Murren bereit, deren Befehlen zu gehorchen.«[25] Er mahnt den schnellen Aufbau einer funktionierenden Verwaltung an und spricht sich gleichzeitig vehement gegen alle Versuche aus, das geschlagene Deutschland einfach seinem Schicksal zu überlassen. Zum einen dürfe man keinesfalls ein solches Machtvakuum im Herzen Europas zulassen, zum anderen dürften angesichts der katastrophalen Ernährungslage auch in anderen Teilen des Kontinents nicht Millionen Hektar landwirtschaftlicher Fläche brachliegen.

Mehrfach äußert er die Befürchtung, eine neue deutsche Zentralregierung könne das Ruder in die Hand bekommen und die Alliierten gegeneinander ausspielen.[26] Deshalb mißtraut er von Beginn an Hitler-Nachfolger Dönitz und stellt zugleich die Frage nach dem Verbleib des Nazischergen Himmler. Den Alliierten rät er, die Frage einer neuen, von ihnen aufgebauten Zentralregierung zu vertagen und sich auf den Aufbau ihrer eigenen Besatzungszonen zu konzentrieren, damit sich in diesen »unter fester und gerechter Macht von Grund auf ein eigenes neues demokratisches Leben« entwickeln könne. Er hält die Deutschen zu diesem Zeitpunkt weder für fähig noch willens, aus ihrer Mitte eine Führung zu bilden, die ein ernsthafter Ansprechpartner für die Alliierten sein könnte. Dabei mißtraut er offensichtlich auch den »deutschen Patrioten«, die er noch wenige Monate zuvor als mögliche Gesprächspartner[27] für die Sieger genannt hatte.

Bei allen Empfehlungen, die Haffner zu den Grenzen der zukünftigen Besatzungszonen und zur administrativen Ausgestaltung des politischen und wirtschaftlichen Lebens abgibt (und Forderungen, die er stellt), setzt er sich nur selten mit den Einzelheiten auseinander, die seine Überlegungen implizieren. Er denkt in größeren Zusammenhängen.

In der entscheidenden Phase des Zweiten Weltkrieges ist eine Kritik an der von Churchill geführten Kriegskoalition allenfalls zwischen den Zeilen seiner Artikel zu lesen. Bereits im Mai 1945 erörtert Haffner neben dem Problem des Aufbaus eines neuen Deutschland Fragen einer zukünftigen Friedensordnung für das gesamte Europa. Im Mittelpunkt steht hierbei für ihn eine möglichst »haltbare« Regelung der Grenzfragen.[28] Er warnt davor, im Eifer der gerade beendeten Gefechte durch eine unglückliche Aufteilung des alten Einflußbereichs der Nazis nicht nur ein baldiges Friedensabkommen zu erschweren, sondern vor allem Maßnahmen zu präjudizieren, die schon in naher Zukunft zum Auslöser eines erneuten Konfliktes werden könnten. Dem verständlichen Wunsch der Alliierten, Deutschlands Machtbasis zu beschränken, indem man sein Territorium zurechtstutzt, hält er entgegen, daß eine nicht zufriedenstellende Regelung notwendigerweise zu Revanchegedanken führen müsse, ein Gedanke, auf den er in den fünfziger Jahren im Zusammenhang mit der Oder-Neiße-Grenze noch zurückkommen wird. Keines der üblicherweise angeführten Argumente für eine »gerechte Grenze« läßt er gelten, er besteht darauf, daß »jede Grenze ursprünglich eine Wunde« sei. »Erst allmählich wird sie zu einer Narbe und nach langer Zeit gar nicht mehr gefühlt. Aus diesem Grunde ist die schlechteste alte Grenze besser als jede neue. Je älter eine Grenze ist, desto mehr wird sie akzeptiert und vergessen; und vergessen zu werden, ist das Beste, was jeder Grenze passieren kann.«

Wie kaum ein anderer deutscher Emigrant hatte Sebastian Haffner die Alliierten publizistisch im Kampf gegen Hitlerdeutschland unterstützt, ihnen Ratschläge erteilt und Mut gemacht. Und doch empfindet er, wie er es später in einem Interview sagen wird, zum Zeitpunkt der deutschen Kapitulation keine Freude und kann den großen Jubel in London »nicht mitmachen«. Es war sein Heimatland, das am Boden lag, zerstört und verwüstet. Der 8. Mai 1945 ist für Haffner kein Tag der Befreiung, sondern der Tag, an dem auch das Deutschland am Ende schien, dem er sich verbunden und zugehörig fühlt. »Aber ich bin Deutscher«, würde er viel später bekennen und damit auch eine innere Zerrissenheit zum Ausdruck bringen, die er in seinem Leben nicht mehr würde ablegen können.

Daß er den englischen Jubel »nicht mitmachen« konnte, hatte wohl auch damit zu tun, daß er England, seine neue Heimat, nicht zu den Gewinnern des Zweiten Weltkrieges zählt. Er ahnt sowohl die Lasten voraus, die Großbritannien würde tragen müssen, um das zerstörte Deutschland wiederaufzubauen, als auch den Verlust an weltpolitischem Einfluß. Aus vielen seiner Artikel dieser Zeit spricht die Furcht vor einer rein dualistischen Welt mit den USA und Rußland als einzigen Großmächten, eine Vision, die sich schon innerhalb weniger Jahre bestätigen sollte. Das ehemals so mächtige England, Zentrum eines Weltreiches, sieht er in Gefahr, von beiden Supermächten »untergebuttert« zu werden.

Re-emigration – ja oder nein

Der Krieg war vorbei, die Herrschaft der Nazis gebrochen und der Grund für die Emigration weggefallen. In den ersten Monaten nach Kriegsende kehren viele Flüchtlinge in ihre Heimatländer zurück; George Weidenfeld – einer, der ebenfalls in England blieb – spricht in seinen Erinnerungen sogar davon, daß

»London sich langsam leerte«. Das wird Haffner kaum so empfunden haben. Die Welt der Exilanten hatte er schon lange hinter sich gelassen; er las, solange sie noch existierte (bis Juni 1945), nicht einmal mehr jene deutschsprachige *Zeitung*, an deren Entstehung er vier Jahre zuvor mitgewirkt hatte.

Wer nach dem Mai 1945 vor der Entscheidung stand, nach Deutschland zurückzukehren oder nicht, verglich natürlich sein Leben im Exil mit den erhofften Möglichkeiten in der alten Heimat. Wer all die Jahre auf gepackten Koffern saß, fuhr zurück, sobald es möglich war. Doch wenn man eine Arbeit gefunden und Ansehen erworben hatte, die Kinder in der neuen Heimat zur Schule gingen, im Begriff waren, »echte« Engländer zu werden und – wie Haffners Kinder – seit einer mehrmonatigen Evakuierung im Sommer 1944 kaum noch deutsch sprachen?

Haffner und seine Familie waren in England integriert, so gut es ging. Erika hatte allmählich Wurzeln geschlagen. Da die Nazis ihre Berufstätigkeit an der Berliner Hochschule für Politik frühzeitig beendet hatten, dann in England die beiden Kinder geboren wurden, übertrug sie, wie es Sohn Oliver ausdrückte, ihren Ehrgeiz auf den häuslichen, familiären Bereich und den Freundeskreis. Sie war in der Nachbarschaft und bei den Händlern in der Umgebung beliebt. Man bewirtete regelmäßig eine Vielzahl von Gästen, die auch oft übers Wochenende blieben – oder nur für eine Nacht, etwa während der Verdunklung in den Kriegsjahren, wenn es unmöglich war, sich nach Einbruch der Dunkelheit auf den Heimweg zu machen.

Wahrscheinlich hätte Haffner, journalistisch erfahren, zudem prowestlich und antikommunistisch orientiert, in den westlichen Besatzungszonen sofort nach dem Krieg Karriere gemacht. Nicht nur die englischen Behörden suchten händeringend nach fähigen und unbelasteten Journalisten, denen sie die Leitung neuer Zeitungen in den westlichen Besatzungszonen anvertrauen konnten. Einer wie Haffner wäre da sicher erste Wahl gewesen, beispielsweise für die neugegründete *Welt*, wo es ja tatsächlich politische Auseinandersetzungen um die Besetzung des Chefredakteurspostens gegeben hat.[29] Sein ehemaliger

Kollege von der *Zeitung*, Peter de Mendelssohn, war für die westlichen Alliierten unterwegs und half, die ersten Presseorgane in den Westsektoren zu gründen und die Redaktionen zusammenzustellen. Haffner hatte sich zwar von ihm etwas entfernt – Mendelssohns Frau, die Schriftstellerin Hilde Spiel, berichtet in ihren Erinnerungen, daß sie und ihr Mann Sebastian Haffner und seine Familie so gut wie nie besuchten, obwohl sie in der gleichen Straße in Wimbledon wohnten –, doch hätte dies einer Anstellung wohl nicht im Wege gestanden.

Ob Haffner solche Angebote hatte, ist nicht bekannt. Wahrscheinlich hat er es zu dieser Zeit noch nicht einmal erwogen, zurückzukehren. Er genoß die »kultivierte Atmosphäre« in der Redaktion und die Wertschätzung seiner Arbeit. »In den Jahren 1943 bis 1948 war ich ein ganz wichtiger Mann beim *Observer*.[30] 1948 kam David Astor aus dem Kriegsdienst zurück und begann dann, sich auf die Übernahme des *Observer* als Herausgeber, also als Chefredakteur würde man hier sagen, also Chefredakteur plus Herausgeber[31], so eine Art Allmächtiger, vorzubereiten und damit wurde meine Stellung automatisch sehr viel bescheidener. Was ich noch am *Observer* machen konnte, das mußte jetzt direkt über David laufen, [...] wir waren immer noch sehr gute Freunde und er legte immer noch Wert auf meine Meinung und so – aber das wurde in den frühen Fünfzigern weniger gut, sagen wir mal, nicht direkt schlecht, aber ich wurde was Geringeres«, eine Einschätzung Haffners, auf die später noch zurückzukommen sein wird.

PUBLIZIST IM KALTEN KRIEG

»Die Hauptneuigkeit ist, dass wir nun also schließlich doch Engländer geworden sind« schreibt Haffner am 1. November 1948, während der Berliner Blockade, an seine Mutter in Berlin. »Meine Naturalisierungsurkunde trägt das Datum des 17. September, wie meine Einsegnung und mein Abitur. Der Scotland-Yard-Inspektor, der mich vorher inspizieren kam, kam gerade in die wüsteste Handwerkerzeit hinein, aber es scheint ihn ja weiter nicht gestört zu haben.« Etwas beschwichtigend fügt er hinzu: »Viel praktischen Unterschied macht die Naturalisierung ja nicht; nur, dass das Reisen ein bisschen bequemer wird.«

Haffner war lange Zeit davon ausgegangen, seine Tage als Engländer zu beschließen. Er habe vielleicht eine sehr gute Kopie eines Engländers abgegeben, bemerkte er, er habe sich hineingefühlt, wie es ist, Engländer zu sein, und sogar festgestellt, daß es enorme Vorteile hätte, einer zu sein. Doch man könne nicht Engländer werden, wenn man nicht in England geboren und vor allem nicht dort zur Schule gegangen sei. An diesem Rest von Fremdheit änderte sich auch nichts dadurch, daß Haffner und seine Frau 1948 die englische Staatsbürgerschaft annahmen. Es unterstreicht jedoch den damaligen Stand seiner Lebensplanung: für immer in England zu bleiben.

Die Familie hat gerade das Haus in Wimbledon renovieren lassen, was Haffner seiner Mutter ausführlich beschreibt. »Es war eine tolle Zeit, viel schlimmer als ein Umzug. Denn wir mussten immer aus einem Zimmer ins andere ziehen, und wohnten jeweils in einem oder zwei Zimmern, in denen die Möbel von dreien oder vieren standen, während die anderen gemacht wurden.« Mit dem Resultat war er offenbar zufrieden: »Ein paar

Zimmer sehen jetzt wirklich beinahe elegant aus, überall sind neue schlohweisse Decken und neutapezierte Wände, und zwei Zimmer habe ich sogar, leichtsinnigerweise, auslegen lassen; es fängt an, ein ganz hübsches Haus zu sein.« An anderer Stelle schreibt Haffner, daß man jetzt genug Kohlen habe, »um es im Hause gemütlich warm zu haben. Wenn man dann liest, dass es für Euch vorläufig nur einen halben Zentner pro Haushalt gibt, gibt es einem einen Stich ins Herz. Hoffentlich hast Du noch ein bisschen Vorrat von vor der Blockade; aber selbst das ist ja sehr wenig.«

Er berichtet von seinen Kindern, von Oliver, der gerade seinen zehnten Geburtstag gefeiert hat, was Haffner an die »ängstliche Zeit in Cambridge vor zehn Jahren« erinnert, »die auch schon wieder lange her« sei. Sein Stiefsohn Peter »ist praktisch ein erwachsener Mensch, der nächstes Jahr, wenn alles gut geht, zu studieren anfangen wird«, und der, inmitten seiner »künstlerischen, literarischen und musikalischen Entdeckungen«, ihm augenblicklich den größten Spaß mache. »Und es ist hübsch, sie mit ihm sozusagen noch einmal zu machen. Zugleich ist es ein komisches Gefühl für mich, mich nun doch auch schon definitiv als ältere Generation zu fühlen. Aber natürlich, ich bin vierzig vorbei, und fange nun auch deutlich an, eine Glatze zu kriegen.«

Mit Peters Studium entwickelt es sich allerdings anders als geplant. Ihm wird aufgrund seiner Leistungen ein Stipendium für ein Mathematikstudium angeboten. Die Eltern freuen sich, Peter bekommt einen Schreck. Nach einigen Tagen teilt er seinen entsetzten Eltern mit, daß er dieses Studium nicht antreten werde. Er wolle Kunst studieren, nicht Mathematik, erklärt er, und beginnt einen Grundkurs an der Wimbledon Art School. Seine knapp zehnjährige Schwester nimmt er einmal für einen ganzen Tag mit; sie modelliert eine Figur – einen alten Mann – aus Ton, die ihrem Vater so gut gefällt, daß sie bis an sein Lebensende in seinem Arbeitszimmer ihren Platz haben wird.

Haffners »Mission«

In seinen Artikeln aus den Jahren 1947/48 sehen wir Haffner als den konsequenten Verfechter einer möglichst stabilen Nachkriegsordnung. Die zahlreichen Konferenzen und Treffen zwischen den Vertretern der Siegermächte werden von ihm aufmerksam begleitet, ihre Abmachungen kritisch unter die Lupe genommen. Dies gilt insbesondere für die künftigen Grenzregelungen. »Welcher Art soll der zukünftige deutsche Staat sein und wo sollen seine Grenzen verlaufen? Die konstitutionelle Frage wird in der Öffentlichkeit viel diskutiert, die territoriale eher weniger. Dabei ist diese die wichtigere von beiden. Eine schlechte Verfassung kann immer ohne einen Krieg entschieden werden, eine schlechte Grenzregelung fast nie«[1], schreibt er etwa in einem Artikel zum Moskauer Außenministertreffen vom März 1947. Die Oder-Neiße-Linie hält er von allen Vorschlägen für die schlechteste Option, weil er vermutet, daß die Deutschen diese aufoktroyierte Grenzziehung niemals akzeptieren würden und sie so fortbestehendes »Interesse der Deutschen an einem Krieg« begründen würde. Zu dieser Zeit macht sich Haffner auch noch Hoffnungen, daß sich die von wirtschaftlichen Problemen geplagte Sowjetunion politische Zugeständnisse abringen lassen würde.

Die Tagesordnung der nächsten Außenministerkonferenz in Paris wird beherrscht vom Marshall-Plan. Haffner begrüßt ihn als eine wichtige Weichenstellung für die kommenden Entwicklungen, prognostiziert aber in einem Artikel im Vorfeld des Treffens pessimistisch, die Sowjetunion werde sich kaum auf das Angebot einlassen. »Denn Rußland vertritt das Prinzip der nationalen Selbstbestimmung, gegen die der Marshall-Plan verstößt. Es ist nicht so, daß Rußland die ›nationale Souveränität‹ als solche besonders lieben würde. [...] Vielmehr will es die nationale Souveränität der Staaten in ihrem Einflußbereich gegen paneuropäische Tendenzen ›verteidigen‹.«[2]

Die Staaten aber, die sich dem Marshall-Plan anschließen wollten, wähnt er bereits auf dem Weg hin zu einer politischen

Föderation. »Innerhalb einer Woche wird sich Europa entweder auf der Straße der Einigkeit befinden, oder Ost und West werden sich unabhängig voneinander entwickeln; getrennt in der Mitte Europas, an einer Grenze, die sich statt in eine ›offene Tür‹ in eine Frontlinie verwandeln könnte.«[3]

Die fast elfmonatige Blockade Berlins 1948/49, der bis dahin aggressivste Versuch der Sowjets zur Durchsetzung ihrer Interessen, bestätigt Haffner in seinen Befürchtungen. Er sieht ganz Westeuropa in der Gefahr, einem sowjetischen Zugriff zu erliegen. Als sich die mögliche Blockade Berlins abzeichnete, hat Haffner im *Observer* die Möglichkeit einer Luftbrücke ins Gespräch gebracht, nachdem ihn einige Beamte aus dem Luftfahrtministerium darauf hingewiesen hatten, daß dies technisch möglich sei.

Weil sich die Hoffnung, wenn nicht auf Zusammenarbeit, so doch wenigstens auf klare Absprachen mit der Sowjetunion setzen zu können, als Illusion erwiesen hatte, begrüßt Haffner eine Rede des britischen Außenministers Ernest Bevin, der erstmals mahnte, daß »Großbritannien nicht außerhalb Europas stehen« dürfe.[4] Mit Blick auf die britische Insellage führt er aus: »Wir waren niemals gezwungen, eine größere organische Einheit zu bilden, wie man sie in der Form der europäischen Nationalstaaten vorfindet, geschweige denn, daß wir in einer solchen aufgegangen wären. [...] Heute, da sich eine neue Bedrohung von Freiheit und Unabhängigkeit abzeichnet, ist klar, daß nur die vereinte materielle und moralische Kraft aller westlichen Länder – Britannien eingeschlossen – in der Lage ist, sie abzuwehren.«

Haffner verdeckt seine Emotionen in den Artikeln meist hinter einer Mauer aus sachlicher Darstellung, nüchternem Abwägen und scharfer Analyse. Treten sie jedoch einmal hervor, läßt sich daraus mit Sicherheit auf einen Wendepunkt seiner eigenen Anschauungen schließen, die er mit dem aktuellen politischen Geschehen verknüpft sieht. »Britain Makes History« kann ohne Zweifel zu diesen »Wendepunkt-Artikeln« gezählt werden, da er anhebt: »Politische Schlachten können nur auf dem Feld der Politik gewonnen werden. Die entscheidende Waffe, mit der man sie gewinnen kann, ist die Macht einer Idee – diese Idee muß jedoch auf die Straße und in die Häuser getragen werden; sie muß die Gedanken, die Begeisterung und die Hingabe der Männer und Frauen für sich einnehmen. Die große Idee einer westeuropäischen Union ist nun verkündet worden: Sie ist grandios und einfach, inspirierend und glaubhaft, und sie kann die kommunistische Ideologie dort bekämpfen, wo sie bekämpft werden muß – in den Köpfen der Menschen Europas.«[5]

Die hier beschworene Vision eines einigen Europa verrät den Einfluß der Züricher Rede Winston Churchills, in der dieser im September 1946 die Gründung der »Vereinigten Staaten von Europa« angeregt hatte. Großbritannien sieht Haffner dabei noch sehr eng an Europa gebunden. Angesichts der sich verschärfenden Spannungen zwischen Ost und West setzt er jedoch einen anderen Akzent, wenn er zugleich die Gründung einer europäischen Armee fordert, die auf Garantien der Amerikaner angewiesen ist. Diese Aufgabe sieht er als absolut vorrangig an, ja er mahnt zur Eile: »Wenn jemand im obersten Stockwerk eines brennenden Hauses festsitzen würde und mit achtsamen Schritten auf dem normalen Weg flüchten wollte, so würde er unweigerlich umkommen. Er muß seinem Instinkt folgen und in das aufgespannte Tuch springen.«[6] Entschieden warnt er vor denen, die das Heil Europas in der Schaffung eines pazifistischen, neutralen Pufferraumes zwischen den Blöcken suchen, »was in etwa so wäre, als würden wir in der Hand des russischen Riesen sitzen und hoffen, daß dieser die Faust nicht schließt, wie es die Tschechoslowakei getan hat«.

Für die nächste Zeit hat Haffner also die Leitlinien einer möglichen Nachkriegspolitik gefunden: möglichst schnelle Bildung einer starken europäischen Union, die in enger Zusammenarbeit mit den Amerikanern der expansiven Politik der Sowjetunion Paroli bieten sollte. Seiner Meinung nach stehen die Annahme der Marshallplanhilfe und die Einbindung Westdeutschlands in eine westliche Allianz der Einheit der deutschen Nation nicht im Wege, vielmehr schaffen beide Schritte die Voraussetzungen für eine Einheit Deutschlands und Europas. Sich in diesem Moment fest zu zeigen, bedeute, die expansionistischen Absichten der Sowjetunion vorausgesetzt, den weiteren Bestand des demokratischen Westeuropas zu sichern. Erst dadurch erscheint ihm eine Vereinigung in Freiheit und Demokratie möglich, für Haffner die unerläßlichen Bedingungen einer europäischen Einheit. »Eine solche Union würde einen phantastischen Wandel an den Grenzen des freien Europas hervorrufen. Die unterdrückten Massen in Spanien und Osteuropa würden neue Hoffnung schöpfen.«[7] Das Jahr 1949 bringt neben der von Haffner angedachten und »herbeigeschriebenen« Gründung der Nato auch die Gründung der beiden deutschen Staaten, eine Teilung, deren Endgültigkeit Haffner nicht akzeptieren wollte. »Nichts ist beschlossen. Das ist ein gefährlicher Irrtum«[8], schreibt er am 9. Oktober 1949. Zwar würden mehr spaltende denn einigende Schritte unternommen, doch »niemand hat zu irgendeinem Zeitpunkt einer Teilung Deutschlands zugestimmt oder sie stillschweigend akzeptiert«[9]. Damit greift Haffner ein Axiom aus der Präambel des gerade verkündeten Grundgesetzes auf, das die Deutschlandpolitik der jeweiligen Bundesregierungen über Jahrzehnte präjudizieren sollte.

Krieg in Korea

Für die meisten Betrachter ergibt sich in den Jahren 1949 und 1950 also ein recht simples Schwarz-Weiß-Panorama: Die Welt ist aufgeteilt zwischen zwei hochgerüsteten und sich feindlich gegenüberstehenden Supermächten, beide mit ihren jeweiligen Einflußsphären. Ereignisse wie die Berlin-Blockade 1948/49 bestärken den Westen nachhaltig in seinem Glauben, daß auf absehbare Zeit keine Annäherung mit der Sowjetunion und ihren Verbündeten möglich sein wird. Die Gründung der Nato im April 1949 ist die logische Konsequenz. Im September 1949 hat auch die Sowjetunion den ersten erfolgreichen Atomwaffentest durchgeführt und das amerikanische atomare Monopol durchbrochen. Beide ideologischen Sphären verfügen somit über Massenvernichtungswaffen, über deren Wirkung sich die Menschheit seit Hiroshima und Nagasaki im klaren sein muß. Innerhalb weniger Jahre hatte sich auch das gesamte politische Beziehungsgeflecht verändert. Nicht mehr Hitler-Deutschland ist der Feind des »freien Westens«, sondern der ehemalige Verbündete Stalin. Es herrscht die Überzeugung, daß der kleinste Funke genügen kann, das riesige Pulverfaß zu entzünden.

Im Juni 1950 scheint es soweit zu sein. Nordkoreanische Streitkräfte rücken in den südlichen Teil der seit 1945 entlang des 38. Breitengrades geteilten Halbinsel vor und lösen einen militärischen Konflikt aus, der die gesamte Weltpolitik der nächsten Jahre bestimmen und für die Deutschlandpolitik gravierende Konsequenzen haben wird. Und nicht zuletzt in Haffners Denken und Schreiben vollziehen sich nun wichtige Modifikationen.

Nur einen Monat zuvor hat Sebastian Haffner in einem Artikel für den *Observer* die historische Bedeutung der Nato-Gründung hervorgehoben und betont, daß »sie die USA, Kanada und Großbritannien von nun an nicht mehr nur zur *Rettung*, sondern zur *Verteidigung* Europas verpflichte«.[10] Am Tage des Ausbruchs des Koreakrieges, am 25. Juni 1950, wiederholt er seine Mahnungen und weist Forderungen nach Bildung einer dritten Kraft zwischen den Blöcken als »Selbstmord« zurück.[11]

Damit schlägt er den Grundton seiner politischen Kommentare für die folgenden drei Jahre an: bedingungslose Unterstützung der Nato durch die Staaten Europas, dadurch Bindung der USA an Europa. Wie so viele in dieser Zeit schreckt Haffner die Vorstellung, daß die USA fünf Jahre nach dem Krieg in ihren traditionellen Isolationismus zurückfallen und Europa »seinem Schicksal überlassen« könnten. Das Argument, daß ein stärkeres Europa helfen könne, eine Brückenfunktion zwischen den Blöcken auszuüben, läßt er nicht mehr gelten: »Wir versuchen aber nicht, eine Brücke zu bauen; wir versuchen, eine neue

Gemeinschaft aufzubauen [...] Wenn sich die europäischen Föderalisten durchsetzten, führte dies bloß zu Dualismus und Rivalität.«

Der Koreakrieg scheint für Haffner die expansive Ausrichtung der kommunistischen Staaten zu bestätigen. Schon in seinem ersten Artikel zu Beginn des Krieges bezeichnet er ihn als einen Stellvertreterkrieg, der im Namen der Sowjetunion geführt werde.[12] Von nun an ginge es darum, eine ähnliche Entwicklung in Europa zu verhindern, zumal die nationalen Volksarmeen der osteuropäischen kommunistischen Staaten der nordkoreanischen Armee weit überlegen seien. Er befürchtet, daß man sich im Westen zu lange auf das Szenario eines direkten Angriffs durch die Sowjetunion konzentriert und das Augenmerk deshalb vorrangig auf die atomare Aufrüstung gelegt habe, während die konventionelle Aufrüstung dahinter zurückbleibe.

Hier klingt eine weitere Konstante Haffners politischer Kommentare der nächsten Jahre an: die Forderung nach einer schnellen, doch gleichzeitig nachhaltigen Aufrüstung des Westens, insbesondere der USA, der es obliege, spätestens bis zum Ende des Jahres 1952 die militärische Stärke der UdSSR nicht nur ausgeglichen, sondern in den Schatten gestellt zu haben. Schon zu diesem frühen Zeitpunkt hält er einen Beitrag auch der Bundesrepublik für erforderlich, und zwar nicht nur in ihrem eigenen Interesse, da die Deutschen sonst »einer lokalen Aggression nach koreanischem Vorbild ausgeliefert sein könnten«, sondern auch im Interesse des westlichen Bündnisses (das erst fünf Jahre später die Bundesrepublik Deutschland als vollwertiges Mitglied aufnehmen sollte). Haffners Artikel verrät eine starke, auch persönliche Betroffenheit, die sich in der (für ihn eher unüblichen) Schilderung eines konkreten Ereignisses manifestiert: »Wir sollten von nun an immer das Bild der G. I.s in Korea vor Augen haben, wie sie hilflos den feindlichen Panzern ausgeliefert sind, und von ihnen gehetzt werden wie Tiere, während ihr Land davon träumt, Raketen ins All zu schießen und dort stellare Beobachtungsposten zu errichten.«

Das Thema der deutschen Wiederbewaffnung läßt Haffner nicht los. Vor allem angesichts der deutlich offensiveren Rhetorik, die er jenseits der Elbe auszumachen meint, mahnt er dazu, mit dem Aufbau eines Pendants zur ostdeutschen »Volkspolizei« auf dem Boden der Bundesrepublik zu beginnen. Hier sieht er zumindest für den Augenblick eine deutliche Priorität gegenüber dem Aufbau einer europäischen Armee innerhalb der Nato, wie sie zur gleichen Zeit ebenfalls angedacht wurde.[13] Als wichtigstes Argument für eine solche Polizeitruppe führte Haffner an, falls im Konfliktfall den ostdeutschen Truppen ausschließlich Verbände der westlichen Alliierten gegenüberständen, könnte dies den Eindruck erwecken, hier würden die westlichen Besatzer gegen das deutsche Volk insgesamt kämpfen, ein Eindruck, der zweifelsohne von der Sowjetunion propagandistisch ausgenutzt werden würde. Höchstes Gebot ist es für Haffner, auch nur die theoretische Möglichkeit eines Verlustes von westdeutschem oder West-Berliner Territorium auszuschließen. Daher drängt er zur Eile. Drei Wochen später wird er noch deutlicher. In dem Artikel »Rearming Germany«, wie die meisten anderen Texte aus dieser Zeit unter dem Pseudonym »A Student of Europe« verfaßt, hält er sich nicht mehr mit einer Volkspolizei auf, sondern fordert bereits, wie es insgeheim von den westlichen Siegermächten längst ins Auge gefaßt wird, Westdeutschland innerhalb der nächsten Jahre seine volle militärische Schlagkraft wiederzugeben. Zum Problem eines wiedererstarkenden Deutschland sagt er: »Es bleibt die Frage, wie sich Deutschland, einmal wiederbewaffnet, verhalten wird. Und auch hier wäre es grundfalsch, zu dogmatisieren. Es ist noch viel zu früh, um zu sagen, daß Deutschland die Lektion zweier katastrophal verlorener Kriege nicht gelernt haben sollte, und es notwendigerweise wieder zu einer expansionistischen und aggressiven Macht werden würde.«[14] Da auch Haffner wahrscheinlich bewußt ist, daß diese These nicht gerade beruhigend wirken konnte auf die Leser in einem Land, das sich nur viereinhalb Jahre zuvor in einem erbitterten Krieg mit Deutschland befunden hatte, nennt er die verschiedenen Sicherungsmechanismen, mit denen gewährleistet werden sollte, daß die Bundesrepublik auch weiterhin an der Seite des Westens kämpfen würde. Hierzu gehörten die andauernde Präsenz von Besatzungstruppen und die Einbindung der deutschen Verbände in die Nato-Streitkräfte.

Wie in kaum einem anderen Artikel aus jener Zeit schlägt hier die angespannte Stimmung durch, die in dieser Phase des Kalten Krieges herrschte. Nicht nur im letzten Artikel scheint es fast so, als obliege es Haffner allein, die Truppen für den Kampf gegen den Ostblock zu sammeln. Er schreibt nicht nur für eine Zeitung, er hat eine Mission. Haffner hat nicht ganz zu Unrecht sein persönliches Schicksal aufs engste mit dem politischen Geschehen um ihn herum verknüpft wahrgenommen. Auch wenn er sich zu seinen journalistischen Fähigkeiten mit typisch englischem Understatement zu äußern pflegt, so schätzt er zweifellos seine Rolle als wichtiger »Meinungsmacher« im Nachkriegsengland als immer bedeutender ein. Hinzu kommt ein psychologisches Moment, das mit Haffners Empfindungen am Ende des Ersten Weltkrieges verknüpft zu sein scheint. In seiner *Geschichte eines Deutschen* erzählt er von den Kriegsspielen, die er als Kind nach den amtlichen Heeresberichten veranstaltete, und von seinem Schmerz am Tag der Kapitulation: »Wie diese fremden Straßen war mir die ganze Welt unheimlich geworden. Das große Spiel hatte offenbar außer seinen faszinierenden Regeln, die ich kannte, noch geheime Regeln besessen, die mir entgangen waren. Es mußte etwas daran scheinbar und falsch gewesen sein. Wo aber war ein Halt, eine Sicherheit, Glauben und Vertrauen, wenn das Weltgeschehen so hinterhältig war, wenn Siege und Siege zu endgültiger Niederlage führten und die wahren Regeln des Geschehens nicht verlautbart wurden, sondern sich erst nachträglich enthüllten, im niederschmetternden Ergebnis? Ich blickte in Abgründe, ich empfand ein Grauen vor dem Leben.«[15]

Sein Leben lang war Sebastian Haffner auf der Suche nach eben diesen »geheimen Regeln«, nach dem, was nicht verlautbart wurde, nach dem, was hinter all der Propaganda steckte. Er wollte jedoch nicht nur hinter die Oberfläche des Geschehens sehen und die Phrasen der Politiker enthüllen, er wollte das »Wesen der Politik« ergründen, das politische Geschehen beeinflussen. Und wenn, wie im Zweiten Weltkrieg auf der Seite der Alliierten, Propaganda als Mittel zur Destabilisierung des Feindes eingesetzt werden mußte, wollte er zu den Urhebern dieser Propaganda gehören.

Kriege übten auf Haffner nicht den Schrecken aus, den sie auf die meisten anderen Menschen ausüben mögen. Noch in seinen *Anmerkungen zu Hitler* verstört zuweilen seine nüchterne und anscheinend vollkommen abgeklärte Darstellung des Kriegsgeschehens, der Kriegsverbrechen und des Leidens der Menschen. Haffner ist kein Pazifist, was nicht heißt, daß er etwas gegen den Frieden hätte – das wäre absurd. Seine Erfahrung lehrte ihn – und würde ihn auch heute noch lehren, wenn er noch lebte, daß Frieden zwischen Staaten nur als ständig neu auszutarierender Gleichgewichtszustand denkbar ist. Diesem Gleichgewicht zuzuarbeiten war seine Absicht im Kalten Krieg, dessen Ende er 1989 als Ende dieses Gleichgewichtszustandes beklagte, weil nun die Balance, die 40 Jahre lang einen relativen Frieden garantiert hatte, gestört war.

England zwischen Nato und »Drittem Weg«

Die von Haffner in späteren Interviews so häufig relativierte und selbst belächelte Furcht vor einem als übermächtig und aggressiv empfundenen Feind läßt sich aus heutiger Sicht und vor allem von einer jüngeren Generation kaum mehr nachvollziehen. Doch nur vor dem Hintergrund der damaligen Auseinandersetzung, die ja auch eine starke ideologische Komponente hatte, lassen sich viele Texte auch Haffners verstehen. Zu den Autoren des *Observer* gehörte Arthur Koestler, der seit seinen bitteren Erfahrungen im Spanischen Bürgerkrieg und seinem Austritt aus der kommunistischen Partei im Jahr 1938 einer der glühendsten Antikommunisten Englands gewesen sein dürfte. Das insgesamt eindeutig antikommunistische Milieu, in dem sich Haffner beim *Observer* bewegt, war durchaus nicht typisch für die damalige politische Kultur in England. Unter den Intellektuellen vertraten viele prosowjetische Einstellungen, die zum Teil noch aus der Zeit des Kriegsbündnisses stammten, zum Teil aus der Sympathie für das Volk geboren waren, das am meisten unter Hitlers Angriffskrieg zu leiden gehabt hatte.

Die Neigungen zu kommunistischen und sozialistischen Ideen gingen seit den zwanziger Jahren bis weit ins bürgerliche Lager, und auch an den Universitäten waren sie tief verwurzelt. Im Vergleich zu den Kommunisten in Ländern wie Italien oder Frankreich ist der British Communist Party in dieser Zeit ein eher trostloses Schicksal beschieden, doch hat etwa der linke Flügel der Labour Party um Aneurin Bevan in der *Tribune* eine vielgelesene Zeitung, die in der Anfangszeit vehement für eine Volksfront nach französischem Vorbild eingetreten war.[17] Zu Beginn der fünfziger Jahre gibt es innerhalb der britischen Linken kaum Befürworter einer offenen Annäherung an »Uncle Joe«, wie Stalin zu Kriegszeiten in der amerikanischen Presse genannt wurde; schon während des Krieges hatten sie ihn teils schärfer kritisiert, als es die Amerikaner getan hatten, doch war für sie der Kommunismus als Ideologie in keiner Weise vergleichbar mit dem Faschismus der dreißiger Jahre.

Statt dessen hatte die Linke in England wie wohl in keinem anderen europäischen Land nach 1945 einen »Dritten Weg« gesucht, eine Staatsform zwischen Kapitalismus und Kommunismus, die über die Sozialisierungspolitik der Labour-Regierung hinausgehen sollte. Nicht nur in den traditionell sehr starken Gewerkschaften, sondern auch auf dem linken Flügel der Labour Party standen viele der Neuauflage der *special relationship* mit den USA skeptisch gegenüber.

Haffners Anstrengungen, politische Gegner im eigenen Land von der Gefährlichkeit Stalins zu überzeugen, dürfte dies eher noch verstärkt haben. So wie er nur wenige Jahre zuvor »die Nato herbeigeschrieben« hatte, so ging es ihm jetzt darum, die einmal erreichte Einheit des Westens publizistisch zu begleiten und zu bestärken. Naturgemäß kam auch im Denken Haffners den Vereinigten Staaten von Amerika eine Schlüsselrolle zu.

Haffner und die USA

Alle Anstrengungen der Amerikaner, die europäischen Staaten und insbesondere Großbritannien auf Kurs zu halten, finden im Journalisten Haffner einen ihrer fähigsten Anwälte. Die erheblichen wirtschaftlichen Belastungen, die für die allgemeine Wiederbewaffnung auch von den noch durch den Zweiten Weltkrieg ausgebluteten europäischen Staaten getragen werden mußten, rechtfertigt er mit dem Argument, die Sowjetunion langfristig nur so in Schranken halten zu können. Er spricht sich nur in vereinzelten Fällen dafür aus, daß die USA hierbei den kleineren Ländern finanziell unter die Arme greifen sollten.[18]

Kurz nach dem Angriff der Nordkoreaner hatten die Vereinten Nationen einstimmig eine Erklärung verabschiedet, die die Aggression verurteilte.[19] Haffner betrachtet die Einflußmöglichkeiten der UN dennoch skeptisch. Ohne eine starke Großmacht im Hintergrund, so seine Überzeugung, blieben alle Drohgebärden der Völkergemeinschaft bloße Lippenbekenntnisse: »Den Vereinten Nationen liegt der Gedanke zugrunde, die Großmachtpolitik zu transzendieren, indem allen Völkern die Autorität einer Art internationalen *volonté générale* übergeordnet wird. Gleichzeitig jedoch ist nicht zu leugnen, daß in der Welt, in der wir heute leben, nur Großmächte diese Vorstellung wirklich durchsetzen können; und diese werden dies nur dann tun, wenn dieser Konsens mit ihren Interessen übereinstimmt oder er ihnen zumindest nicht entgegensteht.«[20] Die richtige Balance zwischen den kleinen Staaten und den größeren Mächten innerhalb der Staatengemeinschaft müsse erst noch gefunden werden, doch bliebe eines gewiß: »Nur wenn die moralische Autorität einer großen Mehrheit verbunden wird mit der Bereitschaft wenigstens einer Großmacht, dafür zu kämpfen, werden die Vereinten Nationen lebensfähig bleiben.« Hier wird eine Haltung Haffners erkennbar, der er lange Zeit treu bleiben wird: seine Skepsis gegenüber internationalen Abmachungen, Verträgen und Organisationen, die nicht über die seiner Meinung nach notwendigen militärischen Absicherungen verfügen. In den in den siebziger Jahren verfaßten *Anmerkungen zu Hitler* wird er schreiben: »Daß Einrichtungen wie der Genfer Völkerbund oder die New Yorker UN den Krieg nicht abschaffen, steht fest.«[21]

Ende 1950 geht Sebastian Haffner für einige Monate in die USA und berichtet von dort für den *Observer* vom politischen Geschehen auf der anderen Seite des Atlantiks. Noch stärker als bisher scheint er in dieser Zeit seinen Lesern die amerikanische Sicht auf Europa und das Weltgeschehen näherbringen zu wollen. In einem längeren Artikel, überschrieben mit »What America Wants«[22], warnt er davor, aus dem aktuellen Ost-West-Gegensatz ein »Verlangen nach Symmetrie« abzuleiten, das allzu häufig mit Objektivität verwechselt werde. Die beiden Supermächte seien weder in bezug auf ihre militärische Stärke gleichzusetzen noch in Hinsicht auf ihre Ziele oder die Methoden, die sie anwenden, um diese zu erreichen.[23] Vielmehr seien die USA inzwischen zu einer »Klasse für sich« geworden. Während Rußland nach einem »eurasischen Weltreich« strebe, verfolgten die USA als demokratisches Land einzig das Ziel, eine weltweite Friedensordnung zu errichten. Haffner bestreitet, daß die amerikanische Politik einen ebenso ideologischen Charakter trägt wie die sowjetische Großmachtpolitik, und vergleicht den Kalten Krieg aus Sicht der USA mit der Lage zur Zeit des amerikanischen Bürgerkrieges.[24]

Oberste Priorität hat nach Haffners Ansicht, eine möglichst baldige Antwort auf die militärische Bedrohung durch die Sowjetunion zu finden. Gegen Ende des Jahres 1951 bilanziert er die bisherigen Bemühungen.[25] Nach dem Scheitern der Versuche auf den Konferenzen von Teheran, Jalta und Potsdam, eine gerechte Nachkriegsordnung durch Verhandlung mit der Sowjetunion zu erreichen, sei, um einem rein dualistischen System zweier atomarer Großmächte zu entgehen, über eine »Dritte Kraft« spekuliert worden, die sich entweder um das britische Commonwealth oder um ein vereinigtes und aufgerüstetes Westeuropa gruppieren könnte. Auch dieser Weg habe sich schon bald als Illusion entpuppt, denn es habe sich gezeigt, daß einzig eine Politik der Stärke mit den USA als Vordenker, Hauptfinancier und strategischem Zentrum in der Lage sei, die UdSSR in die Schranken zu weisen. Nur auf dem Weg einer schrittweisen Einbindung aller demokratischen Länder der Welt in diese von den USA dominierte Friedensordnung werde es gelingen, so Haffner abschließend, nicht nur den Koreakrieg zu überstehen, sondern auch den Grundstein zu legen für eine länger anhaltende Periode des Weltfriedens.

Nach Aussage seines Herausgebers David Astor ist Sebastian Haffner um sehr viele Illusionen ärmer aus den USA zurückgekehrt. Der fanatische Antikommunismus und die Atmosphäre von Unfreiheit und Intoleranz, die in dieser Zeit ihren Höhepunkt erreichten, hätten ihn zutiefst abgeschreckt. Wenn er in seinen Artikeln bis zum Frühjahr 1953 dennoch die USA als die einzige und natürliche politische Leitkoordinate der englischen Politik betrachtet, dann muß dies andere als Sympathiegründe haben. Die schlüssigste Erklärung für seine loyale Haltung gegenüber den USA liegt in der unveränderten weltpolitischen Kräftekonstellation. Haffner weiß sehr wohl zu unterscheiden zwischen persönlichen Antipathien und politischen Zwängen (zu denen er auch die Linie der Zeitung zählt). So sehr er auch die politische Kultur und die Traditionen der Alten Welt dem aktuellen politischen Klima in den USA vorziehen mochte, so sieht er dennoch in der gegebenen Situation für Großbritannien einzig in der weiteren Zusammenarbeit mit Amerika Chancen, seinen verlorenen weltpolitischen Einfluß wiederzugewinnen.

Wenn Haffner auch nie zu den glühenden Verfechtern der »europäischen Idee« gehörte, so stand sein gesamtes politisches Denken in der Tradition der europäischen Politik, war geprägt von der balancierenden Ausgleichspolitik des 19. Jahrhunderts. Seine Reise in die Vereinigten Staaten war die eines Mannes, der sich als Botschafter eines ehemals einflußreichen Landes sah und nun Gelegenheit hatte, mit den wahrhaft Mächtigen in Berührung zu kommen. Sowenig er die Amerikaner schätzen mochte, so fasziniert war er dennoch von ihrer Stärke und wirtschaftlichen wie militärischen Leistungsfähigkeit. Nur zwischen den Zeilen seiner Berichte aus den Staaten offenbaren sich seine Vorbehalte gegen den Parvenü, und nur im Ansatz scheint auch die Hoffnung durch, daß man eines Tages auf ihn wird verzichten können.

Wie weit sich die USA und Großbritannien gerade zu Beginn der fünfziger Jahre auseinanderentwickelt hatten, mag eine Anekdote verdeutlichen. Der von Victor Gollancz gegründete *Left Book Club* hatte sich im Laufe des Krieges zu einer Sammlungsbewegung der intellektuellen Linken in England entwickelt.[26] Angesichts der wachsenden Spannungen zwischen Ost und West und der immer stärkeren Annäherung der Labour-Regierung an den harten antikommunistischen Kurs der Amerikaner gab Gollancz bereits 1948 auf. Als Inge Morath, die spätere Ehefrau des amerikanischen Dramatikers Arthur Miller, 1951 für einen Fotoauftrag in die USA einreiste, wurde sie von den Einwanderungsbehörden in Los Angeles zeitweise festgehalten, weil diese ein Buch des *Left Book Club* in ihrem Koffer fanden.[27] Mehr brauchte es in diesen Jahren nicht, um das Mißtrauen des Senators Joseph McCarthy zu erregen.[28]

Zurück in Europa

Auf dem Umweg über Kanada kehrt Sebastian Haffner im Juli 1951 nach Europa zurück. Sein Stiefsohn Peter hatte inzwischen seinen Militärdienst ableisten müssen – eine Folge der Naturalisierung. Er war einem Stützpunkt der Air Force in Wales zugeteilt worden, wo er dem militärischen Betrieb so weit als möglich aus dem Weg zu gehen versuchte und sich in einer Tischlerei, die zum Stützpunkt gehörte, eine Staffelei anfertigen ließ. Ein von ihm gemaltes Bild der Air Force Base hing jahrzehntelang in der Küche der späteren Haffnerschen Wohnung in Berlin-Dahlem. Als Peters Zeit bei der Air Force beendet ist, fängt die Renoviererei von vorne an. Am liebsten hätte Haffner ein größeres und schöneres Haus gekauft, doch reichen der Bank seine Sicherheiten nicht aus, um es zu erwerben. Sicherlich wäre es für David Astor eine Kleinigkeit gewesen, für Haffner zu bürgen, doch Haffner wird einen Teufel getan haben, ihn danach zu fragen. So gibt es eben nur ein großes Zimmertauschen im alten Haus; allerdings kauft die Familie nun immerhin das Grundstück, auf dem das Haus steht – bis dahin hatte man einen Pachtvertrag bis 1982 –, und pflanzt »zur Feier des Eigentumserwerbs« ein »halbes Dutzend Apfelbäumchen«.

»In mancher Hinsicht war ich enttäuscht, dass aus dem Kauf des grösseren Hauses nichts wurde«, schreibt Haffner in einem Brief vom 17. Dezember 1951, doch hätten sie sich nun damit abgefunden, dazubleiben, nach dem alten Grundsatz der Mutter: »Wer weiß, wozu es gut ist.« Ja, wozu war es gut? Das größere Haus – »es war wirklich ein wunderbares großes altes Ding, mit prächtiger Aussicht, und das Leben wäre irgendwie weitläufiger darin gewesen« –, hätte die Bindung an England sicher noch verstärkt und den Gedanken an eine Rückkehr nach Deutschland noch absurder erscheinen lassen, als er es unmittelbar nach Kriegsende gewesen wäre.

Verstärkt widmet sich Haffner in seinen Artikeln für den *Observer* jetzt wieder Themen, die mit der politischen Ausgestaltung Europas und der deutschen Frage zusammenhängen. Die europäische Armee, wie sie der französische Ministerpräsident Pléven vorschlägt, wird von ihm begrüßt.[29] Darüber hinaus befürwortet er eine lange Zeit nicht in Betracht gezogene Beteiligung der Briten an diesem Unternehmen. Im Unterschied zum Schuman-Plan, also der engen Verknüpfung der westeuropäischen Kohle- und Stahlproduktion, hätte Großbritannien bei einer Eingliederung britischer Streitkräfte in eine europäische Armee keine Souveränitätsrechte zu verlieren. Ganz im Gegenteil. Eine enge, über den Rahmen der Zusammenarbeit in der Nato hinausgehende politische Verbindung Frankreichs, Belgiens und Italiens mit Deutschland ohne die Einbindung auch britischer Interessen könnte langfristig zu einer Isolation des Inselstaates führen, die nicht im Interesse des nordatlantischen Paktes liege. Hier setzt er in bezug auf das amerikanische Engagement in Europa auch einen neuen Akzent: »Es besteht durchaus die Aussicht, daß ein starkes und vereinigtes Europa die Partnerschaft mit Amerika weit mehr anziehen wird als ein schwacher und zerstrittener Kontinent; und wenn sich das kontinentale Europa vereinigt, ohne daß Großbritannien hieran seinen Anteil hat, könnte dies zur Folge haben, daß es sich nicht nur seinen europäischen Verbündeten entfremdet, sondern sich schlußendlich auch in einer Isolation wiederfindet, die gar nicht mehr so ›splendid‹ ist.«[30]

Es mußte damit gerechnet werden, daß es in absehbarer Zeit zu einem engeren Zusammenschluß der europäischen Armeen und wohl auch zu einer deutschen Wiederbewaffnung kommen würde. Doch mit seinem Plädoyer für eine Beteiligung der Briten an einem europäischen Verteidigungssystem steht Haffner ziemlich allein. Sowohl die noch regierende Labour Party, vertreten durch ihre Außenminister Ernest Bevin und (ab März 1951) Herbert Morrison, als auch die Konservativen unter Premier Churchill, die nach der Wahl im Oktober die neue Regierung bilden, ziehen eine solche niemals ernsthaft in Betracht.[31] Vielmehr balanciert die britische Europapolitik zu dieser Zeit immer zwischen der Einbindung der Deutschen in einen europäischen Rahmen und dem Versuch, sich aus einem solchen selbst, so weit es geht, herauszuhalten. Erst nach dem endgültigen Scheitern der Europäischen Verteidigungsgemeinschaft in der französischen Nationalversammlung im August 1954 sollte sich Großbritannien widerwillig in sein Schicksal fügen und mit der Stationierung von Truppen in der Bundesrepublik im Rahmen des revidierten WEU-Vertrages einen wichtigen Beitrag zur europäischen Verteidigung leisten.[32]

In bezug auf die deutsche Frage hält sich Haffner in den Jahren 1951/52 noch zurück. Alle Anstrengungen, die von ihm als notwendig erachtet werden, um dem Osten westliche

Geschlossenheit zu demonstrieren, haben für ihn höhere Priorität als das Fernziel einer deutschen Wiedervereinigung. Zwar betont er, daß sowohl Frankreich wie Großbritannien den deutschen Anspruch auf nationale Einheit formell anerkennen müssen, wenn sie verhindern wollen, daß mittelfristig revanchistische Tendenzen in Deutschland wiederaufkeimen. Über den Weg, der dafür beschritten werden müßte, oder die zu erwartende Dauer eines solchen Prozesses hingegen schweigt er sich aus.[33]

Selbst das Problem deutscher Entschädigungszahlungen an die Juden wird von Haffner in den aktuellen weltpolitischen Kontext eingearbeitet. Am 27. September 1951 hatte Bundeskanzler Adenauer angekündigt, eine »neue Basis für die Beziehungen zwischen Juden und Deutschen legen« zu wollen. Er stellte den Versuch in Aussicht, sich sowohl mit den Juden als auch mit dem Staat Israel über einen finanziellen Ausgleich zu einigen.[34] Mit diesen Geldern, so spekuliert Haffner, könnten die Juden ihrerseits den von ihnen bei der Gründung ihres Staates enteigneten Arabern unter die Arme greifen. Haffner bewertet diesen Schritt Adenauers, der bedauerlicherweise erst so spät gemacht wird, positiv und bezeichnet ihn als den mutigen Akt eines großen Staatsmannes. Trotzdem dürften sich weder die Deutschen Hoffnungen machen, sich mit diesen Zahlungen Ablaß für ihre Verbrechen an den Juden erkaufen zu können, noch dürften die Juden annehmen, mit der Weitergabe eines Teils der Gelder an die Araber sich deren guten Willens versichern zu können.

Belebt wird die Frage einer deutschen Wiedervereinigung erst durch die sogenannte Stalinnote vom 10. März 1952. Darin stellt dieser Deutschland einen Friedensvertrag und freie Wahlen in Aussicht, falls es sich zur Neutralität verpflichte. Stalins letztliche Motive für diesen Vorschlag sind bis heute nicht abschließend geklärt; die Westmächte, die in ihrer Eigenschaft als Siegermächte die einzigen Adressaten dieser Note sein konnten, reagieren wie Adenauer ablehnend. Haffner läßt einzig die freien Wahlen als interessantes Element dieses Angebots gelten, obwohl er die Überprüfbarkeit solcher Wahlen anzweifelt.[35] Gleichzeitig aber räumt er ein, daß zu dieser Zeit ein wiedervereintes, neutrales Deutschland nicht im Interesse der westlichen Staatengemeinschaft liegen könne. Noch weniger aber könne es im westlichen Interesse liegen, in Deutschland den Eindruck zu erwecken, daß man grundsätzlich gegen die deutsche Einheit eingestellt sei, und nur aus diesem Grund die Note Stalins zurückweise. Deshalb schlägt er vor, den Preis, den die Russen zu zahlen hätten, so hoch festzulegen, daß sie ihn nicht akzeptieren können, und ihnen damit den Ball zurückzuspielen.[36] Haffner ist fest davon überzeugt, daß die Sowjetunion hierauf keinesfalls eingehen wird. Auch geht er aber davon aus, daß die Deutschen selbst sich gar nicht erst auf die Stalinnote einlassen, sondern lieber eine bessere Zeit abwarten, um ihr Land wiederzuvereinigen.

Nur sechs Monate später spricht Haffner von einem »Kalten Frieden«, der den Kalten Krieg der Jahre zuvor abgelöst habe.[37] Er sieht die Ost-West-Beziehungen nun in einen Zustand übergehen, der sich als Frieden ohne Friedensschluß bezeichnen lasse. Er räumt ein, daß es sich bei diesen Überlegungen um vage Spekulationen handelt, doch glaubt er, die Aufwertung kleinerer, halb-neutraler europäischer Staaten wie Finnland, Österreich oder Jugoslawien gegenüber den Blöcken als Konsequenz einer solchen Entwicklung deuten zu können. In einem großen Überblick über die Zeit nach dem Zweiten Weltkrieg revidiert er diese Meinung wieder: »Der kalte Krieg mag ja vielen langweilig geworden sein, doch er ist noch immer da«.[38] Spätestens in diesem Artikel sieht er die Beziehungen zwischen Ost und West in einer Sackgasse angelangt. Alles deutet darauf hin, daß etwas Entscheidendes passieren wird.

Auseinandersetzung mit David Astor

Am 26. April 1951 erscheint im *Observer* der Artikel »Problems of Peace«, einer von jenen Texten, die einen entscheidenden Bruch in Haffners Denken belegen.[39] Worum geht es genau in dem Artikel?

Haffner stellt vier Prämissen, die er als gegeben annimmt, einander gegenüber und ordnet diesen jeweils verschiedene Handlungsmuster zu, die das »stalemate«, also den toten Punkt, an den die Beziehungen zwischen den Supermächten gelangt sind, aufheben könnten.

Zunächst konstatiert er, daß 1. der Versuch Roosevelts, eine Einheit der Welt über eine enge Zusammenarbeit zwischen den USA und der Sowjetunion zu erreichen, gescheitert sei, weil sich die beiden politischen Systeme als unvereinbar erwiesen hätten, daß 2. der auf dieses Scheitern folgende Kalte Krieg zu einer Patt-Situation geführt habe, daß 3. keine der beiden Seiten einen Krieg wolle, sich beide aber schließlich 4. in einer strategischen und diplomatischen Situation befänden, die, gegen ihren Willen, in einen Krieg münden könnte.

Daraus ergäbe sich ein klarer Ansatz zur Lösung der verfahrenen Lage: die beteiligten Staaten sollten, Schritt für Schritt, durch »Handel und Kompromisse« alle die Hindernisse aus dem Weg räumen, die einer Einigung im Wege stehen, also etwa die deutsche Frage, die Lage in Korea oder die Anerkennung Chinas durch die USA.

Eine andere Interpretation der gegenwärtigen Situation führe zu folgenden Prämissen: 1. sei die Welt so klein geworden, die Bedrohung durch die Atomwaffenarsenale jedoch so gewachsen, daß die menschliche Rasse vor der Alternative stehe: »eine Welt oder keine«; 2. konventionelle Machtpolitik und nationale Interessen seien dadurch bedeutungslos geworden; 3. der Versuch einer Macht, der gegnerischen Macht die eigene Ideologie aufzuzwingen, berge das Risiko der Zerstörung der ganzen Welt in sich; 4. auch wenn Roosevelt gescheitert sei, lägen alle Hoffnungen auf einen anhaltenden Frieden einzig in weiteren Versuchen, zu einer Verständigung mit der Sowjetunion zu gelangen.

Hieraus ergäbe sich ein völlig anderer Auftrag: Auflösung der kommunistischen Internationale und des sowjetischen Satellitensystems auf der einen Seite, der Nato auf der anderen; wirkungsvolle Garantien für eine Überwachung der weltweiten Abrüstung; Aufbau einer globalen Entwicklungsgesellschaft und einer globalen Polizeitruppe. Naheliegenden Bedenken, die diesen utopisch anmutenden Zielen entgegengesetzt werden könnten, entgegnet Haffner in einer für ihn ungewohnt emotionalen Weise: »Hiergegen aber läßt sich sagen, daß nur eine wirklich heroische Geste[40] die Krankheit unserer Zeit zu heilen vermag; daß, wenn unsere diplomatischen Gepflogenheiten und Konventionen ungeeignet sind, die fundamentalen unausweichlichen Probleme unserer Epoche zu lösen, diese Gepflogenheiten geändert werden müssen.«

Am Schluß des Essays relativiert er: Keineswegs sei es der Zweck des Artikels, eines der beiden dargestellten Szenarien zu favorisieren. Vielmehr wolle er lediglich klarmachen, daß keinesfalls Elemente aus dem einen mit Elementen aus dem anderen Ansatz vermischt werden dürften. Entscheiden müsse man sich im voraus und auf dem einmal gewählten Weg konsequent und geradlinig voranschreiten.

Die Verve und die Leidenschaft, die sich in großen Teilen des Artikels verrät, korrespondiert auf interessante Weise mit Haffners Ausführungen zum Beginn des Koreakrieges. Hier bestätigt sich, daß er immer dann, wenn sich wichtige Änderungen in seinen Ansichten vollziehen, seinen gewohnten, nüchternanalytischen Schreibstil für einen Moment vergißt und seine Überzeugung stärker zum Vorschein kommt.

Die Konflikte zwischen Haffner und Astor, lange Zeit nur latent schwelend, hatten sich an diesem Artikel entzündet. Wenige Tage nach Erscheinen schreibt Haffner seinem Herausgeber einen langen Brief,[41] offenkundig in Reaktion auf ein versöhnliches Angebot Astors, der sich seinerseits bemüht, Haffner in der Redaktion zu halten. Denn die Frage, ob eine weitere Zusammenarbeit überhaupt noch denkbar erscheint nach den Auseinandersetzungen der letzten Tage, steht im Raum.

Haffner zieht in diesem Schreiben eine Bilanz der vergangenen Jahre, indem er in gewohnter Manier Für und Wider sorgsam gegeneinander abwägt. Mehrfach betont er, über seinen Verbleib beim *Observer* sei noch nichts entschieden, weist Astor jedoch deutlich auf seine Konsequenzen hin für den Fall, daß keine Lösung gefunden würde.

Zunächst führt er einige Punkte an, die für eine weitere Zusammenarbeit sprechen:

Er möge den *Observer*, er identifiziere sich mit ihm (zuweilen sei diese Identifikation vielleicht sogar zu weit gegangen), und er hänge an seinem Freund Astor. Alles in allem habe er ein angenehmes Leben in der Redaktion, komme mit beinahe allen Kollegen gut zurecht und werde ordentlich bezahlt. Die Zeitung biete ihm ein ungewöhnlich breites Forum, vor dem er seine Ansichten äußern könne, zumindest in den internen Diskussionen, zumeist auch in seinen Artikeln. Seine Arbeit erfreue sich großer Wertschätzung (und sei mit Sicherheit gelegentlich überbewertet worden), und er glaube auch Astors Beteuerung, daß er weiterhin Wert auf seine Mitarbeit lege.

Aber, so erklärt er Astor, einem deutschen Sprichwort zufolge solle man gerade dann aufhören zu essen, wenn es am besten schmeckt. Müsse man nicht die Krise der letzten Wochen als eine unmißverständliche Warnung verstehen, daß die besten Zeiten vorbei seien und es von nun an bergab gehen werde?

Seitdem David Astor selbst Chefredakteur sei und er Haffner zu einer Art Generalleutnant mit allgemeinen, aber formal nicht klar definierten Kompetenzen gemacht habe, fehle ihm, Haffner, die Sicherheit und Rückenstärkung, derer er so dringend für seine Arbeit bedürfe. Sein Status stütze sich ausschließlich auf ihre persönliche Beziehung, und manchmal könne er sich des Gedankens nicht erwehren, eher die Rolle eines Hofgünstlings als die eines verantwortlichen Ministers zu spielen.

Angesichts der Verschlechterung ihrer persönlichen Beziehung und der Zunahme politischer Meinungsverschiedenheiten könne man die grundsätzlichen Probleme, die mit seiner besonderen Stellung in der Redaktion zusammenhingen, nicht mehr außer acht lassen.

Die gegenwärtigen Spannungen machten es noch schwieriger, die politischen Meinungsverschiedenheiten zwischen ihnen beiden aus der Welt zu schaffen, die sich niemals so weit hätten entwickeln dürfen. Er selbst habe gewiß seinen Anteil an den Versäumnissen. Möglicherweise sei es nun schon zu spät, diese Entwicklung ungeschehen zu machen; denn das emotionale und intellektuelle Verhältnis zwischen ihnen scheine gestört, ohne eine grundsätzliche Sympathie seien politische Diskussionen jedoch zumeist unfruchtbar. In letzter Zeit habe er bemerkt, daß sich nicht nur ihre Meinungen über konkrete Dinge, sondern auch ihre Art zu denken in verschiedene Richtungen entwickelt hätten.

»In der Rückschau, glaube ich, war es richtig, 1939 in den Krieg einzutreten, jedoch falsch, nach 1943 den Krieg bis zur bedingungslosen Kapitulation weiterzuführen; richtig, 1941 die Allianz mit Rußland einzugehen, jedoch falsch, sie nach 1943 aufrechtzuerhalten; richtig, sich Rußland zu widersetzen und den ›Kalten Krieg‹ anzunehmen, falsch, diese Auseinandersetzung fortzuführen, nachdem das Atompatt eingetreten war; richtig, in die Allianz mit den Amerikanern und die Nato einzutreten – ich werde es immer als einen der Höhepunkte meiner journalistischen Karriere ansehen, mitgeholfen zu haben, die Nato zu ›erfinden‹ – falsch, die Nato nun in eine Art Bündnis zu überführen.« Wenn ihn Astor ungeduldig und mit gequältem Gesicht anschaue, weil er wieder einmal ungewohnte gedankliche Linien verfolge, denke Astor: »Oh, er schweift wieder vom Thema ab!«, während er, Haffner, in ähnlichen Momenten verzweifelt denke: »Oh, er bleibt in seinem alten Trott!«

Er aber leide unter dem Gefühl, sich derart bremsen zu müssen, daß seine Texte mißverständlich würden und ihre ganze Kraft verlören – wie im Falle des Artikels »Problems of Peace«, bei dem er sich selbst so stark zurückgenommen habe, daß vor lauter Übervorsicht die eigentliche Aussage gar nicht mehr erkennbar gewesen sei. Und dies in einer weltpolitischen Situation, in der »ich mich fühle wie ein Kriegsroß beim Klange der Fanfaren, darauf brennend, einem neuen Abschnitt in der britischen Politik den Weg zu bahnen, wie es mir vor fünf Jahren und auch vor zehn Jahren – als ich mir die fürchterlichen Schlachten mit Deutscher lieferte – erlaubt war«.

Schließlich habe er selbst in den glücklichsten Zeiten beim *Observer* manches Mal daran gezweifelt, ob es wirklich der beste und verantwortungsvollste Umgang mit seinem Leben sei, Journalist zu sein und den Rest seines Lebens in dem bequemen und komfortablen Büro der Zeitung zuzubringen. Sollte er sich tatsächlich noch einmal beruflich umorientieren, müßte er das bald in Angriff nehmen. Jetzt sei er 45; nach 50 wäre es ziemlich abenteuerlich, noch etwas Neues anzufangen.

Wenn er gehe, dann wolle er dies nicht in Ärger und in Eile tun, noch weniger in Feindschaft und Bosheit. Das Paradoxe sei, daß er mit Astor nicht nur in der Frage, ob, sondern auch wohin er gehe, Übereinstimmung erreichen wolle. Er habe einige Ideen, es sei aber verfrüht, diese jetzt ins Spiel zu bringen. Außerdem habe er sich selbst noch nicht endgültig entschieden. Astor habe mit seinen Briefen durchaus ein schweres Gewicht in die Waagschale geworfen; doch könne er sich nicht von dem Gefühl befreien, daß Astor in seinen Briefen freundlicher schreibe, als er in Wahrheit fühle, und ein gewisser Anflug von Mitleid, den er unter Astors Motiven vermute, sei gänzlich fehl am Platz. Man solle jedoch keinesfalls eine Entscheidung überstürzen, sondern sich später in aller Ruhe aussprechen und gemeinsam nach einer Lösung suchen.

Haffner beendet den Brief mit der Versicherung, daß er keinerlei Groll empfinde, Astors schnelles Einlenken ebenso bewundere wie seine Herzlichkeit und Menschlichkeit, und schließt mit »Yours ever, Raimund«.

Ein Brief, der passagenweise mehr einer publizistischen als einer persönlichen Botschaft gleicht. Die rhetorisch kunstvolle Art, in der er die Gründe aufzählt, die für und gegen seinen Verbleib beim *Observer* sprechen, verhüllen nahezu perfekt Haffners Trauer und Schmerz über die Entfremdung von jenem Mann, dem er seit einem Jahrzehnt besonders nahestand. Eine Lösung scheint er gar nicht mehr zu erwarten, da er alle Pros und Contras selbst liefert. Vielleicht sieht er den Konflikt als so verfahren an, daß er sich im persönlichen Gespräch darüber nicht zu verständigen vermag. Man gewinnt den Eindruck,

Haffner wolle und könne seine privaten Angelegenheiten einzig mit sich allein abmachen, ähnlich wie er als Mittzwanziger, noch in Berlin lebend, die Beziehung zu seiner späteren Frau vier Jahre vor seinen Angehörigen geheimgehalten hatte und seine Mutter aus Cambridge über seine Heirat und die Geburt seines Sohnes in einem Brief informierte. Doch das Verhältnis zwischen ihm und Astor hat, so wichtig es für beide war, irreparablen Schaden genommen, nachdem Astor Haffner seine unumstritten führende Rolle in der Redaktion streitig machte – streitig machen mußte, wollte er seine Lebensaufgabe, Chefredakteur und Herausgeber des *Observer* zu werden, nicht in den Wind schreiben.

Der bereits erwähnte, aus Wien stammende Verleger George Weidenfeld, der von sich selbst sagt, er habe immer eine innere Distanz zu David Astor gehalten (»David Astor und ich sind nie enge Freunde gewesen«[42]), spricht Astor die Fähigkeit zu stabilen Beziehungen fast ab. »Viele von ihnen, die es zu großer Vertrautheit mit ihm gebracht hatten, fielen plötzlich in Ungnade und wurden fallengelassen oder endeten als seine Feinde. Er konnte von den Menschen, mit denen er arbeitete, völlig fasziniert sein, konnte übertrieben großzügig sein, ihnen bei ihren privaten Problemen zur Seite stehen und sich um ihre Familien kümmern.[43] Und dann konnte das Verhältnis mit einemmal abkühlen oder abrupt enden. Die Liste derer, die diese Erfahrung mit ihm machten, ist lang. Sie schließt Arthur Koestler ein, George Orwell und Sebastian Haffner. Alle erlebten dasselbe Muster von Zuneigung, Bewunderung und Ernüchterung.«[44]

Ein solches Muster scheint nicht wirklich überzeugend, denn gerade um Orwell zum Beispiel hat sich Astor bis zu seinem Tod rührend gekümmert. Der persönliche Konflikt zwischen Astor und Haffner kann wohl nicht bewertet werden, ohne dessen besondere Rolle beim *Observer* zu berücksichtigen. Keinem seiner Mitarbeiter verdankte Astor mehr als Haffner, der das Blatt (wenn auch inoffiziell) erfolgreich führte, als Astor noch im Kriegsdienst war.[45] Und zugleich bestand zu keinem der genannten Autoren ein ähnliches Rivalitätsverhältnis. Von seinem Einfluß auf die Redaktion, auf die Linie des *Observer* und, wie er immer wieder betonte, auf die englische Politik hing für Haffner schließlich weitgehend die Attraktivität seines Jobs ab – vor allem sah er sich gern in der Rolle des Vordenkers politischer Entwicklungen. 1989 bekennt er: »David Astor war eine Weile jemand, den zu beeinflussen mir ein Herzensanliegen war. Als es mir nicht mehr gelang, war ich eines großen Teils meines Lebensinhaltes beraubt.« Doch nicht nur mit Astor selbst war die Auseinandersetzung immer schwieriger geworden, vom »College Observer«, der freien Diskussion, der Möglichkeit, in kontroverser, aber zugleich konstruktiver Auseinandersetzung mit anderen Meinungen den eigenen Standpunkt weiterzuentwickeln, war dank Astors Führungsstil nicht viel übriggeblieben.

In einem Brief vom 21. September 1953 bemüht sich Astor ein letztes Mal, den drohenden Bruch abzuwenden und Haffner zum Einlenken zu bewegen. Seine Stelle beim *Observer* sei zu 100 Prozent sicher, solange Haffner sie wolle; er solle sich nicht von irgend jemandem oder irgend etwas verrückt machen lassen. Mehr noch, auch seine wichtige Rolle in den Gremien der Zeitung sei – im Unterschied zu seinem Gehalt – ebenfalls absolut sicher, unabhängig davon, zu welchen Meinungsverschiedenheiten es gekommen sei. Er erachte Haffner als den wertvollsten Mitarbeiter und wolle alles dafür tun, eine glückliche und harmonische Arbeitsatmosphäre zu erreichen.

Er spricht sich für eine weitere Zusammenarbeit aus, die aus seiner Sicht durchaus eine Zukunft hat – anders als im Fall Isaac Deutschers, dessen Ansichten mit denen des *Observer* schließlich inkompatibel gewesen seien. Dieser Hinweis auf Deutschers Ende beim *Observer* läßt sich zwischen den Zeilen auch als Hinweis auf die Macht David Astors lesen. Interessanterweise heißt es in Richard Cocketts Buch über David Astor, das in enger Zusammenarbeit mit dem Herausgeber des *Observer* entstanden ist, dieser habe seinen Autoren innerhalb bestimmter ideologischer Grenzen freie Hand gelassen, doch habe im Konfliktfall stets der Autor nachgeben müssen. »Haffner und Deutscher erreichten in ihren Karrieren beim *Observer* einen

Punkt, an dem sie nicht mehr innerhalb dieser Grenzen arbeiten konnten, und so mußten sie den *Observer* verlassen.«[46]

Trotz aller Beteuerungen Astors, wie sehr er Haffner als Mitarbeiter schätze, läßt sich erkennen, daß auch er sich der Verschlechterung ihrer Beziehungen durchaus bewußt ist. Zu einer eindeutigen Vertrauensbezeugung aber kann er sich nicht durchringen.

Sosehr sich Haffner und Astor ihrer gegenseitigen Zuneigung versichern, das beiderseitige Bemühen um Einvernehmen reicht nicht mehr aus, um Haffners Arbeit in London noch lange erträglich zu machen. Ein offener Bruch findet nicht statt – Haffner will im Guten gehen, will sich nicht mit Astor überwerfen, und sie suchen gemeinsam nach einem Kompromiß. Schließlich trifft man ein Agreement: Haffner wird *Observer*-Korrespondent in Berlin. Im Tausch übernimmt Richard Löwenthal, der bisher aus Deutschland für den *Observer* berichtet hatte, den Posten des außenpolitischen Kommentators in der Londoner Redaktion.*

* Löwenthal emigrierte Mitte der dreißiger Jahre, prägte die politische Arbeit der Sozialdemokraten in London mit, arbeitete nach dem Krieg für den *Observer* mit und ist in den fünfziger Jahren nach Deutschland zurückgekehrt.

ICH HABE ZWEIMAL MEIN LAND GEWECHSELT

Haffners Entscheidung, nach Deutschland zurückzukehren, kann nur zum Teil als Rückkehr aus der Emigration bezeichnet werden; dafür erfolgte sie eigentlich zu spät. »Ich habe zweimal mein Land gewechselt«, sagte Haffner rückblickend. Das trifft es besser. Astor und er mögen gehofft haben, mit dem räumlichen Abstand würden sich die Spannungen zwischen ihnen verringern, und so bleibt zunächst offen, ob es sich nur um eine Trennung auf Zeit oder um einen endgültigen Abschied von England und vom *Observer* handelt.

Die Entscheidung, die ganze Familie, die glücklich in England Wurzeln geschlagen hatte, aus der gewohnten Umgebung herauszureißen und wieder zurück in das Land zu verpflanzen, aus dem er, Erika und Peter – aber war das nicht schon eine Ewigkeit her? – einst geflohen waren, fällt nicht leicht. Erika, die ihren Mann bei seinen jährlichen Deutschlandbesuchen auch schon einmal begleitet hatte, ist skeptisch. Sie soll ihr gewohntes Umfeld aufgeben, alles, was sie sich in den letzten Jahren aufgebaut hat, zurücklassen, und in das Land zurückkehren, in dem sie einst für vernichtungswürdig befunden worden war? Mußten sie nicht vielleicht sogar damit rechnen, daß sie als Emigranten scheel angesehen werden?

Was erwartete sie überhaupt in Deutschland? Dichter und Denker oder Richter und Henker? Wenn sie in England während des Krieges mit Deutschen verkehrt hatten, hatten sie gewußt, das sind Verfolgte und Geflohene, »Antis«. Mit wem würden sie hingegen nun in Deutschland Umgang haben? Was hat der Postbeamte, der einem die Briefmarken verkauft, wohl zehn Jahre früher gemacht? Der Schupo an der Ecke – wäre er vielleicht derjenige gewesen, der sie und die Kinder 1942 oder 1943 aus ihrer Wohnung geholt hätte, wenn sie nicht emigriert wäre? Und die Lehrer – hatten sie nicht den Führer bis zu dessen Selbstmord gepriesen, preisen müssen?

Die Kinder, vor allem Margaret, wollen lieber in England bleiben. Sie fühlen sich als Engländer, haben die Heimat der Eltern, dieses unheimliche Land der Täter, nie kennengelernt und kaum eine Beziehung zu Deutschland aufgebaut.

Trotz aller Bedenken entscheidet sich die Familie dafür, das Wagnis einzugehen. Zum Jahresende 1953 sind die Planungen für die Rückkehr nach Deutschland so weit fortgeschritten, daß Haffner nicht mehr befürchten muß, bei seiner Mutter in Berlin falsche Hoffnungen zu wecken, wenn er ihr mitteilt: »Ich hätte natürlich schon längst schreiben sollen; aber irgendwie kommt es nie dazu, und diese Zeit war besonders unruhig, da allerlei Verhandlungen über meine nächste Zukunft im Gange waren. Vielleicht freut es Dich zu hören, dass ich im neuen Jahr für längere Zeit als Korrespondent des *Observer* nach Berlin kommen werde; wahrscheinlich wird im Sommer, nach Ende des Schuljahres, ein vollständiger Familienumzug daraus werden, aber einstweilen, d. h. im Laufe des Januar werde ich erst einmal allein hinüberkommen. Mein Hauptquartier wird allerdings wohl, wie die Dinge jetzt liegen, Bonn werden müssen, und nicht Berlin, aber jedenfalls werde ich öfter mal nach Berlin hinüberkommen, zunächst zu der grossen Konferenz[1], falls sie stattfindet. Sollte die Konferenz (wider Erwarten) eine deutsche Wiedervereinigung näher bringen, würde ich vielleicht sogar schließlich doch Berlin zum Hauptwohnsitz machen, aber danach sieht es einstweilen leider nicht aus.«

Die deutsche Einheit sollte noch lange auf sich warten lassen, dennoch verlegt David Astor das Büro des Deutschland-Korrespondenten nach Berlin – im Einvernehmen mit Haffner und seiner Frau, die wohl nur schweren Herzens in die Bundeshauptstadt mitgekommen wäre: »Wenn überhaupt nach Deutschland, dann nach Berlin. Was sollen wir in Bonn?«[2] Berlin war »die Stadt, die mich in Deutschland interessierte und anzog«, erzählt er 1988 in einem Interview.

Haffner berichtet, mit welchen politischen Argumenten er David Astor für ein Büro in seiner Heimatstadt zu gewinnen suchte: »Wenn ihr mit Westdeutschland ein Bündnis macht, also die Bundesrepublik in die Nato aufnehmt und gleichzeitig da in der Mitte der DDR eure Sektoren in Berlin halten wollt, wird es eines Tages eine große Krise geben, weil ihr da mitten im Herzen des Feindeslands (Haffner lacht an dieser Stelle, entschuldigt sich, es seien eben andere Zeiten gewesen damals, im Kalten Krieg) eine eigene Stellung halten wollt, und eine gefährdete Stellung dazu. Man wird versuchen, euch die aus der Hand zu winden und in ein paar Jahren wird Berlin, mehr als Bonn, eine der Hauptnachrichtenquellen in Deutschland sein.« Astor läßt sich überzeugen, und so sitzt Haffner ab 1954 auf dem West-Berliner Außenposten an der wichtigsten und bald auch dramatischsten Front des Kalten Krieges.[3]

Ähnlich wie die Zeitlupenflucht 16 Jahre zuvor zieht sich die Rückkehr im Frühsommer 1954 einige Monate hin. Diesmal ist es Sebastian Haffner, der sich als erster auf die Reise macht. Am Marienplatz in Lichterfelde war eine Wohnung freigeworden, in der Verwandte gewohnt hatten. Sie ist zwar etwas klein, dafür aber schön hell, und sie liegt nur wenige Straßen von der Wohnung seiner Mutter entfernt. Ganz in der Nähe befindet sich die Schule, an der Haffner 1926 das Abitur abgelegt hatte.[4]

David Astor mietet im Gebäude des 1946 von Arno Scholz gegründeten *Telegraf* ein kleines Büro. Das Haus liegt im südwestlichen Stadtteil Grunewald, Haffner kann Nachrichtenticker und Fernschreiber der *Telegraf*-Redaktion mitbenutzen. Neben seiner Arbeit für den *Observer* hat er genug Zeit, die Ankunft der Familie vorzubereiten. Er kauft Möbel (gebraucht, wobei es ihm hauptsächlich darauf ankommt, daß sie alt sind und zum vorhandenen Inventar passen), nimmt Fahrstunden und legt die Prüfung ab, was ihm wegen einer Beeinträchtigung seines Farbsehvermögens nicht ganz leicht fällt. Er wird für lange Zeit ein sehr ängstlicher und unsicherer Autofahrer bleiben; Erika und die Kinder sollten davon schon bald eine erste Kostprobe bekommen.

Anfang August 1954 reist die Familie quer durch Westdeutschland, damit Oliver und Margaret, inzwischen 14 und knapp 16 Jahre alt, einen Eindruck von dem Land gewinnen können, in dem sie von nun an leben sollen. Die Fahrt in einem lindgrünen Opel Rekord mit Stoffverdeck und britischer Militärzulassung, den der *Observer* zur Verfügung stellt, verläuft recht abenteuerlich. Zunächst geht es nach Bonn, genauer nach Bad Honnef, wo sie Quartier nehmen. Haffner hat einige Tage im Bonner Büro des *Observer* zu tun. Nacht für Nacht läßt er das Standlicht am Wagen brennen und wundert sich, daß der Motor eines Morgens nicht mehr anspringen will, weil die Batterie leer ist. Vom Rheinland geht es weiter zum Bodensee und in den Schwarzwald. Ist es rechts neben der Straße abschüssig, fährt Haffner konsequent auf der linken Seite – nicht, weil er es so noch aus England kennt, sondern aus Angst vor den »Abgründen« rechts der Straße. Selbst entgegenkommende Autos hindern ihn in solchen Situationen nicht daran, auf der linken Spur zu bleiben, und die Familie steht tausend Ängste aus. Mitte August kommen sie schließlich in Berlin an. An dem Tag gießt es in Strömen, und Oliver befürchtet schon, in Deutschland könnte das Wetter noch schlechter sein als in England.

Sebastian Haffner ist also in seine Heimatstadt zurückgekehrt, und zwar als englischer Journalist – mit einem Namen, der, als er ihn auswählte, für Engländer aussprechbar sein und zugleich deutsch klingen sollte. Nun aber sprechen viele Deutsche den Namen dieses Deutschen englisch aus.[5] Schon bald sollte der Name einer breiteren Öffentlichkeit bekannt werden, denn im Anschluß an die Berliner Außenministerkonferenz im Januar 1954 wird er als »deutsch-britischer englischer Journalist« in Werner Höfers *Internationalen Frühschoppen* eingeladen.

Der sonntagmittägliche *Frühschoppen*, zunächst eine Radiosendung, wurde seit Ende August 1953 vom Ersten Deutschen Fernsehen übertragen.[6] Damals, als das Medium in der jungen Bundesrepublik noch in den Kinderschuhen steckte und seine eigentlichen Attraktionen Millowitschs *Etappenhase*, die Krönung Elisabeths II. oder das Fußball-WM-Endspiel in Bern waren, ist einer politischen Diskussionssendung eine besondere Rolle zugefallen: Die Deutschen sollten von ihr lernen, wieder zu streiten und zu diskutieren. 101 mal wird Haffner in der Talkshow mit den »sechs Journalisten aus fünf Ländern« in den nächsten Jahrzehnten zu Gast sein. Und schon bald setzt er sich in den Köpfen der Zuschauer unauslöschlich fest mit seiner hohen, sonor schnarrenden Stimme, die Geistreiches und Provokantes gleichermaßen gelassen wie brillant zu artikulieren weiß. Gerade in seinen Auftritten im neuen Medium, zu denen in späteren Jahren zahlreiche Interviews und Diskussionssendungen kommen werden, erlebt man Haffner als charmanten und redegewandten Intellektuellen, der den Austausch auch kontroverser Meinungen mit anderen zu schätzen weiß. Nur selten erliegt er der Versuchung, sein Gegenüber besserwisserisch zu korrigieren oder abzukanzeln. Wie in so vielen seiner Artikel präsentiert er sich auch im Fernsehen als absolut eigenständiger Kopf, der sich in einer Kontroverse nicht leichtfertig auf die eine oder andere Seite schlägt. Er ist immer für eine Überraschung gut, aber läßt er sich nie allein um der Provokation willen zu einem Tabubruch verführen. Kein Wunder, daß sich viele auf ihn keinen Reim machen können. Den einen gilt er als Linker, den anderen als Rechter, die meisten nennen ihn bis Anfang der sechziger Jahre einen Konservativen, doch damit kann er immer gut leben.

Haffner als Deutschland-Korrespondent des *Observer*

Eines der gängigsten Urteile über die journalistischen Arbeiten Sebastian Haffners in den fünfziger und sechziger Jahren bezieht sich auf seine, vielfach behauptete, Wetterwendigkeit. Vergleicht man die Artikel, die er in den fünfziger Jahren als Berliner Korrespondent für den *Observer* schrieb, mit jenen, die er ab 1959 für die deutsche Presse verfaßt hat, so stechen, bei oberflächlicher Betrachtung, die Diskontinuitäten eher ins Auge als die Kontinuitäten. Insbesondere seine zahlreichen Analysen zur Deutschland-, Berlin- und Ostpolitik scheinen rückblickend betrachtet allzu häufig geprägt von tagesaktuellen Ereignissen. Bei näherem Hinsehen erschließen sich jedoch die zugrundeliegenden politischen Ansichten Haffners, die sich über die Jahre bemerkenswert wenig verändert haben.

Am ehesten wird man seinen Intentionen gerecht, wenn man sie zunächst als Haltung gegenüber Formen der Politik versteht. Haffners Pragmatismus und die Konzentration auf das Wesen, den tatsächlichen Kern eines Problems zeichneten seine Arbeit über die Jahre sehr viel stärker aus als einzelne Perspektivwechsel zu bestimmten Tagesereignissen. Auch seine kühle, dialektische Analyse ist keineswegs als reine Methode des Argumentierens mißzuverstehen. Sie macht das Wesen seines Denkens aus und bildet über Jahrzehnte den Rahmen, vor dem er seine politischen Haltungen und Ansichten entwickelt. Eng hiermit verknüpft ist eine ständige Bezugnahme auf historische Ereignisse, Konstellationen und Prozesse, die sein Weltbild formten. Die Kontinuität in seiner Arbeit wird deutlich, wenn man sich dieses Zusammenspiel vor Augen hält. Seine Neigung, sich bewußt und häufig als aktiver Teilnehmer an größeren politischen Prozessen zu verstehen, erklärt, daß er selbst die Brüche und Widersprüche in seinem Werk als viel unbedeutender ansah, als sie Außenstehenden erschienen. Und denkt man sich länger in seine Publizistik hinein, relativieren sie sich tatsächlich.

Fast alles, was Haffner in den sechziger und siebziger Jahren zu einem der herausragendsten und faszinierendsten Köpfe der deutschen Presselandschaft werden ließ, findet sich in seinen Texten für den *Observer* im Kern angelegt. Hierzu gehört auch seine Neigung, das jeweilige Blatt als Forum seiner Anschauungen zu nutzen. Haffner wollte mit seinen Artikeln etwas erreichen, seine Leser beeinflussen. Der wesentliche Unterschied zwischen seiner Arbeit in England und der späteren in Deutschland besteht vielleicht darin, daß er in Großbritannien eher die

»politische Klasse« im Auge hatte, in der Bundesrepublik hingegen auch jenen Teil der Leserschaft, der sich gemeinhin nicht für Politik interessierte.

Haffner schreibt aus Berlin zunächst weiterhin für eine englische Zeitung und ein englisches Publikum. Diese Prämisse sollte nicht aus den Augen verloren werden beim Versuch, seine journalistische Arbeit dieser Zeit in den Kontext seiner gesamten Karriere zu stellen. Weder verleugnet er seine deutsche Herkunft, noch sieht er sich als Anwalt deutscher Interessen bei einer der Siegermächte des Zweiten Weltkriegs. Immer formuliert er eine unabhängige, über den jeweiligen nationalen Interessen stehende Sicht, als deren zwei Hauptelemente zu nennen sind: politische Stabilität in Europa, Westbindung Deutschlands auch zum Preis des Verzichts auf die Wiedervereinigung in absehbarer Zeit. Die Idee einer Neutralität Deutschlands als Möglichkeit, der Wiedervereinigung näherzukommen, die Haffner im Jahr 1953 mit verwirklichen wollte, thematisiert er nicht mehr. Die Reaktionen des Westens auf die von ihm bewunderte Rede Churchills sowie auf den Aufstand vom Juni des gleichen Jahres haben ihm gezeigt, daß die Westmächte das Militärbündnis auch um den Preis der weiteren Spaltung Deutschlands realisieren wollen, und er verficht zunächst wieder eine pragmatischere Linie.

Welche Sprengkraft Adenauers strikter Westkurs für die nationale Identität der Deutschen in Ost und West besitzt, hat Haffner klar erkannt. Nach dem Besuch des Bundeskanzlers in Moskau im Jahr 1955, bei dem die Aufnahme diplomatischer Beziehungen und die Rückkehr der letzten Kriegsgefangenen vereinbart wurden, stimmt er nicht in den Chor derjenigen ein, die Adenauer als genialen Diplomaten zurückkehren sehen bzw. ihn wegen der Aufgabe des politischen Alleinvertretungsanspruchs Westdeutschlands für ganz Deutschland tadeln. Adenauer habe wahrscheinlich das einzig Mögliche und für ganz Deutschland langfristig Sinnvollste getan, als er um einer praktischen, humanitären Frage willen eine im Grunde rein symbolische Forderung aufgab, heißt es im Artikel »Fruits of Moscow«[7].

Hier zeigt sich eine weitere, wesentliche Konstante in Haffners Einstellung zur modernen politischen Praxis: die Geringschätzung symbolischer Handlungen und Gesten, die Politik seiner Ansicht nach viel zu stark bestimmen und einengen. Im Zweifelsfall votiert er für die pragmatische und illusionslose Lösung eines Konflikts. Ein Vergleich mit der Bismarckschen Schule der Realpolitik, wie sie Ludwig von Rochau Mitte des 19. Jahrhunderts erstmals formuliert hatte, liegt nahe. Die Verachtung von Demagogie und Demagogen korrespondiert bei Haffner mit dem Mißtrauen in die Wirkungskraft politischer Floskeln. Das nationale Pathos der Schumacherschen Sozialdemokratie in den ersten Jahren nach dem Weltkrieg mußte ihm deshalb ebenso zuwider sein wie die Übernahme politischer Ämter durch »enttäuschte Nazis« in Adenauers Republik.

Haffner will dem Leser angesichts der immer komplexeren Verflechtungen internationaler Politik und der Beschleunigung des Lebens einen Überblick vermitteln und aktuelle Geschehnisse in übersichtliche Zeiteinheiten einreihen. Seine »Agenda für Deutschland« eröffnet er mit dem Satz: »Die deutsche Geschichte seit 1945 verlief in Dreijahresabschnitten.«[8] Das Primat politischer Stabilität und die Aufrechterhaltung eines Status quo erscheint ihm nicht wünschenswert, doch immer noch besser als ein Infragestellen der Grenzen und eine Politik der Nadelstiche gegenüber dem Osten. Er trennt scharf zwischen dem, was die deutsche Politik leisten kann, und dem, was in die Verantwortung der früheren Alliierten fällt. In seinen Kommentaren zu den zahlreichen Konferenzen der Siegermächte in den Jahren zwischen 1955 bis 1960 wägt er verschiedene Optionen ab, die langfristig eine Wiedervereinigung beider deutscher Staaten ermöglichen würden. Detailliert erörtert er, welche Vorleistungen und Angebote die Sowjetunion realistischerweise erbringen kann, um die politische Situation im Herzen Europas zu entspannen.

Die zweite Berlin-Krise hatte ihren Ausgang in Chruschtschows Berlin-Ultimatum vom November 1958. In einer umfangreichen Note an die drei Westmächte kündigt der sowjetische

Ministerpräsident die Vereinbarungen über den Status Berlins auf und fordert eine »Freistadt Berlin«. Innerhalb von sechs Monaten sollen sich die Alliierten zu Gesprächen über den zukünftigen Status West-Berlins zusammensetzen. Andernfalls werde die Sowjetunion ihre Rechte an Berlin auf die DDR übertragen, von der West-Berlin bekanntlich umschlossen sei. Hintergrund dieser sowjetischen Initiative war unter anderem das immer dramatischere Formen annehmende Flüchtlingsproblem, mit dem sich die DDR konfrontiert sah. Für den Westen Deutschlands war die DDR ein unerschöpfliches Arbeitskräftereservoir, ganz zu schweigen von den Unmengen hochqualifizierter Fachkräfte, die angelockt vom höheren westlichen Lebensstandard, »mit den Füßen abstimmten« – von Ost nach West. Solange dieses so blieb, profitierte der Westen davon, und der Osten hatte den Schaden. Als der Osten dem Flüchtlingsstrom einen Riegel vorschob, war er natürlich ein Hort der Unfreiheit.[9]

Haffner hat, wie beschrieben, im Interview mit Hermann Rudolph aus den Entwicklungen vollkommen andere Schlüsse gezogen, unter anderem, weil er aus den Stellungnahmen der westlichen Alliierten einen Seufzer der Erleichterung heraushörte. »Ein großer Einschnitt in meinem politischen Leben war die Berlin-Krise. Ich hab' in der Berlin-Krise, was viel schwerer als von London aus war, von Berlin aus journalistisch so ein bißchen auf die alliierte Politik einzuwirken versucht, und zwar stellte ich sie mir erheblich härter vor als sie gewesen ist. Die Alliierten, auch die Amerikaner, aber auch die Engländer, am wenigsten noch die Franzosen haben ja in der ganzen Berlin-Krise von vornherein auf irgend so eine Art Kompromiß, und zwar einen ziemlich faulen Kompromiß hingesteuert. Es gab sogar Vorschläge, die weiter gingen als das, was dann gekommen ist. Und ich habe gesagt: Besteht doch auf eurem Rechtsstandpunkt, die Russen bluffen doch, seht ihr das denn nicht, die können auch keinen Krieg gebrauchen.«

Dreißig Jahre vor der Umbruchzeit nimmt Haffer im Essay »Agenda für Deutschland« vom Februar 1959 die Zwei-Plus-Vier-Verträge und den Einigungsvertrag vorweg. Auch hier kommt er zu dem Schluß, all dies sei in absehbarer Zeit nicht durchführbar, doch fährt er fort: »Der Status quo in Deutschland und Europa – wie unbefriedigend auch immer er sein mag – wird zu keinem neuen Weltkrieg führen, solange es nicht eine der beiden Weltmächte darauf anlegt. Es gibt weder Anlaß zur Panik, noch zur Ungeduld. Wir müssen weiter hart und geduldig daran arbeiten, diesen Zustand in einen besseren zu überführen. Vor allem müssen wir dafür sorgen, daß er durch keinen schlechteren ersetzt wird.«

In mehreren Artikeln geißelt er das totalitäre Regime in Ost-Berlin, weist auf die mannigfaltigen Verletzungen der Menschenrechte im sowjetischen Einflußbereich hin und bestreitet, daß die kommunistischen Machthaber auch nur über den geringsten Rückhalt in der Bevölkerung verfügen. Haffner spricht der DDR völkerrechtlich jede Legitimität ab: »Ostdeutschland ist ein Scheinstaat. Es besitzt eine liberale Verfassung, die als nicht-existent behandelt wird, eine Regierung, die nicht regiert, sondern Weisungen erfüllt, ein Rumpf-Parlament, wie der Reichstag der Nazis eines war, ein halbes Dutzend nicht-kommunistischer Parteien, die solange gesäubert und wieder gesäubert wurden, bis sie zu bloßen ausführenden Organen der regierenden SED wurden.«[10]

Vor allem Artikel wie »Mass Mental Torture in East Germany«[11], dessen Titel bereits erkennen läßt, daß er als Journalist die verstärkte Sowjetisierung des Landes seit 1958 erbittert bekämpft, erklären, warum Haffner aufgrund seiner abweichenden Äußerungen nur wenige Jahre später das Etikett »journalistischer Wendehals« bekommen konnte. Jene, die es ihm angeheftet haben, übersehen, daß seine Forderung nach diplomatischer Anerkennung der DDR und einer Neuformulierung der westdeutschen Ostpolitik, die er ab Mitte der sechziger Jahre einfordert, keiner veränderten Haltung zum Kommunismus entspringt, sondern einer sehr pragmatischen Neubewertung der weltpolitischen Lage, die in seinen Augen eine Suche nach neuen Wegen aus der Sackgasse der reinen Konfrontation zwischen den Blöcken erforderlich macht.

Einmal, so scheint es, gibt auch Haffner sich politischen Illusionen hin, und zwar in dem Artikel »A Plan for Prussia« vom April 1960.[12] Nur wenige Monate nach dem Besuch Chruschtschows in Washington und damit in einem Klima scheinbarer Entspannung zwischen den Großmächten, skizziert er ein geradezu atemberaubendes Szenario, mit welch wechselseitigen Schritten politischer Annäherung mittelfristig die deutsche Wiedervereinigung zu erreichen wäre. Er schlägt vor, durch – vom Ausland kontrollierte – freie Wahlen in der DDR und ihre Umbenennung in »Preußen« einen neuen, freien und neutralen Staat zu schaffen. Dieser solle von allen vier Siegermächten völkerrechtlich verbindlich anerkannt werden und in der Folge weniger als Pufferzone zwischen Ost und West dienen. Polen bekäme die ersehnte Anerkennung der Oder-Neiße-Linie, die Ostdeutschen die politische Freiheit, und das Berlinproblem würde, ganz nebenbei, auch gelöst, weil es natürlich Hauptstadt dieses neuen Preußen werden würde.

Zwar zählt er in den folgenden Absätzen des Artikels die Nachteile des Plans sowie die Gründe auf, die insbesondere eine Zustimmung der UdSSR ausschließen würden, doch verteidigt er seine Überlegungen mit dem Hinweis, daß es schließlich »nur eines kleinen Schrittes weg vom Status quo bedürfe«, um ihn umzusetzen. Hier scheint es, als sei die vehemente innerbritische Debatte um die Zerschlagung des alten Preußen[13], die schon während des Kriegs eingesetzt hatte, spurlos an ihm vorübergegangen. Listig benutzt Haffner hier ein Element seines 1940 in *Germany: Jekyll and Hyde* entwickelten Plans zur Teilung Deutschlands, um das Gegenteil – einen Schritt weg von der Spaltung Deutschlands – zu propagieren.

Haffners Neigung zu einem politischen Denken in Kategorien von Interessenausgleich zwischen den Mächten und Stabilität sollte nicht als ein Schweben über den Realitäten und alltäglichen Problemen der Menschen mißdeutet werden. Er vergißt in kaum einem Artikel zur deutschen Frage darauf hinzuweisen, daß das ureigenste Interesse der Deutschen in Ost und West darin bestehe, nicht zum Schauplatz eines atomaren

Krieges zu werden: »Es ist kein beruhigendes Gefühl für die Deutschen, zu wissen, daß sie selbst im Falle eines nicht-atomaren Konflikts, automatisch ein atomares Schlachtfeld und eine atomare Wüste würden, nur weil ihre Alliierten die dort stationierten Soldaten durch atomare Sprengköpfe ersetzten. Was aber die Bereitschaft der Briten (oder einer anderen Nation) anbetrifft, sich der Gefahr des kollektiven Selbstmords auszusetzen, indem sie sich auf ein Duell mit Wasserstoffbomben einlassen, nur um einem Verbündeten zu helfen, geht dies, trotz aller gegenteiligen Beteuerungen, wohl über alles hinaus, was der menschlichen Natur legitimerweise abverlangt werden kann.«[14]

Dies schreibt Haffner nur wenige Wochen nach Veröffentlichung der »Göttinger Erklärung« vom 12. April 1957, in der achtzehn Wissenschaftler gegen die Pläne Adenauers und seines neuen Verteidigungsministers Franz Josef Strauß protestieren, die Bundeswehr auch mit taktischen Atomwaffen auszurüsten.[15] Diese Ankündigung löste die erste große Protestbewegung in der jungen Republik aus; ab dem Frühjahr 1958 brachten die Ostermärsche Zehntausende Menschen auf die Straße. Haffner selbst argumentiert nicht direkt gegen die Atomwaffen, macht sich aber offenkundig die Sorgen vieler Bürger um ihre Sicherheit zu eigen. Wie vielen anderen ist ihm zu dieser Zeit sehr bewußt, daß eine atomare Aufrüstung der Bundesrepublik nicht nur die Spannungen zwischen Ost und West beträchtlich erhöhen, sondern das Land auch zu einem natürlichen Erstschlagsziel machen würde. Im gleichen Artikel mahnt er die Fortsetzung einer Politik der »engen Absprache« zwischen der Bundesrepublik und Großbritannien an. Deutschland habe sowohl den Eden-Plan als auch den Plan Gaitskells[16] abgelehnt, die beide auf eine Neutralisierung Deutschlands abzielten.

Das Denken und das journalistische Werk Haffners sind auch in dieser Zeit geprägt vom Rückgriff auf historische Parallelen und Analogien. Seine Aufsätze zu den Jahrestagen des Vertrages von Versailles oder von München 1938 sind keine blutleeren Betrachtungen, sondern erfüllt vom Glauben an die Macht der Geschichte und dem kategorischen Imperativ, aus historischen

Fehlern und Mißverständnissen zu lernen. In diesen historischen Rückblicken zeigt sich Haffners besondere Fähigkeit, dem Leser mit anschaulichen historischen Bildern die Vergangenheit näherzubringen und ihm zugleich die Gegenwart zu erklären, so wie es ihm wenige Jahre später in seinen langen Serien für den *stern* gelingen soll. Dabei hütet er sich vor der Instrumentalisierung historischer Analogien zu propagandistischen Zwecken, wie insbesondere »Rückblick auf München« belegt.[17] Die seit dem Ausbruch des Zweiten Weltkrieges diskreditierte Appeasement-Politik Neville Chamberlains läßt Haffner nicht als Argument gegen eine schrittweise Annäherung des Westens an die Sowjetunion gelten: »... Verallgemeinerungen sind gefährlich und die Umstände verändern auch die Sachverhalte. Die einzig sichere Schlußfolgerung, die aus München zu ziehen ist, ist, daß Appeasement kein Wundermittel ist. Dennoch bleibt es eine nützliche Waffe im Arsenal der Diplomatie. Und zumindest für die englischsprachige Welt bleibt es gar eine unbedingte Notwendigkeit in einer Zeit, die für Kriegserklärungen nicht reif ist.«

In dem langen Essay »What Went Wrong at Versailles«[18] ist Haffner in seinem Element. Umfassend und sehr präzise beschreibt er die Ausgangsbedingungen des Abkommens, seine Genese, Protagonisten und Konsequenzen, die bis zum Zweiten Weltkrieg reichten. Klarsichtig wie wenige zu dieser Zeit spürt er die dem Vertrag zugrundeliegenden Schwächen auf: Die Pariser Abkommen »basierten auf Prinzipien, die letztendlich den Besiegten zugute kamen. Gleichzeitig aber wurden ebendiese Prinzipien soweit verletzt, daß es den Besiegten mit Groll, die Sieger aber mit einem Gefühl des schlechten Gewissens zurückließ. So trug der Vertrag die Ursachen für sein Scheitern bereits in sich.« Fast genüßlich entmythologisiert Haffner diese Prinzipien: die Selbstbestimmung der Völker, die weitestgehende Übereinstimmung nationaler und ethnischer Grenzen sowie die formale Gleichsetzung größerer und kleiner Staaten. Entgegen seiner sonstigen Gewohnheit gibt er hier der Versuchung zur kontrafaktischen Geschichtserzählung nach und malt die weitere politische Entwicklung Europas ohne den Versailler Vertrag aus: eine Zukunft, die möglicherweise den Aufstieg Hitlers nicht eingeschlossen hätte. Er bezeichnet das Abkommen als Schlußstein einer kulturhistorischen Ära, die sich vom mittleren 17. bis zum frühen 20. Jahrhundert erstreckte. »Friedensabkommen wie große Opernwerke gedeihen nur in der homogenen Atmosphäre einer konservativen und aristokratischen Gesellschaft. Sie sind der kunstvolle Versuch, ... die Geschichte anzuhalten, ja, die Zeit selbst stillstehen zu lassen: feine Blüten einer Zivilisation, die leider nicht mehr die unsrige ist. Sie passen nicht mehr in eine Zeit permanenter Umwälzungen, verwirrender politischer Wechselbäder und geistiger Unsicherheiten. Auch in die Ära der Demokratie scheinen sie nicht zu passen. Versailles war nicht nur der schlechteste aller großen Friedensverträge, sondern möglicherweise auch der letzte überhaupt.«

Haffners Skepsis gegenüber vertraglichen Abmachungen zwischen den Staaten zeigt sich hier auf ihrem Höhepunkt. Noch immer wirkt die bittere Erfahrung des Münchner Abkommens nach. Im Umgang mit diktatorisch regierten Staaten müssen nach Haffner demokratisch verfaßte Nationen ins Hintertreffen geraten. Wie im Falle des ausstehenden Friedensvertrags zwischen den Alliierten und den Achsenmächten die westlichen Staaten, aber auch das neue demokratische Deutschland gegenüber der Sowjetunion ihre Forderungen werden durchsetzen können, vermag er sich nicht vorzustellen. Wenn es um territoriale Regelungen geht, mißtraut er aber auch den demokratischen Staaten. Vorschläge wie der Morgenthau-Plan zur Degradierung Deutschlands zum Agrarstaat oder ähnliche Konzepte in der Endphase des Zweiten Weltkrieges hatten in ihm die Befürchtung genährt, daß sich populistische Maximalforderungen in Demokratien »gut verkaufen«, wenn es für eine Partei oder eine Regierung darum geht, Wählerstimmen zu gewinnen.

Wie aber schätzt der 1938 emigrierte Haffner die Entwicklung der Demokratie in seinem Heimatland in den Jahren nach 1945 ein? Im Artikel »Facing The Nazi Spectre«, den er nach einem schweren Anschlag auf die neue Kölner Synagoge am Heiligabend 1959 veröffentlicht, unterzieht er die politische Kultur der Bundesrepublik einer genaueren Analyse.[19] Obwohl er den tatsächlichen Einfluß sowohl der alten als auch der neuen Nazis, insbesondere in ihrer parteipolitischen Form der 1946 gegründeten Deutschen Reichspartei, als sehr gering einschätzt, so verharmlost er die Gefahr eines Aufflammens nationalistischer Tendenzen in Deutschland keineswegs. Lange Zeit, vermutet er, waren die Deutschen nach dem Krieg zu sehr mit alltäglichen Problemen der Lebenssicherung und ihrem möglichst schnellen wirtschaftlichen Aufschwung beschäftigt, so daß erst jetzt, 15 Jahre nach Ende des Krieges, das deutsche Unterbewußtsein bereit sei, sich ernsthaft mit den Verbrechen der Nazis auseinanderzusetzen: »Doch hatte diese Verdrängung auch ihr Gutes, kam es doch der heilenden Kraft eines langen Schlafes gleich. Der Nazismus verschwand nahezu völlig aus den Köpfen; er wurde von Jahr zu Jahr unvorstellbarer; er starb aus. [...] Noch vor zwei Jahren schien es fast, als wäre er überhaupt kein Problem mehr in Deutschland. Heute scheint diese Gewißheit nicht mehr aufrechtzuerhalten. Der heilsame Schlaf wurde gestört und dies mit den besten Absichten: einer Reihe von Kriegsverbrechern wurde, endlich, der Prozeß gemacht. Viele Verbrechen werden noch von einer Regierungskommission untersucht. Zeitungen sind seit etwa einem Jahr voll von Berichten über Greuel aus der Kriegszeit. Die Menschen wurden immer wieder damit konfrontiert, bekamen es ständig sozusagen unter die Nase gerieben. Die meisten reagierten darauf mit Abscheu und Scham. Bei manchen mag dies aber auch halb-vergessene aggressive und sadistische Instinkte angesprochen haben. Und vielleicht können die Menschen tatsächlich nur ein gewisses Maß an Abscheu und Scham verarbeiten. Geht der Stimulus darüber hinaus, tritt automatisch ein defensiver Mechanismus in Kraft, der sie entweder wegschauen läßt oder zu einer blanken Verleugnung der Geschehnisse führt.«

Denjenigen Lesern, die sich durch diese Sätze an Martin Walsers Rede in der Paulskirche vor einigen Jahren erinnert fühlen, sei gesagt, daß Haffner keineswegs den Schluß zieht, die Deutschen sollten mit ihrer Vergangenheit in Ruhe gelassen werden. Das Einschwören der alten Kasten auf die junge Demokratie und die Integration einflußreicher Nazis in die politische Hierarchie Adenauer-Deutschlands sei der Garant dafür gewesen, daß sich rechts vom verfassungspolitischen Konsens der Bundesrepublik kein Platz für Nazinostalgiker finden ließ. Zugleich besteht Haffner darauf, daß angesichts der Gefahr einer verblassenden Erinnerung an die Nazizeit die Wachsamkeit gegenüber einem Wiederaufkeimen nationalistischen und rassistischen Gedankenguts in Deutschlands stärker werden müsse.

Parteipolitisch legt sich Haffner in dieser Zeit sowenig fest, wie er es in späteren Jahren tun sollte. Sein Augenmerk gilt vielmehr den demokratischen Institutionen als solchen, und insbesondere der Fähigkeit des Staates, einen demokratisch legitimierten Machtwechsel herbeizuführen und auszuhalten.[20] Diesen Beweis war die Bundesrepublik bis dahin schuldig geblieben.

Bruch mit dem *Observer*

Im Herbst 1957 zieht die Familie in eine größere Wohnung im zweiten Stock eines für die Gegend ungewöhnlich großen Mietshauses in Berlin-Dahlem. Der Campus der Freien Universität und einige der in Villen untergebrachten FU-Institute befinden sich ebenso in Gehweite wie die russische Kommandantur in West-Berlin.

Sarah Haffner erinnert sich an einen Besuch David Astors in dieser Wohnung im Jahre 1959, bei dem ihr Vater und Astor zwar höflich, aber nicht besonders freundschaftlich miteinander umgingen.[21] David Astor hat damals ein von Sarah gemaltes Bild gekauft.

Die Entfremdung zwischen Haffner und dem *Observer* ist durch die räumliche Distanz eher größer, nicht kleiner geworden.[22] Zum endgültigen Bruch zwischen ihm und der Zeitung kommt es, als die Londoner Redaktion nach Meinung Haffners in der sich zuspitzenden Berlin-Krise eine zu weiche Haltung einnimmt. Wenn er, der die Konflikte um Berlin geradezu erwartet hat, selbst in dieser Frage die Linie des Blattes nicht mehr bestimmen kann, dann scheint es wirklich besser, die Verbindung mit dem *Observer* – die finanziell nicht ganz uninteressant war – zu kappen. Er wird später erklären, er habe damals den Entschluß gefaßt, »sich auf die deutsche Seite zu legen und zwar sozusagen die Folgerungen aus dem zu ziehen, was bei der Berlin-Krise rausgekommen war. Die Wiedervereinigung war weg, Berlin war das letzte, was sie noch hätte indirekt herbeiführen können, als Fluchtschleuse, als ›Zeck‹ der Ost- und Westdeutschen, und nun muß man Ostpolitik betreiben, nicht aus dem Bündnis gehen natürlich, aber eben sich ein wenig selbständiger betätigen.« Selbst aus der Distanz mehrerer Jahrzehnte wird die starke Identifikation deutlich, die in Haffners Augen zwischen »seiner Zeitung« und seinem Exilland Großbritannien bestand. Zu einem gewissen Teil bedeutet der Bruch mit dem *Observer* auch einen Bruch mit England, zumindest mit einer englischen Deutschlandpolitik, die seiner Meinung nach nicht die erforderlichen politischen Konsequenzen aus den Entwicklungen um Berlin zieht.

Er kündigt zu Ende Juli 1961, wenige Tage vor dem dramatischsten aller Ereignisse der Berlin-Krise, dem Mauerbau, über das die *Observer*-Leser nicht mehr vom langjährigen Berlin-Korrespondenten Sebastian Haffner unterrichtet werden. Wie eine Ohrfeige mag dann auch gewirkt haben, daß nur wenig später wieder ein Artikel Haffners in England erscheint, allerdings in der von Melvin Lasky geleiteten Debattenzeitung *Encounter*.[23]

Zwanzig Jahre später wird David Astor noch einmal einen Versuch unternehmen, das Verhältnis mit Haffner wiederzubeleben, er schreibt ihm einen Brief. Haffner weiß nicht so recht, wie er darauf reagieren soll, zeigt den Brief seiner Tochter und bittet sie um Rat. Schließlich bleibt der Brief unbeantwortet liegen und gerät allmählich in Vergessenheit. Dabei mag auch die Befürchtung eine Rolle gespielt haben, Astor wolle doch noch eine »psychologische Diskussion« führen, die zu vermeiden Haffner ihn schon in seinem Brief 1953 gebeten hatte. Er hat mit dem *Observer*, mit David Astor, mit England abgeschlossen, wenngleich ihn die Trennung vom *Observer* auch später noch beschäftigte, wie er in dem Interview mit Jutta Krug erzählt: »Ich habe mich mit dem *Observer* überworfen, und das verfolgt mich heute noch manchmal im Traum. Dem habe ich sehr angehangen.« David Astor erfuhr von diesen Sätzen, die Haffner rund dreißig Jahre nach ihrer Trennung geäußert hatte, erst im Sommer 2001 durch den Verfasser und war zutiefst gerührt.

Der britische Historiker Richard Cockett schreibt, Haffner habe David Astor »schwer mitgenommen« zurückgelassen,[24] der Bruch sei jedoch unvermeidlich gewesen.[25] Astor sei, nachdem er intellektuelles Selbstbewußtsein entwickelt habe, imstande gewesen, das Blatt auch ohne seine »Gurus« zu leiten. Er habe von Haffner gelernt, doch habe er am Ende bewiesen, daß er nie von Haffner beherrscht worden sei. Astor scheint heute frei von Verbitterung, wenn er die Trennung auch weiterhin bedauert. Im Gespräch mit dem SFB-Mitarbeiter Christian Walter nennt Astor Haffner den künstlerischsten Autor des *Observer*, den mit dem besten Fingerspitzengefühl. In mehreren Gesprächen mit dem Autor kam er immer wieder auf Haffners Neutralitätsvision zurück und wurde dabei sogar fast ein wenig ärgerlich, weil er offensichtlich glaubt, es wäre nicht zur Trennung gekommen, wenn man weiter gemeinsam in Treue fest zur Nato gestanden hätte.

Haffners Arbeiten für *Die Welt*

Zum Zeitpunkt der Vertragsauflösung hat Haffner bereits in *Christ und Welt* und *Die Welt* publiziert. Die ersten beiden Artikel, die in der *Welt* abgedruckt wurden, waren Übernahmen aus dem *Observer*,[26] doch ab Mitte 1960 schreibt er regelmäßig für die Tageszeitung. Ohne seine grundsätzliche Haltung zur Deutschlandfrage zu verändern, macht er sich eine kritischere Haltung gegenüber dem Nato-Verbündeten zu eigen. Offener als in den Jahren zuvor kritisiert er die unentschlossene Haltung der britischen Regierung gegenüber dem Osten, bezichtigt sie des Lavierens und der Hinhaltetaktik.

Doch in welcher Weise bedeutete Haffners Wechsel zu deutschen Zeitungen für ihn auch einen Wechsel der Perspektive? Innenpolitisch beschäftigt sich Haffner in dieser Zeit vornehmlich mit der anstehenden Kanzlerwahl. Das Rätselraten um eine weitere Kandidatur Adenauers war vorbei; auf das Amt des Bundespräsidenten, mit dem er kurzzeitig geliebäugelt hatte, um seinen Wunschnachfolger Franz Etzel aufzubauen und Ludwig Erhard vom Kanzleramt fernzuhalten, verzichtete der Alte aus Rhöndorf und bereitete sich statt dessen auf eine weitere Amtszeit als Kanzler vor. Schon vier Monate bevor die SPD den Berliner Bürgermeister Willy Brandt zu ihrem Spitzenkandidaten für die Bundestagswahl von 1961 macht, betrachtet Haffner ihn als einzig wirkliche Alternative zu Adenauer. Brandt könne zudem die Tradition der »Kanzlerdemokratie« Adenauers fortsetzen. Als er diesen Gedanken im Juni wieder aufgreift, weist er auf die weltpolitische Bedeutung einer gelungenen Überführung der »›Ära Adenauer‹ in die ›Ära Brandt‹« hin und stellt fest, daß in der Geschichte ein solches »Wunder« erst einmal gelungen sei, nämlich bei der Fortführung der Arbeit Richelieus durch Mazarin.[27]

Die immer prekärere Situation in der »Frontstadt Berlin« veranlaßt Haffner, den Westen zu einer harten Haltung gegenüber Chruschtschow aufzufordern; der Kreml-Chef müsse wissen, daß »es für ihn in Berlin nichts zu holen gäbe als den dritten Weltkrieg«[28]. Berlin könne sowenig aufgegeben werden wie Paris, London oder New York; eine Preisgabe Berlins bedeutet für ihn eine Preisgabe Europas. Großbritannien erscheint ihm immer weniger willens, sich diese Sicht zu eigen zu machen. Schmerzlich empfindet er, daß sowohl die deutsch-französischen als auch die deutsch-amerikanischen Beziehungen besser seien als die deutsch-britischen, sieht aber in der englischen Regierung den Hauptschuldigen für die Misere.[29] Premier Harold Macmillan wirft er vor, sich allzusehr auf das direkte Gespräch zwischen Regierungschefs als alleiniger Form der Diplomatie zu verlassen, und fordert statt dessen, die traditionelle Geheimdiplomatie wieder in ihr Recht zu setzen. »›Persönliche Diplomatie‹, ›Konferenzdiplomatie‹, ›Gipfeldiplomatie‹ – all diese Einrichtungen tragen den Namen ›Diplomatie‹ zu Unrecht. Sie sind die Negation der Diplomatie. Sie tragen einen Riesenanteil an der Schuld daran, daß die internationalen Beziehungen sich heute, verglichen mit der leidlichen Ordnung der letzten zwei Jahrhunderte in einem zunehmend chaotischen Zustand befinden.«[30]

Erklärlich wird Haffners vehemente Ablehnung der noch von Churchill »erfundenen« »summitry«, also des persönlichen Gipfeltreffens zweier oder mehrerer Staatschefs, wenn man seine Sicht des ungleichen Kräfteverhältnisses zwischen demokratischen und diktatorischen Regierungen berücksichtigt. Gegenüber Diktatoren hätten demokratisch legitimierte Staatschefs immer schlechte Karten, weil sie immer den nationalen Konsens für ihre Entscheidungen einholen müßten.[31] Haffner faßt die typische Verhandlungsstrategie eines Diktators sarkastisch zusammen: »Keine Gipfelkonferenz ohne ›letzte territoriale Forderungen‹ des teilnehmenden Diktators! Jedes Mal ist seine Haltung dieselbe. Jedes Mal sagt er im Effekt: ›Morgen wollen wir, vielleicht, nein, ganz sicher, zusammen Brüder und Vegetarier sein, aber vorher müßt ihr mir heute noch einmal ein Stück lebendiges Menschenfleisch zu fressen geben, zum Abgewöhnen und zur Besiegelung unserer Freundschaft. Es handelt sich nur um den geringsten und häßlichsten Eurer Verbündeten, einen Staat, der nie hätte geschaffen werden sollen, oder um die Beseitigung einer anomalen Situation. Einmal noch Machtpolitik – und zu meinen Gunsten! Einmal noch Unterwerfung – danach für immer Befriedung, Einigkeit, Entspannung.‹«

Der UNO steht Haffner nach wie vor mit ähnlicher Skepsis gegenüber. Alles an ihr scheint ihm zu mißfallen: Daß kleine Staaten genauso viele Stimmen haben sollen wie größere, die Intransparenz ihrer Entscheidungen, Heuchlerei und Schönrednerei sind nur einige der Dinge, die er den Vereinten Nationen vorhält, ganz abgesehen vom Vorwurf, sie würden sich ohnehin hauptsächlich um Probleme kümmern, die ohne sie niemals entstanden wären.[32]

Auch zu außenpolitischen Fragen und insbesondere zu britischen und amerikanischen Themen äußert sich Haffner in der *Welt*, etwa zum Linksschwenk in der britischen Labour Party oder zur neuen amerikanischen Verteidigungspolitik Kennedys, die er, anders als Franz Josef Strauß dies tat, euphorisch begrüßt.[33] Im Mittelpunkt steht jedoch naturgemäß die Krise um Berlin und die noch immer ungelöste deutsche Frage. In zahlreichen Artikeln spielt er immer neue Vorschläge, Gedanken, Pläne und Spekulationen durch, die sich aus der jeweiligen Lage der Beziehungen zwischen Ost und West ergeben. Nach dem Bau der Mauer wird sein Ton gegenüber dem Westen noch verbitterter, weil er vermutet, dieser habe die »Schlacht um Berlin« praktisch schon aufgegeben, und eine Absprache zwischen den USA und der Sowjetunion auf dem Rücken der Deutschen Gestalt annimmt; er spricht von einem »amerikanisch-russischen München«.[34] Auch in seinem von der *Welt* leicht gekürzt wiedergegebenen Beitrag für den englischen *Encounter* mahnt Haffner eine härtere Haltung gegenüber dem Osten an und verlangt vom Westen das »Versprechen der Kameradschaft und der Treue. Wenn dieses Versprechen nun, da es zum Schwur kommt, gebrochen wird, sind die Deutschen wirklich betrogen worden.«[35]

Haffners Beiträge für *Die Welt* machen verständlich, warum er in diesen Jahren von vielen als Kalter Krieger abgetan werden konnte.[36] Bei genauerer Lektüre der Artikel fällt jedoch auf, daß sich seine Attacken keineswegs nur gegen die Sowjetunion richten. Seine tiefe Skepsis gilt vielmehr allen, die seiner Meinung nach bereit sind, Regelungen zur deutschen Frage einzugehen, die kurzfristig als Lösung erscheinen, mittel- und langfristig aber zu einer Dominanz des Ostblocks führen mußten.

Sein Mißtrauen galt nicht nur Chruschtschow oder Ulbricht, sondern gleichermaßen allen westlichen Politikern, die nicht willens oder in der Lage seien, geeignete Antworten auf die drängenden Fragen der Zeit zu liefern. So mag ein logisches Resultat seiner Überlegungen sein, sich wieder Adenauer als einzigen Orientierungspunkt auszuwählen. Im Juni 1962 verabschiedet er sich von dem Gedanken, daß Willy Brandt die deutsche Tradition der Kanzlerdemokratie bzw. des starken zweiten Mannes fortführen werde: »Irgendwann im letzten Jahr ist diese Vorstellung gestorben. Die allgemeine Erwartung ist nicht mehr, daß ein Übergang kommt und dann das alte Stück in neuer Besetzung, die Erwartung ist, daß etwas Neues kommt.« Im gleichen Artikel skizziert er zutreffend die innenpolitische Entwicklung der kommenden Jahrzehnte, wenn er schreibt, daß sich die SPD »wirtschaftspolitisch nach rechts, die CDU kulturpolitisch nach links bewegen« müsse. Mit dem ins Haus stehenden Ende der Adenauer-Ära werde der Übergang zu einer »in langen Zeiträumen rechnenden, ruhig-realistischen [...] undramatischen, soliden deutschen Politik«[37] gelingen. Damit prognostiziert er wesentlich ruhigere Zeiten, als die Stürme im Zuge der schon bald beginnenden Affäre um das Nachrichtenmagazin *Der Spiegel* zulassen sollten. Mit der Wiederkehr des Obrigkeitsstaates hat er so nicht mehr gerechnet. Umso heftiger fiel seine Reaktion aus.

DIE *SPIEGEL*-AFFÄRE

In den Abendstunden des 26. Oktobers 1962 begann in Hamburg eine Polizeiaktion, die die junge Demokratie der Bundesrepublik bis in ihr Innerstes erschüttern sollte und zum Bruch Sebastian Haffners mit Springers *Welt* und der *Christ und Welt* führte.

An jenem Freitagabend, während die Öffentlichkeit gebannt die weitere Entwicklung der Kuba-Krise verfolgte, betraten Beamte der »Sicherungsgruppe Bonn« des Bundeskriminalamts die *Spiegel*-Redaktion und forderten Chefredakteur Claus Jacobi zur Räumung auf. Kurz darauf fuhr die Hamburger Polizei vor und stürmte mit etwa 50 Mann das Haus. Auf Anordnung der Bundesanwaltschaft, die Verdacht auf Landesverrat und Beamtenbestechung erhob, wurden die Geschäftsräume durchsucht, bergeweise Unterlagen beschlagnahmt sowie Jacobi und sein Kollege Engel festgenommen.

Zeitgleich verhaftete die Polizei mehrere *Spiegel*-Mitarbeiter in Düsseldorf und Bonn. Ein Mitglied der Redaktion, Conrad Ahlers, machte zu diesem Zeitpunkt Urlaub in Spanien und war so dem direkten Zugriff der deutschen Behörden entzogen. Wie sich später herausstellte, rief Verteidigungsminister Franz »Josef« Strauß (den »Josef« hatte er hinzugefügt, weil es so gemütlich klingt) in dieser Nacht persönlich beim deutschen Militärattaché in Spanien an, setzte diesen unter Ausnutzung seines Amtes unter Druck und veranlaßte die Festnahme Ahlers' durch die spanische Polizei. Am 28. Oktober wurde der Redakteur nach Deutschland gebracht und den deutschen Behörden übergeben.

Auch *Spiegel*-Herausgeber Rudolf Augstein sollte am 26. Oktober festgenommen werden. Nachdem man ihn in der Nacht nicht hatte verhaften können, stellte er sich am folgenden Tage selbst der Polizei und sollte für die nächsten 103 Tage in Untersuchungshaft bleiben. Auf Anweisung von Strauß lief die Aktion hinter dem Rücken zweier zuständiger FDP-Minister, dem Bundesjustizminister und dem Innenminister von Nordrhein-Westfalen, da man deren Widerspruch befürchtete. Damit geriet die christlich-liberale Koalition in eine Krise, weil sich die FDP zu Recht übergangen fühlte.

Worauf stützte sich der Verdacht der Bundesanwaltschaft? 18 Tage zuvor hatte das Nachrichtenmagazin im Anschluß an das Nato-Herbstmanöver »Fallex 62« Conrad Ahlers' Artikel »Bedingt abwehrbereit« veröffentlicht. Dieser Beitrag über die Kampfkraft und Strategie der Bundeswehr, in dem die Unterschiede der verteidigungspolitischen Konzeptionen der USA und der Bundesrepublik dargestellt wurden, war für einige Beamte des Verteidigungsministeriums, insbesondere für den Minister Strauß, Grund genug, dem *Spiegel* Geheimnisverrat vorzuwerfen und Anzeige zu erstatten.

Stichwortgeber für das Vorgehen war der soeben von Strauß zum General der Reserve der Bundeswehr beförderte Staatsrechtsprofessor Karl Friedrich August von der Heydte. Der ehemalige Wehrmachts-Fallschirmjäger, 1944 von Hitler mit dem Ritterkreuz mit Eichenlaub ausgezeichnet, tat Strauß den Gefallen, den *Spiegel* wegen eines Artikels über Mängel in der Bundeswehr anzuzeigen, so daß es schließlich am 26. Oktober zur Durchsuchung der Redaktionsräume kam. Federführender Bundesanwalt der Aktion war Siegfried Buback, der 1977 von einem Kommando der RAF erschossen wurde.

Die Beamten fanden im Schreibtisch des Bonner *Spiegel*-Redakteurs Hans Schmelz als geheim eingestufte Protokolle aus dem Verteidigungsausschuß. Der SPD-Politiker und spätere Justizminister Gerhard Jahn stand im Verdacht, diese Papiere weitergegeben zu haben, auf die sich schon ältere Artikel des Magazins über die Bundeswehr stützten.[1]

Für mehrere Wochen war die Arbeit der *Spiegel*-Redaktion blockiert. Wiederholt wurde sogar die Forderung der Ermittlungsbehörden nach einer künftigen Zensur der Druckfahnen laut. Dem Nachrichtenmagazin drohte der Ruin, sollten Ausgaben nicht erscheinen können und so Anzeigenkunden und Abonnenten verlorengehen. Oder sollte das gar das eigentliche Ziel der Aktion gewesen sein?

Diesen Verdacht hegten viele, stand doch Strauß von Anfang an im Mittelpunkt der *Spiegel*-Affäre, die damit zu einer Regierungsaffäre wurde, obwohl der Bundesverteidigungsminister betonte, daß er »mit der Sache nichts, im wahrsten Sinne des Wortes nichts zu tun« habe. Minister und Zeitschrift verband seit einiger Zeit eine solide Feindschaft, da letztere die Fehltritte des Ministers immer wieder öffentlich gemacht und angeprangert hatte.[2] Im *Spiegel* vom 3. Oktober 1962 erhob Rudolf Augstein (den Artikel zeichnete er mit seinem Pseudonym »Moritz Pfeil«) neue Vorwürfe gegen das Finanzgebaren der Familie Strauß. Dabei ging es um dubiose Rüstungsgeschäfte und um die FIBAG, eine Bauträger-Aktiengesellschaft im Umkreis der CSU, die sich mit Fürsprache von Verteidigungsminister Strauß (möglicherweise auch zu dessen Nutzen?) um den Bau von Wohnungen für in Deutschland stationierte US-amerikanische Soldaten bemüht hatte. Immerhin soll Strauß, der schon damals als vermögend galt, geäußert haben, daß blöd sein müsse, wer in diesen Jahren nicht zu Geld komme. Strauß gehörte – in diesem Sinne –sicher nicht zu den Blöden.

Am Abend des 25. Oktober, also einen Tag vor der Durchsuchung der *Spiegel*-Redaktion, hatte der Bundestag einen Bericht diskutiert und angenommen, mit dem die FIBAG-Affäre aus der Welt geschafft und Strauß aus der Schußlinie manövriert werden sollte. Weil der Haftbefehl gegen die *Spiegel*-Redakteure und der Durchsuchungsbeschluß bereits drei Tage alt waren, bevor sie vollstreckt wurden, lag die Vermutung nahe, daß zunächst das Verhalten der FDP im Bundestag abgewartet werden sollte, die noch im Juni dem Bericht ihre Zustimmung verweigert hatte.

Das staatliche Vorgehen gegen den *Spiegel* wurde unmittelbar nach Bekanntwerden in der Öffentlichkeit heftig und kontrovers diskutiert.[3] Wiesen die Schlagzeilen am 29. Oktober noch auf die Beilegung der Kuba-Krise hin, so fragte die *Bild*-Zeitung einen Tag später: »Beim *Spiegel*: Bonner Geheimakten entdeckt?« Vom darauffolgenden Tag an eroberte die Affäre alle Titelseiten.

In Hamburg, Berlin, München und Frankfurt am Main kam es bereits in den ersten Tagen der Affäre zu Demonstrationen. Mit selbstgefertigten Plakaten zogen Protestmärsche durch die Innenstädte: »Strauß rein – Augstein raus!«, »Sie schlagen den *Spiegel* und meinen die Demokratie«, »Carl von Ossietzky 1929 – Rudolf Augstein 1962?«. Auf Frankfurts verkehrsreichstem Platz vor der Hauptwache ließen sich mehr als 150 junge Leute bei wenigen Grad über Null zu einem Sitzstreik nieder und riefen: »Wer sich heute nicht setzt, kann morgen schon sitzen!« In der Bundesrepublik gab es bis dahin kaum Demonstrationen in Innenstädten, sie galten als suspekt; wer dennoch demonstrierte, konnte unter Umständen damit rechnen, als »Asozialer« oder »von Pankow Ferngesteuerter«, der »ins Arbeitslager« gehöre, beschimpft zu werden. Die Demokratie gehörte in den Bundestag, aber nicht auf die Straße, so die übliche Meinung.

Die öffentlichen Protestaktionen weiteten sich auf die gesamte Republik aus: Dem Denkmal der Justitia auf dem Römerberg in Frankfurt am Main wurde ein Pappschild mit der Aufschrift »Pressefreiheit« auf das Schwert gespießt. In Stuttgart erhielt die Carl-von-Ossietzky-Straße über Nacht den Zusatz »und Rudolf-Augstein-Straße«. Fahrer und Schaffner der Hamburger Busse riefen bei der Haltestelle Pressehaus »[...] und zum *Spiegel*«. Autofahrer klebten sich *Spiegel*-Titelblätter an die Heckscheiben, und an Bauzäunen und Mauern prangten Solidaritätserklärungen. Sogar Opernsäle wurden zum Ort politischer Bekundungen: In der Hamburger Staatsoper erhob sich das Publikum zu stürmischem Szenenapplaus, als der Journalist aus der Oper »Die Liebesprobe« ausrief: »Es ging um die Pressefreiheit.« Jede dieser Gesten wirkte im nachhinein wie ein erster Gehversuch, ja beinahe wie eine Mutprobe nach langjähriger diktatorischer Herrschaft.

Um die Wahrung der Pressefreiheit ging es auch den meisten Kommentatoren. Zwei Drittel der deutschen Zeitungslandschaft mißbilligten die nächtliche Besetzung. Fast alle Kritiker prangerten die Beeinträchtigung der verfassungsmäßig garantierten Grundrechte an. Sie forderten, die bis dahin im dunkeln liegenden Verantwortlichkeiten offenzulegen, und bestanden auf politischen Konsequenzen.

Bundeskanzler Konrad Adenauer sprach am 9. November im Bundestag von einem »Abgrund von Landesverrat im Lande«.[4] Mit der parlamentarischen Opposition war nicht viel anzufangen; zu heftig liebäugelte man mit einer möglichen Großen Koalition, zu der es erst 1966 kommen sollte. Die aufsehenerregendsten Stellungnahmen kamen von einem Redakteur der *Frankfurter Rundschau*, Karl-Hermann Flach, zugleich FDP-Politiker des linksliberalen Flügels (von 1959 bis 1962 Bundesgeschäftsführer, von 1971 bis zu seinem Tod 1973 Generalsekretär der Partei), und von Sebastian Haffner. Flach parallelisierte die ähnlich kurzen Zeiträume vom Ende des Ersten Weltkriegs bis 1933 sowie vom Ende des Zweiten Weltkriegs bis zur Spiegelaffäre und formulierte die schon fast legendären Sätze: »Wenn es also morgens in aller Frühe bei uns klingelt, können wir uns nicht weiter mit dem beruhigenden Gefühl strecken, daß es nur der Milchmann oder der Junge mit den Brötchen sein kann; wenn um Mitternacht jemand an unsere Türe schlägt, wissen wir nicht mehr genau, daß es sich schlimmstenfalls um einen Telegrammboten oder einen betrunkenen Weggenossen handeln kann, der sich in der Türe geirrt hat. Wir müssen damit rechnen, daß es die politische Polizei ist, die bei Nacht und Nebel nach Landesverrätern sucht.« Flach hob besonders hervor, daß die Verhaftung des Redakteurs Conrad Ahlers »auf deutschen Antrag ausgerechnet von der Polizei des faschistischen Spaniens vollzogen wurde«, und schloß mit einem Aufruf an »alle Journalisten und Verleger und mit ihnen die gesamte demokratische Öffentlichkeit [...], sich der Herausforderung bewußt zu sein, vor die sie durch die Ereignisse der Nacht vom Freitag zum Samstag gestellt sind.«

In welchem Staat leben wir eigentlich?

Sebastian Haffner dachte ähnlich. Seine erste schriftliche Stellungnahme scheiterte jedoch an der Selbstzensur der *Welt.* Als er dem stellvertretenden Chefredakteur Ernst Cramer einen Artikel zu den Vorgängen in Hamburg ankündigte, sagte dieser nicht zu, sondern meinte, er wolle erst mit seinem Chef, dem Verleger Axel Springer, sprechen. Dem Berliner Fernsehjournalisten Christian Walther berichtete Cramer 1997, Bundeskanzler Adenauer habe Springer kurz zuvor in einem Telefonat auf den Regierungskurs eingeschworen.[5] Haffners Meinung konnte in der *Welt* nicht gedruckt werden. Statt dessen erhielt die Redaktion die Weisung, »nicht mehr als dreißig Zeilen« über die Besetzung der *Spiegel*-Redaktion zu bringen – und hielt sich daran.

Haffner mußte einen anderen Weg finden, um seiner Stimme Gehör zu verschaffen. Seine erste und wirkungsvollste Aktivität war ein Auftritt in der Fernsehsendung PANORAMA, deren Entstehung der damalige Chefredakteur Gert von Paczensky so beschrieb: »Am 2. November 1962 bekam die PANORAMA-Redaktion im NDR-Fernsehen unerwarteten Besuch. Es war zwei Tage vor jener Sendung, die sich später als eine der wichtigsten, wenn nicht die folgenreichste unseres Magazins überhaupt erweisen sollte: der über die *Spiegel*-Affäre. Die Verhaftung von *Spiegel*-Leuten, die nächtliche Besetzung des Unternehmens«, so von Paczensky weiter, »die Behinderung der Redaktion hatte Alarm auch bei vielen ausgelöst, die das *Nachrichtenmagazin* wegen der oft flapsigen, hämischen und wenig seriösen ›Berichte‹, mit denen es durchaus ernsthafte politische Kampagnen und gelegentliche wichtige Enthüllungen zu garnieren pflegte, eher für ein Radaublatt hielten. In der ›Affäre‹ ging es – außer für ihre Auslöser Strauß und Bundeskanzler Adenauer – nicht für oder wider den *Spiegel*, sondern um das Prinzip der Pressefreiheit. Unser unerwarteter Besucher hatte sich als Kolumnist in Axel Springers *Welt* nicht gerade als Sympathisant des *Spiegel* hervorgetan. Es war Sebastian Haffner. Er bot uns einen Kommentar an, den wir dann zum Höhepunkt unserer Sendung machten. Sein Schluß, noch heute beherzigenswert: ›Wenn die deutsche Öffentlichkeit sich das gefallen läßt, wenn sie nicht nachhaltig auf Aufklärung dringt, dann adieu Pressefreiheit, adieu Rechtsstaat, adieu Demokratie.‹ Die Sendung, Haffners Kommentar, schlugen wie eine Bombe ein. Es war das erste Mal, daß in einer Fernsehsendung so entschieden und ausführlich gegen eine amtliche Aktion Stellung bezogen wurde. Heute ist schon wieder fast vergessen«, schrieb von Paczensky 1982, »wie sehr die *Spiegel*-Affäre das politische Klima in der Bundesrepublik verändert hat.«[6]

Haffner stellt in seinem Kommentar fest, daß »gegen ein vollkommen bekanntes deutsches Magazin eine offensichtlich generalstabsmäßig vorbereitete, polizeiliche große Nacht-und-Nebel-Operation stattgefunden hat, ohne daß dem deutschen Publikum je erklärt worden wäre, warum diese Art von Aktion in diesem Fall notwendig war.« Der Vorgang erhält durch seine näheren Umstände eine grunderschütternde politische Dimension: »Es scheint jetzt erwiesen zu sein, daß die Minister, die für so eine Aktion verfassungsmäßig die Verantwortung trugen, nicht informiert worden sind, ja sogar absichtlich uninformiert gehalten worden sind. Und wiederum ist dem deutschen Publikum nicht erklärt worden, wer für dieses Uninformiert-Halten verantwortlich war.« Weder seien dem Publikum alle Punkte der Anklage gegen den *Spiegel* bekannt, noch würde es Anhaltspunkte für deren Stichhaltigkeit geben. Es dränge sich damit der Verdacht auf, »daß man absichtlich oder nicht ganz so absichtlich die Aktion benutzt hat, um die weitere Produktion des ›*Spiegels*‹ zu erschweren oder sogar unmöglich zu machen durch solche Dinge wie übermäßig lange Versiegelung der Redaktionsräume, Sperrung des Telefons, Sperrung der Buchhaltung, so daß keine Gehälter ausgezahlt werden konnten und dergleichen mehr, auch Versuche einer Vorzensur.« Um für einen Bedrängten Partei zu ergreifen, mußte Sebastian Haffner mit ihm nicht einer Meinung sein. Er räumte ein: »Ich bin ein Gegner vieler Ansichten von Augstein, wie einige von Ihnen wissen werden […] Ich nehme auch nichts zurück von dem, was ich damals gesagt habe.« Jetzt komme es aber darauf an, die Gefahr für die Demokratie zu erkennen und die Verschiedenheit der Meinungen zugunsten einer Einigkeit in der Sache zurückzustellen: »Als ein Journalist, der seine journalistische Ausbildung und seine journalistische Praxis in England, einem freien Lande, gelernt hat, muß ich sagen: wenn die deutsche Öffentlichkeit sich das gefallen läßt, wenn sie nicht nachhaltig auf Aufklärung dringt, dann adieu Pressefreiheit, adieu Rechtsstaat, adieu Demokratie.«*

Nach diesem effektvollen Auftritt im Fernsehen – vielen Zuschauern war Haffner durch seinen Dauergast-Status in Werner Höfers »Frühschoppen« (als ziemlich konservativer deutsch-britischer Journalist) bekannt – legte er in der *Süddeutschen Zeitung*, die als überregionale Tageszeitung in direkter Konkurrenz zu seinem wichtigsten Brötchengeber *Die Welt* stand, nach. In einem »Die Stunde der Prüfung« überschriebenen Kommentar fragte er, »ob die Bundesrepublik Deutschland noch ein freiheitlicher Rechts- und Verfassungsstaat ist, oder ob es möglich geworden ist, sie durch eine Art kalten Staatsstreich über Nacht in einen Schreckens- und Willkürstaat zurückzuverwandeln«. Die Einzelheiten der Affäre um den *Spiegel* ergaben für Haffner das Gesamtbild eines »vom Vernichtungswillen getragenen, kriegsähnlichen Überfalls der Staatsgewalt auf eine Gruppe mißliebiger Staatsbürger, wie sie dem Deutschen aus der nationalsozialistischen Zeit geläufig sind«. Der gesamte Vorgang grenze an »Geheimbündelei und Hochverrat«, was ihn zu der Feststellung kommen ließ: »Das, was im allgemeinen als ›die Begleitumstände der Spiegelaffäre‹ bezeichnet wird, ist in Wahrheit die Affäre selbst.« Damit wandte sich Haffner klar gegen jene, die die Maßnahmen gegen den *Spiegel* begrüßten, auf den Vorwurf des Landesverrats abhoben und alles andere als zu vernachlässigende »Begleitumstände« abtaten. So kommentierte der »Rheinische Merkur« am 2. 11. 1962: »Da spricht kaum jemand von

* Kommentar Haffners in der Sendung PANORAMA des NDR vom 4. November 1962.

der Sache selbst, nämlich der Veröffentlichung militärischer Geheimdokumente, die nach Ansicht der Bundesanwaltschaft die Sicherheit des eigenen Landes und unserer Verbündeten berühren. Wer die Quersumme der ›veröffentlichten Meinung‹ in unserem Lande zieht, muß zu der Auffassung gelangen, es handele sich um einen monströsen Angriff auf das Grundrecht der Meinungsfreiheit, vorgetragen durch hohe Rechtsschutz-Instanzen, nicht jedoch um einen Fall von Verdacht des Landesverrats.«

Der Meinung, wenn ein solcher Verdacht im Raum steht, sollte man den Bedürfnissen der Sicherheit des Staates Vorrang vor dem Grundrechtsschutz einräumen, schlossen sich auch die »Badischen Neuesten Nachrichten« vom 31.10.1962 an: »Aber wir anderen, deren schlichter Sinn nicht nach Gartenlauben-Gefühlsduselei Auflage 1962 steht, dürfen uns von dieser Aufregung nicht anstecken lassen. Es geht nicht um Augstein. Es geht um Staatsgeheimnisse, um deren Veröffentlichung, um die Namen derer, die sie Leuten verraten, welche sie in die Öffentlichkeit bringen und damit uns schaden und unseren Feinden nützen.«

Argumentationen, die Haffner an das Jahr 1933 und die »Machtergreifung« der Nazis unter dem Vorwand der Aufrechterhaltung von »Sicherheit und Ordnung« erinnerten. Auch die Bundesrepublik befinde sich nun in einer ähnlich prekären Situation. Die Dinge stünden auf des Messers Schneide. »Noch kann der Rückfall in den Schrecken, die Willkür und das Unrecht abgewehrt werden. Aber er ist noch nicht abgewehrt.« Wenig sei dabei gewonnen durch »laute und erregte Protestaktionen«, die sich auf »nutzloses Abreagieren von Entrüstungsgefühlen« beschränken, »selbst wenn es nicht, wie die vielzitierte Erklärung einiger Schriftsteller und Schauspieler, in reine Narretei[7] ausartet. Und das meiste ist dadurch etwas entwertet, daß es von Leuten kommt, die ohnehin mit dem *Spiegel* politisch sympathisieren. Für sie ist es sozusagen keine Kunst, sich zu entrüsten. Der Rechtsstaat ist nur gesichert, wenn sich alle über einen Rechtsbruch entrüsten.« Die Hauptverantwortung liege

»daher bei den ›staatserhaltenden‹ Teilen der Öffentlichkeit, die mehrheitlich nicht mit dem *Spiegel* sympathisieren: der Presse, den Justizorganen, den Beamten, den Professoren, den Kirchen, den Gewerkschaften und, ganz besonders natürlich, den Regierungen und Parlamenten. Es sind genau diejenigen Kreise, deren staatsbürgerliches Versagen im Jahre 1933 die deutsche Katastrophe ermöglichte, die in jenem Jahr begann. Leider gibt es Anzeichen dafür, daß die Charakterlosigkeit, die nach dem Reichstagsbrand den Vorwand des Hitlerschen Staatsstreichs wichtiger nahm (oder wichtiger zu nehmen vorgab) als den Staatsstreich selbst, auch heute nicht ausgestorben ist, wobei es die Dinge nicht besser macht, daß es sich manchmal noch um dieselben Personen handelt.«[8]

Haffner löste sich mit diesem Kommentar in aller Öffentlichkeit von *Christ und Welt* und der *Welt*, bei denen er nach seiner freiwilligen Trennung vom *Observer* seine Brötchen verdient hatte. Die konservative Wochenzeitung *Christ und Welt* hatte sich in ihrer Berichterstattung als besonders staatstragend hervorgetan: »Am Dienstag hat dann die Bundesanwaltschaft endlich Licht in den Tatbestand gebracht. In Augsteins Panzerschrank sind, wie es hieß, Staatsgeheimnisse von hohem Rang über die Landesverteidigung gefunden worden, die auch – das ist entscheidend – teilweise im *Spiegel* publiziert worden sind. Die Theorie vom ›Kavaliersdelikt‹ oder die Behauptung, das Ganze sei ein Racheakt des Verteidigungsministers, ist damit zusammengebrochen.«[9]

Haffner hatte nicht nur der *Welt*, sondern auch der Wochenzeitung *Christ und Welt*, bei der er bis dahin hohes Ansehen genoß, einen Artikel zum Thema *Spiegel* angeboten, den Wirsing abgelehnt hatte, weil er seine vollkommen konträre Sicht der Dinge verbreiten wollte. Wirsing hatte, als er Haffners Artikel las, in der Redaktion gesagt: »Ich kann das nicht drucken.« Es gab eine fürchterliche Aufregung, erinnert sich Carl Gustaf Ströhm,[10] ein damals noch sehr junger Redakteur bei der *Christ und Welt*. Haffner sei »beleidigt« gewesen und habe von einem Tag zum anderen alles hingeschmissen. In der Redaktion sei es daraufhin bald zu einem »Jungtürkenaufstand« gekommen. In den nächsten Wochen änderte die Zeitung die Haltung zur *Spiegel*-Affäre und wurde etwas regierungskritischer. Am 23. November 1962 erschien ein ganzseitiger Artikel auf Seite 3, überschrieben mit »Demokratie ohne Demokraten«, der mit »Christ und Welt« gezeichnet war.[11] Die Verfasser Carl Gustaf Ströhm und Peter Jochen Winters, ebenfalls ein junger Redakteur des Blattes, hatten damit in aller Öffentlichkeit die Linie des Blattes korrigiert. Gerade die Tatsache, daß der Artikel nicht namentlich gezeichnet war, empfanden beide – zu Recht – als einen großen Sieg über die Chefredaktion. Eingeblockt in diese Seite war eine Stellungnahme des Schriftstellers Rudolf Krämer-Badoni, damals Generalsekretär des Deutschen PEN-Zentrums, der den Rücktritt der für die Aktion gegen den *Spiegel* verantwortlichen Politiker forderte.

Haffner kehrte jedoch nicht mehr zur *Christ und Welt* zurück, so sehr sich Peter Jochen Winters in einem stundenlangen Telefongespräch mit Haffner auch darum bemühte. Haffner setzte ihm auseinander, warum es ihm vollkommen unmöglich war, weiter für das konservative Blatt zu schreiben, für das er sich einige Jahre zuvor ganz bewußt entschieden hatte. Er, Haffner, habe als Emigrant in England gesessen und sich den Kopf über die Zukunft Deutschlands (und über eine sinnvolle Teilung, um Deutschland ein für alle Mal zu zähmen) zerbrochen, während Wirsing* in der Nazi-Zeit in der Zeitschrift *Signal* das kommende Großdeutschland propagiert habe – von so einem könne er sich nicht den Mund verbieten lassen. Das Verhältnis zu dieser Zeitung sei nun endgültig zerstört.

Natürlich hatte Haffner immer gewußt, wer die Zeitungen leitete, für die er schrieb. Der damalige Chefredakteur der *Welt*, Hans Zehrer[12], entstammte beispielsweise – wie Wirsing – dem Kreis um die Zeitschrift *Die Tat*. Als er 1945/46 schon einmal Chefredakteur der *Welt* werden sollte, hatten Proteste vor allem aus Hamburger SPD-Kreisen zur Folge, daß zunächst nicht er,

* Haffner hatte ihn sogar schon 1939 in der *Geschichte eines Deutschen* namentlich erwähnt und angegriffen. (*Geschichte eines Deutschen*. Stuttgart 2000, S. 184)

sondern der Sozialdemokrat Rudolf Küstermeier, der fast die gesamte NS-Zeit in Gefängnissen und Konzentrationslagern zugebracht hatte, die Redaktion leitete. Als Springer *Die Welt* 1953 gekauft hatte, setzte er jedoch Zehrer als Chefredakteur durch.

Mit der Haltung beider Blätter zur *Spiegel*-Affäre zerbrach der mühsam geschaffene Konsens zwischen emigrierten und nichtemigrierten Journalisten: Man warf sich gegenseitig nicht die »ruchlose« Vergangenheit vor – den einen nicht das Mitläufertum, den anderen nicht den »Vaterlandsverrat«. Man stand aber unter Bewährung. Als nun die – wie hatte Haffner seinen Kommentar in der *Süddeutschen Zeitung* überschrieben? – »Stunde der Prüfung« kam, versagten die meisten der ehemaligen Mitläufer in Haffners Augen kläglich: Sie wurden rückfällig. Die »Resozialisierung« der ehemaligen NS-Presse-Profis, zu der ein ordentliches Maß von Versöhnungsbereitschaft (als Vorleistung der ehemals Verfolgten) gehörte, war fehlgeschlagen. Von hier bis zu einem Angriff auf die während der Hitlerjahre emigrierten Journalisten und Politiker war es nur noch ein kleiner Schritt.

Je größer der zeitliche Abstand wurde, desto klarer traten die Umstände der *Spiegel*-Affäre zutage. Vom *Spiegel* waren weder Staatsgeheimnisse verraten, noch Beamte bestochen worden. Nach etwa drei Monaten war auch der letzte der Verhafteten auf freiem Fuß und der Bundesgerichtshof eröffnete keinen Prozeß wegen Landesverrats. Vielmehr mußte Strauß im Zuge weiterer Untersuchungen zugeben, daß er persönlich die Verhaftung Ahlers' in Spanien veranlaßt hatte. Worum es Strauß ging, erkannte man an einer Aussage, die er Monate nach seinem Rücktritt machte: »Die Frage, die auftrat, war eine neue Umschreibung der Pressefreiheit im Rahmen des Interesses der nationalen Sicherheit. Nicht ein einziges Mal hatte ich mit der ernstzunehmenden deutschen Presse irgendwelche Probleme – nur mit dem ›*Spiegel*‹. Sie sind die Gestapo im Deutschland unserer Tage. Sie führen Tausende persönlicher Akten – wenn ich an die Nazi-Vergangenheit von Deutschland denke, fast jeder hat irgend etwas zu vertuschen. Und das ermöglicht Erpressung. Ich war gezwungen, gegen sie zu handeln.«

Handeln wollte Franz Josef Strauß am liebsten nicht nur gegen den *Spiegel*. Zu dessen »verlängertem Arm« erklärte er auf einem Empfang bei Bundespräsident Lübke zwei Tage vor der Besetzung des Hamburger Pressehauses die oppositionelle SPD. Die »Frankfurter Rundschau« berichtete am 29. Oktober 1962, Strauß hätte »in einem Zustand, dessen Schilderung die Verletzung der Intimsphäre bedeuten könnte« erklärt, Vizepräsident Carlo Schmidt gehöre ins Gefängnis, Helmut Schmidt sei reif fürs Zuchthaus und den SPD-Abgeordneten Jahn sollte man erschlagen oder erhängen.

Die formalpolitischen Folgen der *Spiegel*-Affäre lassen sich knapp zusammenfassen. Am 7. November 1962 scheiterte ein SPD-Antrag auf Entlassung des Bundesverteidigungsministers, und die FDP zog am 19. November aus Protest gegen die Rücktrittsverweigerung Strauß' ihre fünf Minister aus der Regierung zurück. Sie erklärte, daß es für eine »weitere vertrauensvolle Zusammenarbeit mit Bundesminister Strauß« keine Grundlage mehr gäbe. Einen Tag später reichten auch die CDU/CSU-Minister ihren Rücktritt ein, und Strauß gab bekannt, daß er in einer neuzubildenden Regierung auf einen Ministerposten verzichte.

Für Strauß bedeuteten die Ereignisse dieser Nacht und das Leugnen jeglicher Beteiligung an den Vorgängen das vorläufige Ende seiner Hoffnungen auf die Kanzlerschaft. Die Ermittlungen der Staatsanwaltschaft gegen ihn wegen Freiheitsberaubung im Zusammenhang mit der Verhaftung Conrad Ahlers' in Spanien blieben jedoch für ihn ohne juristische Folgen.

Unter Bundeskanzler Konrad Adenauer wurde am 11. Dezember 1962 die CDU/CSU-FDP-Koalition erneuert, wobei dieser seinen vorzeitigen Rücktritt zusagte. Nach verschiedenen Querelen trat Adenauer schließlich am 15. Oktober 1963 im Alter von 87 Jahren zurück. Dieser Schritt stand nicht unmittelbar im Zusammenhang mit der *Spiegel*-Affäre, war aber lange erwartet, wenn nicht erhofft worden. Adenauers Verhalten in jenen Tagen schwerster innenpolitischer Auseinandersetzungen hatte allerdings den Druck auf ihn als Bundeskanzler verstärkt.

Der Wechsel

Mit der *Spiegel*-Affäre sah sich die Bundesrepublik Deutschland über Nacht mit der größten innenpolitischen Krise ihrer noch jungen Geschichte konfrontiert. »Zwei sich wütend befehdende Gruppen haben sich plötzlich gebildet,« schrieb Giselher Wirsing, Chefredakteur von *Christ und Welt*, am 9. November 1962, »zwischen denen der Graben mit jedem Tag tiefer wurde.« Haffner fand sich, ebenfalls über Nacht, auf der anderen Seite des Grabens wieder. Dieser Sprung in das »linke Lager« wird oft als die größte Wende in seinem Leben bezeichnet. Das kann man so sehen, aber stimmt es auch? Haffners spontaner Bruch mit den konservativen Zeitungen *Die Welt* und *Christ und Welt* kam so überraschend nicht. Es gibt Anzeichen dafür, daß es wahrscheinlich im Verlauf der darauffolgenden Jahre auch ohne die *Spiegel*-Affäre zur Trennung gekommen wäre, nur langsamer, quälender. Wie bei der *Zeitung* und beim *Observer* hatten sich Haffner und die Redaktion, für die er arbeitete, schon seit einiger Zeit voneinander entfernt. Besonders anschaulich ist dieser Vorgang am Beispiel von Haffners Position bei der wichtigeren der beiden Zeitungen, der *Welt*, zu beobachten. Als Haffner bei der *Welt* anfing, hatte sie noch den Ruf einer großen liberalen Zeitung und befand sich in mehr oder weniger hinhaltendem Widerstand gegen die Absichten des Verlegers Axel Cäsar Springer, der nach dem enttäuschenden Verlauf einer Moskaureise im Jahre 1958[13] gerade wurde, was Haffner bald nicht mehr sein wollte: ein Kalter Krieger.

Der missionarische Eifer, den Springer jetzt an den Tag legte, vertrieb scharenweise Redakteure und Mitarbeiter.[14] Die Zeitung verlor in diesen Jahren Leser und Reputation, es breitete sich jener Mief aus, der für das Blatt so viele Jahre unverkennbar werden sollte. Über Jahrzehnte wurde das Defizit der *Welt* – bis zu einer

Million Mark wöchentlich – aus den Gewinnen der *Bild*-Zeitung und anderer Publikationen des Springer-Verlages finanziert.

Haffner hatte schon 1960 in der *Welt* angefangen, Willy Brandt als »logischen Nachfolger Adenauers« aufzubauen, da er die CDU und ihre »Politik der Stärke« gegenüber dem Osten allmählich am Ende ihrer politischen Möglichkeiten ankommen sah. Zwar konnte er dieses im Rahmen seiner Freiheiten als Kolumnist[15] noch schreiben, doch die nachfolgenden Verwerfungen der 60er Jahre, zu denen die *Spiegel*-Affäre einen wichtigen, vielleicht den entscheidenden Anstoß gab, rissen den in *Christ und Welt* beklagten Graben bald ziemlich abrupt auf.

Haffners Artikel in der *Welt* vom 27. Juni 1960 war mit den Worten »Ein Kronprinz von der Opposition« überschrieben (denn die CDU hatte nach Haffners Meinung keinen geeigneten Kandidaten, trotz des »hochbegabten Franz Josef Strauß«). Die Tage des »Wundergreises« im Kanzleramt (so Haffner über Adenauer) waren nun wirklich gezählt. Er war 84 Jahre alt und hatte selbst bereits im Jahre 1959 mit dem etwas ruhigeren Amt des Bundespräsidenten geliebäugelt. In letzter Sekunde widerrief Adenauer diesen bereits öffentlich verkündeten Beschluß unter Hinweis auf die »schwierige außenpolitische Situation«; neuer Bundespräsident wurde dann Landwirtschaftsminister Heinrich Lübke. »König Lear entdeckt in dem Augenblick, da er auf seine Königswürde verzichtet, ein böses Glitzern in den Augen von Goneril und Regan«, kommentierte Haffner damals im *Observer* diesen Vorgang, »und sofort ändert er seinen Sinn; er unterbricht den feierlichen Vorgang und erklärt, daß alles aus sei; er will König bleiben. Und so bleibt alles, wie es vorher war. Oder nicht?« Dieser wunderbare Vergleich des Adenauerschen mit dem Shakespearschen Drama wurde in mehreren deutschen Zeitungen zitiert – einmal mehr hatte Haffner von seiner Lesewut profitiert.

Tatsächlich blieb Adenauer weitere vier Jahre lang König von (West-)Deutschland und gewann im September 1961, inzwischen fast 86 Jahre alt, mit allerdings ziemlich beschämenden Methoden noch einmal eine Bundestagswahl, seine letzte: Um den Zuwachs an Popularität zu begrenzen, den sein Gegenkandidat Willy

Brandt in den Tagen des Mauerbaus verzeichnet hatte, machte Adenauer auf einer Wahlkampfveranstaltung in Würzburg im Stil der *Nationalzeitung* auf die uneheliche Herkunft Brandts und auf seine Emigration aufmerksam. Brandt als unehrenhafter Vaterlandsverräter – nicht nur in Bayern brachten solche »Enthüllungen« damals noch (wahlentscheidende) Stimmen.

Diese Äußerungen Adenauers, die damals Tagesgespräch waren, müssen den Exilanten Haffner abgestoßen haben. Noch Jahre später bezog er sich in einer Kolumne zum Thema Exil auf die immer wieder gegen Willy Brandt vorgetragenen Angriffe: »Wir haben, immerhin,« schrieb Haffner unter der Überschrift »Wir Emigranten« im *stern* vom 3. November 1965, »das bessere politische Urteil bewiesen, wir haben Weltkenntnis erworben; wir haben ein unbefangenes Verhältnis zur Außenwelt bewahrt; wir haben nichts zu verbergen oder zu bereuen; wir haben gelernt, wie Deutschland von außen aussieht, und können besser erkennen, wann es wieder zu entgleisen anfängt, und rechtzeitiger die Bremse ziehen. Es ist ein bißchen peinlich, das alles ausdrücklich sagen zu müssen. Vielleicht müssen wir uns vorwerfen, es nicht früher gesagt zu haben. Aber damals, nach 1945, wollte man schwer geschlagenen, hungernden Menschen nicht auch noch Standpauken halten. Und später war man taktvoll und ließ Vergangenes gern vergangen sein. Aber jetzt zeigt sich, daß man vielleicht zu taktvoll gewesen ist und daß das Vergangene nicht so vergangen ist, wie man dachte.« Zornig beschloß er den Artikel mit den Sätzen: »Sie (die Deutschen) verwechseln ihren neuen Reichtum, der manchen ein bißchen zu Kopf gestiegen ist, mit politischem Erfolg. Sie haben den Zweiten Weltkrieg nicht nachträglich gewonnen. Sie haben auch den kalten Krieg nicht gewonnen, im Gegenteil. Ihre Lage ist ziemlich prekär. Ich fürchte, der Bundesrepublik hätte in Wirklichkeit gar nichts Besseres passieren können, als in den nächsten vier Jahren von einem Mann vertreten zu sein, der einmal norwegische Uniform getragen hat.«[16]

Spätestens der 1960 gescheiterte Versuch, neben der ARD ein »Regierungsfernsehen« zu installieren, und sein Verhalten nach dem Mauerbau am 13. August 1961 offenbarten Adenauers nachlassende Führungsstärke. Sebastian Haffner nannte ihn in seinem *Welt*-Artikel »Das Vertrauen der Bürger« vom 20. November 1962 einen »Kanzler auf Zeit« und drängte auf die Klärung der Situation: »Eine Regierungskrise ist etwas Gesundes, eine Staatskrise etwas Todgefährliches. Ja, man könnte weitergehen und sagen: Regierungskrisen sind das von der Demokratie bereitgestellte Mittel, Staatskrisen zu vermeiden.« Eine Staatskrise wäre gegeben, wenn die Regierung ohne jede personelle Konsequenzen weiterregieren würde. Dann wäre »das allgemeine Vertrauen der Bürger in die Verfassungsgrundsätze der Gewalten- und Kompetenzenteilung, der Bindung der vollziehenden Gewalt an Gesetz und Recht, des Ausschlusses jeder Gewalt- und Willkürherrschaft« nicht mehr intakt.

Die Bürger müßten sich fragen: »In was für einem Staat leben wir eigentlich?« Eine »tiefe und unüberbrückbare Spaltung des Volkes in seinem Verhältnis zu seinem Staat« – ähnlich der Situation in der Weimarer Republik – wäre die Folge. Wenn die Regierungskrise zum logischen »Ende eines Regierungswechsels« führe, wäre die »Staatskrise« behoben. Dies erfordere zumindest den Rücktritt des Verteidigungsministers, besser noch den des Bundeskanzlers. »Die bloße Tatsache, daß der Zeitpunkt seines Rücktritts ein ständiges Diskussionsthema und die Frage seiner Nachfolge eine ständige Quelle von Intrigen und Spekulationen ist, macht diese letzten Monate seiner Kanzlerschaft zu einem traurigen und peinlichen Schauspiel. Selbst wenn die *Spiegel*-Affäre einen gründlichen Wechsel in Bonn jetzt nicht nahelegte: Man täte dem Nachruhm Adenauers keinen Gefallen mit dem Versuch, dieses Schauspiel zu verlängern. Auch vom besten Wein läßt man den Bodensatz besser ungetrunken.«

Haffner kritisierte immer deutlicher, was »der Alte« seiner Meinung nach während der Kanzlerschaft versäumt hätte. Schon 1949 stellte er in einem Adenauer-Porträt für den *Observer* die Prognose, daß sich der »westdeutsche Kanzler« in seiner Deutschlandpolitik wahrscheinlich damit begnügen würde, »ein Lippenbekenntnis zur deutschen Einheit abzulegen, aber nicht darauf zu drängen. In seinem tiefsten Innern fühlt er sich vermutlich ganz wohl in den gegenwärtigen Grenzen des westdeutschen Staates und hat keine Eile, die alten Verbindungen zu den vielen sozialdemokratischen Preußen wieder aufzunehmen.« Dementsprechend erinnerte Haffner nach Adenauers Abschied unter der Überschrift »Die Deutschen brauchen keine großen Männer« im *stern* (42/1963) daran, daß dieser zu Beginn seiner Kanzlerschaft lediglich Wille und Plan der drei Westmächte umsetzte und darüber »seine Sternstunde versäumte – den Augenblick, da die Russen sich bereit erklärten, eine gesamtdeutsche Neutralität mit der Preisgabe des Zonenregimes zu honorieren«. Es gehöre »viel Wille zur Selbsttäuschung dazu, Adenauers vierzehnjähriges Wirken als Bundeskanzler erfolgreich zu nennen. Seine Deutschlandpolitik war erfolgreich, wenn man ihm den Vorsatz unterstellt, Deutschlands Einheit zu zerstören. Sonst war sie der Inbegriff des Mißerfolgs, denn niemals in tausend Jahren war Deutschland so tief und heillos gespalten wie jetzt.« Haffner ging mit Adenauers Außenpolitik ins Gericht: Er kritisierte dessen »Beziehungen zu Frankreich und Amerika, die sich immerfort gegenseitig in die Quere kommen wie zwei gleichzeitig gegebene Eheversprechen«. Adenauers Beziehungen zu Rußland seien »bedrohlich schlecht und die mit England so unherzlich, wie es unter offiziell Verbündeten gerade noch möglich ist«, überall in der Welt schwelle »Mißtrauen und Abneigung gegen Deutschland« wieder an. Danach kam er – nicht ohne Selbstkritik – auf die Lage im Innern zu sprechen: »Man hat Adenauer nachgerühmt – auch ich, bis ins vorige Jahr hinein –, daß er immerhin eine innere Stabilisierung erreicht habe: unangefochtene parlamentarisch-demokratische Spielregeln, kein Neonazismus, die alten Nazis gezähmt, die Antinazis beruhigt, was wiedergutzumachen war, wiedergutgemacht. Seit der *Spiegel*-Affäre kann man das nicht mehr sagen. Damals enthüllte sich gräßlich ein heimlicher Staat im Staate, weitgehend mit alten Nazis besetzt, und wenn nicht neonazistisch, so doch neofaschistisch – ›autoritär‹ – in Gesinnung und Praxis. Er existiert noch und ist voll funktionsfähig.

Wenn Adenauer das nicht gewollt hat, kann man wieder nur, bei seiner Innenpolitik wie bei seiner Deutschland- und Außenpolitik, Mißerfolg registrieren. Mißerfolg und schlimme Erbschaft.«

Demokratie kontra Obrigkeitsstaat

Im März 1963 erschien in der Wiener Zeitschrift »*Forum – Monatsblätter für kulturelle Freiheit*« Haffners »Versuch einer Bilanz«, in der er den Verlauf und die Bedeutung der »*Spiegel*«-Krise – auch für sich selbst – rekapitulierte.*

In seinen Kommentaren während der turbulenten Tage im Herbst 1962 hatte er leidenschaftlich den Schutz der Grundrechte angemahnt und vor der Gefahr des Abgleitens in einen totalitären Staat gewarnt. Als er die innenpolitischen Folgen der Affäre in dem Aufsatz für die österreichische Zeitschrift *Forum* kühl analysierte, kam er zu dem Schluß, daß die öffentliche Meinung in der *Spiegel*-Affäre »funktioniert« habe. »Mit mächtigem Grollen und einer wahren Sturzflut des Zorns« warf sich das Interesse der Medien und mithin des Volkes auf die Ungereimtheiten und die Lügen des Franz Josef Strauß. Aus dem *Forum*-Text spricht Haffners freudige Überraschung, daß der Versuch eines Staatsstreichs nicht »übersehen« worden war.

Der Affäre lagen, so Haffner, vier Aspekte zugrunde:

Erstens war die Aktion gegen den *Spiegel* »das persönliche Werk des damaligen Verteidigungsministers«, wobei dieser Funktionen des Außen- wie auch des Justizministers usurpierte. Sein »plumper Anschlag« war »Zeugnis blinder, berserkerhafter Wut«. Zweitens hat sich die »politische Stabilität der Adenauer-Ära als gebrechlich und trügerisch erwiesen«. Die Koalitionskrise schwelte fast drei Monate lang, ohne daß der Kanzler ihrer Herr wurde. Nun rückte eine Große Koalition, ehemals mit »einem Bannfluch bedacht«, in den Bereich des Möglichen, was

* Der Artikel erschien leicht gekürzt auch im *Spiegel* (Heft 14/1963). Eine ungekürzte Fassung befindet sich in dem Buch »Zwischen den Kriegen - Essays zur Zeitgeschichte« Berlin 1997.

die CDU/CSU wie auch die SPD an den Rand einer Spaltung brachte. »Die erste ernsthafte politische Krise der Nachkriegszeit hat nicht nur Koalitionen und Allianzen in Unordnung gebracht, sondern die Struktur der politischen Parteien als solche.« Drittens »wurde den Deutschen schockartig zu Bewußtsein gebracht, daß ihre Rechtsordnung noch immer zutiefst vom Geist des Obrigkeitsstaates durchdrungen ist«. Die überkommenen Bestimmungen des Strafgesetzbuchs und die aktive Mitarbeit von Bundesanwaltschaft und Gerichtsbehörden machten die Aktion erst möglich. Viertens schließlich »kamen mit einem Schlag die Umrisse eines autoritären Staatswesens zum Vorschein, das bis dahin eine Art Untergrund-Dasein geführt, sich aber seine Fähigkeit bewahrt hatte, zu handeln, als ob die liberale Verfassung nicht existierte«.

Haffner war sich jedoch sicher: Dieses Deutschland Adenauers, »in der Nacht des 26. Oktober 1962 fand es sein plötzliches Ende. [...] Das geheime autoritäre Deutschland und das öffentliche demokratische, welche beide dreizehn Jahre lang unter Adenauers unergründlich väterlicher Leitung koexistiert hatten, teilten sich plötzlich, deklarierten sich, bezogen gegeneinander Stellung. Und die Demokraten, beinahe zu ihrer Überraschung, behielten über ihre Gegner die Oberhand – im ersten Gefecht zumindest.«

Das »Fundamentalproblem der deutschen Politik« stand seit den Tagen der Besetzung des Hamburger Pressehauses wieder zur Debatte: »Demokratie contra Obrigkeitsstaat«. Haffner schloß mit den prophetischen Worten: »Nun ist der Kampf wieder im Gang und kann nicht ohne weiteres abgebrochen werden. Die sechziger Jahre dürften in der deutschen Politik ebenso hart und lebhaft werden, wie die fünfziger Jahre sanft und schläfrig waren.«

Keine Affäre mit dem *Spiegel*

Zwei im *Spiegel* aus anderen Zeitschriften übernommene Artikel Haffners innerhalb weniger Monate, dazu der auszugsweise Abdruck des Wortlauts jener Sendung des »Internationalen

Frühschoppens«[17], die sich mit der *Spiegel*-Affäre befaßte – und sich damit erstmals einem Thema der deutschen Innenpolitik widmete: Rudolf Augstein und Sebastian Haffner sind sich wahrscheinlich nie näher gekommen als im Winter 1962/1963. Nicht von ungefähr hat Haffner nach der ausgestandenen *Spiegel*-Krise von Augstein das Angebot erhalten, zukünftig für den *Spiegel* zu arbeiten. Bekanntlich ist es dazu nicht gekommen; Haffner hat auch später nie einen Beitrag für das Nachrichtenmagazin geschrieben, sondern es vorgezogen, auf das Angebot von Gerd Bucerius einzugehen und ständiger Kolumnist beim *stern* zu werden.

Es ist nie öffentlich geworden, daß Augstein Haffner eine Mitarbeit beim *Spiegel* angeboten hat. In etwas peinlicher Form wurde hingegen von der Redaktion stets auf Erfolge bei der Werbung um »Edelfedern« hingewiesen.[18] Als Springers *Welt* 1963 auf die weitere Mitarbeit Haffners verzichten mußte, hieß es im *Spiegel* lapidar, »*Welt*-Chefredakteur Zehrer« habe Haffner »vor die Alternative gestellt, sich zwischen *Stern* und *Welt* zu entscheiden. Haffner wählte die Mitarbeit beim *Stern*.«[19]

Hätte Haffner ein Angebot von Augstein angenommen, wäre das wie eine Hochzeit erschienen, bei der die Brautleute sich eben erst nähergekommen sind: als einer dem anderen das Leben rettete. Seine Solidarität gegenüber dem Nachrichtenmagazin entsprang rein prinzipiellen Erwägungen. Haffner gehörte (wie Gert von Paczensky) zu jenen rousseauschen Verteidigern des *Spiegel*, die das Blatt eigentlich nicht mochten. Gegenüber seiner Familie äußerte Haffner in jenen Tagen auch, er wolle schon deshalb nicht für den *Spiegel* arbeiten, weil er nicht in dem Stil schreiben wolle, der sich schon damals dort eingebürgert hatte.[20]

Das Verhältnis zwischen Augstein und Haffner blieb ambivalent. Wurden beide irgendwo in einem Atemzug genannt, konnte man sicher sein, am darauffolgenden Montag in der Rubrik *Rückspiegel* auf der letzten Seite des Heftes darüber zu lesen. Andererseits hat Augstein in *Spiegel*-Beiträgen – oft vollkommen unvermittelt – Haffner häufig widersprochen: »Aber es stimmt nicht, wenn Haffner sagt [...]« oder »Sebastian Haffner irrte, als er […]« Dennoch erbat Augstein für das *Spiegel*-Sonderheft *100 Jahre Adolf Hitler*, das im April 1989 erschien, von Haffner einen Beitrag über Hitler, den Haffner jedoch nicht schreiben wollte oder konnte.[21] Im Dezember 1987 schickte Augstein Haffner zu dessen 80. Geburtstag acht Flaschen Madeira-Wein, Jahrgang 1907, den Haffner jedoch an seine Kinder und Enkel verschenkte, da er – wegen seiner ein Jahr zuvor festgestellten Zuckerkrankheit – keinen Tropfen Alkohol mehr trank. Auf Haffners Grab lag ein Kranz von Rudolf Augstein mit der Aufschrift »In Freundschaft und Verehrung«.

Augstein nannte Haffner in einer Rezension des Buches *Von Bismarck zu Hitler*[22] einen »geschichtsmächtigen Zauberkünstler«, dem der »große Mantel des Geschichtsfinders […] umhängt«, und lobte ihn als einen genialen Geist (»Wir werden seinesgleichen nicht mehr sehen«). Zugleich nahm er dieses Buch besserwisserisch auseinander. Seine Rezension wurde erst abgedruckt, als sich Haffners »vertracktes Buch« (Augstein) nicht mehr länger übergehen ließ. Bis dahin verging mehr als ein halbes Jahr.

Ähnlich verfuhr *Der Spiegel* mit der im August 2000 postum veröffentlichten *Geschichte eines Deutschen*, die Haffner 1939 im Exil geschrieben hatte. Nachdem sich das Buch bereits auf den vordersten Plätzen der wöchentlich im *Spiegel* abgedruckten Bestsellerliste etabliert hatte und es längst in allen Zeitungen rezensiert worden war, erkannte man in der Redaktion an der Hamburger Brandstwiete, daß man wohl nicht länger an dem Buch vorbeikäme. Ende November brachte man plötzlich eine vier Seiten umfassende Lobeshymne.[23] Das ebenfalls im Exil geschriebene *Germany: Jekyll & Hyde*, noch zu Lebzeiten Haffners 1996 erstmals in deutscher Sprache erschienen und in allen überregionalen Zeitungen (ausgenommen in der *Frankfurter Rundschau* und *jungen Welt*) ausführlich besprochen – in der *Süddeutschen Zeitung* gleich zweimal –, wurde von Augstein, der eines der ersten vier vorab verschickten Leseexemplare erhielt, gänzlich ignoriert.

Eine mögliche Ursache für das schwierige Verhältnis zwischen Augstein und Haffner könnte in der Meinungsverschiedenheit über den Reichstagsbrand am 27. Februar 1933 liegen. Augstein hat sich früh – 1959 – auf die Alleintäterschaft des Holländers Marinus van der Lubbe festgelegt. Im *Spiegel* erschien eine Serie des Amateurhistorikers und niedersächsischen Verfassungsschutzmitarbeiters Fritz Tobias, der dieses zu beweisen versuchte. Augstein feierte anschließend in einem Nachwort wichtigtuerisch, daß es dem *Spiegel* erstmals gelungen sei, die herrschende Lehre in einer wichtigen historischen Frage umzustoßen. Diese sei jetzt geklärt.

Ist sie aber nicht. Aus heutiger Sicht bedürfte es einer geradezu übermenschlichen Herkulesanstrengung, die Geschichte des Reichstagsbrands sowie der mit ihr verbundenen falschen Fährten, Schludrigkeiten, Beweisunterdrückungen und mutwilligen Fehldeutungen zu rekonstruieren. Da die Stimmen, die – mit guten Gründen – auf dieses noch immer ungeklärte Kapitel deutscher Geschichte hinweisen, nicht verstummen, sah sich *Der Spiegel* im Frühjahr 2001 genötigt, noch einmal zu »untersuchen«, ob die Tobias-*Spiegel*-Deutung noch zuträfe. Natürlich kam man zu dem Ergebnis, damals und schon immer recht gehabt zu haben, selbstverständlich ohne auf die entscheidenden neuen Beweisstücke einzugehen.[24]

Haffner schien die Beweisführung des *Spiegel* aus dem Jahr 1959 nicht überzeugend. In seinem Rückblick *Von Bismarck zu Hitler* schrieb er 1987, daß »das entscheidende Ereignis« (bei der »Abräumung des politischen Feldes« durch Hitler – d.V.), das bis heute nicht wirklich aufgeklärt ist, [...] der Brand des Reichstages am 27. Februar 1933 gewesen« war. »Diese Brandstiftung nahm Hitler zum Vorwand, um – noch im Einvernehmen mit Papen – den Reichspräsidenten eine weitere Notverordnung unterzeichnen zu lassen, die über alle bisherigen weit hinausging.« Jetzt begann »der legale staatliche Terror«, die vorbereiteten Verhaftungen. »Die ersten Opfer, die sofort verhaftet wurden oder fliehen mußten, um sich der Verhaftung zu entziehen, waren kommunistische und einige andere linke Politiker und vor allem linke Publizisten und Schriftsteller, die sich bei der jetzt regierenden Gruppe besonders unbeliebt gemacht hatten.« Haffner blieb sich selbst und seiner Darstellung, wie sie sich bereits in der »Geschichte eines Deutschen« findet, treu. Damals hatte er geschrieben: »Die Legende vom geplanten Kommunistenputsch, die man damals erzählt hatte, um die Verfassung und die bürgerliche Freiheit abzuschaffen, war noch eine gutkonstruierte, auf Glaubwürdigkeit bedachte story gewesen; ja, sogar eine Art Augenscheinsbeweis zu konstruieren hatte man noch für nötig gehalten, indem man den Reichstag brennen ließ.«[25]

Nicht nur für Haffner war der Reichstagsbrand und dessen Inszenierung durch die Nazis (falls es denn so war), zumindest jedoch der Nutzen, den diese blitzschnell aus ihm zogen, ein entscheidender Einschnitt in seine damalige Existenz. Danach begann der ungebremste Aufstieg der Nazis. Nicht die Übertragung der Macht auf Hitler am 30. Januar 1933, sondern der Reichstagsbrand und das daraufhin durchgesetzte Ermächtigungsgesetz bedeuteten den entscheidenden Schritt in die Nazi-Diktatur, gegen die effektiver Widerstand nicht mehr möglich war. Was aber trieb Augstein – im Bunde mit manchen angesehenen Historikern und einem Verfassungsschutzbeamten – dazu, Hitler geradezu leidenschaftlich von dem Vorwurf entlasten zu wollen, den Vorwand für jenen Terror, ohne den er sich kaum hätte länger halten können, selbst geschaffen zu haben?

Haffner merkte 1978 bei der Entgegennahme des Heinrich-Heine-Preises in Düsseldorf an: »Die *Spiegel*-Affäre ist so ausgegangen, daß man heute durchaus darüber reden kann, ob die Macht des *Spiegel* vielleicht etwas zu groß geworden ist.« Etwas übertrieben fand er im nachhinein auch seine eigene Reaktion in der *Spiegel*-Affäre. »Vielleicht hab' ich das damals wirklich zu schwer genommen. Wir gebrannten Kinder, die den Untergang von Weimar und die Nazi-Zeit miterlebt haben, sind überempfindlich. Wir haben das damals wahrscheinlich überschätzt.« Aber er sah in ihr auch »einen Bruch mit der neuen Liberalität und ein Wiederaufwachen alter autoritärer Regierungsmethoden«. Es folgte eine für Haffner sehr typische Begründung: »Damals hatte ich das Gefühl: hier muß ganz stark gegengehalten werden.«

STERNSTUNDEN

Viele Jahre hatte Haffner sich die Entwicklung der Bundesrepublik von außen, aus englischer Perspektive, angesehen, dem englischen Publikum davon berichtet und sie kommentiert. Wer regierte, wer in der Opposition saß, war aus diesem Blickwinkel als gegeben hinzunehmen. Doch seit er, ab 1954, wieder in Deutschland lebte, zunächst als Korrespondent für den *Observer*, änderte sich diese Sicht ganz allmählich. Haffner wurde wieder deutscher. Man könnte auch sagen: Haffner wurde wieder Deutscher.

In diesen Jahren galt Haffner im großen und ganzen als Anhänger Adenauers. Aufgrund seiner Londoner Erfahrungen mit der Exil-SPD unter Erich Ollenhauer und Hans Vogel war er von deren politischen Fähigkeiten wahrscheinlich nicht sonderlich überzeugt. Auch bevor er diese Erfahrungen gemacht hatte, sah er es – in *Germany: Jekyll & Hyde* – als wahrscheinlicher an, daß eine konservativ-bürgerliche Partei nach der Hitlerzeit in Deutschland – nun war es zwar nur Westdeutschland – regieren würde.[1]

Haffner konnte aber jetzt zum Ende der Ära Adenauer darauf Einfluß nehmen, ob es immer und ewig bei einer CDU-geführten Bundesregierung bleiben sollte. »Ich habe hauptsächlich in dieser meiner linken Zeit in den sechziger Jahren […] – und darauf bin ich auch immer noch ein bißchen stolz – der Ostpolitik vorgearbeitet. Dazu habe ich dann auch innenpolitisch manche Sachen mir geleistet, die ich heute nicht mehr aufrechterhalten würde, weil ich sah, mit der CDU und mit der Adenauer- und auch mit den Folgeregierungen ist eine solche Ostpolitik nicht zu machen, wir müssen die SPD ranbringen, und habe mich da eigentlich zum einzigen Mal in meinem Leben – noch immer mit einem englischen Paß in der Tasche – mich als deutscher Innenpolitiker, und zwar als, also nicht kommunistischer, aber linker deutscher Innenpolitiker betätigt und eigentlich nicht nur der Ostpolitik, sondern der sozialliberalen Koalition vorgearbeitet.«[2]

Wie kam es dazu? Infolge der Krisen des Herbstes 1962 geriet die bundesrepublikanische Politik in eine Sackgasse. Die Kuba-Krise, wie schon vorher der Mauerbau als Ergebnis der Berlin-Krise, hatte gezeigt, daß ein noch so lautes Getöse nicht darüber hinwegzutäuschen vermochte, daß in Zeiten des Atompatts keine Kanonenbootpolitik mehr betrieben werden konnte.[3] Die *Spiegel*-Krise, die Haffner als Mordversuch an einem mißliebigen Blatt empfand, hatte demonstriert, wozu ein autoritärer Staat, der sich hinter einer demokratischen Fassade versteckt hielt, fähig sein kann. Beides zusammen, noch verstärkt durch das fortgeschrittene Alter des Bundeskanzlers Adenauer, machte deutlich, daß es Zeit für einen Wechsel war.

Die *Spiegel*-Affäre war daher so etwas wie der Beginn der bundesrepublikanischen Neuzeit. Hätte die CDU damals akzeptieren können, daß es an der Zeit war, die bequemen Regierungssessel mit den harten Oppositionsbänken zu vertauschen, hätten die 60er Jahre in der Bundesrepublik gewiß anders ausgesehen. So aber kam es zu der großen Konfrontation, die wir heute mit dem Etikett 1968 versehen. In gewisser Weise muß man der CDU für ihre ungewollte Vaterschaft an dieser Kulturrevolution danken, auch wenn diese Umwälzung nicht nur Glänzendes hervorgebracht hat. Haffner war ein Teil dieser Kulturrevolution; und zwar sehr viel mehr Avantgarde als Nachhut.

Es begann ein langer und zäher, aber auch sehr merkwürdiger innenpolitischer Kampf, der erst in den letzten Wochen und Monaten der sechziger Jahre zum Ende der zunächst noch uneingeschränkten, dann, in der Großen Koalition mit der SPD, eingeschränkten CDU-Herrschaft führte. Der letzte CDU-Bundeskanzler vor Helmut Kohl war Kurt Georg Kiesinger, der von 1966 bis 1969 einem CDU/CSU-SPD-Kabinett vorsaß; ein Mann, der im Außenministerium Ribbentrops für die Rundfunkpropaganda mitverantwortlich gewesen war und ab dem 1. März 1933 der NSDAP angehört hatte. Der SPD diesen Mann als gemeinsam zu wählenden Bundeskanzler vorzuschlagen war ein Schlag ins Gesicht der Sozialdemokraten, von denen viele ältere Mitglieder noch sehr deutliche und schlimme Erinnerungen an die Nazi-Zeit hatten. Doch in ihrem Bestreben, endlich an der Macht teilzuhaben, hätten die SPD-Abgeordneten wahrscheinlich jeden ihnen präsentierten Kanzlerkandidaten mitgewählt.

Die SPD hatte sich schon früh entschieden, zu versuchen, ohne Konfrontation – sondern auf dem Weg über eine Große Koalition mit der Union – wenigstens in die Nähe der Macht zu gelangen. Der sich entfaltende Kampf um eine demokratischere Gesellschaft fand deshalb beinahe zwangsläufig außerhalb des Parlaments statt und führte in den sechziger Jahren zur größten Zerreißprobe der Bundesrepublik. Haffner, der seit seiner Rückkehr aus England wieder in die deutsche Gesellschaft eingetaucht war, wechselte in diesem Kampf radikaler als jeder andere Publizist die Seite. Die Plattform, auf der er diese Wandlung in aller Öffentlichkeit vollzog, ist die Illustrierte *stern*.

Wieder ging Haffner publizistisch zweigleisig vor. Schon 1960 bei der *Welt* hat er begonnen, auf eine Kanzlerschaft Willy Brandts hinzuschreiben (»Kronprinz aus der Opposition«), und nach seiner Trennung von dem Springer-Blatt setzte er seine Unterstützung des sechs Jahre jüngeren Emigranten fort. Zugleich attackierte er die Zaghaftigkeit und den Opportunismus der SPD: »Aber gibt es eine Opposition? Wolle Gott, daß die SPD unter ihrem neuen Vorsitzenden erkennt, was jetzt ihre Pflicht ist – und ihre Chance.« Diese Zeilen gab Haffner 1964 Willy Brandt nach der Wahl zum SPD-Vorsitzenden öffentlich mit auf den Weg – die private Diskussion beider zu dem Thema dürfte etwas ausführlicher gewesen sein.[4]

In Hunderten von Kolumnen setzte sich Haffner mehr als zehn Jahre lang für die überfällige Demokratisierung der bundesrepublikanischen Gesellschaft und für eine neue Ostpolitik ein. Liest man diese Kolumnen heute – *Sebastian Haffners Meinung* – in verstaubten Archiven, ist man noch immer beeindruckt von der geistigen Frische, dem Witz, seiner Vielseitigkeit und Stilsicherheit. *Dieser* Haffner war der bundesdeutschen Öffentlichkeit bis dahin verborgen geblieben.

Demokratie oder Obrigkeitsstaat: Ähnlich wie die Frage seiner Abdankung hatte Adenauer auch diese Entscheidung lange in der Schwebe gehalten. Man konnte weder behaupten, daß die Bundesrepublik ganz und gar undemokratisch verfaßt war, auch wenn das Verbot der KPD und die gehässige Verfolgung ihrer Mitglieder zutiefst den von den Bonner Parteien hochgehaltenen demokratischen Spielregeln widersprachen, noch konnte man sagen, daß die Bonner Republik ihren demokratischen Lackmustest bestanden hatte: einen ganz normalen Regierungswechsel. Gerade die *Spiegel*-Affäre aber ließ die Frage aufkommen, ob die deutsche Rechte die Spielregeln vielleicht doch nur einhielt, solange es ihr nützlich erschien; und vor allem Strauß ist den Verdacht, ein Schönwetter-Demokrat zu sein, nicht mehr losgeworden, was ihm in seiner weiteren Karriere weitaus mehr schadete als alle Korruptionsvorwürfe gegen ihn zusammengenommen.

Auch aus anderen Gründen mochte es Haffner riskant erscheinen, die Herrschaft der CDU/CSU zu unterstützen: Die deutschen Konservativen hatten schon mehr als einmal gezeigt, wie wenig man sich auf sie als Hüter der Demokratie im Zweifelsfall verlassen konnte – siehe *Spiegel*-Affäre, siehe 1933. Mit dem Scheitern der Weimarer Republik wollten die deutschen Konservativen hinterher auf eine ziemlich dreiste Art nichts zu tun haben. Fakt ist: Die deutsche Rechte hatte die damalige Republik nicht mitgetragen, sie die meiste Zeit sogar bekämpft. »Das entscheidende Ereignis«, schreibt Haffner 1978 in den *Anmerkungen zu Hitler* über die Haltung der deutschen Rechten zur Weimarer Republik, »das diesen halben Gesinnungswandel möglich machte und der Republik die Chance der Konsolidierung gab, war, im April 1925, die Wahl Hindenburgs zum Reichspräsidenten. Man hat darin vielfach den Anfang vom Ende der Republik sehen wollen. Ganz falsch. Die Hindenburgwahl war für die Republik ein Glücksfall und gab ihr die einzige Chance, die sie je hatte. Denn mit dem Weltkriegsheros und kaiserlichen Feldmarschall an der Spitze sah die Republik für die Rechte, die sie bis dahin eisern abgelehnt hatte, plötzlich akzeptabel aus; etwas wie eine Versöhnung bahnte sich an. [...] Aber das blieb Episode. Als 1928 die Rechtsregierung die Wahlen verlor und, zum ersten Mal seit 1920, ein Sozialdemokrat wieder Reichskanzler wurde, war alles schon wieder vorbei.«[5] Für den jungen Sebastian Haffner war das eine traumatische Erfahrung mit den bekannten Konsequenzen. Da verwundert es nicht, wenn er sich als über Fünfzigjähriger um die Stabilität der noch jungen Bundesrepublik sorgt und darauf hinweist, daß zur Stabilität einer Demokratie, wie formal sie auch sein mag, gehört, daß sich die Regierungen abwechseln. Nun war es Zeit für diesen Wechsel.

Das gefiel nicht jedem: »Bis etwa in das Jahr 1962 gehörte ihm meine ganze Achtung«, klagte 1963 der ehemalige Regierungssprecher Adenauers, Felix von Eckardt, in einem Artikel. »Als Emigrant und Deutschlandkorrespondent des britischen *Observer* trat er bedingungslos für das Recht ein, griff mit seiner glänzenden Feder die Diktatur in der SBZ an. 1963 steht ein völlig verwandelter Sebastian Haffner vor uns. Er ermahnt uns zum ›Realismus‹, ja, er verlangt, daß wir in der Bundesrepublik sogar Opportunisten sein sollten. Er empfiehlt dem deutschen Volk zur ›Bewältigung seiner unmoralischen Vergangenheit‹ den Weg über die Unmoral! Also die gleiche opportunistische Kapitulation vor der Macht des Kommunismus wie damals vor der ›Realität Adolf Hitler‹. Wie kann ein Mann sich so wandeln!«[6]

Ja, wie kann ein Mann sich so wandeln? Sebastian Haffners »Revolution« ist, wie wohl jede Revolution, eine hochkomplizierte, aber zugleich äußerst logische Angelegenheit; ein Vorgang, der sich langsam entwickelt, bis er plötzlich kulminiert. Auf die Ergebnisse der *Spiegel*-, der Berlin- und der Kuba-Krise reagierte Haffner entgegengesetzt zur damaligen Mehrheit. Er schwamm gegen einen anscheinend übermächtigen Strom – und er hatte damit Erfolg. Keine einfache Position: Hatten die anderen nicht eindeutig das Recht und die Moral auf ihrer Seite? Und waren sie nicht in der überwältigenden Überzahl? Allerdings:

Irgend etwas an dieser Selbstgerechtigkeit und diesem Überlegenheitsgehabe war nicht nur abstoßend, es war auch verräterisch. Hinter der westlichen Arroganz gegenüber den »armen Brüdern und Schwestern« – eine Arroganz, die nach 1989 über Nacht wiederaufleben konnte, weil sie nie aufgegeben worden war – steckt möglicherweise das schlechte Gewissen, weil man sich – die Wiedervereinigung auf der Zunge – vor Jahrzehnten für die Spaltung Deutschlands entschieden hatte. Der deutsche Konservativismus verfügt inzwischen über einen bemerkenswerten Vorrat an Lebenslügen.[7]

Nicht, daß Haffner die Mauer gefiel oder er sie für ein gelungenes Bauwerk hielt. Er sah aber ein, was man als Politiker bis heute nicht einsehen darf, ohne in der Öffentlichkeit an den Pranger gestellt zu werden: Daß die DDR keine andere Wahl hatte, wenn sie nicht weiter ausbluten wollte. Daß jede andere Lösung Krieg bedeutet hätte, vor allem nachdem die Wiedervereinigungsangebote der Sowjetunion so brüsk zurückgewiesen worden waren. Daß der Westen dem Osten die Mauer geradezu vorgeschlagen hat, um die Dauerkrise zu beenden. Daß man gegen die Mauer mit Gewalt nichts ausrichten konnte und der Westen daher auch nicht vorhatte, etwas gegen die Mauer zu unternehmen.[8]

»Werden die Deutschen vielleicht am kubanischen Beispiel lernen?« fragte Haffner im April 1963 im *stern*, nachdem er dargestellt hatte, daß es angesichts der Atomrüstung für die USA unmöglich geworden war, ihr weltweit gegebenes Versprechen einzulösen, im Kampf gegen den Kommunismus immer und überall zur Stelle zu sein, wie auch die Exilkubaner im Verlauf der Kuba-Krise feststellen mußten. »Diesen Menschen ist übel mitgespielt worden«, schrieb Haffner, denn »Versprechen hin, Versprechen her, sie sind jahrelang auf die Rückeroberung gedrillt worden, und sie haben ja schließlich nicht annehmen können, daß das nur zum Scherz geschah. [...] Einen Vorwurf müssen sie sich aber gefallen lassen, nämlich den, daß sie zu blind auf Amerika vertraut haben. Sie haben gedacht wie deutsche Politiker: Amerika ist antikommunistisch, Amerika ist mächtig, Amerika wird uns eines Tages helfen, uns unsere Kommunisten vom Halse zu schaffen. So einfach ist das aber nicht, und wer es sich heute noch so leichtmacht, darf sich nicht wundern, wenn er hereinfällt.« Der Artikel trägt den Titel »Kubanisches Beispiel«[9]. Die Botschaft an die »Exil-Kubaner« in der deutschen Politik ist eindeutig.

Nur die Wahrheit läßt sich einfach sagen

Haffner hat sich sehr bewußt für den *stern* entschieden. Nachdem er über zwei Jahrzehnte für mehr oder weniger intellektuelle Zeitungen geschrieben hatte, reizte es ihn, das Massenpublikum einer Illustrierten anzusprechen. Seine *stern*-Artikel sind am ehesten mit den Beiträgen vergleichbar, die er im Krieg für die *Picture Post* verfaßt hatte, jene Illustrierte, in deren Tradition später Blätter wie *Paris match* und eben auch der *stern* standen. Chefredakteur Henri Nannen hatte schon länger gemeint, daß in eine Illustrierte auch Politik gehört – und diese Entscheidung verbunden mit einer mehr intuitiv vollzogenen Richtungsänderung ist die Ursache einer bis heute spürbaren Differenz des *stern* zu anderen Illustrierten.

Begonnen hatte Nannen die Politisierung der Zeitschrift mit William S. Schlamm, einem Österreicher, der in seiner Jugend Kommunist gewesen war und nach der Verhaftung Carl von Ossietzkys zwei Jahre lang in Prag die *Neue Weltbühne* redigiert hatte. 1938 emigrierte er in die USA, wo er unter anderem in der *New York Times*, den Zeitschriften *Time*, *Life* und dem Wirtschaftsmagazin *Fortune* veröffentlichte. Sein späteres publizistisches Leben lang war er, so scheint es, damit beschäftigt, die Scharte seiner linken Vergangenheit auszuwetzen. Ein geradezu furioser Antikommunist.

Henri Nannen hatte die Druckfahnen von Schlamms Buch *Die Grenzen des Wunders* in einer Nacht gelesen und es im *stern* vorabgedruckt. Das Werk, das sich mit der wundersamen Entwicklung der Bundesrepublik befaßte und vor einem »faulen Frieden« mit der Sowjetunion warnte, wurde ein Riesenerfolg.

Schlamm lieferte nun regelmäßige Kolumnen für den *stern*, deren Nannen jedoch bald überdrüssig wurde. Er schrieb an Schlamm: »Ich würde mich freuen, wenn Ihnen nun in den nächsten Kolumnen […] außer dem antikommunistischen Kreuzzug auch mal etwas anderes einfiele. […] Man kann den Leser nicht jede Woche mit der gleichen Mitrailleuse beschießen.«

Mit Sebastian Haffner als ständigem Kolumnisten schlug der *stern*-Chef eine vollkommen andere politische Richtung ein. Gleich in seinem ersten Beitrag kritisierte Haffner Schlamm für seine merkwürdigen Vorstellungen von Pressefreiheit.[10] Dieser schlug unfein zurück – Haffner habe einen »Jagdschein« –, und Nannen löste im Herbst den Vertrag mit dem »militanten Kommunistenfresser« *(Der Spiegel)* auf. Die Trennung kommentierte Nannen mit den Worten: »Friede seiner Masche«.

Schlamm machte im *stern* politische Vorschläge, die nach Meinung Nannens, der sich immer wieder gezwungen sah, zu dessen Kolumnen Stellung zu nehmen, auf einen Selbstmord Deutschlands hinausliefen. Haffners Vorschläge zur Deutschlandpolitik waren in erster Linie schlicht vernünftig, ohne jemals trocken oder langweilig zu sein. Er plädierte dafür, endlich die Realität eines geteilten Deutschlands zur Kenntnis zu nehmen. Egon Bahr, der in diesen Tagen die spätere Ostpolitik der sozialliberalen Koalition konzipierte, nahm Haffner als einen »vernünftigen Mann« wahr und empfand dessen Kolumnen als »wirksamen politischen Flankenschutz« seiner Politik.[11]

Haffner verstand es, aus unverständlichen Zeitungsmeldungen verständliche Vorgänge zu machen. Er wußte, daß derjenige irrt, der »sich einbildet, er wisse über irgendeinen Gegenstand wirklich Bescheid, wenn er darüber etwas in der Zeitung gelesen hatte«. Den Souverän mit verständlichen Nachrichten zu versorgen sah er als Aufgabe der Presse an.

Das Volk sei, so Haffner, ein »noch schwierigerer und hilfloserer Souverän« als ein Monarch, der selbst als absoluter Herrscher das Problem habe, nicht über alles Bescheid zu wissen; und das Volk sei »noch schwerer zu unterrichten, denn die meisten haben keine Prinzenerziehung genossen, noch schwerer zu interessieren, denn jeder hat eigene Sorgen genug. Und doch gibt es heute keinen anderen denkbaren Souverän als das Volk, seine Wahlentscheidungen sind die unumgängliche letzte Instanz im Staatsleben, und davon, daß diese Entscheidungen einigermaßen verständig ausfallen und auch von den Wählern selbst verstanden werden, hängt alles andere ab. Die Versuchung für die Minister und Beamten, den Souverän zu hintergehen, ihn sozusagen stillschweigend zu entmündigen, sind in der Demokratie noch größer als in der Monarchie, und die Augen und Ohren des Souveräns zu schärfen und zu schützen, ist daher noch notwendiger. Diese Augen und Ohren – die einzigen, die es gibt und geben kann – sind aber eben die Journalisten.«[12] Ein Gedanke, der den Unterricht an jeder Journalistenschule und die Arbeit jeder Redaktion bestimmen sollte.

»Ein berühmter englischer Kollege[13] sagte mir einmal«, merkte Haffner 1970 in einer Eigenwerbung des *stern* über seine Kolumne an, »einen Leitartikel für die *Times* könne er im Schlaf schreiben, aber eine Kolumne für ein Millionenblatt erfordere eine echte intellektuelle Anstrengung: ›Je einfacher man eine Sache ausdrücken will, um so schärfer muß man sie durchdenken. Wenn Sie einem komplizierten politischen Problem wirklich auf den Grund kommen wollen, empfehle ich Ihnen: Versuchen Sie, es einem großen Publikum so zu erklären, daß es jeder versteht.‹ In den sieben Jahren, die ich jetzt meine *stern*-Kolumnen schreibe, habe ich gemerkt, wie recht er hatte. Und noch etwas habe ich bei dieser Arbeit gemerkt: Nur die Wahrheit läßt sich ganz einfach sagen.« Haffners Artikel konnte wirklich jeder lesen – und hinterher hatte er das Gefühl, Bescheid zu wissen über eine Sache, die vorher nur eine mehr oder weniger unverständliche Meldung war.

In seiner zweiten *stern*-Kolumne setzte sich Haffner am Beispiel der ehemaligen SS-Angehörigen Fellenz und Frauendorfer mit der juristischen Aufarbeitung der NS-Zeit auseinander. Während Fellenz, der die »Endlösung der Judenfrage« mitorganisiert hatte, zu vier Jahren Zuchthaus verurteilt worden war, schickte sich Frauendorfer, der Himmlers persönlicher Adjutant gewesen war und verschiedene Funktionen in der NSDAP-Führung innehatte, an, auf der Landesliste der CSU in den Bundestag einzuziehen. Haffner erklärte zunächst, daß er von der Verurteilung Fellenz' und ähnlich gelagerter Fälle nicht sonderlich überzeugt sei, brachte die beiden mit dem Satz »Wenn man sie nicht mehr verfolgt, wollen sie gleich wieder regieren« zusammen und schloß daraus: »Wenn es aber so steht, dann muß man wohl seufzend sagen: Dann lieber weiter ins Zuchthaus mit ihnen. Dann kann man sich den Luxus des Vergessens eben doch nicht leisten. Schade [...]« Aber, fügte er hinzu, vergessen dürfe man sowieso erst, nachdem man vorher gründlich begriffen hat, woran es jedoch in Deutschland leider immer noch fehle, wie es der Fall Frauendorfer zeige. Besonders scheine dieses Begreifen bei einigen bürgerlichen Politikern zu fehlen, »die heute so wenig wie vor 30 Jahren zu wissen scheinen, wo die Grenzen liegen, was möglich ist und was unmöglich, mit wem man sich einlassen kann und mit wem nicht. Himmlers alter Adjutant auf der CSU-Landesliste für den Bundestag – solche Dinge machen es auch den besten Freunden Deutschlands immer wieder schwer, zu sagen, ob sich denn nun in den dreißig Jahren zwischen 1933 und 1963 hier wirklich Grundlegendes geändert hat; ob die Krankheit, die damals ausbrach, jetzt wirklich überwunden ist.«

Man kann davon ausgehen, daß *Die Welt* und *Christ und Welt* solche Artikel kaum gedruckt hätten. Man kann auch davon ausgehen, daß gerade Haffners Haltung – der sich zunächst, trotz seines Emigrantenschicksals, geneigt zeigte, manches von »damals« unter den Teppich zu kehren – überzeugender war, als es ein Auftritt eines nach Bestrafung rufenden ehemaligen Emigranten gewesen wäre. Daß es alten NSDAP-Kadern, die ihre Hände nur mit Tinte beschmutzt hatten, möglich war, in der Bundesrepublik Karriere zu machen, während sich kleine SS-Schergen vor Gericht wiederfanden, weil mehr oder weniger zufällig herausgekommen war, daß an deren Händen Blut klebte, ließ Haffner einige Wochen später zwei Forderungen erheben: Verbot, ein öffentliches Amt zu bekleiden, für jene, die dem Reichssicherheitshauptamt oder der SS angehört hatten oder an der Hitlerschen Judenverfolgung mitgewirkt hatten; zweitens – eine Amnestie für die kleinen Rädchen im Getriebe der Vernichtungsmaschinerie. »Ich bin ein Anhänger der Verjährung«, sagte Haffner 1989 in dem bereits mehrfach zitierten Gespräch mit Jutta Krug zum gleichen Thema. »Die Verjährung ist ein urtümliches, uraltes Rechtsprinzip. Nicht nur, weil sich nach 40, 50 Jahren nicht mehr beweisen läßt, wie es genau gewesen ist, sondern auch, weil ein 80jähriger nicht mehr für das verantwortlich gemacht werden kann, was der 30jährige getan hat. Das sind zwei verschiedene Menschen, obwohl sie den gleichen Namen tragen.«

Kaum, daß Haffner begonnen hatte, für den *stern* zu schreiben, trat er für eine Annäherung beider deutscher Staaten ein, was einem Tabubruch in der damaligen politischen Konstellation gleichkam. Schon daß er von zwei deutschen Staaten ausging, war zu dieser Zeit schlicht unerhört, erst recht, mit »denen da drüben« zu reden. Im Februar 1963 warf Haffner mit einem »Sind die Deutschen Amerikaner?« überschriebenen Artikel die Frage auf, ob sich die Westdeutschen mit ihrer Identifikation mit den USA nicht aus der Verantwortung für die Verbrechen der Nazis stehlen. So wolle man die Verantwortung für sein deutsches Vorleben loswerden. »Besonders was von 1941 bis 1944 in Rußland geschehen ist, braucht einem nicht leidzutun, man darf wieder stolz darauf sein.« War der »Todfeind« von damals schließlich nicht der gleiche wie heute? Zynisch kommentierte Bob Dylan diesen Sachverhalt etwa zur gleichen Zeit in seinem Song »With God on our side« mit der Zeile, daß nach dem Krieg die (West-) Deutschen plötzlich auch »Gott auf ihrer Seite« hatten.

Zwei Wochen später kommentierte Haffner das Ergebnis der Wahl zum Berliner Abgeordnetenhaus, bei der die Berliner SPD die CDU, mit der sie in einer großen Koalition saß, im Verhältnis zwei zu eins besiegte. Hinter dieser Entscheidung stünde der 13. August 1961, weil mit dem Mauerbau »die deutsche Politik der CDU, die darauf hinauslief, daß man Rußland die deutsche Einheit im Bündnis mit Amerika oder mit ›dem Westen‹ abtrotzen könnte, gescheitert« sei. »Jedes Kind kann heute sehen, daß Deutschland 1955 die falsche Kurve genommen hat, daß die Politik des amerikanischen Bündnisses gegen Rußland im wörtlichsten Sinne an eine Mauer geführt hat und daß, wer diese Politik heute noch weiterführt, wiederum im wörtlichsten Sinne mit dem Kopf durch die Wand will.« Für eine neue Politik brauche man nun eine neue Regierung.

Schon in der nächsten Woche – eigentlich, so war es geplant, sollte Haffners Kolumne zweiwöchentlich erscheinen – wog Haffner zwischen Stalin und Chruschtschow ab und kam zu dem Ergebnis, daß die Deutschen mit Stalin besser gefahren sind. Stalin sei ein Freund der Deutschen gewesen, über die er einmal bedauernd bemerkt hatte, daß ihnen der Kommunismus passe wie einer Kuh der Sattel. Chruschtschow hingegen sei ein Deutschenfeind, was man ihm nicht übel nehmen könne, »er hat seinen einzigen Sohn im Krieg verloren, und überhaupt ist ja niemand verpflichtet, die Deutschen zu mögen«. Chruschtschow sei »von der Stalinschen Wiedervereinigungspolitik, freilich nicht ohne Beihilfe Adenauers, zur Teilungspolitik übergegangen«. Während Stalin »nach dem Kriege (erfolglos) versucht hat, sich mit den Deutschen auf Kosten Amerikas zu vertragen, zielt Chruschtschow (keineswegs ganz erfolglos) darauf ab, sich mit den Amerikanern auf dem Rücken der Deutschen zu vertragen«. Ein Recht zu moralischer Entrüstung über Stalin hätten die Deutschen nicht, da Hitler »moralisch schlimmer« war. Und: »Wenn die Beziehungen zwischen Deutschland und Russland je wieder so werden könnten, wie sie unter Stalin waren, ehe Hitler sie verdarb, könnte jeder sehr zufrieden sein.«

Es war egal, welchen Vorgang oder welche Person Haffner unter die Lupe nahm: Er besaß die Fähigkeit, Vorurteile und falsche Gewißheiten zu hinterfragen und gründlich auseinanderzunehmen und den jeweiligen Gegenstand aus einer meist überraschenden neuen Perspektive zu betrachten. Aus dem Bösewicht Stalin, den damals in einem Atemzug mit Hitler zu nennen allererste Bürgerpflicht war (und auch heute noch ist), wurde ein zwar grausamer Herrscher, der es aber immerhin geschafft hatte, »Rußland in Rekordzeit, rechtzeitig vor dem nächsten Krieg eine leistungsfähige Schwerindustrie und eine breite Volksbildung zu geben«. Wenn »ihr alter Tyrann sie nicht seinerzeit mit Peitschen und Skorpionen gezwungen hätte, eine Industriemacht zu werden, dann lebten sie (die Russen, d.V.) vielleicht heute als Sklaven unter Hitler«. Aus der Partei, die anscheinend aufopferungsvoll für die »Wiedervereinigung« kämpfte, der CDU, wurde eine Partei, die alles für die Stärkung des Westens und die Spaltung Deutschlands getan hat, was in ihrer Macht stand. (Daß sich die CDU heute fast unwidersprochen als »Partei der deutschen Einheit« feiern lassen kann, hat sie zum Teil der Tatsache zu verdanken, daß der Fall der Berliner Mauer so rechtzeitig erfolgte, um noch Helmut Kohl als Bundeskanzler vorzufinden und dann dessen Kanzlerschaft ins – so schien es zumindest lange Zeit – Unendliche zu verlängern.) Aus dem Erfolg Kennedys in der Kuba-Krise, der zunächst darin bestand, daß die Sowjetunion ihre Raketen aus Kuba wieder abziehen mußte, machte Haffner einen Punktsieg Chruschtschows, denn die Amerikaner mußten ihre Atomraketen aus Italien und der Türkei zurückziehen, die die Sowjetunion nicht weniger bedrohten als die sowjetischen auf Kuba die USA. Darüber hinaus verringerte sich nun der Druck der USA auf Kuba; die Invasion in der Schweinebucht blieb ein einmaliger Vorgang und die Exilkubaner sitzen noch heute in zweiter oder dritter Generation in Florida, erinnern trotzig an das einmal gegebene Versprechen und warten noch immer auf ihre große Stunde.

»Man darf Amerika für die Enttäuschungen, die es seinen Klienten fortwährend bereitet, nicht allzu hart tadeln«, schrieb Haffner mit Blick auf die Exilkubaner, »höchstens für die oft etwas rohe Art, mit der es über ihre Gefühle hinweggeht. Aber in der Sache ist Amerika wohl unschuldig. Es kann nicht anders. Der Zwang der Verhältnisse ist zu stark.« Denn: Gerade das gefährliche Spiel mit den Atomwaffen vor der Haustür der jeweils anderen Supermacht mache deutlich, daß, wenn der eine stirbt, der andere ebenfalls nicht überlebt. »Siamesische Zwillinge« nennt Haffner die beiden Supermächte. Und aus Kennedys triumphalem Berlin-Besuch im Juni 1963 – »Ich bin ein Berliner«[14] – wurde in Haffners Sicht eine für die Jubler erniedrigende Jubelorgie für einen fremden Eroberer, dem die Berliner, froh darüber, wieder einmal etwas zu jubeln zu haben, ihre »hündische Dankbarkeit«[15] darboten.

Verleger Gerd Bucerius sah sich genötigt, ausgerechnet im RIAS (Rundfunk im amerikanischen Sektor) dieser Kolumne Haffners zu widersprechen. Es sei absurd, die Amerikaner in Berlin als Eroberer zu bezeichnen. Außerdem stimme es nicht, daß die Berliner bei Ausbruch des Zweiten Weltkrieges gejubelt hätten. Letzteres hatte Haffner in seiner Kolumne allerdings nicht geschrieben: Er hatte an die merkwürdige Jubellust der Berliner beim Ausbruch des Ersten Weltkriegs (»Am 2. August 1914, als alles Unglück begann«) und bei Hitlers Machtübernahme erinnert. »Im März 1933; fast einen ganzen Monat lang wurde da gejubelt«; ähnlich wie er es schon in seiner *Geschichte eines Deutschen* beschrieben hatte, deren Manuskript all die Jahre in seinem Schreibtisch in seiner Wohnung in Dahlem vergraben war.

Sebastian Haffner nannte seine *stern*-Kolumnen im Rückblick »Knallfrösche«, die er Woche für Woche in der Hamburger Redaktion abzuliefern hatte. Das ist untertrieben, denn was Haffner da abgebrannt hat, war in der Tat ein brillantes geistiges Feuerwerk, wie es das Nachkriegsdeutschland bis dahin nicht gekannt hat. Und wogegen hatte Haffner nicht alles anzuschreiben! Man hatte sich eine Traumwelt errichtet, die mit der Wirklichkeit nicht allzuviel zu tun hatte. Mit Herzenslust riß Haffner Woche für Woche die Kulissen der bundesrepublikanischen Plüschwelt ein.

Wären diese Beiträge in *konkret* oder in anderen ebenso radikalen wie auflagenschwachen Zeitschriften erschienen – niemand in der Bundesrepublik hätte daran Anstoß genommen. Den wenigen Lesern hätte es gefallen, und die Öffentlichkeit hätte es schlicht nicht zur Kenntnis genommen. So aber – die

Auflage des *stern* hatte längst die Millionengrenze überschritten, stieg weiterhin ständig und jedes Heft wurde außerdem von mehr als einem Leser in die Hand genommen* – mußte auf den »Abtrünnigen« reagiert werden.

»Irgend etwas in dem begabten und geplagten Haffner ist zerbrochen«, sorgt sich die *Bild*-Zeitung[16], konstatiert Verwirrung und fährt fort: »Dieser Mann, der durch die Schuld Hitlers aus Deutschland vertrieben wurde, hat mehr verloren als seine Heimat.« Auch der Hinweis auf den »Deutsch-Engländer Sebastian Haffner« durfte nicht fehlen. »*Mr.* Haffner, Sie sind kein Palm.[17] Man wird Sie nicht erschießen. Man wird über Sie lächeln. Eigentlich ist es um Sie schade.« Soweit die *Bild*-Zeitung. Keiner dieser Artikel kam ohne die Bemerkung aus, daß Haffner schließlich Engländer und kein Deutscher sei.

Haffner und das *Neue Deutschland*

Haffners Feuerwerk leuchtete zu hell, um nicht auch auf der anderen Seite der Mauer wahrgenommen zu werden. Und es war ja auch kein unfreundlicher Lichtstrahl, der da herüberleuchtete. Der stellvertretende Chefredakteur des *Neuen Deutschland*, Günter Kertzscher, nahm am 7. April 1963 unter der Überschrift »Haffners Versuch in realistischem Denken« zu dessen Thesen Stellung und begrüßte Haffners Eintreten für den sowjetischen Friedensvertragsentwurf. Kertzscher zitierte Haffner: Der Friedensvertrag öffne »praktisch das Tor zur Wiedervereinigung, indem er beide Teile Deutschlands aus ihren widersprechenden Bündnisverpflichtungen entläßt und ihre militärische Räumung binnen eines Jahres vorsieht«. Haffner gelange bei seinen Überlegungen »faktisch zu der These, die im Programm der SED formuliert ist«, wonach »der Abschluß eines deutschen Friedensvertrages, die Beseitigung der Nato-Stützpunkte und des Besatzungsregimes in West-Berlin und seine Umwandlung in eine freie Stadt günstige Voraussetzungen für

* Der Spiegel schätzte 1963 die Zahl der *stern*-Leser auf zwölf (!) Millionen.

die Annäherung der beiden deutschen Staaten« schaffe. Sorge macht Kertzscher allerdings Haffners Formulierung, daß sich die Deutschen, wären sie erst einmal unter einem gemeinsamen Dach, »zusammenraufen« müßten. Angesichts der Gefahr, da ins Hintertreffen zu geraten, erinnerte Kertzscher recht martialisch an Berija, »der vor zehn Jahren daran dachte, die DDR den westdeutschen Imperialisten zu verschachern. Aber der Verräter wurde zum Tode verurteilt und erschossen.« Mit diesem Partner, fügte er hinzu, könne der Westen also keine Geschäfte mehr machen.

Haffner unterließ es, in seiner Antwort im *stern* auf diese vollkommen indiskutable Kraftmeierei direkt einzugehen, und schrieb über »Die Deutschen und ihre Kommunisten«: Es sei eine Tatsache, »daß in Deutschland die Kommunisten und die Nichtkommunisten Angst voreinander haben«. In anderen Ländern – Italien, Holland, Belgien, England, Skandinavien oder Frankreich – gebe es nicht diese gegenseitige Totschlagsfurcht und Totschlagsbereitschaft »wie bei uns«. Dies läge, fürchte er, »mehr an den deutschen Nichtkommunisten als an den deutschen Kommunisten. Die Deutschen sind mit ihren Kommunisten nicht sehr geduldig umgegangen; Kommunisten in Deutschland waren immer ›Tote auf Urlaub‹, wie es einer von ihnen[18] schon 1919 klassisch formuliert hat.« Diese Erfahrung schaffe Angst und Haß. »Es verhärtet auch. Was diese verhärteten Leute dann dort tun, wo sie einmal die Chance haben zu herrschen, schürt natürlich neue Angst vor ihnen und neuen Haß gegen sie – und so immer weiter im Teufelskreis. Die deutschen Kommunisten der zwanziger Jahre waren oft sensible Intellektuelle und idealistische Menschheitsbeglücker, oft übrigens auch gute Patrioten auf ihre Art; die heutigen sind meist zähe harte Machttypen, oft voller Ressentiments und manchmal geradezu Deutschenhasser. Aber ganz schuldlos sind die Deutschen daran nicht. Sie haben sie sich so zurechtgejätet. Wenn sie rückblickend Liebknecht und Rosa Luxemburg sympathischer finden, hätten sie besser daran getan, Liebknecht und Rosa Luxemburg nicht totzuschlagen.«

Dieser Teufelskreis müsse durchbrochen werden, »und es ist die Mehrheit, die ihn durchbrechen muß, nicht die Minderheit. An der Angst, die die meisten Deutschen heute vor ihren Kommunisten haben, können sie ermessen, was für eine Angst erst die Kommunisten vor ihnen haben müssen; denn, weiß Gott, denen geben sowohl ihre Erinnerungen als auch ihre Lage noch viel mehr Grund zur Angst. Wenn sie sich aus dem ummauerten Schutzpark wieder in die freie Wildbahn gesamtdeutscher demokratischer Politik hinauswagen sollen, müssen sie dort vor Verbot, Unterdrückung, Verfolgung absolut sicher sein. Man wird ihnen sogar ein paar Vorgaben zugestehen müssen, damit der Wettstreit nicht gar zu ungleich wird.« Nach Haffners Meinung könnten sich »die Deutschen das ohne weiteres leisten – jedenfalls, sobald sie es nur noch mit ihren Kommunisten zu tun haben und nicht mehr mit der russischen Armee im Lande. Erste Voraussetzung jeder Wendung zum Besseren freilich bleibt Frieden, Entlassung aus den Bündnissen, Befreiung von fremder Besatzung. Aber mit dem äußeren Frieden muß der innere kommen, und der erfordert, daß sich die Deutschen gegenüber ihren Kommunisten einen Ruck geben, ihre Angst überwinden, auf ihren Zorn verzichten, souverän und tolerant werden. Selber Kommunisten werden brauchen die deswegen noch lange nicht. Im Gegenteil«, schließt Haffner, »sie werden vielleicht merken, daß sie unversehens weit bessere Demokraten geworden sind.«

Eine weithin vergessene Begebenheit des Kalten Krieges ist, daß das *Neue Deutschland* diesen Artikel Haffners unverändert und ungekürzt abdruckte,[19] obwohl er Unfreundlichkeiten gegenüber zwei hohen DDR-Politikern enthielt, darunter dem Staatsratsvorsitzendem Walter Ulbricht, und sich gegen die Anwesenheit sowjetischer Truppen im Osten Deutschlands richtete. Man ist versucht zu denken: Das konnte damals gedruckt werden? Aber warum auch nicht, schließlich hatte die UdSSR den Truppenabzug im Falle eines Friedensvertrages selber in Aussicht gestellt.

So erklärt sich auch die aufwendige Plazierung des Artikels, die gerade wegen der Charakterisierung Ulbrichts als »hartem, zähem Machttypen« von höchster Stelle abgesegnet worden sein dürfte. Die ungewöhnlich große, zweizeilige Überschrift »So kann man miteinander reden« in der damals beim *Neuen Deutschland* neuen Schrifttype »Tempo«, die, fett gesetzt, nur für besonders wichtige Artikel reserviert war, deutet ebenfalls darauf hin, daß hier offizielle Politik stattfand.

Die insgesamt wohlwollende Haltung Haffners gegenüber der DDR schien den Abdruck einiger Unfreundlichkeiten wert: Schon daß man sich in dieser Form auseinandersetzte, war offensichtlich wohltuend. Kertzscher begann seine Antwort, abgedruckt direkt unter Haffners Artikel, mit den Worten: »Ehe wir auf Einzelheiten eingehen, sei gesagt: Das ist ein Ton, in dem man miteinander reden kann; das ist ein Standpunkt, der fruchtbare Verhandlungen zwischen den beiden deutschen Staaten ermöglichen würde.« Freundlicherweise gestehe Haffner zu, schrieb Kertzscher an anderer Stelle, »daß es genügend Gründe gibt, die deutschen Imperialisten mit Mißtrauen und Befürchtungen zu betrachten«.

Haffner hat, soviel ist sicher, den deutschen Kommunisten in seinem Artikel, der einiges aus seiner fünf Jahre später erschienenen *stern*-Serie über die deutsche Revolution 1918/1919 vorwegnimmt, historische Gerechtigkeit widerfahren lassen. So etwas las man in diesen Jahren kaum in der Bundesrepublik, schon gar nicht in Millionenauflage. Vielmehr war man damit beschäftigt, jenen Kommunisten im Westen Deutschlands, die die Hitlerzeit überlebt hatten, mit juristischen Mitteln den Garaus zu machen, während die NPD, die mit unvergleichlich größerer Berechtigung hätte verboten werden können, weiterhin unbehelligt ihr Unwesen trieb. In den Jahren der Großen Koalition schaffte sie den Sprung in einige Landesparlamente, scheiterte jedoch bei der Wahl zum Bundestag im Jahre 1969 knapp (4,3 %) und nahm der CDU/CSU (46,1 %) die entscheidenden Stimmen zur absoluten Mehrheit weg.[20]

Wenn Haffner nun erstens »mit denen da drüben« sprach, ihnen zweitens ihre historische Berechtigung zugestand und drittens en passant das bürgerliche Deutschland daran erinnerte,

Luxemburg und Liebknecht totgeschlagen zu haben, hatte er die ungeschriebenen Spielregeln der westdeutschen Publizistik grob verletzt: Hierzu gehörte, daß die an Kriegen und Völkermord ganz und gar unschuldigen deutschen Kommunisten immer die Bösen zu sein haben. Haffner sagte rückblickend, er habe zu keinem Zeitpunkt seines Lebens im strengen Sinne anti*kommunistische* Positionen vertreten. »Sondern mein Standpunkt ist immer gewesen: Alle Politik ist Machtpolitik und spielt sich zwischen Staaten ab. Und der ganze Antikommunismus oder vorher auch der Antinazismus, das sind vordergründige Sachen, das sind Einkleidungen. Aber ich war in der Chruschtschow-Periode 'n paar Jahre lang ziemlich antirussisch, und zwar immer noch mehr vom englischen Standpunkt als vom deutschen Gesichtspunkt aus, komischerweise.«

Daß Haffner in seiner im *Neuen Deutschland* nachgedruckten *stern*-Kolumne Verständnis, ja beinahe Trost, für die deutschen Kommunisten aufbrachte, merkten die verantwortlichen Redakteure durchaus, und das dürfte dann doch ein wesentlicher Grund für den Abdruck durch die *ND*-Redaktion gewesen sein. In der Bundesrepublik war das ein Skandal: Ein westlicher Journalist, der Artikel einer Art schreibt, daß sie vom *Neuen Deutschland* nachgedruckt werden! Die Reaktion fiel entsprechend aus, und der Hinweis auf Haffners englisches Exil durfte dabei natürlich wiederum nicht fehlen. »Zu unserem Wohl und Wohlbehagen hat sich der britische Publizist Sebastian Haffner, der in Berlin lebt, seit Jahr und Tag den Kopf der Deutschen zerbrochen. Es scheint an der Zeit, daß ihm dieses Opfer nicht länger abverlangt wird«, beschied die *Berliner Morgenpost*.

Haffner hatte gegen Denkverbote verstoßen. Und da er dies, wie man den Zitaten entnehmen kann, sehr unterhaltsam tat, wurde er gelesen. Der *stern* gewann mit dem Kolumnisten Sebastian Haffner deutlich an Ansehen – und an Auflage. Natürlich nicht mit Haffner allein, sondern mit weiteren Journalisten, die früher bei der *Welt* waren und vor dem vom Verleger Axel Cäsar Springer verordneten Rechtsschwenk Reißaus genommen hatten: Erich Kuby, Heinrich Jaenicke, Paul Sethe und Gert von

Paczensky. Man kommt nicht umhin, festzustellen, daß Nannen fortan nicht nur in gute (und teure) Fotos investierte, sondern auch in politischen Sachverstand.

Immer wieder wandte sich Haffner gegen die aggressive Politik der Bundesregierung gegenüber der DDR, unter anderem deshalb, weil diese Aggressivität jeder menschlichen Erleichterung im Umgang der Deutschen in Ost und West im Wege stand[21]: »Der Versuch, das Grundgesetz stillschweigend auch für die Einwohner der DDR in Geltung zu setzen, ist nicht so menschenfreundlich, wie er auf den ersten Blick vielleicht aussieht. Er läuft nämlich darauf hinaus, diese Menschen sozusagen zu annektieren, sie einem Recht zu unterwerfen, nach dem sie nicht leben und gar nicht leben können. Das ist es, was ich eingangs ›juristische Aggression‹ nannte. Die Kommunisten in der DDR werden damit zu Mitgliedern einer verbotenen Partei gemacht, die Grenzsoldaten der Nationalen Volksarmee werden zu Mördern erklärt, wenn sie tun, was dort, wo sie leben, ihre militärische Pflicht ist, und Redakteure des Ost-Berliner Deutschlandsenders machen sich der Staatsgefährdung schuldig, wenn sie in ihren Sendungen die Politik der DDR und nicht die der Bundesrepublik vertreten. Tatsächlich sind ja schon mehrfach Reisende oder Flüchtlinge aus der DDR in der Bundesrepublik verhaftet oder verurteilt worden, weil sie nach DDR-Recht und nicht nach Bundesrecht gelebt und gehandelt haben – weil sie zu Hause Dinge getan haben, die dort Recht sind, hier aber Unrecht wären. Worauf das hinausläuft, wofür man damit Position bezieht, darüber sollte sich jeder klar sein. Es ist der Bürgerkrieg.« Die politische Wirklichkeit nach 1989 in Deutschland ist hier vorgezeichnet; daß es soweit gekommen ist, wie es dann kam, hat mehr mit dem Wetteifern der West-Parteien um die sauberste antikommunistische Weste als mit irgend etwas sonst zu tun. Folgerichtig nannte Haffner 1993 die deutsche Vereinigung von 1990 gegenüber dem Rundfunkjournalisten Michael Schornstheimer schlicht den »Anschluß der DDR«. »Also das Verschlucken der DDR und die teilweise Kriminalisierung nachträglich der DDR, die mache ich in keiner Weise mit. Das war halt der andere deutsche Staat.« Die Verurteilung von Egon Krenz am 25. August 1997 nannte er gegenüber der Tageszeitung *junge Welt* »abstrafende Pädagogik«[22]. Man könne seiner Meinung nach »nicht nachträglich das, was passiert ist, unter eine allgemeine Menschenrechtsformel bringen.«

Wider den Obrigkeitsstaat

Auch wenn die Deutschlandpolitik den größten und – nach Haffners eigener Einschätzung – wichtigsten Teil seiner Kolumnen ausmachte, waren die Themen von Haffners wöchentlichen »Knallfröschen« weit gefächert. Er äußerte sich zur Aufrüstung (»Man kann sich auch zu Tode rüsten«), zum obrigkeitsstaatlichen Zustand der Rechtsprechung (»Justizreform an Haupt und Gliedern«), zur Rolle der katholischen Kirche in der Hitlerzeit (»Der Papst, der schwieg«), Streiks (»Davon geht die Welt nicht unter«), zur deutschen Geschichte (»1813«), zu Adenauers Abgang (»Die Deutschen brauchen keine großen Männer«), über die »Weisheit Henry Fords«, aber auch – und sehr früh – über das Aufbrechen der Rassenunruhen in den USA oder so scheinbar nebensächliche Dinge wie das Grubenunglück in Lengede, das allerdings die Republik erschütterte.

Wie Haffner von der um rund acht Tage verzögerten Rettung bereits für tot erklärter Kumpel auf den Krebsschaden der westdeutschen Gesellschaft, die ungebrochene Obrigkeitsstaatlichkeit, hinlenkt, lohnt nachzulesen. Was war geschehen? Nur zufällig waren Gesprächsinhalte von überlebenden Bergleuten an die Firmenspitze gelangt, die daraufhin die Rettungsarbeiten wieder aufnahm, und wie durch ein Wunder konnten elf Verschüttete lebend geborgen werden. Wie konnte es passieren, daß die wertvollen Informationen der Kumpel nicht dorthin gelangten, wo sie gebraucht wurden? »Wie sehr belastet es ein System, in dem so etwas möglich ist, und man muß fürchten, normal ist, in dem zwischen ›oben‹ und ›unten‹ eine so furchtbare, so unüberwindliche Schranke der Ungleichheit, der Fremdheit, der

Furcht und des Mißtrauens herrscht!« Er vergleicht die Hierarchie in der Wirtschaft mit der im Militär, stellt beides in einen Gegensatz zu dem freundschaftlichen und kollegialen, ganz und gar selbstverständlichen Miteinander von Angehörigen verschiedener Berufe und sozialer Schichten in anderen Ländern und beendet die Kolumne mit der Feststellung: »Die lange Leitung von Lengede [...] spricht nicht gerade für die Überlegenheit des autoritären Betriebssystems« und der Frage: »Wie will man eigentlich im großen eine Demokratie aufbauen, wenn man im kleinen lauter Diktaturen und Hierarchien bestehen läßt?« Die spätere Parole der Demokratisierung aller gesellschaftlichen Bereiche ist hier vorweggenommen. Und zwar lange bevor sie ein jeder im Munde führte.

Die Nacht der langen Knüppel

Am 2. Juni 1967 kam es in Berlin zu einem Ereignis, daß die innenpolitische Auseinandersetzung von einem Tag auf den anderen ungeheuer verschärfte und deshalb von vielen als der eigentliche Startschuß der 68er-Bewegung in der Bundesrepublik Deutschland angesehen wird. Haffner hatte, ob es nun seine Absicht war oder nicht, diese Auseinandersetzung mit vorbereitet, indem er einer dringend notwendigen Demokratisierung das Wort redete. Er transportierte Ansichten, die damals noch Minderheitsmeinungen waren, in eine sehr viel größere Öffentlichkeit. Das war mehr wert als 1000 Demonstrationen und muß schon von daher als Glücksfall für die Republik angesehen werden. In Millionenauflage gedruckt wurde für gewöhnlich Gegenteiliges: noch heute schockierende Hetze im Stil des *Stürmers*. Es war nur wenig Übertreibung darin, als Haffner in seiner Fernsehkolumne die Hetze der Springerpresse mit der des *Stürmer* verglich; die Zeitungen aus der Kochstraße verhielten sich in ihrer publizistischen Wucht zu dem Nazi-Blatt allerdings so wie eine Atombombe zu einer Gewehrkugel.

Auf Einladung des Bundespräsidenten besuchte der Schah

von Persien Resa Pahlevi mit seiner Frau Berlin. Schon seit vielen Jahren berichtete die deutsche Regenbogenpresse über die märchenhafte Pracht am Hofe des Herrschers, ohne jedoch die Quellen des sagenhaften Reichtums, die sich aus der Armut der Bevölkerung speisten, zu erwähnen. Auch die Folterkeller der Geheimpolizei Savak, in der so mancher politische Oppositionelle zu Tode gekommen war, wurden wohlweislich nicht erwähnt, obwohl amnesty international jährlich Zahlen dazu veröffentlichte. Bahman Nirumand hatte jedoch in seinem Buch *Persien, Modell eines Entwicklungslandes oder Die Diktatur der Freien Welt*[23], das im März 1967 im Rowohlt Taschenbuch Verlag erschienen war, über die katastrophalen Verhältnisse im Iran ausführlich berichtet, und so wurden im Vorfeld des Staatsbesuches studentische Flugblätter, die zur Teilnahme an der Demonstration aufriefen, stadtweit verteilt.[24]

Am Tag des Schah-Besuchs probten Senat und Polizei den Bürgerkrieg. Zu ersten Auseinandersetzungen kam es bereits am Mittag vor dem Schöneberger Rathaus, in dem der Schah mit allen Ehren empfangen wurde. In der Menge vor dem Rathaus befanden sich auch Agenten der Savak, die plötzlich begannen, mit Stahlruten, Totschlägern und Holzlatten auf die Studenten einzuschlagen. Die Berliner Polizei schaute dem Treiben eine geraume Zeit recht unbeteiligt zu, bevor sie eingriff, und zwar nicht unbedingt zugunsten der Demonstranten. Am Abend jedoch, während der damalige Regierende Bürgermeister Heinrich Albertz und der Schah der *Zauberflöte* in der Deutschen Oper lauschten, gab es die »Keile«, die ein Sprecher des Berliner Senats prognostiziert hatte: Wieder ging die Gewalt von den Savak-Leuten aus, die im Schutz der Polizei Steine auf die Demonstranten warfen. Etwa 800 Polizisten trieben ohne Vorwarnung mit Gummiknüppeln die Ansammlung vor der Absperrung auseinander, Panik entstand. Demonstranten kletterten über Bauzäune, einige rissen die Latten heraus, um sich zu verteidigen, andere flüchteten vor ihren Verfolgern über eine offene Rasenfläche in die Krumme Straße. Unter ihnen war auch der Student Benno Ohnesorg, der von Polizisten »wie im Rausch« verprügelt und vom Polizeiobermeister Karl-Heinz Kurras erschossen wurde. Ohnesorg hatte am Abend zuvor den linken Jugendclub »Ca Ira« in der Münsterschen Straße besucht. Der mit Anzug und Krawatte auffallend korrekt gekleidete Student aus Hannover, der seit zwei Monaten verheiratet war und dessen Frau ein Kind erwartete, hörte sich skeptisch bei einem Glas Bier die Erzählungen über das brutale Verhalten der Polizei auf den Demonstrationen der vergangenen Monate an. Nein, das könne er sich nicht vorstellen, diese Darstellungen seien wohl übertrieben. Eine erregte Debatte entbrannte. Jemand rief: »Sieh es dir doch morgen selber an!« Das hatte Ohnesorg ohnehin vor.[25]

Die Aussagen verschiedener Zeugen, darunter auch Journalisten, widerlegten die Behauptung der Berliner Polizeibeamten, sie hätten in Notwehr gehandelt. In dem Boulevardblatt *BZ* des Berliner Verlegers Springer wurde am nächsten Tag auf der Titelseite ein Foto des erschossenen Studenten Benno Ohnesorg veröffentlicht. In der Unterzeile hieß es, er wäre das Opfer gewalttätiger Demonstranten geworden, und weiter im Artikel: »Wer Terror produziert, muß Härte in Kauf nehmen.« Die *Bild*-Zeitung schrieb: »Ein junger Mann ist gestern in Berlin gestorben. Er wurde Opfer von Krawallen, die politisch Halbstarke inszenierten. Ihnen genügt der Krawall nicht mehr. Sie müssen Blut sehen. Sie schwenken die rote Fahne. Hier hören der Spaß und der Kompromiß und die demokratische Toleranz auf. Wir haben etwas gegen SA-Methoden. Die Deutschen wollen keine Rote und keine Braune SA. Sie wollen keine Schlägerkolonnen, sondern Frieden.« Welche Zeitung man auch las, die Berichterstattung folgte zwei Wochen lang den Aussagen von Berliner Senat und Polizei, die Demonstranten wären verantwortlich für die Eskalation der Gewalt und für den Tod Benno Ohnesorgs.

Am 19. Juni erschien der *stern* mit dem Bericht des Berliner Maurers Ulrich Jansen, der Augenzeuge der Ereignisse war. In seinem »Die Nacht der langen Knüppel« überschriebenen Kommentar nahm Sebastian Haffner mit einer Heftigkeit Stellung, die manch einen noch heute verstört.[26] »Es war ein systematischer, kaltblütig geplanter Pogrom, begangen von der Berliner Polizei an Berliner Studenten«, erklärte Haffner: »Während in der Berliner Oper zu Ehren des Schahs die *Zauberflöte* erklang, haben sich draußen Greuel abgespielt, wie sie außerhalb der Konzentrationslager selbst im Dritten Reich Ausnahmeerscheinungen gewesen sind.« An die Adresse des Verlegers Axel Springer, der den Berliner Zeitungsmarkt klar beherrschte, richtete Haffner die Sätze: »Seit Monaten hat die in West-Berlin tonangebende und marktbeherrschende Presse des Verlegers Springer gegen die nonkonformistischen Berliner Studenten systematisch eine Pogromstimmung geschürt. [...] Ihr (gemeint sind die Studenten – d. V.) ganzes Verbrechen besteht in der Demonstration für ihre Meinung, die von der Meinung der Springer-Presse abweicht; und mit dieser Demonstration bewahren sie das letzte noch glimmende Fünkchen von Meinungsfreiheit im Springer-Berlin vor dem Verlöschen. Gerade hier zeigt sich lupenrein, daß dieses Springer-Berlin von 1967 in der Sache, wenn auch nicht in der Form, wieder ein faschistisches Berlin geworden ist.« Und weiter: »Da es in Berlin, dank dem Springer-Monopol, keine Möglichkeit mehr gibt, oppositionelle Meinungen auf journalistischem Wege an eine breitere Öffentlichkeit heranzutragen, bleibt dazu nur noch das – völlig legale – Mittel der Demonstration.«

Haffners Kolumne schloß mit den Worten: »Einst rief Ernst Reuter der ganzen Welt zu: ›Blickt auf diese Stadt!‹. Heute können Springer und Albertz von Glück sagen, daß die Welt Dringenderes zu tun hat, als auf ihre Stadt zu blicken. Wer es aber doch tut, kann sich nur abwenden, um sich zu erbrechen.« Ein wahrer Paukenschlag, von dem sich der *stern*-Verleger Bucerius im gleichen Heft distanzierte. Im Vorspann zu Haffners Artikel hieß es: »Nur weil wir die Meinungsfreiheit wirklich für das höchste Gut der Demokratie halten, geben wir Sebastian Haffner das Wort zu seinem Aufschrei über die Berliner Vorfälle [...] Vergleiche mit Pogrom, SS, Faschismus, Auschwitz und Schreibtischtätern halten wir in diesem Zusammenhang für ganz und gar abwegig.«

Jahre später schrieb der zum damaligen Zeitpunkt abwesende verantwortliche Redakteur der Kolumne, Gerhard E. Gründler, in der Festschrift anläßlich der Verleihung des Heinrich-Heine-Preises der Stadt Düsseldorf an Sebastian Haffner, daß die Distanzierung von Dr. Bucerius ein Fehler gewesen war. »Erstens konnte die Staatsanwaltschaft daraus schließen, daß sich der verantwortliche Redakteur seiner Sache nicht sicher und des beleidigenden Charakters der Kolumne bewußt war [...] Zweitens setzt sich die Redaktion mit solchem Vorspruch im Ausnahmefall dem Mißverständnis aus, mit allen übrigen Texten des Verfassers sei sie mehr oder wenig einverstanden. Damit wird aber die Rolle des Kolumnisten abgewertet. Er schreibt am besten auf eigene Rechnung und Gefahr.« Und weiter: »Ein Kolumnist, der von der Linie seines Blattes und den Vorurteilen seiner Verleger, Redakteure und Leser allenfalls in Nuancen abzuweichen pflegt, ist gar keiner. Er ist Leitartikler. Der Kolumnist muß Unerwartetes und Unsagbares aussprechen, Unbequemes und Unerwünschtes vordenken. Er muß die Kunst beherrschen, sich quer zu legen, ohne darüber zum Querulanten zu werden. [...] In diesem Sinne wirkt der Kolumnist als Provokateur in einer Republik, der mit Leisetreten nicht gedient ist.«

Die Provokation wirkte so nachhaltig, daß es in einigen Kommentaren vornehmlich der Springer-Presse zu Entgleisungen gegenüber dem ehemaligen Emigranten kam. In der *Welt* vom 25. Juni 1967 hieß es im Vorspann zu einem Kommentar von Felix von Eckardt, dem ehemaligen Bundespressechef und Beauftragten für Berlin, Haffner habe »ein Urteil im Stile Freislers, eine hemmungslose Beschimpfung« vorgenommen. Etwas »einmalig Abstoßendes« habe sich ereignet, ein »Verbrechen im Bereich der Publizistik«. Die *Morgenpost* legte Haffner nahe, Berlin »das zu kehren, was an Haffner am sympathischsten ist: den Rücken«, ließ aber freundlicherweise offen, ob er sich nach Osten, wo er sowieso hingehöre, oder nach Westen, wo er hergekommen war, wenden solle.

Der damalige Regierende Bürgermeister Heinrich Albertz rügte zwar Haffners Artikel, zog sich jedoch einige Monate später aus der Politik zurück, nachdem er erkannt hatte, daß er niemals der Führung der Berliner Polizei hätte vertrauen dürfen. In seiner Autobiographie »Blumen für Stukenbrock« schreibt Albertz: »[...] ich werde die Schuld für dieses persönliche Versagen tragen müssen, bis ich vor meinem ewigen Richter stehe [...] Am nächsten Morgen mußte ich den Schah zum Flugzeug bringen. Ich fragte ihn, ob er von dem Toten gehört habe. Ja, das solle mich nicht beeindrucken, das geschehe im Iran jeden Tag.« Bahman Nirumand berichtete später, das sei der Augenblick gewesen, in dem Albertz klar wurde, »daß das ein Verbrecher war«.[27]

Der Senat beauftragte zunächst den Justizsenator, den Artikel Haffners hinsichtlich seiner justitiablen Relevanz zu prüfen, und ließ am nächsten Tag durch einen Sprecher mitteilen, daß auf eine strafrechtliche Verfolgung verzichtet werde, trotz der »verleumderischen Behauptungen« Haffners. Als Begründung dieses Beschlusses wurde erklärt, daß dieses Problem »nicht mit juristischen Mitteln aus der Welt geschafft werden könne«. Unabhängig davon hatten jedoch der Berliner Polizeivizepräsident und mehrere Polizeibeamte Strafanträge wegen Beleidigung gestellt. So wurde der Jurist Sebastian Haffner am 28. Juni zu einer kriminalpolizeilichen Vernehmung gebeten und erklärte dort: »Ich möchte mich heute nicht äußern, außer daß ich den Artikel geschrieben habe und nach meiner Rechtsauffassung den Tatbestand der Beleidigung als nicht gegeben betrachte.«

Die Staatsanwaltschaft Hamburg erhob schließlich Klage gegen Haffner und den verantwortlichen Redakteur, zur Verhandlung kam es jedoch nicht. »Leider konnten wir die Sache vor Gericht nicht ausfechten«, schrieb Gerhard Gründler 1978, »weil wir in den Genuß der Amnestie von 1970 kamen. Ich war fest davon überzeugt, daß der scharfe und polemische Angriff den Ereignissen angemessen war und halte ihn deshalb noch heute für gerechtfertigt.« Infolge der Ereignisse vom 2. Juni 1967 mußte Innensenator Büsch zurücktreten, Polizeipräsident Duensing wurde beurlaubt. Im November wurde Polizeiober-

Erster Besuch in Deutschland, 1946

Mit Mutter und Schwester, September 1946

Familientreffen in Berlin, September 1950
Von rechts: die Schwester Eva Wissmann und ihr Mann, Wanda Pretzel, Sebastian Haffner und seine Frau Erika sowie die Brüder Ulrich und Bernhard Pretzel

Sebastian Haffner mit seiner Familie vor dem Haus in Wimbledon, von links Schwägerin Marga und Nichte Viola, Erika Pretzel, Sohn Peter, vorn Oliver und Margaret, 1949

Mit Margaret und Oliver, 1949

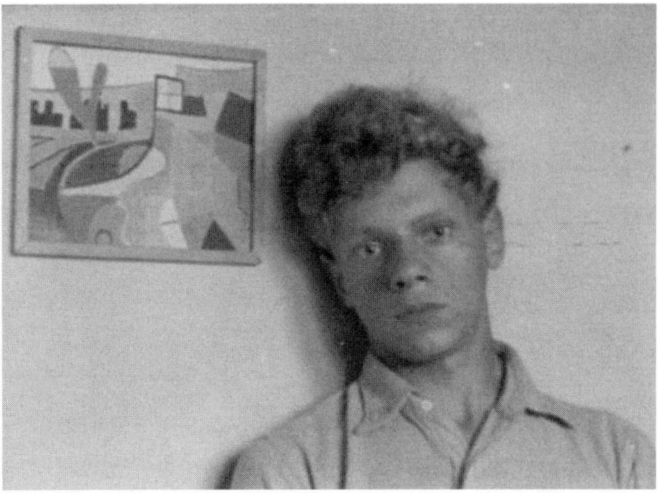

Peter im Alter von 19 Jahren; an der Wand hängt ein Bild des jungen Malers.

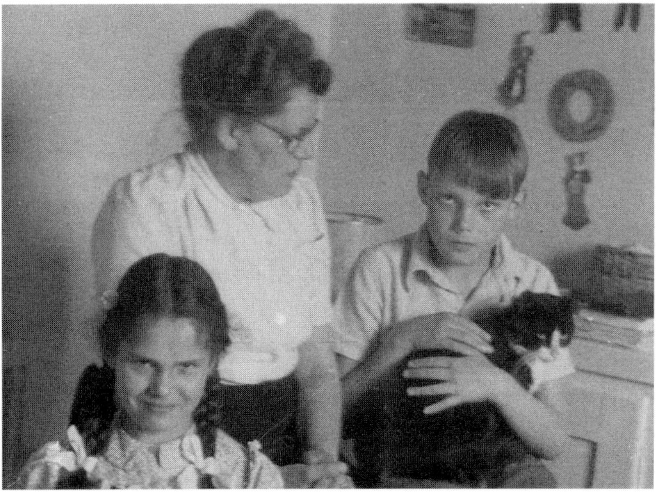

Erika, Margaret und Oliver, 1949

Mit seinen Kindern und seiner Frau in Wimbledon, 1950

Sarah und Sebastian Haffner, in der Mitte sitzt seine Mutter, zweite von links Erika Pretzel, Anfang der sechziger Jahre

Podiumsdiskussion mit Günter Gaus, rechts Sebastian Haffner, sechziger Jahre

Haffners erstes Buch in deutscher Sprache erschien 1965.

Die zunächst als Stern-Serie veröffentlichte Studie über fünf Jahrzehnte deutsch-russischer Beziehungen löste in Bonn und Moskau Empörung aus.

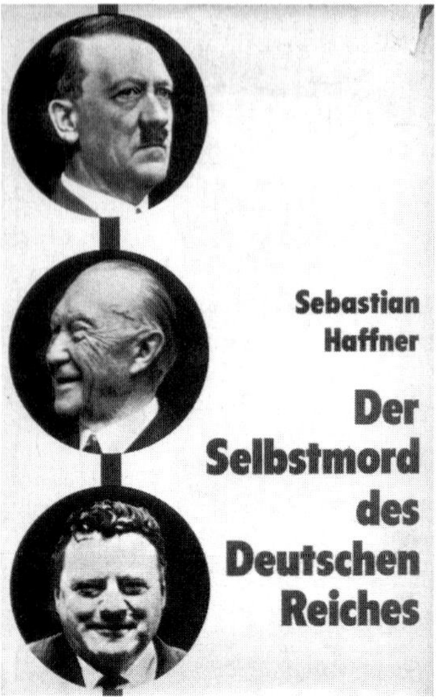

»Das Deutsche Reich ist tot, aber die Ideen, an denen es gestorben ist, wirken in der Bundesrepublik weiter – als Leichengift.«(1970)
Der Schutzumschlag des anläßlich des 20. Jahrestages der Gründung der beiden deutschen Staaten geschriebenen Buches stammt von Sarah Haffner.

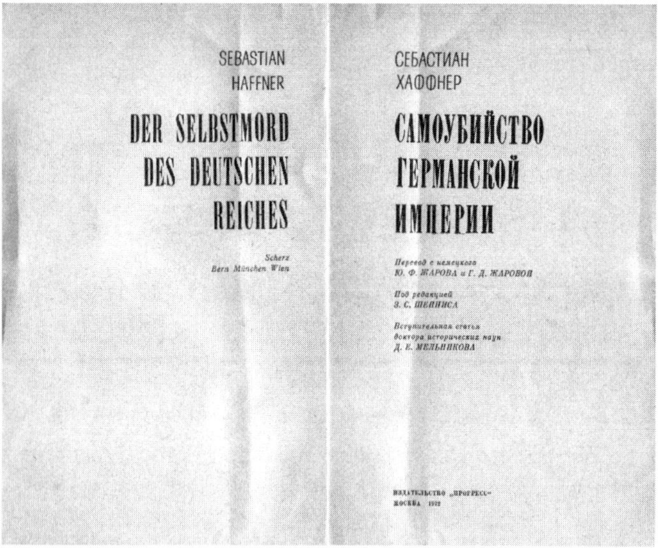

Die russische Ausgabe erschien 1972 in Moskau; es ist die einzige Übersetzung eines Buches von Sebastian Haffner ins Russische.

In diesem packend geschriebenen, zeitgeschichtlichen Panorama der umstrittenen Ereignisse von 1918/19 widerlegt der bekannte Publizist die Legenden und Zweckgerüchte durch eine objektive Rekonstruktion der wirklichen Geschehnisse.
Sebastian Haffner
Die verratene Revolution
Scherz

»Haffners Revolutionsgeschichte ist konkurrenzlos – knapp, präzise, leidenschaftlich rational, brillant formuliert.« *Profil*, Wien

Churchill
Sebastian Haffner
rororo bild monographien

»Den *Churchill* habe ich mit Liebe geschrieben.«

EINWURF
Haffners „nonkonformistisches Deutschlandbild"
Zeichnung: Hicks

Karikatur aus der *Welt am Sonntag*, 22. Mai 1966

Sebastian Haffner zur Zeitgeschichte
Kindler

Die 36 Essays des Bandes basieren auf Buchkolumnen, die Sebastian Haffner 1963 bis 1971 für die Zeitschrift *konkret* schrieb.

Mit Sarah Haffner vor dem Hotel Kempinski am Kurfürstendamm,
Anfang der sechziger Jahre

Im Gespräch mit Joachim Fest

»Die Urteile eines scharfsinnigen Beobachters, der äußerste Nüchternheit mit hoher intellektueller Originalität verbindet.«
Joachim Fest

Die Verlegerin Nina Kindler und Sebastian Haffner

Ein erzählendes Geschichtsbuch

»Erst Geschichtsschreibung schafft Geschichte. Geschichte ist keine Realität, sie ist ein Zweig der Literatur.« (1972)

Porträts »großer« Preußen von Friedrich II. bis Ernst Niekisch.
Ein Geschichtsbuch nach dem Fernsehfilm »Generale« aus dem Jahr 1977, zu dem Sebastian Haffner das Drehbuch schrieb und den er auch moderierte.

Sebastian Haffner, Anfang der neunziger Jahre

Vom langen Werden und langsamen Sterben Preußens: dazwischen liegt ein großes Drama; die Tragödie der reinen Staatsvernunft. Meisterstücke historischer Essaystik

Am 14. Januar 1988 verleiht der Regierende Bürgermeister von Berlin Eberhard Diepgen Sebastian Haffner den Titel »Professor ehrenhalber« Sitzend: Christa Rotzoll und Sebastian Haffner; stehend von links: Wolfgang von Selchow, Winfried Fest, der Historiker Arnulf Baring, Sarah Haffner; von rechts Marcel Reich-Ranicki, Professor George Turner, Senator für Wissenschaft und Forschung

Das letzte Buch Sebastian Haffners basiert auf Gesprächen mit Arnulf Baring und Volker Zastrow, die Tonbandtranskripte hat Volker Zastrow redigiert.

Mit seiner zweiten Frau, der Journalistin Christa Rotzoll 1991

Sebastian Haffner mit seinem Urenkel Laurens, fotografiert von seinem Enkel David Brandt, 1990

Eine Auswahl aus 50 Jahren, erschienen zum 90. Geburtstag

Porträt von Stephan Moses

meister Kurras vom Berliner Landgericht freigesprochen, obwohl die Tat nach Aussage des Richters Geus »eindeutig rechtswidrig« war und Kurras »objektiv falsch« gehandelt habe. Schuldig sei er aber nicht, da er zum Zeitpunkt der Tat »in seiner Kritik- und Urteilsfähigkeit eingeschränkt« gewesen sei und ihm »ein besonnenes Überlegen und Verarbeiten der Geschehnisse unmöglich war« – ein Urteil, bei dem selbst den Richter »ein gewisses Unbehagen« beschlich.

Der langjährige Berliner Polizeipräsident Klaus Hübner, der sein Amt 1969 antrat, notierte in seinen Erinnerungen 1997: »Weshalb er (Kurras – d. V.) sich in einer Notwehrsituation wähnte, obwohl sich dort zivile und uniformierte Polizeibeamte in großer Zahl tummelten, wird ewig streitig bleiben.«

Es gibt nun einmal Delikte in Deutschland, die nicht bestraft werden. Und gerade weil das so ist, weil sich der gesamte Polizei- und Justizapparat wieder einmal feige und geradezu verschwörerisch um einen Mörder in Uniform aufbaute, um ihn zu schützen, wurde der 2. Juni nicht nur ein bedeutendes Datum in der Geschichte der Bundesrepublik, sondern gab – gedacht als Anklage und Rechtfertigung in einem – den Namen ab für eine Berliner »Stadtguerillabewegung«, die meinte, den Terror jener Nacht ihrerseits mit Terror beantworten zu müssen. Als diese Gruppe im Frühjahr 1975 den Berliner CDU-Politiker Peter Lorenz entführte, um Gefangene ihrer Bewegung freizupressen, war Heinrich Albertz die offizielle, von den Entführern verlangte Begleitperson, als sie und die freigelassenen Gefangenen am 5. März Berlin in einem Flugzeug Richtung Jemen verließen.

Nach dem 2. Juni 1967 jedoch war die sich bis dahin langsam entwickelnde außerparlamentarische Opposition nicht mehr zu bremsen. Das hatte mit Terror nichts zu tun, wurde aber in den bereits erwähnten Blättern so dargestellt. Damit aus dem behaupteten Terror wirklicher Terror wurde, schleusten V-Leute des Berliner Verfassungsschutzes Waffen in die Protestszene. Anscheinend glaubte man der Entwicklung nicht mehr anders Herr werden zu können, und tatsächlich fanden sich ja genug Leute, die glaubten, daß die Zeit reif war für die Anwendung von Gewalt.[28]

Streiter für den liberalen Rechtsstaat

Im März 1968 stellte Haffner fest: »In unglaublich kurzer Zeit hat sich die politische Szene – und die politische Atmosphäre – bis zur Unkenntlichkeit verändert. Dahin die bleierne Ruhe der Erhard-Ära, die doch durch die Große Koalition recht eigentlich hatte institutionalisiert werden sollen.« Haffner warnte vor einem »neuen Faschismus«, den er – als Mischung aus Polizeigewalt und Pogrom – in allen Parteien agieren sah. »Ich denke hier keineswegs ausschließlich, nicht einmal in erster Linie, an die NPD. Deren Erfolg hält sich einstweilen noch in engen Grenzen, und wenn die NPD die einzige Erscheinungsform des Faschismus im gegenwärtigen Deutschland wäre, könnte man noch einigermaßen beruhigt sein. Faschismus ist aber viel verbreiteter als Neonazismus. Er findet sich in allen Parteien und Bevölkerungsschichten.« Manchmal firmiere er ganz naiv als »Verteidigung unserer demokratischen Grundordnung«. Haffner prangerte die Teilnehmer einer vom Berliner Senat veranstalteten Kundgebung im Februar 1968 vor dem Rathaus Schöneberg an, auf der Plakate mit der Aufschrift »Teufel in den Zoo« und »Dutschke: Staatsfeind Nr. 1« zu lesen war: »Das ist Faschismus.« Ein SPD-Parteibuch sei noch lange keine Garantie gegen Faschismus. »Seit Noskes Tagen besteht gerade hier eine böse Tradition.«

»Gott sei Dank« gäbe es auch noch »Liberale in Deutschland – und zwar ebenfalls in allen Parteien und allen Bevölkerungsschichten«. Hier erwähnte Haffner die Kirchen, »wenn auch mit Ausnahmen«, Teile der Justiz, große Teile der Massenmedien und besonders das Fernsehen verdienten ein dickes Lob.[29] Im nächsten Absatz verriet Haffner dem Leser, was ihn umtrieb: »Die vielen Beweise echter und auch mutiger liberaler Gesinnung, sogar liberalen Widerstandes und liberalen Zorns in den letzten Wochen sind immerhin ermutigend. Sie zeigen, daß sich in Deutschland seit 1933 einiges zum Besseren geändert hat.«

Nebenher gab Haffner hier eine eigene Definition seiner Vorstellung von Liberalismus; eine Definition freilich, die sich in der deutschen Parteienlandschaft nicht wiederfindet, auch da nicht, wo man sie dem Namen nach vermuten sollte. »Der größte Fehler, den Liberale heute machen könnten, wäre, der gereizten Bestie (des Faschismus – d.V.) ihre machtlosen linken Feinde zum Fraß vorzuwerfen. Das würde ihr nur Appetit auf mehr machen, und die nächsten, die dann gefressen würden, wären die Liberalen selbst. Sei es auch nur um der Erhaltung des Liberalismus und der Offenhaltung der gesellschaftlichen Zukunft willen, die Parole muß jetzt und bis auf weiteres für jeden Liberalen lauten: Frieden mit der neuen Linken, Kampf dem Faschismus!«[30]

Ein wichtiges Vorhaben von CDU/CSU und SPD, dem Haffner mehrere Kommentare widmete, war die nur beiden Parteien gemeinsam mögliche Verabschiedung der Notstandsgesetze. Mit diesen Gesetzen erhielte die Bundesrepublik gleichsam eine neue Verfassung, denn die »Freiheit des Bundesbürgers ist in Zukunft eine Freiheit auf Abruf«. Besonders scharfe Kritik übte Haffner in diesem Zusammenhang an der Politik der SPD. Um zur Großen Koalition zugelassen zu werden, habe sie die Unterstützung bei der Verabschiedung der Notstandsgesetze »als Morgengabe« in die Elefantenehe eingebracht. Diese Politik »entspricht im übrigen völlig den eingeschleiften SPD-Traditionen von 1914, 1918 und 1932. Wer von der SPD anderes erwartet hatte, ist selber schuld. Unerwartet, und ein bißchen peinlich, war höchstens das Pathos, mit dem Brandt nachträglich versicherte, gegen einen Mißbrauch der Notstandsverfassung werde die SPD auf die Barrikaden gehen. Die SPD wird niemals auf die Barrikaden gehen, und übrigens wären diese verfetteten älteren Herrschaften dort auch zu gar nichts nutz. Ihr Kampfplatz, wo sie zu etwas nutz hätten sein können, war das Parlament, und dort haben sie, wie immer, den Paß verkauft.«[31]

Hier deutet sich ein scharfer Ton gegen die deutsche Sozialdemokratie an, deren Versagen Haffner während der sechziger Jahre immer wieder mit der Rolle der Partei während der Revolution von 1918 parallelisiert hat. Mit genau dieser Rolle setzte er sich in seiner ab September 1968 im *stern* erschienenen Serie *Der große Verrat* auseinander. Die im Jahr darauf erschienene etwas erweiterte Buchversion trug den freundlicheren Titel *Die verratene Revolution*.

Vorher hatte Haffner eine Serie über den Ersten Weltkrieg *(Die Sieben Todsünden des Deutschen Reiches)* und über die deutsch-russischen Beziehungen *(Der Teufelspakt)* geschrieben. Erstere brachte ihm eine scharfe Polemik in einem Blatt namens *Der Mittag* ein (»Er hat seinen Ruf verspielt, er hat sich selbst gerichtet«), letztere eine Vorladung des Leiters der Bonner *stern*-Redaktion, Peter Stähle, zu einem Gespräch in der sowjetischen Botschaft. »Was dann folgte«, schrieb Henri Nannen am 21. November 1967 in seiner Rubrik *Liebe stern-Leser*, »kann schwerlich ein Gespräch genannt werden, es sei denn, Kasernenhoflautstärke und ein wütend durchs Zimmer geworfenes Feuerzeug gehörten zu den diplomatischen Umgangsformen eines Staates, der gerade in diesen Wochen Grund hätte, ein gelassenes Selbstbewußtsein zur Schau zu tragen.« Der *stern* habe »Kübel von Schmutz über die Sowjetunion ausgegossen«, der Beitrag sei »unter dem Niveau der Springerpresse« und der Bruch mit dem *stern* nun »irreparabel«. Ursache des Wutausbruchs war, daß Haffner – nicht ketzerisch, sondern voller Respekt! – die Zusammenarbeit zwischen Lenin und dem kaiserlichen Deutschland dargestellt[32] und auch die Finanzierung der russischen Revolution durch Deutschland nicht verschwiegen hatte.

Diese drei Serien, nach langer Zeit wieder als Buch erhältlich, sind eine lohnenswerte Lektüre, wenn man etwas über den Ausgangspunkt der europäischen Politik nach dem Ende des Ersten Weltkrieges erfahren will. Sie begründeten Haffners Ruf als »Volksschullehrer«.

Die Serie *Der Selbstmord des Deutschen Reiches*, 1969 im *stern* und 1970 als Buch veröffentlicht, blieb in der Bundesrepublik ziemlich unbeachtet, wurde aber als einziges Werk Haffners ins Russische übersetzt. Der Mißerfolg in Deutschland und die Anerkennung, den die in Moskau erschienene Ausgabe trotz des

»irreparabelen« Bruches fand, bedingen einander, denn Haffner ließ der Rolle der Sowjetunion und ihren furchtbaren Opfern im Zweiten Weltkrieg Gerechtigkeit wiederfahren.

Nachdem Haffner im *stern* mitgeholfen hatte, die innenpolitische Krise der 60er Jahre zu überwinden, wuchs ihm eine neue Rolle zu. Er begann nun, die Arbeit der SPD-FDP-Koalition mit Willy Brandt als Bundeskanzler kritisch zu begleiten. Einerseits wurden seine Kommentare im Ton moderater. Andererseits sah Haffner keinen Grund, sich von Terrorgruppen als publizistische Geisel nehmen zu lassen. »Ja, auch ich habe Ulrike Meinhof ein bißchen gekannt und zu Zeiten ganz gern gehabt«[33], begann eine Kolumne im Februar 1972 über Andreas Baader. »Mit Politik hat das alles nichts zu tun. Gut, auch der junge Stalin hat Raubüberfälle verübt, um die Partei zu finanzieren, aber wo ist hier die Partei? Gut, in jeder Revolution geschehen Gewalttaten, aber wo ist hier die Revolution? [...] Baader, ein deutscher Mao? Eher ein deutscher Mackie Messer.«[34]

In diesen Zeilen werden die Motive Haffners deutlich, die zu so inbrünstiger Verteidigung der demonstrierenden Studenten, aber auch zur kühlen und vernichtenden Abfertigung eines Desperados wie Baader führten: Es ist nicht allein die Lichterfelder »Abneigung gegen alles Rabaukentum«, es ist immer auch die Sorge um die Gefährdung des Rechtsstaates. Das ist jedoch weniger konservativ zu verstehen, als man solche Worte zu lesen gewohnt ist: Haffner hatte die Auflösung eines Rechtsstaats miterlebt und war schon aus diesem Grund bereit, gegen jede Gefährdung desselben vorzugehen, um – wie schrieb er 1968? – »der Offenhaltung der gesellschaftlichen Zukunft willen«. Ohne Zweifel hat die RAF, wie sie sich in grotesker Überschätzung selbst nannte, zwar nicht den Staat, aber den Rechtsstaat gefährdet. Den Unterschied kann jemand, der ihn am eigenen Leib erfahren hat, wohl am ehesten ermessen. Darüber hinaus empörte Haffner wie viele damals, daß die selbsternannten Revolutionäre die gesamte Linke diskreditierten, ohne daß diese sich dagegen zur Wehr setzen konnte.

In einem Gespräch mit dem Autor berichtete Haffner 1994, daß der damalige leitende *stern*-Redakteur Manfred Bissinger, heute Herausgeber der auflagenschwachen *Woche*, im Jahr 1975 das Ende seiner Kolumne betrieben habe. Er war darüber im nachhinein nicht unbedingt glücklich: Beim *stern* habe er als Linksaußen angefangen und sei als Rechtsaußen geendet, »und nicht ich hatte mich geändert, der *stern* hatte sich geändert«.

Haffner veröffentlichte danach nur noch gelegentlich in dieser Illustrierten, dafür fanden sich in anderen Zeitungen häufiger Beiträge von ihm. Und er nutzte die freigesetzten Kräfte für neue Projekte. Ob die späten Bücher, die die erfolgreichste der vielen Karrieren Haffners einleiteten, je geschrieben worden wären, wenn er weitere zehn Jahre wöchentlich seine »Knallfrösche« abgeliefert hätte, darf bezweifelt werden.

Der *stern* verabschiedete sich mit der Trennung von Haffner zugleich von der leidenschaftlichen und kühlen historischen Analyse und ging über zu einem Sensationsjournalismus, der im Mai 1983 zu einem der peinlichsten und absurdesten Skandale der Pressegeschichte überhaupt führte: der Publikation der angeblichen Hitler-Tagebücher und der Lachnummer aus der Feder eines sensationslüsternen Redakteurs, welcher keck meinte fragen zu müssen, ob nun die Geschichte umgeschrieben werden müsse. Als Haffner in seiner Dahlemer Wohnung das Heft zur Hand nahm und Hitlers »exklusive Tagebücher« las, hielt er das ganze für eine ziemliche Dummheit und kündigte an, einen Besen fressen zu wollen, sollten die Tagebücher echt sein. Die Glaubwürdigkeit des *stern* leidet an diesem Fiasko bis heute.

DIE DEUTSCHEN MIT SICH SELBST VERSÖHNEN

»Später habe ich hier mein Hitler-Buch geschrieben, das durchaus sehr pro-deutsch ist mit dem Tenor, man kann es verstehen, daß ihr damals diesen Versuchungen erlegen seid.«[1] In diesem Satz aus einem Gespräch über seine Zeit im englischen Exil – darum das Wörtchen »hier«, nämlich »hier in Deutschland« – ist das halbe Geheimnis des Erfolgs von Sebastian Haffners *Anmerkungen zu Hitler* versteckt: Er ging als Emigrant auf seine Leser – die selbst oder deren Eltern hiergeblieben waren – ähnlich wie vorher im *stern* nicht mit erhobenem Zeigefinger los.

Die andere Hälfte des Geheimnisses beruht auf Haffners Überzeugung, daß Geschichtsschreibung ein Zweig der Literatur ist. »Nicht alles, was je geschehen ist, wird Geschichte, sondern nur das, was Geschichtsschreiber irgendwo und irgendwann einmal der Erzählung für wert erachten. Erst Geschichtsschreibung schafft Geschichte.«[2] Die *Anmerkungen zu Hitler* sind wahrscheinlich das lesbarste und – man stockt, es auszusprechen – unterhaltsamste Stück historischer Literatur Haffners, übertroffen nur von der der *Geschichte eines Deutschen*. Diese sollte allerdings nie Geschichtsschreibung sein, sondern ein Roman, der zugleich Kenntnisse über die politischen Zustände in Deutschland vermittelt sollte. Das Faszinierende des Buches rührt schließlich zu einem beträchtlichen Teil aus der Tatsache, daß Haffner hier die Quadratur des Kreises versucht, nämlich einen Roman und ein Sachbuch zugleich zu schreiben.[3]

Der Unterschied zwischen einem Romanautor und einem Historiker ist, daß der Leser von ersterem eine gute, von letzterem eine wahre Geschichte erwarten darf, denn »wenn die Geschichtsschreibung den Versuch der Wissenschaftlichkeit ganz und gar aufgibt, artet sie in reine Legendenproduktion und Propaganda aus, und das ist auch wieder nichts«[4]. Haffner hat versucht, wahre Geschichte gut aufzuschreiben. In den *Anmerkungen zu Hitler* ist ihm das ebenso gut gelungen wie zuvor in der Churchill-Biographie und der reportagehaften Schilderung der deutschen Revolution 1918. Daß sich in einem Buch über den »widrigen Gegenstand« Hitler Meinungen und Behauptungen finden, die nicht von jedem geteilt werden, ist selbstverständlich.

Zu den tiefen Einschnitten in Haffners Leben – 1933 Hitler, 1938 Emigration, 1940 *Germany: Jekyll and Hyde*, 1942 zum *Observer*, 1954 Rückkehr nach Deutschland, 1961 Mauerbau, Trennung vom *Observer*, 1962 *Spiegel*-Affäre, Trennung von *Welt* und *Christ und Welt*, 1963 Wechsel zum *stern* – gehört ohne Zweifel die Veröffentlichung der *Anmerkungen zu Hitler* im Sommer 1978. Erst dieses Buch war es, das ihn berühmt machte, zu einem geschätzten und renommierten Zeitzeugen des 20. Jahrhunderts, zum Professor ehrenhalber, Bundesverdienstkreuzträger und Heinrich-Heine-Preisträger, auch zum Auflagenmillionär und zum weitgehend anerkannten Historiker – obwohl der Begriff des Historikers ein wenig erweitert werden mußte, damit man Haffner unter diesen Hut bekam. Um das so folgenreiche Buch aus ihm herauszulocken, bedurfte es der Anregung eines alten Freundes: Helmut Kindler. Haffner hatte ihn 40 Jahre zuvor kennengelernt, als er Feuilletonredakteur der *Neuen Modewelt* war, für die Kindler einige Beiträge geschrieben hatte.

Bevor Sebastian Haffner im August 1938 den Deutschen Verlag verließ und nach England flüchtete, hatte er den verantwortlichen Zeitschriftendirektoren den fünf Jahr jüngeren Kindler als seinen Nachfolger in der Redaktion der *Kleinen Zeitung* vorgeschlagen. Kindler ging jedoch wenige Wochen später zur neugegründeten Filmzeitschrift *Der Stern*, von ihm selbst als »nichtssagendes, weitgehend unpolitisches Unterhaltungsblatt« gewertet.[5] »Eine läppische Filmzeitschrift«, wie Haffners Kollege bei der Londoner *Zeitung* Peter de Mendelssohn in seinem

Buch *Zeitungsstadt Berlin* schrieb. Genau so ein Blatt hatte Kindler gesucht; er hoffte dort eine Nische zu finden, in der er die Hitler-Jahre, keiner wußte wie viele es werden würden, überdauern konnte. Weiterleben, und wenn der Krieg da ist, möglichst lange nicht einberufen werden, überleben.

Eine Rechnung mit zu vielen Unbekannten: Zwei Jahre später wurde das Blatt vom Propagandaministerium als »kriegsunwichtig« eingestuft und durch die Zeitschrift *Erika* ersetzt, deren Untertitel lautete: *Frohe Zeitschrift für Front und Heimat*. Helmut Kindler wurde zum »Hauptschriftleiter« bestellt. Er war nun genau in der Lage, die Haffner zu vermeiden suchte, als er emigrierte: für Hitler zu kämpfen, und sei es mit der Feder. Ob Kindlers Versuche, politisch erwünschte Beiträge und heroische Bildberichte auf ein Minimum zu beschränken, in einer Zeitschrift, die dem Oberkommando der Wehrmacht unterstand und die Moral der Truppe heben sollte, sonderlich erfolgreich waren, darf bezweifelt werden. Und einberufen wurde er später auch noch.

Bis zum Februar 1933 hatte Kindler am Theater gearbeitet. Nachdem viele jüdische Regisseure fliehen mußten oder entlassen worden waren, hätte er auf deren verwaisten Stühlen Platz nehmen können, wandte sich jedoch vom Theater ab, da er nicht vom Unglück anderer profitieren wollte. In seiner Autobiographie schrieb Kindler, er habe aber schon bald das Gefühl gewonnen, daß er wohl den falschen Weg eingeschlagen hatte, als er sich dem Journalismus zuwandte, der es ihm schwieriger machte, den »Wünschen und Einflüssen der Naziherrschaft auszuweichen«.[6]

Haffner problematisierte in seinem letzten, von Helmut Kindler verlegten Buch *Von Bismarck zu Hitler*, in welcher Weise sich auch Schauspieler, die sich als unpolitisch empfanden, für die Zwecke des Propagandaministeriums haben einspannen lassen. Man solle ihnen nicht vorwerfen, daß sie »wie [...] auch jeder andere, der im Dritten Reich durch ehrliche Arbeit sein Geld verdienen wollte, auf die eine oder andere Art die Arbeit des Dritten Reiches« miterledigten. Wenn sie sich in Erinnerungen nachträglich als Widerstandshelfer darstellten, fand er dies allerdings »ein bißchen übertrieben«.

Kindler jedoch schloß sich 1940 tatsächlich einer Widerstandsgruppe an, der »Europäischen Union«, in der er unter anderem Robert Havemann kennenlernte. Als Kindler Anfang 1943 seinen Uk-Status (»unabkömmlich«) verlor, endete seine Tätigkeit bei der *Erika*. Er wurde zu einer Propagandakompanie nach Warschau kommandiert, wo er Kontakte zu einer polnischen Widerstandsgruppe aufnahm. Kindler versteckte deren Waffen in der Redaktion einer Frontzeitung. Wie er sich 1997 in einem Interview mit Chaim Frank erinnerte, gingen seine baldige Festnahme und die Haft im Gestapo-Gefängnis auf seine Zugehörigkeit zur »Europäischen Union« zurück. In einem Verhör wurde er erstmals mit dem Namen Sebastian Haffner konfrontiert. Er, Kindler, wisse doch, daß jener Dr. Raimund Pretzel vom Deutschen Verlag jetzt unter diesem Pseudonym im *Observer* schriebe? »›Ein Landesverräter! Sind Sie das auch?‹ Im Brustton der Überzeugung verneinte ich die Frage«, berichtet Kindler.

Er wurde wegen Wehrkraftzersetzung, Hochverrat und Feindbegünstigung zum Tode verurteilt, jedoch Anfang 1945 mit der Auflage begnadigt, sich »an der Front zu bewähren«. Im April verließ er unerlaubt seine Einheit, nachdem er erfahren hatte, daß ihn jemand wegen »Abhörens von Feindsendern« denunziert hatte, und schlug sich mit gefälschten Papieren nach Berlin durch, wo er sich die letzten Tage des Tausendjährigen Reiches versteckt hielt.

Nur wenige Wochen nach dem Untergang dieses Reiches war Kindler bereits wieder Redakteur, und zwar bei der von den sowjetischen Besatzern lizenzierten *Berliner Zeitung*, deren erste Ausgabe am 21. Mai 1945 gedruckt wurde. Sowjetische Offiziere hatten ihn in Zehlendorf ausfindig gemacht und mit Rudolf Herrnstadt zusammengebracht. »Genosse Kindler« erhielt einen Presseausweis, ausgestellt von der Politischen Verwaltung der 1. Bjelorussischen Front. Schnell wurde deutlich, daß die Zensur der sowjetischen Militärverwaltung den Redakteuren auch im Kulturteil, dem sich Kindler in erster Linie widmete, wenig Freiraum ließ. So trennte er sich nach wenigen Wochen enttäuscht von der *Berliner Zeitung*. Bereits im September stand sein Name dann beim ebenfalls neugegründeten *Tagesspiegel*, der im Westteil der Stadt als von den Amerikanern lizenziertes Blatt erschien, als Chef vom Dienst im Impressum. Die eigentliche Grundlage für seine Laufbahn als Verleger aber bildete die Frauenzeitschrift *sie – Die Wochenzeitung für die Frau*, für die er von den Amerikanern eine Lizenz angeboten bekam. Zu den ersten Autorinnen gehörte auch Christa Rotzoll, Jahrzehnte später Haffners zweite Frau.[7]

Eine *Spiegel*-Umfrage

Im August 1977 brachte der *Spiegel* eine Titelgeschichte über das Hitler-Bild der nachwachsenden Generation.[8] Der Kieler Diplom-Pädagoge Dieter Boßmann hatte in Zusammenarbeit mit über 100 Lehrern aller Schultypen Aufsätze zum Thema »Was ich über Adolf Hitler gehört habe« schreiben lassen. Ergebnis: krudes Halbwissen, abstruse Vermutungen, hier und da Aufgeschnapptes und teils versteckte, teils offene Sympathie für Hitler. »Er war der Mann, der den Staat, der vorher so durcheinander war, wieder geordnet hat«, konnte man da lesen. Komisches (»Er kam aus Österreich, und dort muß wohl ein Nest von solchen Leuten sein. So ein Esel, kam aus einem anderen Land und setzte sich hier einfach an die Regierung«) wechselt mit ungewollt tiefsinnigem, etwa dann, wenn eine 16jährige Realschülerin schreibt: »Hitler schaffte die Menschen ab.«

Das auch aus heutiger Sicht erschreckende Bild un- oder bestenfalls halbinformierter Schüler, das diese Umfrage bot, wurde von dem Tenor des *Spiegel*-Artikels kaum aufgehellt. Darin wurde ein offenbar durch das damals populäre *Einig gegen Recht und Freiheit* von Bernt Engelmann inspirierter Beitrag eines 21jährigen Berufsschülers[9] auf eine Stufe mit den absurdesten Belegen von Nichtwissen und rechtsradikalen Anschauungen gestellt.

Die damals 13jährige Schülerin Christiane Marloth aus Frankfurt reagierte auf die *Spiegel*-Story in einem Leserbrief wie folgt: »Mich persönlich wundert die Unwissenheit der Jugend nicht so sehr, weil ich – ehrlich gesagt – auch nicht sehr viel mehr weiß. Die dicken Wälzer von Maser, Fest und so weiter würde ich gar nicht verstehen. Doch wenn mir jemand ein gutes Hitlerbuch nennen würde, das, wenn möglich, für Jugendliche geschrieben ist und nicht zu lang und nicht zu ›schwer‹ ist, könnte das schon zum Abbau der Unwissenheit beitragen. Ich würde es sofort lesen.«[10]

Die *Spiegel*-Umfrage und dieser Brief verdeutlichen die Diskrepanz zwischen dem akademischen Diskurs[11] über die Zeit des Nationalsozialismus und der damaligen Hitler-Welle. Die Kulturindustrie bemächtigte sich des Themas weniger in aufklärerischer, denn in nostalgischer Manier: Schallplatten mit Originalaufnahmen von Hitler-Reden, sogar ein Hitler-Musical wurden produziert. Die großen Illustrierten druckten diverse Serien über Hitler und Berichte seiner Gefolgsleute ab, Tagebücher von Nazi-Größen bzw. Biographien über sie hatten Konjunktur. Einen Höhepunkt dieser Welle markierte der nach der 1973 erschienenen Hitler-Biographie von Joachim C. Fest gedrehte Dokumentarfilm »Hitler – eine Karriere«.[12]

Zugleich herrschte ein eklatanter Mangel an seriösen und zugleich einem größeren Leserkreis zugänglichen Darstellungen. Ein Buch über Hitler und über die Nazi-Zeit, das ohne allzu große Vorkenntnisse gelesen werden konnte, lag förmlich in der Luft.

Ein Kinobesuch mit Folgen

Es war »Genosse Kindler«, inzwischen längst »ein listiger und praktisch orientierter Verleger« (so der Wiener *Standard*), der als erster auf die Idee kam, wer dieses Buch schreiben könnte. Kindler hatte im Herbst 1977 mit seiner Frau Nina in einem Züricher Kino den Dokumentarfilm *Hitler – Eine Karriere* gesehen. »Der Film hält keinen Vergleich mit Fests Buch aus. Zwar haben mich einige Szenen, die in Berlin spielten, angerührt«, schrieb er, »aber Grauen und Terror der Hitler-Herrschaft wurden nicht sichtbar. Mich ließ der Film unbefriedigt, Nina war empört. Wir hatten ein langes Gespräch, das mit meinem Hinweis endete, ich würde am nächsten Morgen Sebastian Haffner anrufen.«[13] Er wollte Haffner bitten, »ein kleines Buch zu schreiben, gewissermaßen Anmerkungen zu Hitler«. Das war der Startschuß zum erfolgreichsten Buch Haffners, zugleich einem der größten Erfolge des Kindler-Verlages.

Haffner habe sich gefreut, von Kindler zu hören, und sei sofort ernsthaft interessiert gewesen, berichtete Kindler weiter. Beide kamen überein, daß Kindler gleich am nächsten Tag nach Berlin fliegen werde, um alles zu besprechen. Wie kam Kindler auf Sebastian Haffner als Autor für diese »Anmerkungen«? Im *stern* hatte dieser sich einen Namen als Journalist erworben, der auch komplizierte geschichtliche Zusammenhänge so erklären konnte, daß sie sich Laien ohne große historische Vorbildung erschlossen. Die Nazizeit selbst war bis dahin erstaunlicherweise nicht Thema in Haffners deutschen Büchern gewesen, er hatte sich in ihnen eher am Rande damit auseinandergesetzt. Ein Buch über Hitler wäre so etwas wie der logische Schlußpunkt einer beinahe lebenslangen Auseinandersetzung, doch genau das war es auch, was es ihm so schwer machte, dieses Buch zu verfassen. Er habe das Hitler-Buch unter Qualen geschrieben, erzählte er Jahre später. Doch habe er, entgegen seiner Gewohnheit, gelegentlich der Familie ein gerade fertiggestelltes Kapitel vorgelesen.

Eigentlich, so erinnerte sich Kindler rückblickend, hätte er gar nicht nach Berlin zu fliegen brauchen. Als sie in der Dahlemer Wohnung zusammensaßen, präsentierte Haffner ihm ein Exposé. Dieser Entwurf sah die Einteilung in sieben Kapitel vor, die sich auch in der publizierten Fassung wiederfinden sollten: Leben – Leistungen – Erfolge – Irrtümer – Fehler – Verbrechen – Verrat. Bewußt verzichtet Haffner auf eine herkömmlichen Biographien eigene, rein chronologische Aufteilung seines Stoffes, und dies mit einer einleuchtenden Begründung:

»Der Schnitt, der allerdings durch Hitlers Leben geht, ist kein Querschnitt, sondern ein Längsschnitt. Nicht Schwäche und Versagen bis 1919, Kraft und Leistung nach 1920. Sondern vorher wie nachher eine ungewöhnliche Intensität des politischen Lebens und Erlebens bei ungewöhnlicher Dürftigkeit des persönlichen.«[14] Haffner interessierte sich weniger für die Sozialisationsbedingungen und psychologischen Defekte seines biografischen Objekts, stellte aber dennoch Hitler in den Mittelpunkt seines Buchs, da kein seriöser Historiker behaupten könne, daß ohne diesen »die Weltgeschichte des zwanzigsten Jahrhundert genauso verlaufen wäre, wie sie verlaufen ist«.

Hitler in den Mittelpunkt der Überlegungen zu stellen macht nur Sinn, wenn man davon ausgeht, daß einzelne Menschen den Verlauf der Geschichte beeinflussen können. Haffner ist davon ausgegangen und hat sich zeitlebens gegen Behauptungen gewandt, daß dem nicht so sei – vielleicht seine größte Auseinandersetzung mit linken Historikern, die viel stärker von strukturellen Entwicklungen und Gesetzmäßigkeiten ausgehen. Eigentlich ein müßiger Streit, denn es ist einerseits offensichtlich, daß niemand »außerhalb seiner Zeit« Politik oder Geschichte betreiben kann; andererseits kann aber kein Mensch in einer bestimmten historischen Situation genauso handeln wie ein anderer an seiner Stelle. Besonders merkwürdig ist jedoch, daß dieser Streit im Zusammenhang mit den *Anmerkungen zu Hitler* aufbrach, hatte Haffner doch bewußt auf die Darstellung fast sämtlicher persönlicher Details aus Hitlers Leben verzichtet.

Haffner reizte es, nach Erklärungen dafür zu suchen, wie diese im Grunde höchst eigenartige Person so erfolgreich sein konnte. Er legte wie mit einem Seziermesser das frei, was er für das Wesentliche hielt. Damit setzte er um, was er bereits mehr als zehn Jahre zuvor in einem Artikel für die Zeitschrift *konkret* postuliert hatte: »Geschichtsschreibung ist in erster Linie eine Kunst; wie jede Kunst besteht sie hauptsächlich im Weglassen.« Die meisten englischen und französischen Geschichtsschreiber seien so lesbar und wirksam, weil sie dies instinktiv wüßten;

deutsche und amerikanische Geschichtsschreiber verfaßten hingegen »meist überdokumentierte, unlesbare Wälzer«. Die Unlesbarkeit fange schon damit an, daß man sie im Bett, wo die meisten Leute läsen, nicht in der Hand halten könne. Ein Historiker dürfe den Leser nicht im Material ertränken, er sei »gerade dazu da, dem Leser die Materialverarbeitung abzunehmen und ihm Extrakte und Resultate zu liefern, und zwar in pointierter, griffiger Form. Das ist schwerer, als einfach seine Zettelkästen über den Leser auszuschütten; aber man wird auch dafür belohnt: Man wird gelesen, und zwar mit Genuß und Dankbarkeit.«[15]

Haffner beschritt wieder einmal einen Weg, den so nur er gehen konnte. Dies verdankte er neben der Tatsache, daß er ja noch miterlebt hatte, worüber er schrieb, anderen, voluminöseren Arbeiten, mit denen er sich in seinem Buch auch gelegentlich auseinandersetzte, vor allem jener Hitler-Biographie von Joachim C. Fest. In seiner für ihn typischen Bescheidenheit und dieser wichtigen Vorarbeit Anerkennung zollend, soll Haffner jenes Exemplar der *Anmerkungen*, das er Joachim Fest überreichte, mit den Worten »Dem Adler vom Sperling« signiert haben.

Aber: Sebastian Haffner gehörte auch zu den ersten, die sich entschieden gegen die provokante These Fests aussprachen, nach der Hitler, wäre er 1938 einem Attentat zum Opfer gefallen, heute möglicherweise als einer der größten Staatsmänner, gar als Vollender der deutschen Geschichte gelten würde.[16] Haffner begründete seine Ablehnung dieser These mit zwei Argumenten. Zum einen sei Hitlers Angriffskrieg schon zu einem viel früheren Zeitpunkt angelegt und geplant gewesen als 1939. Zum anderen hätten die Deutschen dann plötzlich gemerkt, daß sie bereits zu diesem Zeitpunkt ohne ein funktionierendes Staatswesen dagestanden hätten. Einen Nachfolgekandidaten gab es nicht, durfte es nach Hitlers Willen nicht geben. Diese Einschätzung hat sich die neueste Forschung weitgehend zu eigen gemacht. Kaum ein ernst zu nehmender Wissenschaftler neigt heute noch zur These Fests, die ein wenig so wirkt, als wolle der Autor den guten Hitler vor dem bösen Hitler in Schutz nehmen.

Zeitgenosse Hitlers und, wichtiger noch, ausgewandert zu sein gibt Haffner die Autorität, über Hitler zu schreiben und *so* über Hitler zu schreiben. Welch große Rolle die Emigration Haffners, sein Lebensweg, für seine Rezeption spielt, sieht man noch deutlicher an dem vollkommen unerwarteten Erfolg der *Geschichte eines Deutschen*. Vielleicht ist das der Grund für die Angriffe auf Haffner in jüngster Zeit. Diese Angriffe richten sich nämlich nicht gegen ein bestimmtes Buch, sie richten sich erkennbar gegen Haffner selbst, seine Glaubwürdigkeit. Auch Fests Äußerung im *Spiegel*, daß ihm beim Lesen der *Geschichte eines Deutschen* Zweifel gekommen seien, ob Haffner nicht doch nach 1945 »hier und da Hand angelegt« habe, dies jedoch »nicht besonders wichtig« sei, da er den prophetischen Part des Buches »nicht so aufregend« fände, zielt auf Haffners Redlichkeit.[17]

Einmal mehr, wie schon während des Krieges in England, erklärte Haffner in den *Anmerkungen zu Hitler* seinen Lesern, die zu einem großen Teil nicht dabeigewesen sind, das Phänomen Hitler. Nur galt es nun, jüngeren Deutschen, und nicht wie 1940 den englischen Lesern, aus dem Dritten Reich zu berichten. Ein eher zufälliger Umstand war bei der Realisierung dieser Absicht hilfreich. Der vorgesehene Lektor des Kindler-Verlages hatte vollkommen andere Erwartungen an ein Hitler-Buch. Da Haffner sich ihm entzog, übernahm Ulrike Riemer, eine sehr junge Mitarbeiterin des Verlags, die redaktionelle Bearbeitung des Manuskripts. Erst nach dem Krieg geboren, repräsentierte sie eine wichtige Zielgruppe des Buches in idealer Weise. Ulrike Riemer stellte zum Text ganz andere Fragen als der ältere Lektor. Sie berichtete, Haffner habe ihr während eines Arbeitstreffens in seiner Hamburger Wohnung Ergänzungen druckreif diktiert.

Obwohl er es sich nicht so recht zugetraut hatte, dieses Buch zu schreiben, ja, überhaupt wieder ein Buch zu schreiben, gab er das Manuskript vor dem vereinbarten Zeitpunkt ab, wie Kindler berichtete. Gegenüber Wolfgang Venohr, mit dem er in dieser Zeit viel für *stern*-tv, dessen erster und langjähriger Chefredakteur[18] Venohr (ab 1965) war, zusammenarbeitete, klagte Haffner jedoch, daß er nicht dazu geeignet sei, Bücher zu schreiben. Es fehlte – nach vier Jahrzehnten im journalistischem Tagesgeschäft – an dem letzten Quentchen Motivation. Man fühlt sich für einen kurzen Moment an die »Gestaltungsscheu« erinnert, die Haffners Bruder Ulrich in einem Nachwort in der *FAZ* attestiert wurde.[19] Als die *Anmerkungen zu Hitler* zunächst wenig Resonanz fanden, kommentierte Haffner das, ebenfalls gegenüber Venohr, mit den Worten: »Ich habe es doch gleich gesagt, daß ich keine Bücher schreiben kann.«

Haffner sah sich offensichtlich selbst in einer neuen Rolle. Betrachtet man seine bis zu diesem Zeitpunkt erschienenen Bücher, erkennt man schnell, warum. Bis zu seinem 70. Lebensjahr war er ausschließlich als Journalist tätig und nur in einer Ausnahmesituation – in England – als Buchautor in Erscheinung getreten; da allerdings mit beachtlichem Erfolg und dem Ergebnis, auch dort ziemlich bald wieder als Journalist arbeiten zu können. (Anders als mit einem Buch hätte er sich in England auch kaum Gehör verschaffen können.)

Doch auch in Deutschland hat Haffner als Journalist gearbeitet, obwohl es seit seiner Jugend sein Traum gewesen war, Bücher zu schreiben. Und er es ja immerhin auch versucht hatte: Neben der postum veröffentlichten *Geschichte eines Deutschen* befanden sich noch zwei weitere Romanversuche aus Haffners Jugend in seinem Nachlaß. Jene seiner Bücher, die in den sechziger Jahren auf den Markt kamen – *Die sieben Todsünden des deutschen Reiches* (1965), *Der Teufelspakt* (1968), *Die verratene Revolution* (1969) und *Der Selbstmord des Deutschen Reiches* (1970) –, hatte er für den *stern* geschrieben; sie erschienen dort als vielbeachtete Serien, waren aber als Bücher zunächst wenig erfolgreich.[20]

Das Thema Hitler hatte in Haffner gegärt. 1973 hatte er zu einem Buch Walter Kempowskis, das ausschließlich Antworten auf die Frage »Haben Sie Hitler gesehen?« versammelte, ein Nachwort geschrieben, in dem sich nicht nur verschiedene Gedankengänge, sondern sogar einzelne Formulierungen aus den fünf Jahre später geschriebenen *Anmerkungen zu Hitler* finden. Kindlers Anstoß kam offensichtlich genau zur rechten Zeit. Und hatte es nicht auch eine gewisse Logik, daß Haffner als Buchautor in Deutschland mit einem Werk über Hitler sozusagen »debütierte«? Hitler war, wenn man so will, die letzte offene Rechnung zwischen Haffner und »den Deutschen«. Und er beglich diese Rechnung so, daß viele Deutsche damit gut leben konnten.

Haffners Leistungskurs

»In den ersten sechs Jahren seiner zwölfjährigen Herrschaft überraschte Hitler Freund und Feind mit einer Reihe von Leistungen, die ihm vorher fast niemand zugetraut hatte«, schreibt Haffner zu Beginn des Kapitels »Leistungen«. »Es sind diese Leistungen, die damals seine Gegner – 1933 immerhin noch eine Mehrheit der Deutschen – verwirrten und innerlich entwaffneten und die ihm in Teilen der älteren Generation auch heute noch ein gewisses heimliches Renommee verschaffen«. Das kann man als vorweggenommene Begründung lesen, das Wagnis dieses Kapitels eingegangen zu sein.

Haffners Herangehensweise läßt Mißverständnisse zu; ein Risiko, das der Autor einging und sogar noch steigerte, als er drei Monate, bevor das Buch erschien, einer Veröffentlichung des zweiten Kapitels (»Leistungen«) in der Zeitschrift *Merkur* zustimmte, zumindest nicht widersprach.[21] Eine Provokation, hart an der Grenze zum Tabubruch. In diesem Kapitel verweist Haffner vor allem auf Hitlers Erfolge in der Wirtschaftspolitik, in der Aufrüstung und, damit verbunden, auf die Aushöhlung des Versailler Vertrags.

Im Sommer 1994 griff sich der CSU-Politiker Peter Gauweiler in einem *Spiegel*-Essay[22] ein Zitat aus diesem Kapitel heraus, verfälschte es durch Weglassung und präsentierte so Haffner als Kronzeugen für eine angeblich auch in dessen Augen positive Bilanz der Wirtschaftspolitik Hitlers. Die Wirtschafts- und Geldpolitik Hjalmar Schachts habe allerdings, wendete

Haffner ein, eines diktatorischen Regimes »mit den Konzentrationslagern im Hintergrund« bedurft.[23]

Daß Hitler den Versailler Vertrag aushölen konnte, lag nach Haffners Meinung daran, daß der Versailler Vertrag zu diesem Zeitpunkt kaum noch das Papier wert war, auf dem er niedergeschrieben stand. Ähnliches gilt für die Weimarer Verfassung. Als Hitler sie außer Kraft setzte, war die Republik schon längst erledigt. Er stieß das Fallende. So setzte sich die Erfolgsserie, zur Verzweiflung seiner Gegner, ununterbrochen fort. Zu dieser Serie gehörten, in den Friedensjahren, der Siegeszug im Innern, die wie auch immer erreichte Verringerung der Arbeitslosigkeit; Österreich, das Saarland und das Memelgebiet wieder »heim ins Reich« geholt zu haben, und die nur mit Kriegsdrohung erreichten, später, in den ersten Kriegsjahren, auch noch die scheinbar mühelosen militärischen Eroberungen. Erst als Hitler – entgegen seiner Annahme – in der Sowjetunion auf einen zum Widerstand fähigen Gegner stößt, ist es mit den Erfolgen bald vorbei.

Heute, gesteht Haffner zu, sei es leicht, den damals lebenden Vorwürfe zu machen. »Damals erforderte es aber ganz außerordentlichen Scharfblick und Tiefblick, in Hitlers Leistungen und Erfolgen schon die verborgenen Wurzeln der künftigen Katastrophe zu erkennen, und ganz außerordentliche Charakterstärke, sich der Wirkung dieser Leistungen und Erfolge zu entziehen.« Nur wer Haffners Lebensweg gut kannte, was vor über 20 Jahren, als die *Anmerkungen* erschienen sind, viel weniger der Fall war als nach der Veröffentlichung von *Germany: Jekyll & Hyde* und der *Geschichte eines Deutschen*, konnte damals erkennen, daß er mit dieser Aussage, ob gewollt oder nicht, auch seine eigene Entscheidung zur Emigration kommentiert.[24] Ein Kommandeur einer Bundeswehreinheit dankte Haffner in einem Brief für »die Fairneß, mit der Sie die ›Volksgenossen‹ behandeln, die nicht so vorausschauend gedacht und so konsequent gehandelt haben wie Sie selbst«.

Tatsächlich war Haffner von einer besserwisserischen Haltung weit entfernt. Schon 1973, und fast gleichlautend 1978 in den *Anmerkungen*, fühlte sich Haffner in die damalige Stimmungslage der Deutschen ein, auf eine Art, daß man annehmen kann, die Fragen angesichts der Erfolge Hitlers könnten auch Haffners damalige Fragen gewesen sein: »Könnte es sein, daß meine eigenen Maßstäbe falsch sind? Stimmt vielleicht alles nicht, woran ich geglaubt habe? Bin ich nicht durch das, was hier unleugbar vor meinen Augen geschieht, widerlegt? Wenn die Welt – die wirtschaftliche Welt, die politische Welt, die moralische Welt – wirklich so wäre, wie ich es immer geglaubt habe, dann müßte doch ein solcher Mann auf die schleunigste und lächerlichste Weise Schiffbruch machen, ja er könnte doch überhaupt nie so weit gekommen sein, wie er gekommen ist! Er ist aber in weniger als zwanzig Jahren aus dem völligen Nichts zur Zentralfigur der Welt geworden, und alles gelingt ihm, auch das scheinbar Unmögliche, alles, alles! Beweist das nichts? Zwingt mich das nicht zu einer Generalrevision aller meiner Begriffe, auch der ästhetischen, auch der moralischen?«[25] Kann diese Selbstzweifel nur wiedergeben, wer die Bedrängnisse dieser Jahre miterlebt hat? Haffner betrachtete die Deutschen in der Nazizeit sehr einfühlsam, ja geradezu versöhnlerisch, weil er sich in ihre Gefühle so gut hineinversetzen konnte und die Gespräche der Menschen noch im Ohr hatte.[26] »Es ist ja überhaupt so, daß zeitgenössische Geschichte die beste Geschichte ist. Thukydides bleibt nicht zufällig das unerreichte Vorbild aller Historiker. Im Grunde weiß eben doch nur der Zeitgenosse, ›wie es wirklich gewesen ist‹. Alle Quellenforschung und Quellenkritik ersetzt nicht die eigenen Augen, die es wirklich gesehen und vor allem nicht die eigene Nase, die es wirklich gerochen hat.«[27]

Haffner wagte sich an seinen Gegenstand vielleicht näher heran, ließ sich mehr auf ihn ein, als es jemals ein anderer gewagt hatte. Das mußte auf Widerspruch stoßen. Fast ungehalten fegte er in wenigen Sätzen Einwände beiseite und trat als überlegene »letzte Instanz« auf, wie es sich seitdem nur Marcel Reich-Ranicki in Sachen Literatur traute. Die »Neigung, alles, was Hitler getan hat, in Bausch und Bogen fehlerhaft zu finden, nur weil Hitler es getan hat«, sei »begreiflich genug; aber der Erkenntnis und Urteilsbildung ist ein solches Vorurteil natürlich nicht dienlich«[28]. Eine kritische Auseinandersetzung sei aus zwei Gründen notwendig: »Einerseits weil, solange es nicht geschehen ist, mehr, als man denken sollte, von Hitlers theoretischen Gedanken fortleben, und zwar keineswegs nur unter Deutschen, und nicht einmal nur unter bewußten Hitleranhängern. Anderseits weil solange das Irrige in diesen Gedanken nicht klar vom mehr oder weniger Zutreffenden geschieden ist, das Richtige in Gefahr ist, tabuisiert zu werden, nur weil es Hitler gedacht hat. Aber zweimal zwei ist vier, obwohl auch Hitler zweifellos zugestimmt hätte.«[29]

Am Ende des Buches zeichnet Haffner das Bild eines Diktators, der sein eigenes Heil nur noch in der Flucht nach vorn sieht: in der Vernichtung des eigenen Volkes. Er schließt mit einem Gedanken zur historischen Erblast, die Hitler den Deutschen aufbürdete: Natürlich begrüßt er, daß »niemand in Deutschland auch nur die kleinste politische Außenseiterchance« habe, der sich politisch auf Hitler berufe und an ihn anknüpfen wolle. »Weniger gut ist, daß die Erinnerung an Hitler von den älteren Deutschen verdrängt ist und daß die meisten Jüngeren rein gar nichts mehr von ihm wissen. Und noch weniger gut ist, daß viele Deutsche sich seit Hitler nicht mehr trauen, Patrioten zu sein. Denn die deutsche Geschichte ist mit Hitler nicht zu Ende. Wer das Gegenteil glaubt und sich womöglich darüber freut, weiß gar nicht, wie sehr er damit Hitlers letzten Willen erfüllt.«[30] Haffner verhehlt nicht, daß er sich, fast möchte man sagen persönlich, von Hitler betrogen fühlt. Betrogen um ein reiches geistesgeschichtliches Erbe.

Fan-Mail

Da Haffner nach Erscheinen der *Anmerkungen zu Hitler* Berge von Post erhielt, fertigte er sich einen standardisierten Antwortbrief an, dem er gegebenenfalls die eine oder andere Anmerkung hinzufügte.[31]

Der Nato-General Gerd Schmückle schrieb ihm, daß das Buch »das Eindrucksvollste (sei), was ich bislang ueber dieses Thema gelesen habe«[32], und beglückwünschte ihn ebenso wie der stellvertretende Fraktionsvorsitzende der CDU/CSU-Bundestagsfraktion Alfred Dregger. Dregger erklärte: »In der Tat, wenn sich die Deutschen nicht mehr trauen, Patrioten zu sein, wird die Freiheit in Europa keine Chance mehr haben, wird die halbe und vorläufige Katastrophe, die Hitler Deutschland und Europa gebracht hat, in der totalen und endgültigen enden.«[33]

Fritz Tobias, jener niedersächsische Beamte, der im *Spiegel* die Geschichte des Reichstagsbrands umgeschrieben hatte, teilte Haffner mit, daß er sich »auf die Kennzeichnung Ihres Buches als ›blitzgescheit‹ durch Karl-Heinz Janßen in der heutigen *ZEIT* [...] durchaus etwas einbilden« könne. Seine »Beurteilung nach der Lektüre ist gleichfalls positiv«.[34] Der Hamburger Publizist Wolf Schneider, der offenbar ein Leseexemplar der *Anmerkungen* erhalten hatte und sie etwas später in der *Welt* rezensierte, gab seiner Begeisterung und Erschütterung schon am 5. Mai 1978 in einem Brief an Haffner Ausdruck: »Ich kenne keine radikalere und brillantere Hinausführung aus selbstverschuldeter Unmündigkeit.«

Im April 1981 erhielt Haffner Post von Sebastian Schmidt, einem 15jährigen Schüler aus Berlin-Steglitz, der von den *Anmerkungen zu Hitler* so begeistert war, daß er sie »an einem Tag ausgelesen hatte. Dieses Buch ist ganz anders als die üblichen, trockenen Biographien, mit denen der Büchermarkt reich gesegnet ist; es führt einem das Bild von Hitler viel plastischer vor Augen, weil es nicht aus einer Sicht geschrieben ist, sondern vielmehr eine Betrachtung aus vielen Perspektiven umfasst, es vermittelt also eine deutliche Gesamtgestalt von Hitlers Person. Daher kann ich sie zu diesem Buch nur beglückwünschen und Ihnen für diese willkommene Abwechslung nur danken.«

Der Schüler gibt zu bedenken, daß er wohl eine Ausnahme sei, wenn er sich in seiner Freizeit mit der Geschichte des Zweiten Weltkrieges und mit Hitler beschäftige. »Neulich habe ich ein Buch gelesen«, fährt er fort, »in dem Auszüge aus Schüler-

Aufsätzen mit dem Thema ›Was ich über Hitler gehört habe‹ gesammelt sind.« Gemeint ist jenes Buch des Kieler Pädagogen Dieter Boßmann, auf dem auch die Veröffentlichung im *Spiegel* beruhte.[35] Erschreckend festzustellen sei, »wenn Hitler als Gründer der SED oder Mitglied der CDU dargestellt wird und wenn verschiedene Schüler sogar behaupten, daß Hitlers Stellvertreter Bismarck war. [...] Ich frage mich, wie meine Generation die Gefahr eines ›zweiten‹ Hitlers erkennen will, wenn viele nicht einmal etwas mit seinem Namen anzufangen wissen.« Abschließend teilt der Schüler mit, es sei ihm »einfach ein Bedürfnis« gewesen, Haffner »diese Zeilen zu schreiben. Ich hoffe, daß ich Ihnen damit nicht zuviel von Ihrer Freizeit ›gestohlen‹ habe.«

Offensichtlich nicht, denn Haffner antwortete ihm nach wenigen Tagen. »Lieber Vornamensvetter, mit Ihrem Briefchen haben Sie mir eine große Freude gemacht. Ich habe zwar eine ganze Menge ›fan-mail‹ zu meinem Hitlerbuch bekommen (auch gelegentlich das Gegenteil), aber selten von der ganz jungen Generation. Es stimmt eben nur zu sehr, dass dort das Interesse für die deutsche Vergangenheit ziemlich erloschen ist, und die haarsträubenden Beispiele des Falschwissens, die sie anführen, sind nicht nur komisch, sondern auch erschreckend. Umso schöner, dass Sie eine Ausnahme machen. Sie sollten Ihr Interesse für den Zweiten Weltkrieg auch auf seine Vorgeschichte und überhaupt auf die deutsche Geschichte ausdehnen, es lohnt sich. Vielleicht, wer weiss, steckt ein künftiger Historiker in Ihnen. Jedenfalls wünsche ich Ihnen für Ihr weiteres Studium alles Gute und viel Erfolg. Mit herzlichen Grüßen (gez.) Sebastian Haffner.«

Haffner bekam auch Post von einem ehemaligen Waffen-SS-Angehörigen, der von sich sagte, er habe sich nach dem Kriege bemüht, »mit Leuten ins Gespräch zu kommen, die mir sagen können, wie es eigentlich gewesen ist, wie es dazu kommen konnte usw. Ich habe mit vielen Größen des Dritten Reiches und deren Gegner nicht nur korrespondiert, sondern sie sogar aufgesucht. Z.B. war ich drei Tage bei von Papen in

Obersasbach. Ich muß jedoch gestehen, Klarheit habe ich immer noch nicht gewonnen. Aber das muß ich sagen, Ihr Buch hat mir immerhin noch am meisten geholfen. […] Von dieser Seite habe ich das Phänomen Hitler noch nicht gesehen.«

Der damalige Erlanger Stadtrat Walter Lutz hatte Haffner geschrieben, daß er für seine *Anmerkungen zu Hitler* einen Orden verdient habe. In seiner Antwort teilte er Lutz mit, daß ihm »durch den scheidenden Bundespräsidenten Walter Scheel, tatsächlich eine Ordensauszeichnung zuteil geworden« sei, und bekannte: »solche Leserbriefe wie der Ihre bleiben immer noch die schönste Belohnung für meine bescheidene Bemühung, die Deutschen mit sich selbst zu versöhnen«.

Sein ehemaliger *Observer*-Kollege Richard Löwenthal zeigte sich fasziniert von der »thesenhaften Konzentration und Originalität«, bemängelte jedoch Haffners Umgang mit den Begriffen links und rechts, der tatsächlich bald zu einer öffentlichen Auseinandersetzung führen sollte, die der damalige CSU-Generalsekretär und heutige bayrische Ministerpräsident Edmund Stoiber anzettelte, indem er die SPD zu Wahlkampfzwecken in die Nähe der NSDAP rückte und sich möglicherweise von Haffners Buch auf diese absurde Idee hatte bringen lassen.[36]

Haffner trug mit seinem provokantem Stil einen gewissen Teil dazu bei, daß es zu Entstellungen, Verfälschungen, gar zum politischen Mißbrauch seiner Arbeit kam. Und wer versucht, wie der damalige Bundestagspräsident Philipp Jenninger im November 1988, Haffners Dramaturgie auf eine Rede in der Feierstunde des Deutschen Bundestages zum 50. Jahrestag der Pogrome vom November 1938 zu übertragen, kann dabei schnell feststellen, wie schwierig es ist, An- und Abführungszeichen so mitzusprechen, daß man sie auch hören kann, wenn man Meinungen von Hitler-Anhängern in wörtlicher Rede referiert. Ein grotesker Eklat und ein effektvolles Ende einer Politikerkarriere.[37]

Zur Wirkung von Haffners Buch gehört auch, daß danach immer häufiger vom *Historiker* Sebastian Haffner gesprochen wurde. Es war der Historiker Golo Mann, mit dessen Vater Haffner so viel verband, der ihn im Juli 1978 – in seiner Rezension der

Anmerkungen zu Hitler im *Spiegel* – in die Historikergilde aufnahm.[38] Und Wolf Jobst Siedler, der ihn im Dezember 1997 wieder ausschloß,[39] unabhängig von seiner Begeisterung über das Buch, für das er gerne die Taschenbuchlizenz für die zu Springer gehörende Ullstein-Verlagsgruppe erhalten hätte.[40] Das Friedrich-Meinecke-Institut der Freien Universität Berlin lehnte es ab, Haffner als Professor ehrenhalber in ihre Reihen aufzunehmen. Es wird berichtet, daß Henning Köhler, der im August 2001 in der *FAZ* jene unsägliche Attacke gegen Haffner ritt, zu jenen gehört hat, die den Vorschlag Arnulf Barings desavouierten.[41]

Noch heute läge keinerlei Staub auf dem Buch, es sei noch immer jung, auch nach zwanzig Jahren, schrieb Guido Knopp 1998 im Vorwort einer Sonderausgabe des Buches.[42] Sebastian Haffner sei »im besten Sinn ein Volksschriftsteller«, der den deutschen Lesern »in Büchern, in Kolumnen und Essays mehr an Geschichtsbewußtsein beigebracht hat als irgend jemand sonst. Manche nehmen ihm das übel. Der Erfolg schafft Neider.«

Später Ruhm

Mit dem überwältigenden Erfolg der *Anmerkungen zu Hitler* begann Haffners letzte, vielleicht die erfolgreichste seiner vielen Karrieren. Er wurde jetzt so bekannt, daß er beispielsweise nicht mehr mit der Bahn fuhr, obwohl er das eigentlich sehr gerne tat. Ständig auf seine Person angesprochen zu werden, war ihm unangenehm. Haffners Tätigkeit in England war den meisten Deutschen ziemlich unbekannt. Manche erinnerten sich vielleicht noch daran, daß er für den *Observer* gearbeitet hatte und als dessen Korrespondent regelmäßig an Werner Höfers Frühschoppen teilgenommen hatte. Daß er für die *Welt* und *Christ und Welt* geschrieben hatte, lag schon 15 Jahre zurück. Auch seine Kolumne im *stern* begann bereits, wie jede journalistische Tätigkeit, in Vergessenheit zu geraten. »Journalismus«, schrieb Haffner in den sechziger Jahren in *konkret,* »ist überhaupt kein Weg zur Unsterblichkeit.«

Das Bild Haffners in der Öffentlichkeit hatte sich durch den Bucherfolg noch einmal vollkommen verändert. Wer ihn bis dahin nicht gekannt hatte, kannte ihn jetzt, wenigstens dem Namen nach. Haffners mit ihm so erfolgreicher Verleger Helmut Kindler freute sich, ihn zukünftig als »seinen« Autor ansehen zu dürfen – ein Wunsch, der nur teilweise in Erfüllung ging –, und brachte 1979 zunächst *Die verratene Revolution* aus dem Jahre 1969 mit einem neuen Nachwort von Haffner unter dem Titel *Die deutsche Revolution 1918/1919 – Wie war es wirklich?* neu heraus – nicht nur aus rein geschäftlichem Interesse, sondern auch, weil er es als ein wichtiges Buch ansah.

Im gleichen Jahr entstand in der Redaktion des *stern* die Idee, eine längere »Strecke« zum Thema Preußen zu publizieren. Haffner wurde auf das Projekt angesprochen, und er erkannte sofort, daß ein größerer Beitrag über Preußen im *stern* wie auch als Buch auf Interesse stoßen würde. So entstand *Preußen ohne Legende*, das im hauseigenen Verlag des *stern* herausgegeben wurde. Der Theaterwissenschaftler und *stern*-Redakteur Ulrich Weyland war für den Bildteil verantwortlich und ist »monatelang in Europa unterwegs gewesen, um in Bibliotheken, Archiven, Museen und Privatsammlungen nach zeitgenössischem Bild- und Dokumentationsmaterial zu forschen. Heroisierende oder gar verkitschte Nachschöpfungen späterer Hofmaler hat er grundsätzlich nicht berücksichtigt. Das Ergebnis der Zusammenarbeit von Sebastian Haffner und Ulrich Weyland ist dieses einzigartige Buch vom langen Werden und Sterben Preußens«, wie es in einer Vorbemerkung heißt.

Haffner gefiel dieses Konzept für das Preußenbuch von Beginn an. Aufwendig im Team produzierte »Tatsachenberichte« fehlten seiner Meinung nach in Deutschland, wie er schon 1961 in einem Beitrag für die CDU-nahe Zeitschrift *civis* schrieb, ebenso wie historische Essays. »Bücher dieser Art werden am besten als Teamarbeit produziert, erstens weil vier (oder auch sechs oder acht) Augen mehr sehen als zwei, zweitens weil die Vorurteile mehrerer Beobachter einander oft korrigieren. Sie sind teuer in der Herstellung, weil drei oder vier Verfasser mehr

Geld zum Leben brauchen als einer und weil das Verfasserteam, ehe es zu schreiben anfangen kann, eine Weile gründlich forschen und Notizen machen muß, also mehr Zeit braucht als, sagen wir, ein Romanautor. Ein normaler kommerzieller Verleger kann diese Art Buch daher normalerweise kaum finanzieren.« Der *stern* konnte.

In *Preußen ohne Legende* schildert Haffner die komplizierte Entstehungsgeschichte des preußischen »Vernunftstaates«, seinen sensationellen Aufstieg in Europa sowie das lange Sterben, das einsetzt, als Preußen im Deutschen Reich aufgeht. Er nimmt Preußen gegen den Vorwurf in Schutz, daß Hitlers Reich eine Fortsetzung preußischer Traditionen sei. »Preußen, was immer es sonst gewesen war, war ein Rechtsstaat gewesen, einer der ersten in Europa. Der Rechtsstaat war aber das erste, was Hitler abschaffte.« Ganz unbestritten hat dieses Buch in den nächsten Jahren das Preußenbild der breiten Öffentlichkeit bestimmt.

Im gleichen Artikel bemängelt Haffner auch das Fehlen dessen, was er »Geschichtskritik« nennt. »Die Geschichtskritik ist nun wieder mehr eine englische Spezialität. Ich verstehe darunter einen Buchtyp, dessen Pointe nicht in der Entdeckung und Auswertung neuen Materials, sondern in der Betrachtung bekannten Materials von einem neuen Gesichtspunkt, in der neuen Perspektive liegt. Es ist in England allgemein anerkannt, in Deutschland aber noch nicht, daß Geschichte von jeder Generation neu geschrieben werden muß – nicht weil die neue Generation nun die ganze Wahrheit wüßte, die der alten noch verborgen war, sondern weil jede historische Wahrheit nur eine Teilwahrheit ist und weil sich jeder Generation, auf der rollenden Plattform, auf der wir leben, ein neuer Aspekt der Wahrheit über die Vergangenheit erschließt. Wer einen solchen vorübergehend sichtbar werdenden Aspekt der geheimnisvollen historischen Wahrheit sozusagen im Fluge erhaschen will, kann es sich dabei nicht immer leisten, auch gleichzeitig die Quellen neu zu sichten: Das dauert lange, und darüber vergeht die Zeit. Was hier gebraucht wird, ist der Mut zum Essay – im vollen Bewußtsein der Unvollständigkeit und Anfechtbarkeit des neu

Entdeckten. Z.B. können wir über das Bismarckreich heute, wenn wir nur hinsehen, Dinge aussagen, die sowohl seinen Bewunderern wie seinen Kritikern vor 1945 noch notwendigerweise verborgen waren – einfach, weil man klüger ist, wenn man vom Rathause kommt. Es ist ein wenig enttäuschend, daß die deutsche Bismarckkritik das nicht merkt und im ganzen immer noch zufrieden scheint, die alten Kontroversen aufzuwärmen.«

Überlegungen eines Politischen

Im Mai des darauffolgenden Jahres schrieb Haffner für den *stern* einen vielbeachteten Essay, in dem er sich mit dem parlamentarischen System der Bundesrepublik Deutschland auseinandersetzt und die staunenswerte Stabilität der Republik unterstreicht. Unübersehbar ist er mit dieser Republik zufrieden, schon allein deshalb, weil sie ihn zufrieden läßt. »Zufriedengelassen werden«, antwortete er im *FAZ*-Fragebogen auf die entsprechende Frage, sei für ihn der »Traum vom Glück«.

Der Essay erschien im Mai 1980, in der Vorwahlkampfzeit der letzten von der sozialliberalen Koalition unter Bundeskanzler Helmut Schmidt gewonnenen Bundestagswahl. Ohne Zweifel hatte die Kanzlerkandidatur von Franz Josef Strauß dazu beigetragen, daß die SPD/FDP diese Wahl noch einmal gewann. Daß im Wahljahr Haffners *Überlegungen eines Wechselwählers* erschienen, ist von einigen Rezensenten als Wahlkampfhilfe für die SPD angegriffen worden – nicht ganz zu Recht, aber auch nicht ganz zu Unrecht. Nicht ganz zu Recht, wegen seines konservativen Grundtons und weil er eigentlich die Zeit für einen Regierungswechsel für gekommen sah. Auch das Wort »Wechselwähler« im Titel des Buches deutet das an, denn es war ja kein Geheimnis, daß Haffner der sozialliberalen Koalition viele Jahre vorgearbeitet hatte, ihr nahestand und sie auch wählte. »Pacz, ich werde wieder rechter«, hatte er in der Mitte der siebziger Jahre Gert von Paczensky gestanden. Allerdings hielt er die

CDU/CSU noch nicht wieder für regierungsfähig, was man auch an ihrem Kanzlerkandidaten Strauß festmachen konnte. So riet er davon ab, die CDU/CSU zu wählen, obwohl er die Zeit für einen Wechsel für gekommen hielt. Strauß, konzidierte er, sei ein guter Finanzminister gewesen und werde sich möglicherweise als guter bayrischer Ministerpräsident erweisen. »Aber würde er Bundeskanzler, käme man aus dem Zittern nicht heraus.«

Der 1972 doppelt, bei einem gescheiterten Mißtrauensvotum gegen Bundeskanzler Willy Brandt im April und bei der Bundestagswahl im November 1972* gescheiterte CDU/CSU-Kanzlerkandidat der Union, Rainer Barzel, ordnete Haffners Buch in einer Rezension in der *Welt* »zwischen Weihrauch auf Hochglanz, Gemeinheit auf Bütten und Pamphleten in literarischer Attitüde« ein. Das war sein gutes Recht, denn Haffner hatte den unpopulären Rainer Barzel in dem Buch den »unpopulären Rainer Barzel« genannt. Schließlich war Wahlkampf. Solange dieser währte, verkaufte sich das Buch sehr gut, um dann sofort in der Versenkung zu verschwinden. Die *Überlegungen eines Wechselwählers*, die an Thomas Manns Buchtitel *Überlegungen eines Unpolitischen* erinnern sollen – er setzt sich mit Manns Buch auseinander und zitiert es ausführlich –, gehören zu den schwächeren Arbeiten Haffners, und man merkt dem Buch an, daß es als aktueller Beitrag für eine Zeitschrift und nicht für die Ewigkeit geschrieben ist.

Ebenfalls 1980 erschienen die *Preußischen Profile*, ein gemeinsam mit Wolfgang Venohr herausgegebenes Buch, in dem zehn Porträts, die in der zweiten Hälfte der sechziger Jahre für Fernsehsendungen geschrieben worden waren, zusammengefaßt sind.[43] Die Fernsehsendungen wurden von *stern*-tv unter dem Titel *Deutsche Profile* für das dritte Programm des Bayerischen Rundfunks produziert und gehören demnach ursprünglich nicht in Haffners »Preußen-Zeit«.

Im Porträt über Fontane schreibt er über dessen Lebenskurve,

* Um an dieser Wahl teilnehmen zu können, hatte Haffner sich wieder einbürgern lassen.

die erst sehr spät, dann aber unaufhaltsam ansteigt. »Fontane fing an in einem Alter, in dem andere aufhören.« Talent habe er auch gehabt, warum also mit 58 der erste Roman, warum die großen Werke als Mittsiebziger? In seiner Lebensmitte war Fontane »eine beinahe verfehlte Existenz – und man kann das ›beinahe‹ sogar weglassen.« Die Begründung läßt tief blicken: »Fontane war diese 30 Jahre lang Journalist, was sein Zeitgenosse Bismarck bekanntlich ›den Beruf der gescheiterten Existenzen‹ nannte. Und er war nicht etwa ein großer Journalist, nicht einmal ein bürgerlich erfolgreicher, geachteter Chefredakteur, sondern wirklich ein ganz kleiner, ganz armseliger Lohnschreiber, ein ›Schmock‹. [...] Zehn Jahre lang, von 1861 bis 1870, verfaßte er in einer Berliner Redaktionsstube der *Kreuz-Zeitung* tagtäglich den ›Englischen Artikel‹, das heißt: er bastelte aus englischen Zeitungsausschnitten schlecht und recht etwas zusammen, was dann als Beitrag des – nicht existierenden – Londoner Korrespondenten ausgegeben wurde.«[44]

Bevor vollkommen in Vergessenheit geriet, daß Haffner in den sechziger Jahren einmal für *konkret* geschrieben hatte, erschien 1982 das Buch *Sebastian Haffner zur Zeitgeschichte*, das eine interessante Auswahl von Haffners Buchfeatures in der Zeitschrift wiedergab. Haffner sagte, daß gar nicht alles »furchtbar links« gewesen sei, was er in *konkret* geschrieben habe. »Es war der Besuch des liberalen Onkels bei der jungen Linken.« Fraglich dürfte nur sein, ob diese besondere Gattung von Rezensionen den Büchern kommerziell genutzt hat, denn man wußte von den wenigen Seiten, die Haffner über das Thema der jeweiligen Bücher schrieb, so gut – oder besser – Bescheid, daß es nicht unbedingt nötig erschien, das zugehörige Buch auch noch zu lesen.[45] So ergänzt Haffner Renate Riemecks Buch *Mitteleuropa. Bilanz eines Jahrhunderts* durch einen seiner Meinung nach fehlenden Gedanken: »Das deutsche Bürgertum ließ sich 1848 lieber von der Oberklasse besiegen und demütigen, als sich mit der Unterklasse zu verbünden; es zog 1930 bis 1933 die Unterwerfung unter Hitler der Koalition mit der Sozialdemokratie vor, und es ließ nach 1945 lieber die nationale Einheit und

Existenz fahren, als mit Kommunisten in einem Haus zu wohnen. In dieser Tragödie stecken wir noch mitten drin.«

In der Deutschen Verlags-Anstalt erschien 1985 *Im Schatten der Geschichte,* eine weitere Zusammenstellung früherer Arbeiten, die den Verdienst hat, verstreute Rundfunkbeiträge Haffners vor dem Vergessen zu bewahren, und vor allem seine grandiose *stern*-Serie über die Pariser Kommune präsentiert.[46]

Der Haffner-Boom der achtziger Jahre lebte schon nicht mehr von aktuellen Arbeiten Haffners, sondern man trug wenig Bekanntes aus früheren Jahren zusammen. Für die Arbeit an einem Buch fehlte inzwischen Kraft und Gesundheit. Dem Berliner Historiker Arnulf Baring ist Haffners letztes Werk *Von Bismarck zu Hitler – Ein Rückblick* zu verdanken, das nicht »in ordentlicher Schreibarbeit« abgefaßt wurde, sondern aus Tonbandtransskripten, aufgenommen in elf langen Sitzungen, destilliert wurde. »Der Dank, den ich Arnulf Baring und Volker Zastrow schulde, hat eine ganz andere Dimension (als die üblichen Danksagungen – d. V.): Ohne ihre ›Geburtshilfe‹ (Barings Formulierung) wäre dieses Buch schlechterdings nicht vorhanden«, schreibt Haffner in einer Nachbemerkung. »Es ist trotzdem wohl oder übel mein Buch. Für nichts, was darin gesagt ist oder – oft absichtlich – ungesagt bleibt, tragen meine Geburtshelfer irgendwelche Verantwortung. Und alle Irrtümer, Mängel und Schwächen fallen allein mir zu Last.« Nicht nur wegen der besonderen Art seiner Entstehung läßt sich *Von Bismarck zu Hitler – Ein Rückblick* durchaus als Haffners Vermächtnis verstehen.

In dem Interview mit Jutta Krug hob Haffner auf sein erst ein Jahr zuvor erschienes letztes Werk ab, als die Interviewerin ihn nach seinem Selbstverständnis – Publizist, Journalist oder Historiker – fragt. »Publizist ist mir ein zu hochtrabender Ausdruck. Ich habe mich den größten Teil meines Lebens mit etwas Verwunderung doch als Journalist gefühlt. Mit dem Historiker ist das so eine Sache. Ich habe mich immer sehr für Geschichte interessiert, nicht für die gesamte Geschichte, aber für gewisse Perioden, darunter gerade die letzten. Aber ich habe alle meine

Bücher auch immer ein bißchen wie ein Journalist auf eine Pointe hin geschrieben, manchmal sehr deutlich oder, wie in meinem letzten Buch, mit einer unausgesprochenen Pointe, die nur in einem Satz milde angedeutet wird, die der Leser für sich ziehen soll. Nämlich wir wollen gar kein Deutsches Reich wieder haben, wir sollten es gar nicht wieder wollen, es war nicht unser Glück, auch vor Hitler nicht. Ich bin also eine Art historisch schreibender Journalist, wobei ich mir nicht habe träumen lassen, daß das mein Leben sein würde.«

Der Verlauf der nächsten Monate – das Interview wurde am 19. Februar 1989 geführt – machte deutlich, daß die Geschichte nicht immer auf die Feinheiten unausgesprochener Pointen Rücksicht nimmt: ein dreiviertel Jahr später fiel die Berliner Mauer. So schnell durch die Ereignisse widerlegt zu sein, empfand Haffner als seine »größte Blamage«.

Der Massenbegeisterung in jenen Tagen zum Trotz blieb er bei seiner Meinung, daß gerade das Ende der Ost/West-Konfrontation die Jahrzehnte währende Friedensperiode beenden könnte. Es flackerte jetzt bei Haffner zu Beginn der neunziger Jahre noch einmal die Lust an der Provokation, am Widerspruch, an dem Spiel »Einer gegen (fast) alle« auf. Aber auch ein jüngerer und kräftigerer Haffner hätte es schwer gehabt, sich gegen den Einheitsrausch mit einer anderen Meinung auch nur Gehör zu verschaffen. Im Nachwort zu einer Taschenbuchausgabe des Bandes *Von Bismarck zu Hitler* schrieb er 1990, daß es »in seinen Schlußfolgerungen durch die Ereignisse des Jahres 1990 widerlegt« scheint. Niemand habe diese Ereignisse vorausgesehen oder erwartet. »Sicher kann man heute nicht mehr, wie ich es 1987 tat, das Deutsche Reich wie durch ein Fernrohr betrachten. Man muß sich vielmehr ernstlich fragen, ob es nicht, wenn auch unter einem anderen Staatsnamen, wieder mitten unter uns ist. Eine drastische Mahnung, wie wenig sich Geschichte selbst auf kurze Sicht – vielleicht gerade auf kurze Sicht – voraussagen läßt. Ich wage es trotzdem, mein Buch dem Publikum immer noch unverändert anzubieten.« Der wichtigste Grund ist der, »daß gerade die unerwartete Wiederherstellung des deutschen 80-Millionen-Kolosses, wenn sie denn gelingen sollte, Anlaß bietet, seine bisherige Geschichte – die Geschichte seiner Wandlungen von Bismarck zu Hitler – möglichst klar ins Gedächtnis zurückzurufen. Diese Geschichte bleibt, was sie gewesen ist, und ihre Lehre, daß Deutschland der Welt sehr schnell ein ganz verändertes Gesicht zeigen kann, ist aktueller denn je.«

Von diesem Nachwort abgesehen, machte Haffner jedoch nur noch in Interviews auf seine abweichende Meinung aufmerksam. Zwei Wochen vor der Währungsunion vom 1. Juli 1990 brachte die *Saarbrücker Zeitung* ein Gespräch mit Haffner, in dem er auf die katastrophalen Folgen der Einführung der D-Mark in der DDR hinwies. »Was wird denn notwendigerweise passieren? Ein sehr großer Teil der Großbetriebe in der DDR wird zumachen müssen, weil sie der Konkurrenz der hochüberlegenen westlichen Wirtschaft, mit der sie plötzlich schutzlos in ein Boot gesetzt werden, nicht gewachsen sind. Wir werden also eine Riesen-Arbeitslosigkeit haben. Keiner weiß, wie riesig.«[47]

Scharfe Vorwürfe richtet Haffner an Gorbatschow. Er vergleicht die Situation Honeckers in den letzten Jahren vor 1989 mit der hypothetischen Situation, wie es wohl wäre, wenn plötzlich ein Kommunist Präsident der USA würde. »Da würden alle amerikanischen Verbündeten sehr komisch dastehen.« Gorbatschow habe die Sowjetunion innerhalb von fünf Jahren fahrlässig zugrunde gerichtet. »Gorbatschow ist ein russischer Linksintellektueller, so wie hier unsere linksliberalen Intellektuellen, die im Grunde genommen so denken wie die Redaktion der *Zeit*. Und damit kann man keine Supermacht regieren.«[48]

Schon im April hatte Haffner in einem aufsehenerregenden *stern*-Interview geäußert, daß Rußland als Machtfaktor im europäischen Balance-System fehle. Dies sei die Schuld Gorbatschows, der die Russen unberechenbar gemacht habe. »Was wir augenblicklich erleben, ist das Ende eines 40jährigen Friedens. Der ist 1949 ausgebrochen, mit der Gründung der Nato und der ersten russischen Atomwaffen-Explosion, durch die ein atomares Gleichgewicht hergestellt wurde. Die europäischen Machtsphären waren abgesteckt, die beiden deutschen Staaten wurden gegründet. Das hat 40 Jahre gehalten. Und jetzt bricht es auseinander. Was statt dessen wird, weiß noch keiner.« Die Russen, die früher um jeden Millimeter Einflußsphäre gekämpft hätten, ließen sich heute »wie ein Pudel den Knochen aus dem Maul nehmen. Man hat das ja lieber, als wenn sie so auftreten wie damals. Aber gerade weil Russen eben Russen sind, das heißt im nächsten Augenblick ganz anders reagieren können, ist mir nicht wohl dabei. Ich frage mich: Was hat man von dieser Macht noch zu erwarten? Das Merkwürdige ist, wenn Großmächte zu gutmütig werden, bedeutet das Gefahr für den Frieden. Denen kann man auf die Dauer nicht trauen. Mal wird es ihnen doch zuviel, und dann kommt eine schreckliche Reaktion.« Wie es weitergehen soll mit einer europäischen Friedensordnung, wisse er nicht. »Es ging sehr gut mit den zwei Deutschland. Wenn wir die nicht mehr haben, weiß ich nicht weiter.«

EPILOG
»Ich gehöre leider irgendwie hierher.«

Wer, wie Sebastian Haffner, um 1900 geboren ist, hat sicher mehr Geschichte am eigenen Leib erfahren, als ihm lieb sein kann. Es war im März 1905, als Kaiser Wilhelm II. verkündete, daß »unser Herrgott [...] sich niemals so große Mühe mit unserem deutschen Vaterlande gegeben (hätte), wenn er uns nicht noch Großes vorbehalten hätte«. Keine zehn Jahre später steckten Deutschland und Österreich die Welt das erste Mal in Brand, ein Vierteljahrhundert später noch einmal.

In seinem Leben war Haffner Bürger von vier (zählt man die Bundesrepublik nach 1990 als neuen Staat: fünf) verschiedenen deutschen Staaten und wurde von sämtlichen 26 deutschen Kanzlern des 20. Jahrhunderts regiert. Viel »Großes« herausgekommen ist dabei nicht.

In den Tagen um Haffners ersten Geburtstag herum, zur Jahreswende 1908/1909, kam es zur bosnischen Krise, als Österreich Bosnien-Herzegowina – mit der Hauptstadt Sarajewo – annektierte. Das war der Auftakt. 1993 erzählte mir Haffner, daß er versucht habe, »wegen der ganzen Geschichte in Jugoslawien« etwas Näheres über diese Krise in Erfahrung zu bringen, doch man fände kaum Literatur darüber. Sie sei schließlich so eine Art Vorspiel zu 1914 gewesen, denn Serbien wollte (mit russischer Rückendeckung) militärisch gegen die völkerrechtswidrige Annektion vorgehen, woraufhin Deutschland gegenüber Rußland eine drohende Haltung einnahm und erklärte, daß dies für Deutschland der casus belli wäre.

Den (mit Sicherheit nur vorläufigen) Schlußpunkt der Balkan-Tragödie, den monatelangen Bombenterror der vereinigten Militärmaschinerie der westlichen Welt gegen Jugoslawien mitzuerleben blieb Haffner erspart. Hätte er es miterlebt, es hätte ihn angewidert, ob mit oder ohne deutsche Beteiligung. Schon im August 1991 schrieb Haffner – es war sein letzter Artikel – teils besorgt, teils resigniert im *stern*: »Hinter dem Schlagwort von der ›Aufarbeitung der Geschichte‹ steht doch der Gedanke, wir sollten uns mit Stolz wieder daran erinnern, daß wir eine Großmacht waren und daß wir uns endlich wieder als Großmacht benehmen dürfen. Tatsächlich gibt es ja in der gegenwärtigen deutschen Politik wieder Anknüpfungen an diese Linie. 1914 hieß ein populärer Wahlspruch ›Serbien muß sterbien‹. Über diesen Wahlspruch fallen mir die gegenwärtigen Leitartikel der *Frankfurter Allgemeinen Zeitung* ein, die nichts anderes als Variationen zu diesem Thema sind.« Beinahe prophetisch: War es nicht dieses schrille, vergangenheitsbewältigende »nie wieder Auschwitz«, mit dem 1999 das Bombardement Jugoslawiens legitimiert wurde? Deutsche Bomben auf Belgrad, das hatte Haffner schon einmal erlebt. Im April 1941, da war er seit ein paar Wochen Redakteur bei der neugegründeten deutschsprachigen *Zeitung* in London.

Die Welt, in die Haffner hineingeboren wurde, in die er hineingewachsen war und für die er erzogen wurde, zerstörte sich vor seinen Augen selbst, und zwar mehrmals und gründlich. Sein Versuch, statt dessen in England in die »Welt von einst« einzutauchen – »ich bin in England auch wieder überzeugter Monarchist geworden, was ich mir eigentlich abgeschminkt hatte« –, gelang ihm nur teilweise. Er habe immer nicht nur einen deutschen Sprachakzent, sondern auch einen deutschen Denk-Akzent behalten. Die Rückkehr nach Deutschland, ziemlich genau in der Mitte seiner langen Lebensspanne, hatte, neben den Problemen beim *Observer* auch etwas mit einem Rest Fremdheit in der englischen Gesellschaft zu tun, der immer geblieben ist.

Es waren dramatische Jahre in England – die Zeitlupenflucht, die Geburt der Kinder, die Geldnot, die drohende Ausweisung, die Suche nach einem Verleger, die tatsächliche Internierung, die Gründung der *Zeitung* und die Arbeit beim *Observer*. Warum aber empfand er dann die 16 Jahre in England als verschenkte Zeit, als »nicht gelebtes Leben«, wie er erklärte, als er in Deutschland wieder Fuß gefaßt hatte? Sagte er dies auch aus Enttäuschung darüber, daß er sich trotz aller Erfolge im Exilland fremd gefühlt hatte? Daß er zwar eine herausragende Rolle gespielt hatte, aber leider doch auf der falschen, der englischen Bühne? Oder sagte er dies aus Begeisterung über die neue Rolle, die er nun in dem Land einnahm, aus dem er bei Nacht und Nebel geflohen war, obwohl er der Überzeugung war, daß von den beiden Ländern, in denen er gelebt hat, »England das anständigere ist«. Haffner kam trotz allem, was geschehen ist, an einer Grundtatsache nicht vorbei: »Ich bin Deutscher, ich gehöre leider irgendwie hierher.«

Nach Deutschland zurückzukehren war zunächst allein sein Wunsch, dem die Familie sich wohl oder übel fügen mußte, da Sebastian Haffner nun einmal der Ernährer der Familie war und keinesfalls weiter in der Redaktion des *Observer* in London arbeiten wollte oder konnte. Einzige Alternative wäre eine Trennung der Familie gewesen.

Sein Sohn Oliver nahm die Sache mit dem Umzug nach Deutschland »sportlich«, wie er es ausdrückte, betonte sehr (»etwas zu sehr«, wie er sagt) seine »englische Herkunft«, hatte aber in der Schule wenig Probleme. Sein Klassenlehrer am Steglitzer Gymnasium, Haffners ältester Bruder Bernhard Pretzel, behandelte Oliver besonders streng, damit ihm niemand Neffenwirtschaft unterstellen konnte. Obwohl er sich recht gut integrieren konnte, die Schule mit links hinter sich brachte und dann Mathematik studierte, lebt Oliver heute wieder in England, nicht, weil er dort aufgewachsen ist, sondern weil er »der Karriere gefolgt« sei. Mit Mathematik konnte man damals in Deutschland nicht allzu viel anfangen, sagt er. Er lehrt am Imperial College in London Mathematik.

Haffners Tochter, die in Deutschland den Künstlernamen Sarah Haffner annahm, war mit dem deutschen Schulwesen der fünfziger Jahre weniger gut zurechtgekommen, fühlte sich fremd, brach die Schule ab, besuchte eine Kunstschule, studierte später Kunst, arbeitete als Dozentin an Kunsthochschulen in Berlin und London und lebt heute als freischaffende und erfolgreiche Malerin in Berlin. Als sie 1976 einen Fernsehfilm über Mißhandlungen von Frauen in der Ehe produzierte, ein Buch über das Thema veröffentlichte und binnen kurzer Zeit die lange Zeit blockierte Finanzierung des ersten Frauenhauses in Berlin über die Bühne brachte, erkannte ihr Vater das mit den Worten an, daß sie mit einem Film mehr erreicht habe als er mit seiner gesamten publizistischen Arbeit.

Erika Pretzel, Haffners Frau, gelang in Deutschland nicht mehr, was ihr in England vergönnt war: sich in einer neuen Umgebung zurechtzufinden. Berlin war ihr fremd geworden, viele Freunde waren nicht mehr da und es gab wenig, worauf man hätte aufbauen können. Während Haffner sich in der alten Umgebung auf seine neue Rolle, Korrespondent einer englischen Zeitung, stürzte und sofort begann, alte Kontakte aufzufrischen und neue Kontakte zu suchen, zog sich Erika, die seit ihrer Entlassung durch die Nazis im Jahre 1933 nie wieder berufstätig war, mehr und mehr in die vier Wände der Dahlemer Wohnung zurück. Nicht nur, daß sich jetzt doch bemerkbar machte, daß Erika fast neun Jahre älter war als ihr Mann, im Gegensatz zu ihm hatte sie auch keine neue Aufgabe in Berlin. Die Kinder brauchten sie immer weniger. Ihr ältester Sohn Peter war in London geblieben und lehrte dort an einer Kunstschule Malerei. Je mehr Haffner jedoch seine neue Rolle genoß und je mehr zusätzliche Tätigkeiten er annahm, beispielsweise regelmäßige Produktionen bei *stern*-tv in Hamburg, Auftritte beim Internationalen Frühschoppen in Köln, politische Gespräche in Bonn, gelegentliche Redaktionssitzungen bei *Christ und Welt* in Stuttgart, desto öfter blieb Erika allein in Berlin zurück. Die Kraft, sich noch einmal ein neues Leben aufzubauen, hatte sie nicht mehr. In den letzten Jahren vor ihrem Tod Heiligabend 1969 erwog sie sogar, nach London zurückzukehren.

Sebastian Haffner überlebte seine Frau um 30 Jahre und heiratete 1982 die Journalistin Christa Rotzoll. Als ihm 1984 der berühmte Fragebogen der *FAZ* vorgelegt wurde, antwortete er auf die Frage nach dem größten Unglück: »Wenn meine Frau vor mir stürbe.« Am 27. Dezember 1995, an Haffners 88. Geburtstag, stürzte sie spät abends in der Wohnung unglücklich und erlag ihren Verletzungen, bevor die Feuerwehr eintraf (die jedoch erst nach dem zweiten Anruf gekommen war). Er selbst war schon zu schwach, um ihr helfen zu können. Als der Name seiner Frau auf dem Grabstein der Familie eingraviert wurde, veranlaßte er, auch seinen Namen in den Stein meißeln zu lassen. Nur sein Todesdatum mußte dann noch nachgetragen werden.

Die politische Entwicklung in den neunziger Jahren gefiel Haffner nicht. Vor den SS-20- und Pershing-Raketen hat er sich weniger gefürchtet – genau genommen überhaupt nicht – als vor dem neuen größeren Deutschland, »das ja nichts dafür kann, daß es so groß ist, aber das nun mal größer ist als alle seine Nachbarn«. Die Angst, die diese Größe den Nachbarn mache, »wirkt auf eine unangenehme Weise auf die Deutschen zurück. Sie gibt den Deutschen das Gefühl von erstens: Feinde ringsum, keiner liebt uns; zweitens: Gottseidank sind wir ja stärker als die alle. Das eine kann leicht wieder in das andere umschlagen. Da ist so eine böse Dialektik am Werke.« Auf den Einwand der *stern*-Reporter, daß er mit seinen Befürchtungen ziemlich allein dastehe, antwortete Haffner: »Das bin ich gewohnt.«

Als in den nächsten Jahren die ausländerfeindlichen Anschläge – Haffner benannte das mit den Worten »Verrohung eines Teils der Teenager« – zunahmen, fragte er sich manchmal, nach immerhin 40 Jahren, ob es nicht doch ein Fehler gewesen sei, nach Deutschland zurückzukehren. Im September 1996, als ich ihm einige Exemplare der soeben ausgelieferten deutschen Erstausgabe von *Germany: Jekyll & Hyde* in seine Wohnung in der Dahlemer Ehrenbergstraße brachte, äußerte er die Besorgnis, daß ihm ein paar Skinheads nun vielleicht die Scheiben einwerfen würden.

Lesen wolle er das Buch aber nicht noch einmal, das wäre ihm unheimlich. Nur mein Nachwort las er gleich und kommentierte es mit den Worten »sehr schmeichelhaft«. Als ich einige Monate später durch die Ehrenbergstraße fuhr – mein Büro befand sich damals gleich in der Nähe – und feststellte, daß tatsächlich eine

Fensterscheibe kaputt war, ging ich gleich hinauf und erkundigte mich, ob alles in Ordnung sei. Es war nur ein Windstoß, kein Stein, der die Scheibe hatte zu Bruch gehen lassen.

Mein letzter Besuch fand am 28. Juli 1998 statt – das Datum weiß ich noch, weil ich mir die soeben erschienene Taschenbuchausgabe von *Germany: Jekyll & Hyde* signieren ließ, von der ich ihm einige Exemplare überbrachte. Er freute sich, noch einmal ein neues Buch von sich in die Hand zu nehmen. Plötzlich sagte er lächelnd: »Sie können mir nur noch einen schönen Tod wünschen, denn man weiß nicht, was da noch auf einen zukommt.« Als wir uns schon voneinander verabschiedet hatten, fiel mir etwas ein, was ich ihn schon lange hatte fragen wollen. Ich drehte mich noch einmal um, blieb aber an der Tür zu seinem Arbeitszimmer stehen. Wie man eigentlich in der Zeit zwischen den beiden Kriegen den Ersten Weltkrieg genannt hatte. »Einfach nur ›der Krieg‹«, antwortete er und fügte hinzu: »Damals mußte man die Kriege ja noch nicht durchnumerieren.«

Nein, diese Kriege waren nicht sein Leben, aber sie prägten es nachhaltig: Der erste Krieg, den der Junge im Kieler Matrosenanzug in seinem Kinderzimmer analysiert hatte, dessen Verlauf und Ende die Deutschen an sich selbst irre werden und sich einem Irren anvertrauen ließ, was Haffner außer Landes zwang. Der zweite Krieg, den er von draußen erlebte und dessen Gefahren er einige Male nur knapp entkam, in den er aber, sofern Journalismus das kann, versucht hat einzugreifen. Und seither? »Die Welt von heute, ob es uns gefällt oder nicht, ist das Werk Hitlers«, schrieb Haffner in den *Anmerkungen zu Hitler*.

Sebastian Haffner war hin- und hergerissen zwischen seiner Liebe zu Deutschland, zu dessen Sprache und dessen Kultur einerseits und der Angst vor dem deutschen Nationalismus andererseits. »Ich weiß nicht, ob ich das nationalstaatliche Denken so sehr fürchte. Das fürchte ich eigentlich nur in bezug auf Deutschland. Bei den Deutschen bin ich nicht sicher, ob sie nicht doch, wenn sie alle wieder unter einem staatlichen Dach sind, erneut ein bißchen vom nationalen Größenwahn gepackt sind.« Das hatte er zur Genüge erlebt.

Nach dem Ersten Weltkrieg nahm der nationalistische Irrsinn noch zu, vermischt mit Wutgeheul und Rachegedanken; nach dem Zweiten wollte es, im Gegenteil, niemand gewesen sein. »Burke* hat geschrieben: ›Man kann nicht eine ganze Nation anklagen.‹ Das ist leider wahr. Eine Sache, an der so viele – der eine stärker, der andere schwächer – beteiligt waren und mitgewirkt haben, damals irgendwie auch guten Glaubens, wenn auch falschen Glaubens, die kann man nicht voll aufarbeiten. Das ist nun ein Stück deutscher oder allgemeiner Geschichte und muß als solches gesehen werden. Die Leute sterben ja auch weg, ich möchte fast sagen, Gott sei Dank, mich eingeschlossen.«

Sebastian Haffner wurde genau 91 Jahre und eine Woche alt und starb 1999, am 2. Januar, dem Geburtstag seiner Frau, zugleich Todestag seiner Mutter.

Kein Menschenleben paßt zwischen zwei Buchdeckel, schon gar nicht ein so langes und vielfältiges. Hier wurde, zugegeben, vor allem das Leben von Sebastian Haffner beschrieben, der übrigens in der Familie immer bei seinem richtigen Vornamen, also Raimund, genannt wurde. Das Leben Raimund Werner Pretzels habe ich nur an den Stellen berücksichtigt, wo es zum Verständnis der öffentlichen Person »Sebastian Haffner« notwendig erschien: bei der Beschreibung seiner Herkunftsfamilie und im Zusammenhang mit den teilweise dramatischen Jahren in England. Gerade die Umstände seiner Emigration und die staunenswerte Karriere in England waren bisher in Deutschland nur brüchstückhaft bekannt, ebenso die fünf Jahre während der Hitlerzeit, die nicht mehr Eingang in die *Geschichte eines Deutschen* gefunden haben.

Wichtiger erschien mir, das Leben eines Mannes zu beschreiben, der – wie alle Menschen seiner Generation – in die Ereignisse dieses Jahrhunderts auf eine Art und Weise hineingezogen wurde, wie es wir nach dem Zweiten Weltkrieg Geborenen nicht kennen und hoffentlich nie kennenlernen werden, dem es jedoch nicht nur gelang, sich zu entziehen und zu überleben, sondern der über dieses Sichentziehen und das Überleben zu einem

* Edmund Burke, englischer Philosoph und Politiker des 18. Jahrhunderts.

der wichtigsten, möglicherweise *dem* wichtigsten Zeitzeugen des vergangenen Jahrhunderts geworden ist. Je mehr »die Leute wegsterben«, um so wichtiger sind diese glaubwürdigen Zeugen.

Ich habe lange überlegt, auf welche kurze Formel sich das lange Leben Haffners bringen läßt, und mußte feststellen, daß dies nicht möglich ist. Haffner war kein »Linker« und kein »Rechter«, vielleicht war er *mal* links und *mal* rechts; er war weder ein Konservativer, sicher, gelegentlich schon, und erst recht kein Kommunist, obwohl seine Sicht gerade auf die deutschen Kommunisten, seine Sympathie für Rosa Luxemburg *und* Karl Liebknecht und seine Trauer um die vertane Chance der Revolution von 1918 so sehr »links« wirkten. Solche Einordnungen interessierten ihn nicht.

Vielleicht wird man Haffner am ehesten gerecht, wenn man vermutet, daß er gern ein Konservativer gewesen *wäre*. Aber wie sollte das gehen? In Deutschland? In diesem Jahrhundert?

Trotz alledem sagte er mit 80 Jahren rückblickend: »Ich bin mit unserer Welt nicht so unzufrieden. Ich möchte eigentlich – trotz der Unannehmlichkeiten, die es in diesem Jahrhundert weiß Gott auch gegeben hat – ich möchte eigentlich in keinem anderen Jahrhundert gelebt haben.«

ANHANG

ANMERKUNGEN

Raimund Pretzel

1 *stern*, 29/1963.
2 Carl Louis Albert Pretzel: 14seitige Familienchronik. Ebenso die folgenden Zitate.
3 Diesen Begriff benutzt Sebastian Haffner in einem Gespräch mit dem damaligen Redakteur des Deutschlandfunks Hermann Rudolph, aufgenommen am 29. März 1984. Ebenso das folgende Zitat.
4 Nach dem Tod Carl Louis Albert Pretzels ging seine Bibliothek in den Besitz von Haffners Bruder Ulrich Pretzel über, der nach dem Zweiten Weltkrieg in Hamburg das Germanistische Seminar aufbaute und eine erfolgreiche Universitätslaufbahn einschlug. Als er im November 1981 starb, brachte die *Frankfurter Allgemeine Zeitung* vom 23. November 1981 einen bemerkenswerten Nachruf. »Er wußte buchstäblich alles«, heißt es da, »nicht nur in seinem engeren Fach, und was er einmal wirklich nicht auf Anhieb beantworten konnte, das fand er mit wenigen eiligen Griffen in den schier grenzenlosen Massen seiner Bibliothek, einer der größten Privatbibliotheken in unserem Lande, sie mag mittlerweile 40000 Bände umfassen. Er war Freund seiner Schüler«, schreibt der Verfasser Peter Wapnewski weiter, »ein Vater seiner Studenten, war voll geduldiger und ermutigender Güte gegenüber den Verwirrten und Verworrenen – das sind Klischees, aber er war die individualisierte Wirklichkeit von allen diesen Klischees.«
5 Gespräch mit Hermann Rudolph.
6 Marlies Menge: Wilhelm II. war immerhin Kaiser. In: *Die ZEIT*, 26. September 1997.
7 Ebenda.
8 In einem Brief an seine Mutter im Herbst 1938 vergleicht Haffner seine Frau Erika mit seiner Schwester Eva. »Wie Evchen, würdest Du sagen«. Beide Frauen sind 1899 geboren.
9 Geschichte eines Deutschen, S. 95.
10 Gespräch mit Hermann Rudolph.
11 Geschichte eines Deutschen, S. 98.
12 In dem Gebäude ist heute die Volkhochschule des Bezirks untergebracht.

13 Vgl. Friedrich von Bernhardi: Der Krieg als höchster Ausdruck wahrer Kultur. In: Ders.: Unsere Zukunft. Stuttgart, Berlin 1912, S. 22ff. Ebenso das folgende Zitat.
14 Helmut Fries: Die große Katharsis. Der Erste Weltkrieg in der Sicht deutscher Dichter und Gelehrter. 2 Bände, Konstanz 1994, Bd. 1, S. 180.
15 Friedrich von Bernhardi: Der Krieg als höchster Ausdruck wahrer Kultur.
16 Der Expressionist Markus Huebner, zitiert nach Helmut Fries: Die große Katharsis, Bd. 2, S. 45.
17 Geschichte eines Deutschen, S. 13.
18 Im Schatten der Geschichte. Gespräch mit Richard Schneider; gesendet am 1. Januar 1988.
19 Ebenda.
20 Geschichte eines Deutschen, S. 12f. des Originaltyposkripts Haffners aus dem Jahre 1939. Die Seite 13 des Typoskripts fehlt – offensichtlich durch ein Versehen – in der 2000 von der Deutschen Verlags-Anstalt publizierten Ausgabe. Zufällig ist der durch den Verlust dieser Seite entstandene Satz grammatikalisch korrekt, jedoch kaum verständlich.
21 Originaltyposkript, S. 13.
22 Ebenda.
23 Ebenda.
24 Ebenda.
25 Ebenda.
26 Geschichte eines Deutschen, S. 21.
27 Ebenda, S. 20.
28 Ebenda, S. 26.
29 Helmut Fries: Die große Katharsis, Bd. 2, S. 100f.
30 Geschichte eines Deutschen, S. 25.
31 Ebenda, S. 32.
32 Sebastian Haffner: Anmerkungen zu Hitler. München 1978, S. 11.
33 Geschichte eines Deutschen, S. 32.
34 Anmerkungen zu Hitler, S. 19.
35 Sebastian Haffner: Editorial zu *Der große Verrat* im *stern*, 38/1968. Ebenso das folgende Zitat. Aus der *stern*-Serie entstand das Buch *Die verratene Revolution*, welches später auch unter dem Titel *Die deutsche Revolution 1918/1919, Der Verrat* und *1918/19 – eine deutsche Revolution* neu aufgelegt wurde.
36 Geschichte eines Deutschen, S. 95.
37 Ebenda, S. 29.
38 *stern*, 38/1968. Eine ähnliche, etwas später datierte Schilderung des Ereignisses findet sich auch in der *Geschichte eines Deutschen*.

39 Hier zählt Haffner die ersten Jahre in der Volksschule offensichtlich nicht mit.
40 Interview mit Sebastian Haffner, geführt von Jutta Krug am 19. Februar 1989, abgedruckt im Anhang der Diplomarbeit: Exil in Großbritannien am Beispiel von Sebastian Haffner (1938–1945). Freie wissenschaftliche Arbeit zur Erlangung des Grades eines Diplom-Journalisten der sozialwissenschaftlichen Fakultät der Ludwig-Maximilians-Universität zu München, 1990, S. 94.
41 Ebenda, Seite 95.
42 Geschichte eines Deutschen, S. 76.
43 Ebenda, S. 83.
44 Ebenda, S. 68.
45 1927 spielten in Berlin 49 Theater, darunter 23 große Häuser mit mehr als 1 000 Plätzen; 1929 gab es drei Variètès, 75 Kabaretts, Kleinkunstbühnen und Lokale mit Unterhaltungsprogramm; es gab außerdem 550 Kaffeehäuser sowie 220 Bars und Tanzlokale, weiterhin 363 Kinos und 37 Filmgesellschaften, die allein 1928 242 abendfüllende Spielfilme herstellten; 1929 gab es 45 Morgenzeitungen, 2 Mittagsblätter sowie 14 Abendzeitungen (Regionalblätter nicht mitgerechnet); alle Angaben nach Bärbel Schrader, Jürgen Scheberda: Kunstmetropole Berlin 1918–1933. Berlin und Weimar 1987, S. 6.
46 Hardy Worm: Mittenmang durch Berlin. Streifzüge durchs Berlin der zwanziger Jahre. Berlin 1981, S. 11.
47 Ebenda, S. 25.
48 Ebenda, S. 52.
49 Geschichte eines Deutschen, S. 79.
50 Ebenda, S. 80.
51 Ebenda.
52 Ebenda, S. 179.
53 Saarbrücker Zeitung, 16./17. Juni 1990.
54 Gespräch mit Hermann Rudolph.

Zeitlupenflucht

1 Sebastian Haffners in London lebender Sohn Oliver Pretzel hat dieses Notizbuch, in dem sich außerdem Eintragungen befinden, die sich auf die Reise durch Deutschland beziehen, in Haffners Nachlaß entdeckt. Durch eine Pressemitteilung der Deutschen Verlags-Anstalt erhielt auch der *Spiegel* Kenntnis von der Existenz dieses Notizbuchs und schließt nun daraus, daß Haffner noch 1946 an diesem Manuskript gearbeitet habe. Der *Spiegel* verschweigt seinen Lesern, daß Haffner bei

der Skizzierung dieses neuen Exposés plante, auf die Kapitel, die sich auf seine Kindheit beziehen, zu verzichten. Die ersten Abschnitte des *Abschied und Aufbruch* überschriebenen Kapitels sollten *Mein Vater, Frank Landau, Teddy, Februar 1933* und *Ein Berliner Faschingsball* lauten. Es war also ein *anderes* Buch, das Haffner 1946 zu schreiben beabsichtigte und in das lediglich Teile der älteren, aber ungedruckten *Geschichte eines Deutschen* eingearbeitet werden sollten.

2 Geschichte eines Deutschen, S. 104.

3 Von Bismarck zu Hitler S. 234. – Damit bezieht sich Haffner auf die bis heute anhaltende Reichstagsbrand-Debatte. Die Inszenierung von Anlässen aller Art (zum Beispiel der »Überfall« auf den Sender Gleiwitz) ist ein gern genutztes Mittel nicht nur der Nazi-Bewegung. Mit Leuten wie dem Abwehrchef Canaris hatte Hitler auch das für solche Manöver ausreichend erfahrene Personal zu Verfügung.

4 Geschichte eines Deutschen, S. 108.

5 Ebenda, S. 101.

6 Ebenda, S. 115.

7 Ebenda, S. 108.

8 In der Annahme des Ermächtigungsgesetzes liegt der eigentliche Grund dafür, daß die bürgerlichen Parteien nach dem Krieg neugegründet wurden. So konnte man mit der unfreiwilligen Teilhabe an diesem Staatsstreich nicht so einfach in Verbindung gebracht werden.

9 Geschichte eines Deutschen, S. 124.

10 Wilhelm Hoegner: Die verratene Republik. München 1958, S. 386.

11 Geschichte eines Deutschen, S. 135. Ebenso die folgenden Zitate.

12 Ebenda, S. 147f.

13 Ebenda, S. 132.

14 Gespräch mit Hermann Rudolph.

15 Geschichte eines Deutschen, S. 219.

16 Interview mit Jutta Krug.

17 *Vossische Zeitung*, 30. März 1934.

18 Geschichte eines Deutschen, S. 214.

19 Interview mit Jutta Krug.

20 Haffner hatte schon so viel mehr finanzielle Unterstützung während seiner Ausbildungszeit erhalten, daß seine Geschwister allmählich zu der Meinung kamen, daß der Vater den Jüngsten ein wenig verwöhnte. Da die drei älteren Geschwister mehr oder weniger zur gleichen Zeit studiert hatten, mußten sie sich während ihrer Studienjahre etwas dazuverdienen. So hatte Ulrich seinem Vater beispielsweise bei der Herstellung der Zeitung des Lehrervereins geholfen.

21 Daß Margret Boveri auch später nicht emigrierte, begründete sie vierzig Jahre später gegenüber Uwe Johnson damit, daß sie »eine

sehr starke Liebe zu Deutschland« empfunden habe. Nachdem sie im Mai 1939 als Korrespondentin für die *Frankfurter Zeitung* zunächst nach Stockholm und 1940 nach New York gegangen war, kehrte sie 1942 über Umwege nach Deutschland zurück. In dem Gespräch mit Uwe Johnson sagte sie: »Frau Landry, die 1936 (richtig: 1938 – d. V.) nach England ausgewandert ist, fand es damals selbstverständlich, daß ich blieb; ebenso ihr Freund Pretzel, der ihr bald folgte. Nach dem Krieg hat mir Sebastian Haffner, der einstige Pretzel, gesagt, sie hätten es mir übel genommen, daß ich 1942 aus Amerika zurückgekehrt bin.« Margret Boveri: Verzweigungen. Eine Autobiographie. Hrsg. von Uwe Johnson. Frankfurt a. M. 1996, S. 295.

22 *konkret*, 9/1967.

23 Harald Schmidt-Landry scheint eigentlich immer in Geldschwierigkeiten gesteckt zu haben. Im April 1936 erhielt Haffner einen mit »Heil Hitler« unterzeichneten Brief eines Wilmersdorfer Rechtsanwalts, in dem dieser den »sehr geehrten Herrn Assessor Pretzel« bittet, auf Herrn Schmidt-Landry dahingehend einzuwirken, die Kosten einer anwaltlichen Vertretung durch einen anderen Kollegen zu begleichen, da Schmidt-Landry »keine Zahlungen geleistet hat und fruchtlos gepfändet ist«. Aller Wahrscheinlichkeit handelte es sich bei dieser Angelegenheit um die Kosten der Scheidung des Ehepaares Schmidt-Landry. In einem Brief vom 20. 8. 39 bittet Haffner den »lieben Harri«, dringend um Bezahlung seiner Schulden. Anderenfalls drohe ihm sein »Schicksal vom Frühjahr, nämlich das Schuldgefängnis wegen Nichtzahlung der rates«.

24 1937 gab Haffner seine eigene Wohnung auf und zog ganz in die Wohnung von Erika und Peter, war aber wegen der strengen Meldegesetze in Verbindung mit den NS-Rassegesetzen bei seiner Schwester in der Paulstraße im Bezirk Tiergarten gemeldet.

25 Ein Anwalt, für den er rund ein halbes Jahr arbeitete, war der spätere Regierende Bürgermeister von Berlin, Walther Schreiber (CDU).

26 Interview mit Jutta Krug. Ebenso das folgende Zitat.

27 Interview mit Radio Bremen, Erstsendung 31. Januar 1988. Interviewer: Konrad Franke. Ebenso das folgende Zitat.

28 *Die ZEIT*, 10. Dezember 1979.

29 Gespräch mit Hermann Rudolph.

30 *Die Zeitung*, 29. März 1941.

31 Interview mit Jutta Krug.

32 Oda Schaefer: Auch wenn Du träumst, gehen die Uhren. Erinnerungen. München 1970, S. 266 f.

33 Anmerkungen zu Hitler, S. 37.

34 Ebenda.

35 Interview mit Jutta Krug.

36 Natürlich kann Haffner diese Positionen auch woanders kennengelernt haben, etwa aus den Büchern Arthur Rosenbergs, wie Alex Rühle in der *Süddeutschen Zeitung* vom 18. August 2001 vermutet. Die Behauptung Hennig Köhlers in der *Frankfurter Allgemeinen Zeitung* vom 16. August 2001, daß die *Geschichte eines Deutschen* wesentlich später geschrieben worden sein müsse, weil Haffner damals elf Jahre alt war und »mit Sicherheit nicht viel von der politischen Konstellation des Winters 1918/19 wußte, der Umsturz von 1918 längst vergessen und Literatur darüber kaum vorhanden« war, ist unhaltbar. Dazu Rühle: »Das argumentative Vorgehen in seinem (Köhlers – d. V.) Text erinnert an Nietzsches Definition, Philosophen seien Leute, ›die einen Stein hinter einen Baum legen und dann gehen sie ihn suchen.‹ Köhler bringt nicht eine stichhaltige These vor.«

37 Gespräch mit Hermann Rudolph.

38 Interview mit Jutta Krug.

England

1 Handschriftlicher Brief Haffners an seine Mutter vom 1. November 1938, abgestempelt in Cambridge am 2. November.

2 Neumanns Bücher erscheinen im Verlag Hutchinson, für den er später auch als Berater tätig ist. Sein Tagebuch *Vielleicht das Heitere* rezensiert Haffner für die Zeitschrift *konkret* im Jahre 1968 überschwenglich unter der Überschrift »Ein Leser dankt«.

3 Interview mit Jutta Krug.

4 »Hitler war nicht mehr zu stoppen.« Interview mit der *Süddeutschen Zeitung*, 24./25. September 1988.

5 Die Erbschaft seiner Frau erwähnt er in diesem und in weiteren Interviews nicht. Nach damaligem Kurs waren es einige hundert Pfund, die sicherlich beunruhigend schnell zusammengeschmolzen sind.

6 Gespräch mit Hermann Rudolph.

7 Martin Esslin: Deutsche Intellektuelle im englischen Exil. In: Kunst im Exil. Hrsg. von der Neuen Gesellschaft für Bildende Kunst Berlin. Berlin 1986, S. 219.

8 Der Chefredakteur der deutschen Sendungen, Hugh Carlton Greene, der sich von diesen Intrigen nicht beeindrucken ließ, wurde nach dem Krieg erster Intendant des Nordwestdeutschen Rundfunks.

9 Interview mit Jutta Krug.

10 Ebenda.

11 Sicherlich ein in Anlehnung an den berühmt gewordenen Satz »Alle Tiere sind gleich« aus dem Buch seines bedeutendsten Autors George

Orwell gewählter Titel. Vgl. Ders.: All Authors are equal. The Publishing Life of Fredric Warburg 1936–1971. London 1973.

12 Interview mit Jutta Krug.

13 Alle sprachkritischen Überlegungen Pauls wurden sofort widerlegt. Die Redewendung »business as usual« beispielsweise benutzte Churchill bereits zu Beginn des Ersten Weltkrieges.

14 Eine Nachfrage im Berliner Technikmuseum vom 14. August ergab, daß die erste Rolltreppe in einem Berliner U-Bahnhof am 1. Juli 1927 im Bahnhof Hermannplatz in Betrieb genommen wurde, vgl. U. Soukup: »Rolltreppen und andere Holzwege«. *Tagesspiegel*, 15. August 2001.

15 Haffner hatte in der *Geschichte eines Deutschen* geschrieben, daß sein Vater vom Trommeln und Alarmblasen, das von einer nahegelegenen SS-Kaserne zu hören war, am Schlaf gehindert wurde. Professor Paul dazu: »Da fragt man sich: Schliefen die SS-Leute nicht nachts auch manchmal?« Da fragt man sich, warum Jürgen Paul nicht gleich dazuschreibt: »SS-Leute sind doch auch nur Menschen«.

16 Die entsprechenden Passagen werden in diesem Buch im Abschnitt über die Exil-SPD ausführlich zitiert.

17 Konrad Kujau, Fälscher der Hitler-Tagebücher, mit denen 1983 der *stern* die größte Blamage der bundesdeutschen Pressegeschichte hinlegte.

18 Sebastian Haffner an Harald Schmidt-Landry, Brief vom 20. August 1939.

19 Erika Pretzel und Sebastian Haffner an Harald Schmidt-Landry und dessen Frau Irene, Brief vom 5. Januar 1940. Vgl. *FAZ*, 8. Septembert 2001.

20 Sebastian Haffner: *Germany: Jekyll & Hyde*. Berlin 1996, S. 265.

21 Der Rundfunkjournalist Michael Seyfert erwähnt in seinem Artikel *His Majesty's Most Loyal Internees. Die Internierung und Deportation deutscher und österreichischer Flüchtlinge als »enemy aliens«*, hartnäckig halte sich der Verdacht, »daß gewisse demokratiefeindliche Kreise innerhalb der Regierung die Inhaftierung der geflüchteten Antifaschisten betrieben hätten, um von ihrer eigenen Existenz abzulenken und bei einer deutschen Invasion eine große Anzahl entschlossener Gegner des Nazi-Regimes hinter Schloß und Riegel zu wissen. Bisher hat die Forschung diesen Verdacht nicht stützen können.« Allerdings beklagt der Autor in dem 1983 in Stuttgart erschienenen Sammelband *Exil in Großbritannien*, die Internierungen betreffende Regierungsdokumente seien kaum zugänglich. (Vgl. Exil in Großbritannien. Zur Emigration aus dem nationalsozialistischen Deutschland. Hrsg. von Gerhard Hirschfeld, S. 182.)

22 Zitiert nach Seyfert, ebenda, S. 157.

23 Erika Pretzel und Sebastian Haffner an Harald Schmidt-Landry und dessen Frau Irene, Brief vom 5. Januar 1940.

24 Interview mit Jutta Krug.

25 Erika Pretzel an Harald Schmidt-Landry und dessen Frau Irene, Brief vom 14. März 1940.

26 Interview mit Jutta Krug.

27 Jürgen Kuczynski: Memoiren. Die Erziehung des J.K. zum Kommunisten und Wissenschaftler. Berlin 1973, S. 360f.

28 Fredric Warburg: All Authors are equal. The Publishing Life of Fredric Warburg 1936–1971. London u.a. 1973, S. 7.

29 Wäre das Buch tatsächlich im April gedruckt worden, hätte sich Warburg nicht auf den am 10. Mai erfolgten Überfall auf die Niederlande beziehen können. Sicher ist, daß das Manuskript vor Haffners erster Internierung fertiggestellt war, also im Januar. Warburg hat in seinen 1973 erschienen Erinnerungen angegeben, das Buch sei Ende Januar in die Druckerei geschickt worden. Dies würde bedeuten, daß sich die druckvorbereitenden Arbeiten sehr lange hinzogen. Möglicherweise hat Warburg den Satz zwischenzeitlich gestoppt, da ihm der Autor abhanden gekommen war oder auf Ereignisse nach dem Abschluß des Manuskripts im Januar noch eingegangen werden sollte. Der aktuellste Bezug im Text ist ein (recht belangloser) Hinweis auf die Kämpfe um Trondheim, die im April 1940 begannen und bis Anfang Mai anhielten. Auch aus technischen Gründen oder um Kosten zu sparen, kann der Verleger den Autor instruiert haben, nur auf den Schlußseiten des Buches Änderungen vorzunehmen. Vielleicht versprach er sich von seinem dramatischen Editorial mehr Wirkung als von der in den Text eingearbeiteten Kritik an der englischen Flüchtlingspolitik – die ja auch eine Kritik in eigener Sache gewesen wäre.

30 Das war auch nicht nötig. Haffner hatte die Internierung deutscher Emigranten in Frankreich scharf kritisiert. Wer eins und eins zusammenzählen konnte, wußte, daß Haffner die Internierung »feindlicher Ausländer« ablehnte, natürlich auch in England. Daß Haffner selbst auch interniert war, wurde ebenfalls bald publik.

31 In London erschien 1940 unter dem Pseudonym »Judex« eine Streitschrift mit dem Titel »Andersons Prisoners«.

32 Zitiert nach Hans-Albert Walter: Deutsche Exilliteratur 1933–1950. Band 3: Internierung, Flucht und Lebensbedingungen im Zweiten Weltkrieg. Stuttgart 1988, S. 210.

33 Vgl. ebenda, S. 217.

34 Die Lagerinsassen wurden wahrscheinlich erst Ende Juni nach Liverpool gebracht. Die »Arandora Star« stach am frühen Morgen des 1. Juli 1940 in See.

35 Siehe Seite 266 dieses Buches.

36 Gespräch mit Hermann Rudolph.

37 Sebastian Haffners Monatslektüre. In: *konkret*, 1/1967, S. 51. Haffner erwähnt Steed in einer Rezension des Buches *Im Paragraphenturm* von

Xaver Berras. In diesem Buch macht Berras, ganz ähnlich wie Steed gegenüber Haffner ausgeführt hatte, das starre deutsche Rechtsverständnis für den Nazismus verantwortlich.

38 Diese Angabe ist sehr ungenau. Steed hat zumindest noch einen Beitrag für die letzte Ausgabe der *Zeitung* vom 1. Juni 1945 verfaßt. Haffner kannte den Artikel wahrscheinlich nicht, da er das Blatt nicht mehr las, nachdem er die Redaktion 1942 verlassen hatte. Steed starb erst 1956, als Haffner schon wieder in Berlin lebte.

39 Karl Retzlaw: Spartacus – Aufstieg und Niedergang. Erinnerungen eines Parteiarbeiters. Frankfurt/Main 1971.

40 *The Observer*, 23. Juni 1940.

41 Noch im Jahre 1996 erinnerte sich Haffner daran, daß mehrere Bücher zum gleichen Thema vorgestellt wurden und die Besprechung von *Germany: Jekyll and Hyde* mit den Worten begann: »Und das beste zuletzt: ...« (Gespräch mit dem Verfasser am 1. Oktober 1996).

42 *The Times literary supplement*, 15. Juni 1940. Warburg gibt in seinen Verlegererinnerungen an, er habe insgesamt 3000 Exemplare verkauft. Haffner äußerte am 1. Oktober 1996 im Gespräch mit dem Verfasser, er glaube nicht, daß »der Verlag auf seine Kosten gekommen« sei.

43 Wortlaut des Telegramms: »Höre mit Freude und Genugtuung von Gründung Londoner deutschen Tageszeitung. Nachricht ist eindrucksvoll und beruhigend. England scheint, was die Nazis auch sagen mögen, noch nicht an seinen Untergang im Strudel zu denken, da dort mit Ruhe und Zuversicht solche Pläne entwickelt und ins Werk gesetzt werden. Herzliche Glückwunsche eines Deutschen, der stolz sein wird mitzuarbeiten. Möge Zeitung zu guter Waffe im Kampf um die Ehre der Menschheit und deutscher Menschlichkeit werden. THOMAS MANN«. Das Telegramm (»Western Union Cablegram«) ist im Faksimilie abgebildet (siehe Abbildung in diesem Buch). Zu einer späteren Mitarbeit Thomas Manns kam es jedoch nicht.

44 London wurde erst im September bombardiert. Bei diesem Angriff handelte es sich nach Auskunft Haffners um einen »Irrtumsraid«. Eine deutsche Maschine habe sich verirrt, und ehe sie ihre Bomben irgendwo abwarf, habe sie sie auf London geworfen.

Offensive against Germany

1 Lutz Büthe: Auf den Spuren George Orwells. Eine soziale Biographie. Hamburg 1984. S. 245. Damit ist die in der Fachliteratur über die deutschsprachige Presse im Exil verschiedentlich zu findende Annahme, Haffner und Lothar hätten sich in einem Internierungscamp

kennengelernt, widerlegt. Nicht ausgeschlossen ist, daß sie einander in einem der Camps begegnet sind, da Lothar ebenfalls interniert war.

2 Bernard Crick: George Orwell. Ein Leben. Aus dem Englischen von Friedrich Polakovics unter Mitwirkung von Harald Raykowski. Frankfurt am Main 1984, S. 536.

3 Der Londoner Politologe und Literaturkritiker Crick meint, Orwell müsse *Farm der Tiere* und *Neunzehnhundertvierundachtzig* »in der Annahme geschrieben haben, die Leute wüßten bereits um seinen politischen Standort und würden deshalb auch die Voraussetzungen seiner Satiren erkennen. Er kann damals noch nicht vorhergesehen haben, daß der große Erfolg dieser Bücher ihm eine bei weitem zahlreichere Leserschaft gewinnen werde, die wenig oder gar nichts von der kleinen, aber in regem Gedankenaustausch stehenden literarischen und politischen Londoner Szene während der Kriegszeit wußte. Es hätte ihn sehr erstaunt, zu erfahren, daß man es fertigbrachte, *Farm der Tiere* als ein schlicht antisozialistisches Buch zu lesen und *Neunzehnhundertvierundachtzig* als Vorhersage einer Zukunft, die uns gewiß ist, anstatt einer Warnung vor möglichen Übeln.« Ebenda, S. 537f.

4 Haffner in einem Gespräch mit dem Verfasser im Jahre 1993.

5 Diese seit Jahrzehnten in der Literatur kolportierte Behauptung hat ihren Ursprung in einem Aufsatz von Wilhelm Sternfeld (»Die Zeitung«. In: *The Wiener Library Bulletin*, Vol. 5, 1951, No 1/2). Dort heißt es, daß die Wurzeln des Projekts der *Zeitung* im Lager internierter Flüchtlinge auf der Isle of Man zu finden seien: »Ein politischer Autor namens Pretzel [...]schlug vor, daß eine deutsche Zeitung gegründet werden sollte als ein Teil einer Bemühung, eine deutsche Kampftruppe gegen die Nazis aufzustellen. Später traf er den früheren Direktor der *Frankfurter Zeitung*, Herrn J.H. Lothar, der, über nützliche Kontakte verfügend, mitten im Krieg ein Gesprächstermin bei dem damaligen Informationsminister Duff Cooper erhielt, mit dem Ergebnis, daß das Projekt, beschnitten um Pretzels eher kriegerische Ambitionen, innerhalb von vier Monaten genehmigt wurde.« Dieser Darstellung, die Sternfeld im Katalog der Ausstellung »Exil-Literatur 1933–1945« ähnlich wiederholte, folgen Walter A. Berendsohn (Die humanistische Front. Zürich 1946), Gerd Greiser (Presse im Exil. Beiträge zur Kommunikationsgeschichte des deutschen Exils. München 1979 und Karl-Ludwig Hofmann (Kunst im Exil. Berlin 1986) sowie Werner Röder (Die deutschen sozialistischen Exilgruppen in Großbritannien 1940–1945. Hannover 1969) und Angela Huß-Michel (Literarische und politische Zeitschriften des Exils 1933–1945. Stuttgart 1987). – Wilhelm Sternfeld, geboren 1888 in Unna, 1933 nach Frankreich emigriert, 1935 nach Prag und 1939 nach England, der vie-

len Exilschriftstellern unschätzbare Dienste geleistet hat und mit dem Bundesverdienstkreuz ausgezeichnet wurde, hat mit Eva Tiedemann die Bio-Bibliographie *Deutsche Exil-Literatur 1933–1945* herausgegeben. Die Angaben basieren auf Fragebögen, die in den allermeisten Fällen von den Verzeichneten oder deren Angehörigen ausgefüllt worden sind. Im Falle Haffners kann dies nicht zutreffen. Der Grund ist so naheliegend wie profan: Sternfeld hat selbst in der *Zeitung* publiziert und befand sich offensichtlich mit Haffner im Dissens. Vielleicht hat er auch aus diesem Grund Haffners Bedeutung bei der Gründung der *Zeitung* überzeichnet.

6 »Mr. Lothar ist nicht auffallend jüdisch, aber ich würde wegen seiner früheren Verbindung zur *Frankfurter Zeitung* vermuten, daß er etwas jüdisches Blut hat. Was die anderen betrifft, so behauptet er (Lothar), daß Haffner und Uhlig nichtjüdisch sind. Mende ist teilweise Jude und Reichenheim wahrscheinlich vollständig.« Ohne Zweifel gab es auch in England vor und während des Zweiten Weltkrieges antisemitische Tendenzen. So erschreckend die zitierten Sätze jedoch klingen, es ist nicht auszuschließen, daß Antisemitismus nicht oder zumindest nicht allein hinter diesen Bedenken steckt: »Ohne Zweifel sind einige der journalistisch Geeignetsten für eine solche Zeitung jüdisch, doch würde sie als ein Instrument der Propaganda viel von seiner Wirkung verlieren, wenn sie hauptsächlich von Juden geleitet würde.« Es sollte keine Gruppe von Exilanten bedient werden, allerdings waren 90 Prozent der in London lebenden Flüchtlinge jüdischer Abstammung.

7 Die »Union«, ein Zusammenschluß deutscher, tschechoslowakischer und sudetendeutscher Sozialdemokraten, einigte sich auf das Konzept einer sozialdemokratisch-sozialistischen Volkspartei demokratischen und freiheitlichen Zuschnitts. Sie blieb unter anderem deshalb politisch bedeutungslos, weil österreichische Sozialdemokraten einen Beitritt ablehnten und links von der SPD stehenden Gruppen, denen Beziehungen zu den Kommunisten nachgewiesen werden konnten, nicht aufgenommen wurden.

8 Dies führt erneut zu Mißfallenskundgebungen: »Es gibt«, schrieb der damalige SPD-Vorsitzende Hans Vogel am 29. März 1941 an den sozialdemokratischen Journalisten Kurt Doberer, »sogar Genossen, die sich darüber entrüsten, dass die Deklaration der ›Union deutscher Sozialistischer Organisationen in England‹ in der *Zeitung* erschienen ist.« Vogel warnte: »So wie ich die Stimmung gegen *Die Zeitung* kenne, glaube ich, dass Du Dich im Falle der Mitarbeit manchen Anrempelungen aussetzen würdest.« Der Brief schließt mit den Sätzen: »Ich wünsche sehr, dass *Die Zeitung* eine politische Richtung einnimmt, die es ermöglicht, dass auch wir Sozialdemokraten sie als ein Organ der Gesamtdeutschen

Emigration betrachten können. Zur Zeit kann [man] das leider noch nicht behaupten. Ich würde an Deiner Stelle mit der Mitarbeit zuwarten und mich definitiv erst dann entscheiden, wenn der Charakter dieser Zeitung einwandsfrei feststeht. Das soll von mir nur ein freundschaftlicher Rat sein, um den allein Du mich ja auch gefragt hast.«

9 Gerd Greiser: Exilpublizistik in Großbritannien. In: Beiträge zur Kommunikationsgeschichte des deutschen Exils 1933–1945. Hrsg. von Hanno Hardt, Elke Hilscher, Winfried B. Lerg. München u. a. 1979, S. 229.

10 *Die Arbeit*, ein monatlich erscheinendes hektographiertes Mitteilungsblatt, wurde herausgegeben von der »Landesgruppe deutscher Gewerkschaftler in Großbritannien«. Ihrem leitenden Gremium, dem »Arbeitsausschuß«, gehörten neben SPD-Mitgliedern, die die Mehrheit bildeten, auch Mitglieder des Internationalen Sozialistischen Kampfbundes, der Sozialistischen Arbeiterpartei (SAP) und der Gruppe Neu Beginnen an. Insgesamt erschienen neun Ausgaben (15. März 1941 bis 15. November 1941). Das Blatt fiel im Winter den verschärften Vorschriften zur Einschränkung des Papierverbrauchs zum Opfer – etwa zur gleichen Zeit, als die Umstellung der *Zeitung* zur Wochenzeitung vorbereitet wurde.

11 Hiller an Brehm, Brief vom Juni 1941.

12 Interview mit Jutta Krug.

13 Germany: Jekyll & Hyde, S. 205.

14 Bekanntlich hat es bis heute dazu nicht gereicht. Eine rühmliche Ausnahme in dieser traurigen Tradition des Nichtbekennens ist die Erklärung von Ottmar Schreiner, der kurze Zeit Bundesgeschäftsführer war, auf einer Diskussionsveranstaltung der SPD im Willy-Brandt-Haus in Berlin, die damalige SPD-Führung trage Verantwortung für den Mord an Rosa Luxemburg und Karl Liebknecht. In der *Geschichte eines Deutschen* erinnert sich Haffner an die deutsche Revolution, die er noch als Kind in Berlin miterlebt hatte: »Wir waren also, schlecht und recht, ›für‹ Ebert und Noske und ihre Freicorps. Aber sich irgendwie für diese Gestalten zu erwärmen, war auch wieder unmöglich. Das Schauspiel, das sie boten, war zu offensichtlich widerlich. Das Aroma von Verrat, das ihnen anhaftete, war zu penetrant: Es drang bis in die Nasen der Zehnjährigen.« Schon in diesen 1939 geschriebenen Sätzen deutet sich sowohl sein Mißtrauen gegenüber den führenden deutschen Sozialdemokraten an als auch die trotz seiner Sympathie für die SPD unter Willy Brandt 1968 verfaßte, bis heute geliebte und gehaßte Anklage gegen die historische Rolle der SPD in der Revolution 1918/19. Vgl. Uwe Soukup: Verantwortung der SPD? Ja! In: *junge welt*, 16. Januar 1999.

15 Vgl. Hillers Memoiren: Leben gegen die Zeit. Hamburg 1996.

16 Die Korrespondenz Hillers mit dem SPD-Vorsitzenden Hans Vogel muß einen beträchtlichen Teil von dessen Arbeitszeit in Anspruch genommen haben. In den Exil-Unterlagen der SPD finden sich etliche seitenlange Briefe Hillers. Im Schreiben vom 14. Dezember 1941 erörtert er einen erneuten Versuch des Zusammenschlusses verschiedener Exilorganisationen und schlägt vor, auch den Kreis um *Die Zeitung* einzuladen. Die Annahme der Einladung »würde keine Gefahr für uns bedeuten; die Ablehnung wäre ein Argument für uns, und schon die Einladung nähme Jenen eines«. Freilich habe man das Recht, diesem Kreis gegenüber »exklusiv zu sein, weil von keiner Seite der Plan eines Zusammenschlusses der deutschen antinazistischen Kräfte so geflissentlich und zäh sabotiert worden ist wie gerade von dieser Seite. Auch ist ja die politische Vergangenheit des Herausgebers und die des nächst ihm massgebenden Redakteurs (wohl Haffner gemeint) fragwürdig.«

17 Die Labour-Führer werfen den deutschen Genossen, die sich nicht zum Sprachrohr der englischen Partei degradieren lassen wollen, unter anderem Chauvinismus vor und bitten sie wegen der kriegsbegeisterten Politik der SPD im Ersten Weltkrieg um eine Stelllungnahme. Curt Geyer, ehemals Mitglied der USPD und der KPD, entschuldigt in einem 39seitigen Memorandum die Zustimmung der SPD-Fraktion zu den Kriegskrediten mit der Kriegsbegeisterung der Massen.

18 *Die Zeitung*, 29. März 1941.

An den Hebeln der Meinungmacht

1 Interview mit Radio Bremen, gesendet am 28. Januar 1988.

2 Gespräch mit Hermann Rudolph.

3 Sebastian Haffner: Winston Churchill in Selbstzeugnissen und Bilddokumenten. Reinbek bei Hamburg 1967, S. 119.

4 Ein Gedanke, der sich in sehr ähnlicher Formulierung auch bei Wickham Steed wiederfindet.

5 Diese Formulierung gebrauchte David Astor im Gespräch mit dem Verfasser am 28. Juni 2001.

6 Die für die Zeitschrift *konkret* geschriebene Kolumne ist wiederabgedruckt in: Sebastian Haffner: Zur Zeitgeschichte. München 1982, S. 145–150.

7 Crick: George Orwell, S. 570.

8 Gespräch mit dem Verfasser am 28. Juni 2001.

9 Vgl. Crick, George Orwell, S. 600f.

10 Vgl. ebenda, S. 570f.

11 Brief David Astors an den Verfasser vom 11. Juli 2001.

12 Sebastian Haffner. Schreiben für die Freiheit.1942 bis 1949: als Journalist im Sturm der Ereignisse. Hrsg. von Rainer Nitsche. Aus dem Englischen von Sigrid Ruschmeier. Berlin 2001, S. 46f.

13 Die Artikel in der Profile-Serie wurden nicht immer namentlich gezeichnet. David Astor kann sich nicht mehr erinnern, welche Texte von Haffner stammen. Als sicher gilt, daß Haffner auch das am 18. Mai 1947 im *Observer* gedruckte Thomas Mann-Porträt geschrieben hat.

14 Dunn gebraucht hier die deutschen Worte *Herr Doktor*.

15 Gespräch mit dem Verfasser am 28. Juni 2001.

16 Haffner hat sich jedoch an dieser Kampagne nicht beteiligt (Gespräch mit David Astor am 11. Juli 2001).

17 Da sein Stellvertreter Donald Tyerman kurz zuvor verkündet hatte, er werde nach dem Krieg zur *Times* wechseln, wurde Brown bearbeitet, auf seinem Posten zu bleiben.

18 Wann bricht Deutschland zusammen? In: *The Observer*, 31. Oktober 1943; deutsch in: Schreiben für die Freiheit, S. 35.

19 Haffner folgert dies auch aus der verlustreichen Verteidigung der sogenannten Gustav-Linie in Italien. Vgl. Was Deutschland vorhat. In: *The Observer*, 13. Februar 1944; deutsch in: Schreiben für die Freiheit, S. 37.

20 Ebenda, S. 38.

21 Deutschlands Ostgrenzen. In: *The Observer*, 27. Februar 1944; deutsch in: Schreiben für die Freiheit, S. 40–44.

22 Stalin hatte auf der Konferenz in Teheran erstmals Anspruch auf Königsberg sowie Teile des nördlichen Ostpreußens erhoben und Churchill vertrat diesen Anspruch gegenüber der polnischen Exil-Regierung als »gerechtfertigt«.

23 Deutschlands fremde Legionäre. In: *The Observer*, 18. Juni 1944; deutsch in: Schreiben für die Freiheit, S. 51.

24 How will the End Come. In: *The Observer*, 25. März 1945.

25 Deutschland erwartet seine Befehle. In: *The Observer*, 29. April 1945; deutsch in: Schreiben für die Freiheit, S. 73.

26 Siehe zum Beispiel Wer kapituliert in Deutschland? In: *The Observer*, 6. Mai 1945; deutsch in: Schreiben für die Freiheit, S. 81–87.

27 Vgl. Wann bricht Deutschland zusammen? In: *The Observer*, 31. Oktober 1943; deutsch in: Schreiben für die Freiheit, S. 35.

28 The Fever of Frontiers. In: *The Observer*, 20. Mai 1945.

29 Siehe Kapitel über die *Spiegel*-Affäre, S. 216.

30 »Ich schrieb damals so ziemlich die ganze Außenpolitik des *Observer*, wenn ich das jetzt so sagen darf. Es gab ja niemand. Die waren ja alle in irgendwelchen Kriegsbehörden oder sogar in der Armee. Ich war inzwischen, wie ich mir einbildete, ein guter politischer Experte geworden, auch mit einem gewissen Gespür dafür, was der politische Journalismus

kann und was er nicht kann. Es hat natürlich gar keinen Zweck gehabt zu sagen: ›Ihr macht alles falsch!‹ und: ›Macht alles ganz anders!‹«

31 Damit spielt Haffner auf die ungewöhnliche Rolle David Astors als Chefredakteur an, dem (bzw. dessen Familie) das Blatt auch gehörte.

Publizist im Kalten Krieg

1 Moscow: Hope and Peril. In: *The Observer*, 9. März 1947.

2 Paris: Last Chance. In: *The Observer*, 29. Juni 1947.

3 Ebenda.

4 Britain Makes History. In: *The Observer*, 25. Januar 1948.

5 Ebenda.

6 The Burning House. In: *The Observer*, 7. Juni 1948.

7 Eine Union: Jetzt oder nie. In: *The Observer*, 18. Januar 1948; deutsch in: Schreiben für die Freiheit, S. 176.

8 Rußland und Deutschland. In: *The Observer*, 9. Oktober 1949; deutsch in: Schreiben für die Freiheit, S. 221.

9 Ebenda.

10 Defence of the West. In: *The Observer*, 21. Mai 1950.

11 A Warning. In: *The Observer*, 25. Juni 1950. Ebenso die folgenden Zitate.

12 No Next Time. In: *The Observer*, 16. Juli 1950. Ebenso die folgenden Zitate.

13 Danger in Germany. In: *The Observer*, 3. September 1950.

14 Rearming Germany. In: *The Observer*, 24. September 1950.

15 Geschichte eines Deutschen, S. 32

16 Vgl. dazu das Kapitel »Sternstunden«, S. 289f. dieses Buches.

17 Einen guten Einblick in die Flügelkämpfe der Labour Party in der Zeit zwischen 1945 und 1951 vermittelt die Biographie des Premierministers dieser Zeit von Kenneth Harris: Attlee. London 1982.

18 Thoughts on Defence. In: *The Observer*, 10. September 1950.

19 Möglich war dies nur, weil die Sowjetunion nicht an der Sitzung der Vollversammlung teilnahm und China nicht durch Maos Regierung (deren Aufnahme in die Vereinten Nationen durch die USA verhindert worden war), sondern durch die nationalchinesische Exilregierung Tschiang Kai-schecks vertreten war.

20 Can U.N. Bring Peace. In: *The Observer*, 15. Oktober 1950.

21 Anmerkungen zu Hitler, S. 162.

22 What America Wants. In: *The Observer*, 11. März 1951.

23 Ähnlich findet sich diese Ansicht bereits in: World Power To-morrow. In: *The Observer*, 11. Februar 1951.

24 Auch damals sei es den Nordstaaten nicht um eine Abschaffung der Sklaverei gegangen, obwohl viele ihrer Bürger diese als eine fürchterliche Sache ansahen. Erst als die Südstaaten versuchten, den Sklavenhandel auf die neuerschlossenen Gebiete im Westen auszudehnen, wurde die Sklaverei zu einem politischen Problem, das in einer Art kaltem Krieg ausgefochten wurde, bis die Südstaaten, nachdem sie die politische Schlacht verloren hatten, sich von der Union verabschiedeten und zur Gewalt übergingen. Erst jetzt griffen die Nordstaaten zum Mittel des bedingungslosen Krieges, gewannen und schafften die Sklaverei ab. – Fast scheint es, als wolle Haffner hier zwischen den Zeilen eine Botschaft an jene linken Kräfte in Großbritannien senden, die noch immer mit dem Kommunismus als Idee sympathisierten. Nein, sagt er, um den Kommunismus gehe es nicht, sondern um die Eindämmung einer aggressiven und expansionistischen Macht, gegen die vorzugehen im Interesse der ganzen Welt liege.

25 Which Road To Peace. In: *The Observer*, 11. November 1951.

26 Zur Geschichte des *Left Book Club* siehe den Artikel The Left's Ace of Clubs. In: *The Guardian*, 7. Juli 2001.

27 Arthur Miller: Zeitkurven. Frankfurt/M. 1987, S. 410.

28 Daß allerdings selbst der *Observer* niemals auf die Linie eines McCarthy hätte einschwenken können, zeigt ein Porträt, das die Zeitung im Frühjahr 1953 noch vor dem unrühmlichen Ende seiner Aktivitäten veröffentlichte. Darin heißt es unter anderem: »Er vermengt wichtige Wahrheiten mit Übertreibungen, Mißbrauch und Nonsens.«

29 A European Army. In: *The Observer*, 9. September 1951. Ursprünglich von Jean Monnet entwickelt, gilt diese Idee der Europäischen Verteidigungsarmee heute vor allem als Versuch, eine Balance zu finden zwischen dem Wunsch der Amerikaner nach deutscher Wiederbewaffnung und französischer Furcht vor einer solchen; deshalb die vollständige Einbindung der deutschen Armee unter die Kontrolle der europäischen Verbündeten. Ob Haffner diesen Zusammenhang nicht sah oder nicht kommentieren wollte, bleibt unklar.

30 Die »splendid isolation«, auf die hier Bezug genommen wird, entstand vor 1900 als politisches Schlagwort, um die Freiheit Englands von Bündnissen zu beschreiben.

31 Siehe hierzu John W. Young: Britain and European Unity 1945–1992. London 1993, S. 36.

32 Günther Heydemann: Großbritannien und Deutschland: Probleme einer ›stillen Allianz‹ in Europa. In: Hans Kastendieck/Karl Rohe/Angelika Volle (Hrsg.): Großbritannien. Geschichte, Politik, Wirtschaft, Gesellschaft. Frankfurt/M./New York 1994, S. 367.

33 Britain And Germany. In: *The Observer*, 2. Dezember 1951.

34 Dies mündete in den ein knappes Jahr später geschlossenen Wiedergutmachungsvertrag zwischen Deutschland und Israel, in dem sich Deutschland zu einer auf zwölf Jahre verteilten Zahlung von 3 Milliarden Mark in Warenlieferungen verpflichtete.

35 Free German Elections. In: *The Observer*, 20. April 1952.

36 Dieser Preis würde darin bestehen, schon im ersten Schritt alle sowjetischen Besatzungsstreitkräfte von deutschem Boden abzuziehen; sodann müßte die ostdeutsche Regierung (von Haffner in Anführungsstriche gesetzt) durch eine neutrale Interimsregierung unter der Aufsicht der Vereinten Nationen ersetzt werden, die nach und nach die Volkspolizei entwaffnet, alle politischen Gefangenen befreit und Gesetze gegen politischen Terror und für allgemeine Freizügigkeit erläßt. Nach den Wahlen würde diese Regierung die Geschäfte in die Hand der neuen, frei gewählten Volksvertretung legen.

37 »Cold Peace‹« Hopeful Speculations. In: *The Observer*, 5. Oktober 1952; deutsch auch in: Zwischen den Kriegen, S. 81.

38 The End of Seven Years. In: *The Observer*, 28. Dezember 1952; deutsch auch in: Zwischen den Kriegen, S. 78.

39 Problems of peace. In: *The Observer*, 26. April 1953.

40 Im Original spricht Haffner von einer »heroic remedy«, wörtlich also »heroische Medizin«.

41 David Astor hat diesen Brief Haffners an ihn und seinen Brief an Haffner dem Verfasser freundlicherweise zur Verfügung gestellt. Wegen seiner besonderen Bedeutung sowohl für ihren Bruch als auch für darüber hinausgehende Ansichten Haffners wird der Brief hier ausführlicher wiedergegeben.

42 George Weidenfeld: Von Menschen und Zeiten. Wien/München 1995, S. 161. – Weidenfeld schreibt über Haffner: »Einer der begabtesten politischen Journalisten des Jahrhunderts und ein zurückhaltender, reservierter und schwieriger Mensch, der Gesellschaft mied und jede Art von Selbstbeweihräucherung zutiefst verabscheute. [...] Seine Artikel für den *Observer* hatten einen konservativen Grundton, doch Haffners Konzept war innovativ und revolutionär. Er war eher Kassandra als Optimist. Seine Visionen und seine Ansichten waren keineswegs immer richtig, aber sie waren brillant formuliert.« Weidenfeld verlegte Haffners *Anmerkungen zu Hitler* in England. In der englischen Übersetzung heißt das Buch *The meaning of Hitler* (Die Bedeutung Hitlers); ein Titel, den Haffner sehr wenig gelungen fand und zu dem er nicht befragt worden ist.

43 David Astor war zum Beispiel sehr besorgt um Orwells Gesundheitszustand sowie um sein privates Wohlergehen und besorgte ihm aus den USA neueste Medikamente gegen seine schwerwiegende TBC-Erkrankung, die Orwell jedoch auch nicht zu heilen vermochten.

44 Ebenda.
45 In dieser Zeit stieg die Auflage des Blattes um rund fünfzig Prozent.
46 Richard Cockett: David Astor and the Observer. London 1991, S. 136.

Ich habe zweimal mein Land gewechselt

1 Gemeint ist die erfolglose Außenministerkonferenz über Deutschland Ende Januar 1954 in der sowjetischen Botschaft in Ost-Berlin.
2 Die Darstellung stammt aus dem Jahre 1988. Interview mit Radio Bremen. Haffner zitiert hier eine Äußerung seiner Frau.
3 Wahrscheinlich ist die Fehlinformation zu Haffners Lebenslauf – siehe z.B. die Taschenbuchausgabe von *Anmerkungen zu Hitler* –, wonach er 1954 nach Deutschland, aber erst 1961 nach Berlin zurückgekommen ist, irrtümlicherweise aus Haffners Korrespondententätigkeit geschlossen worden.
4 Das Gebäude brannte im Krieg weitgehend aus, wurde etwa zu der Zeit, als Haffner nach Berlin zurückkam, wiederaufgebaut und beherbergte zunächst eine Berufsschule für Bank- und Versicherungskaufleute.
5 So erinnerte sich Jean Améry 1978 in einem offenen Brief an Haffner: »Um 1950 las ich stets mit Zustimmung und Gewinn im Londoner *Observer* die Deutschland-Kommentare von ›Sibästschiän Häffner‹ wie ich Ihren Namen damals aussprach.«
6 Die erste Sendung des *Frühschoppens* wurde Ende August 1953 aus dem Kölner Studio des NWDR ausgestrahlt.
7 Fruits of Moscow. In: *The Observer*, 18. September 1955.
8 Agenda for Germany. In: *The Observer*, 1. Februar 1959; deutsch auch in: Zwischen den Kriegen, S. 87ff.
9 Daß die Entstehungsgeschichte der Mauer noch immer nicht ohne ideologische Scheuklappen diskutiert werden kann, zeigen die so merkwürdig antiquiert wirkenden politischen Auseinandersetzungen in Berlin, seit sich der SPD-Politiker Klaus Wowereit mit den Stimmen der »Mauerpartei« PDS zum Regierenden Bürgermeister wählen ließ.
10 A State of the Party. In: *The Observer*, 1. Mai 1960.
11 Mass Mental Torture in East Germany. In: *The Observer*, 3. April 1960. Untertitelt war der Text mit »Collectivisation by Brainwashing«.
12 A Plan for Prussia. In: *The Observer*, 10. April 1960.
13 Für Churchill lag in »Preußen die Wurzel allen Übels in Deutschland«. Vgl. Winston Churchill: The Second World War. Band 5, London 1989, S. 354. Churchill zitiert darin seine Äußerungen zur geplanten Aufteilung Deutschlands während der Konferenz in Teheran gegenüber Stalin und Roosevelt.

14 Talks with Germany. In: *The Observer*, 5. Mai 1957.

15 Dies hatte Adenauer auf eine Pressekonferenz am 5. April 1957 bekanntgegeben. Darin versicherte er auch, daß die Atomwaffen nichts weiter seien als eine Weiterentwicklung der Artillerie.

16 Sowohl der Eden-Plan von 1955 als auch andere britische Initiativen für eine Wiedervereinigung Deutschlands werden von der Forschung heute allgemein als Versuche angesehen, die amerikanische Vorherrschaft im nordatlantischen Bündnis zu beschränken. Siehe dazu Jens Knappe: Die Deutschlandpolitik der Vier Mächte. In: Werner Weidenfeld, Karl-Rudolf Korte (Hrsg.): Handbuch zur deutschen Einheit. Bonn 1993, S. 221.

17 Looking Back on Munich. In: *The Observer*, 5. Oktober 1958; deutsch auch in: Zwischen den Kriegen, S. 54 ff.

18 What Went Wrong at Versailles. In: *The Observer*, 28. Juni 1959.

19 Facing the Nazi Spectre. In: *The Observer*, 3. Januar 1960.

20 So formulierte er es in dem Artikel »Ein Kronprinz aus der Opposition«. In: *Die Welt*, 27. Juni 1960.

21 Haffners Tochter war zu dieser Zeit schwanger, und 1960 wurde ihr Sohn David Brandt geboren, der heute als Fotograf in Dresden lebt und ein Foto zu diesem Buch beigesteuert hat.

22 Haffner war nach eigener Aussage mit der Linie der Zeitung zu Südafrika und zur Dekolonisierung nicht einverstanden.

23 Der *Encounter*, im Jahr 1953 von Stephen Spender und Irving Kristol gegründet, vertrat eine antikommunistische, aber doch linke Grundhaltung. Schon in den sechziger Jahren wurde bekannt, daß die Zeitschrift wie andere europäische Organisationen zum Teil aus Mitteln der CIA finanziert wurde. Siehe hierzu Frances Stonor Saunders: Wer die Zeche zahlt. Der CIA und die Kultur im Kalten Krieg. Berlin 2001.

24 Auf diese Formulierung (»... the break ... left David ›shattered‹«) angesprochen , sagte Astor, sie sei etwas zu stark (Telefongespräch mit dem Verfasser am 28. Juni 2001).

25 Richard Cockett: David Astor and the Observer, S. 175 f.

26 Was ist das Bündnis mit den Deutschen wert? In: *Die Welt*, 1. März 1960, und Wie sehen Sie Westdeutschland? In: *Die Welt*, 25. April 1960.

27 Ein Kronprinz aus der Opposition. In: *Die Welt*, 27. Juni 1960.

28 Es geht um Krieg oder Frieden. In: *Die Welt*, 16. Juli 1960.

29 Deutschland und England. In: *Die Welt*, 8. August 1960.

30 Frösteln vor dem Gipfel. In: *Die Welt*, 31. Oktober 1960.

31 Warum eigentlich Gipfeltreffen? In: *Die Welt*, 14. Mai 1960. Auch für das folgende Zitat.

32 Schizophrenie am East River. In: *Die Welt*, 3. Oktober 1960.

33 Eine kranke Opposition. In: *Die Welt*, 28. März 1961; Das konventionelle Schwert. In: *Die Welt*, 11. April 1961.

34 Was geschieht, wenn ...? In: *Die Welt*, Oktober 1961.
35 Wenn die Zone anerkannt wird, was dann? In: *Die Welt*, 30. September 1961.
36 Wie es der ehemalige Moderator der DDR-Politsendung *Der Schwarze Kanal*, Karl-Eduard von Schnitzler, erst vor einigen Jahren tat; vgl. Karl-Eduard von Schnitzler, Der Rote Kanal. Hamburg 1993, S. 49.
37 Ohne S und ohne C. In: *Die Welt*, 12. Juni 1962.

Die *Spiegel*-Affäre

1 So nimmt es nicht Wunder, daß die SPD in der Affäre äußerst zurückhaltend – oder gar zustimmend – agierte. Der führende SPD-Politiker Fritz Erler, einer der Väter des Godesberger Programms: »Wo es sich um Landesverrat handelt, muß zugepackt werden.«
2 Als ebenfalls mit dem »Ruch der Korruption« behaftet galten die Starfighter- und Schützenpanzerbeschaffungen durch Strauß; es gab eine BMW-Affäre, eine Lockheed-Affäre, die Onkel Aloys-Affäre sowie rechtswidrige Eingriffe in die Justiz und in die Exekutive.
3 Zur Reaktion der Öffentlichkeit auf die *Spiegel*-Affäre vgl. Thomas Ellwein, Manfred Liebl, Inge Negt: Die Reaktion der Öffentlichkeit. Die *Spiegel*-Affäre. Band 2. Hrsg. von Jürgen Seifert. Olten und Freiburg im Breisgau 1966.
4 Konrad Adenauer am 9. November 1962 im Bundestag: »Nun meine Damen und Herren, wir haben einen Abgrund von Landesverrat im Lande. (Zuruf: Wer sagt das?) Ich sage das!«
5 In dem erwähnten Fernsehinterview gibt Cramer 1997 Haffner Recht und bedauert die damalige Linie des Springer-Verlags.
6 Gert von Paczensky: Der beharrliche Veränderer. In: *Vorwärts*, 16. Dezember 1982.
7 Haffners Polemik bezieht sich auf das »Manifest der Gruppe 47«, das 49 Schriftsteller und andere Künstler am 28. Oktober auf einer Tagung der Gruppe annahmen (u. a. die Schriftsteller Uwe Johnson, Hans Magnus Enzensberger, der Kabarettist Wolfgang Neuss, der Kritiker Marcel Reich-Ranicki, der Verleger Siegfried Unseld und der Schauspieler Curd Jürgens; als der Text am 31. Oktober in der *Welt* erschien, hatten bereits weitere 13 Persönlichkeiten unterzeichnet.) Diese Solidaritätsbekundung mit Rudolf Augstein gipfelte für Haffner in der »reinen Narretei«, daß es die Unterzeichner »in einer Zeit, die den Krieg als Mittel der Politik unbrauchbar gemacht hat«, für »eine sittliche Pflicht« hielten, die Öffentlichkeit »über sogenannte militärische Geheimnisse« zu unterrichten. Mit seiner Kritik pflichtete Haffner dem Schriftsteller

Rudolf Krämer-Badoni bei, der die Erklärung der »Gruppe 47« in einem Artikel für *Die Welt* am 31. Oktober als »unausführbaren Unsinn [...] zurückgebliebener Narren« bezeichnet hatte.

8 *Süddeutsche Zeitung*, 8. November 1962. Der *Spiegel* druckte diesen Artikel gekürzt nach, wobei unter anderem die Sätze über die Charakterlosigkeit gewisser noch handelnder Personen im Zusammenhang mit dem Reichstagsbrand unter den Tisch fielen. Eine – nicht nur psychologisch interessante – Folge der vom *Spiegel* in die Welt gesetzten These von der Alleintäterschaft Marinus van der Lubbes? Dies ist eine bis heute umstrittene These, die immerhin Hitlers wichtigsten Vorwand, unter dem er gegen die linke Opposition vorging und mit dem er das Ermächtigungsgesetz zu legitimieren suchte, zur Hälfte rechtfertigte.

9 *Christ und Welt*, 9. November 1962. Der Autor, Chefredakteur Giselher (eigentlicher Name: Max Emanuel) Wirsing, wie Haffner Jahrgang 1907, Vordenker der NS-Eroberungspolitik (ein Buchtitel lautete: *Richtung Südost!*), machte in den Hitlerjahren eine bemerkenswerte Karriere als Schriftleiter der *Tat*, aus der 1939 *Das XX. Jahrhundert* hervorging. Er gehörte seit 1930 dem Intellektuellenzirkel um Hans Zehrer und dem Kreis um die Gebrüder Strasser an. Seit 1933 war er Mitglied der SS und stieg bis zum Sturmbannführer und Mitglied des SD auf. Anfang der vierziger Jahre arbeitete er als Redakteur des Wehrmachtspropagandablattes *Das Signal*. Als Anhänger der NS-Eroberungspolitik entwarf Wirsing in seinen Schriften eine »neue Weltordnung« und forderte für Deutschland eine hegemoniale Rolle in Europa. Zudem hatte Wirsing eine leitende Stellung bei den *Münchner Neuesten Nachrichten* inne, wo er den intellektuellen Kampf gegen das »Weltjudentum« focht und den Führer pries, was sich beispielsweise so las: »Das deutsche Volk bewahrt einen großen, einen köstlichen Schatz: Die Einheit, mit der es hinter dem Führer und Reichskanzler steht. Unserem werdenden nationalen Sozialismus seinen redlichen Platz in der Welt zu ertrotzen und zu behaupten ist ein Ziel, dem jeder verschworen sein muß, der deutsch sein will.«

10 Carl Gustaf Ströhm verlieh Haffner in einer *stern*-Kolumne 1964 das Prädikat »hochbegabt« und bezeichnete ihn als »bestes Pferd im Stall«, der *Christ und Welt* hingegen das Etikett, das »alles in allem solideste und achtbarste Organ des deutschen Konservativismus« zu sein. Später ging Ströhm zur *Welt*, heute ist er freier Mitarbeiter der *Jungen Freiheit*, wo er Anfang des Jahres 2001 eine Lobeshymne auf Axel Springer anstimmte und die »Anpassung« der *Welt* nach links beklagte.

11 Winters war von 1968 bis 1999 Berliner Korrespondent der *FAZ*.

12 Der damalige Chefredakteur der *Welt*, Hans Zehrer, gab in der Weimarer Republik die Zeitschrift *Die Tat* heraus, die sich zu einem ein-

flußreichen Organ der »konservativen Revolution« entwickelte. Gottfried Bermann Fischer hat in seiner Autobiographie auf die rechtsextremen Tendenzen des »Tatkreises«, zu dem auch der Chefredakteur der Zeitung *Christ und Welt*, Giselher Wirsing gehörte, hingewiesen: »In dieser Zeit waren es vor allem die Beiträge der von Hans Zehrer redigierten, bei Eugen Diederichs erscheinenden Zeitschrift *Die Tat*, die mit ihrer antidemokratischen, nationalistischen Tendenz einen unheilvollen Einfluß auf die akademische Jugend ausübten.« *Die Tat* konnte Anfang der dreißiger Jahre im Gegensatz zu den großen liberalen Blättern von Mosse und Ullstein ihre Auflage steigern. 1931 wurden 28000 Exemplare gedruckt, 1929 waren es nur 8000 gewesen. Carl von Ossietzky kam, nachdem der »Tatkreis« den »Sozialismus« des Reichswehrgenerals von Schleicher propagierte, zu dem Schluß: »Die Quintessenz ihrer Staatsidee ist eine Art nationalistischer Kollektivismus: die Armee dominiert, ihr Interesse steht obenan, und zu ihrer besseren Versorgung gehen ein paar Industrien in die öffentliche Hand über. Ein Militärstaat, [...] der ganze Staat ein einziges Kriegsarsenal.«

13 Springer wollte in Moskau mit Chruschtschow über die deutsche Einheit verhandeln und mußte eine Woche lang warten, bis er zu einem Gespräch vorgelassen wurde. Ein folgenreiches Glanzstück sowjetischer Diplomatie.

14 Ausgeschieden sind unter anderem Paul Sethe, Gert von Paczensky, Gerhard Mauz, Herbert von Borch, Erich Kuby, Joachim Besser, Kurt Becker und Gösta von Uexküll.

15 Der damalige *stern*-Chefredakteur Gerhard E. Gründler stellte einem mit »Der Provokateur« überschriebenen Artikel über Sebastian Haffner voran: »Zeitungen und Zeitschriften, die sich Kolumnisten halten, erweitern die engen Grenzen der Pressefreiheit. Der Satz gilt freilich nur unter einer Bedingung: Man muß für diese Aufgabe einen unabhängigen und originellen Kopf bestellen, der Verlag und Redaktion immer wieder daran erinnert, daß sie sich auf ein geistiges Abenteuer eingelassen haben.« Dieser im Jahr 1978 erschienene Beitrag wurde für eine Publikation des Presseamtes der Landeshauptstadt Düsseldorf anläßlich der Verleihung des Heinrich-Heine-Preises an Haffner geschrieben. – Das Abenteuer der *Welt* mit Haffner ging damals seinem Ende entgegen, und nur wenige Jahre später druckte dieselbe Zeitung schärfste Polemiken – gegen Haffner. Allerdings muß man der *Welt* während der *Spiegel*-Krise zugute halten, daß Haffner Ende November doch noch etwas zum Thema schreiben konnte – jedoch erst, als feststand, daß die Regierung mit ihrer Version der Vorgänge nicht durchkommen würde. Damit war auch Strauß' vorläufiges Ende besiegelt; er trat am 14. Dezember 1962 zurück.

16 Bei der Bundestagswahl sechs Wochen zuvor hatte die CDU unter Ludwig Erhard 47,6 %, die SPD unter dem Norwegen-Emigranten Brandt 39,3 % der Stimmen erreicht.

17 Gäste: François Erval (*L' Express*), Felipe Armesto (*La Vanguardia Espanola*), Herman Nikel (*Time*), Dr. Ernst Müller-Meinungen jun. (*Süddeutsche Zeitung*) und Sebastian Haffner.

18 Zitat aus einer *Spiegel-Verlag/Hausmitteilung*: »Im *stern* stand am letzten Montag zu lesen, welchen Wackeren Henri Nannens Blatt politisches Profil zu danken glaubt: den Publizisten Haffner, Sethe, von Paczensky und Kuby. Freilich saß Erich Kuby an eben diesem Montag gar nicht mehr in der Redaktion des *stern*, sondern in der *Spiegel*-Redaktionskonferenz.« (*Der Spiegel*, 42/1964)

19 *Der Spiegel*, 13/1963.

20 »Irgendein *Spiegel*-Macher hat einmal der ebenso richtigen wie erschreckenden Erkenntnis Ausdruck gegeben, Redaktionsmitglieder seien beliebig auszuwechseln, das Blatt werde weniger von Personen, mehr von seiner Machart bestimmt, und der *Spiegel* bleibe der *Spiegel*, weil der Apparat zwecks Hervorbringung dieses publizistischen Produkts konstruiert worden sei, nicht anders als eine Fabrikanlage, aus der ein bestimmter Autotyp hervorgeht«, schrieb Erich Kuby 1987 in seinem Buch *Im Spiegel*. *Spiegel*-Redakteure begäben sich in ein Korsett der Machart des *Spiegel*, die so simpel sei, »daß sie jeder begreift und jeder sich danach einrichten kann, vorausgesetzt, er hat sich zuvor selbst an der Garderobe abgegeben«.

21 Brief Augsteins vom 31. Januar 1989. Haffner gab statt dessen der Schweizer *Weltwoche* ein ausführliches Interview, das in drei Teilen abgedruckt wurde.

22 *Der Spiegel*, 14/1988.

23 *Der Spiegel*, 48/2000. Der Artikel wurde verfaßt von Reinhard Mohr. Unmittelbar danach stieg die *Geschichte eines Deutschen* auf Platz eins aller deutschen Bestsellerlisten.

24 Autor des Artikels zum Reichstagsbrand ist Klaus Wiegrefe, der in der Diskussion um die *Geschichte eines Deutschen* innerhalb des Spiegel-Autorenteams die scharfe Klinge gegen Haffner geführt und durchgesetzt haben soll (vgl. *Der Spiegel*, 34/2001). Zu den Autoren des Artikels über Haffners postumen Bestseller gehörte Reinhard Mohr. Sehr wahrscheinlich ist, daß er in dem vierköpfigen Autorenteam die Pro-Haffner-Seite einnahm und über die Eingriffe Wiegrefes nicht sehr erfreut war.

25 Die abwegigste Begründung für die These, daß Haffner die *Geschichte eines Deutschen* angeblich nicht 1939 geschrieben haben kann, lautet folgendermaßen: »Ein Emigrant, der sechs Jahre später [nach dem Reichstagsbrand – d. V.] in London darüber schrieb, mußte geradezu

von der Schuld der Nazis überzeugt sein. Haffner dagegen vertritt in seiner posthum veröffentlichten Schrift einen ganz anderen Standpunkt und behauptet: ›Das Interessanteste am Reichstagsbrand war vielleicht, daß die Beschuldigung der Kommunisten so gut wie allgemein geglaubt wurde. Selbst die Zweifler fanden es immerhin nicht ganz unmöglich.‹ Für die völlig unglaubwürdige Behauptung, daß die Zuweisung der Schuld an die Kommunisten in Deutschland damals allgemein akzeptiert worden sei, gibt es eine Erklärung: Als Haffner diese Passage niederschrieb, war der Streit um den Reichstagsbrand schon im Gange, das war also frühestens 1960. Da hielt Haffner es nicht mehr für opportun, den Nazis die Schuld zu geben.« Das schreibt Professor Henning Köhler, Historiker an der Freien Universität Berlin, in der *FAZ* vom 16. August 2001. Stimmt an diesem Gedankengang irgend etwas? Nein: Tatsächlich war Haffner von der Schuld der Nazis überzeugt (»eine Art Augenscheinsbeweis [...] in man den Reichstag brennen ließ«). Er schrieb allerdings nicht, er glaube selbst daran, sondern, daß allgemein geglaubt wurde, daß die Kommunisten den Reichstag angezündet hätten. Also hielt Haffner es keineswegs »nicht mehr für opportun, den Nazis die Schuld zu geben«. Haffner hat sich nie danach gerichtet, ob etwas opportun war oder nicht. Aber er hat die *Geschichte eines Deutschen* ja auch nicht »frühestens 1960« geschrieben. – Am Ende der Woche, in der dieser Artikel erschien, über den das intellektuelle Deutschland mehr oder weniger den Kopf schüttelte, meldete das *manager magazin*, daß die *FAZ* zukünftig in der Eigenwerbung den jahrzehntealten Slogan »Dahinter steckt immer ein kluger Kopf« nicht mehr verwenden wolle.

Sternstunden

1 »Es scheint klar zu sein, daß nach der jetzigen Krise sowohl in Deutschland als auch in Europa eine konservative Epoche kommen wird, wie es nach der Herrschaft Napoleons der Fall war: eine Zeit der Rehabilitation der alten und ältesten kulturellen Werte, eine Periode der Bewahrung der Restauration und der Heilung.« Der Opportunismus des Zentrums, Hitlers Ermächtigungsgesetz zuzustimmen, hat »wahrscheinlich eine Rückkehr zum früheren Status des Zentrums unmöglich gemacht«. (*Germany: Jekyll & Hyde*, S. 191.)

2 Gespräch mit Hermann Rudolph.

3 Tatsächlich verglich Haffner in seinem letzten Buch *Von Bismarck zu Hitler* die kaiserliche Flottenpolitik mit dem Aufbau der Bundeswehr.

4 Im gleichen Kapitel ist die Erleichterung über das Ende der Stagnation der Partei unter der Führung Erich Ollenhauers deutlich spürbar.

Ollenhauer, Jahrgang 1901, der in London ein politischer Gegner Haffners gewesen war, verstarb im Dezember 1963.

5 Anmerkungen zu Hitler, S. 71 f.

6 Zitiert nach: Ein gesamtdeutscher Preußen-Brite. Eine Sendung von Michael Schornstheimer. DS-Kultur, 5. September 1993.

7 Seit 1989 hat er wohl eine Lebenslüge weniger: Der Aufschwung der CDU/CSU nach 1990 hat, oberflächlich betrachtet, natürlich sehr viel mit der Rolle Helmut Kohls als »Kanzler der Einheit« zu tun. Genauer betrachtet, profitierte die CDU davon, daß es so schien, als sei die Politik Adenauers nach vielen Jahren aufgegangen und sich damit eine tatsächliche Lebenslüge (»CDU = Wiedervereinigungspartei«) vor dem staunenden Publikum noch einmal als ein Kalkül der unergründlichen politischen Weisheit des »Alten aus Rhöndorf« darstellen ließ.

8 Egon Bahr, damals Senatspressechef, wies daraufhin, daß die westlichen Alliierten nach dem 13. August nicht verlangten, die Absperrungen, die zunächst nur aus Stacheldrahtverhauen bestanden, zu beseitigen. Mit dem Bau der Mauer habe die DDR erst danach begonnen. In großer Aufregung sei Willy Brandt, damals Regierender Bürgermeister von Berlin, daraufhin erstmalig in das Büro der Alliierten Kommandantur am Kleistpark gefahren. Niemals vorher, berichtet Bahr, habe er Willy Brandt so erlebt wie an diesem Tag. (Gespräch des Verfassers mit Egon Bahr am 12. Juni 2001)

9 *stern*, 19/1963.

10 *stern*, 4/1963.

11 Gespräch des Verfassers mit Egon Bahr am 12. Juni 2001.

12 *stern*, 4/1963.

13 Höchstwahrscheinlich bezog sich Haffner auf Wickham Steed, der lange Zeit Mitarbeiter der *Times* war, jedoch auch für die Illustrierte Stefan Lorants, *Picture Post*, schrieb.

14 Schon der genaue Wortlaut jener Passage von Kennedys Rede, in der dieser »historische« Satz fiel, zeigte die ganze Doppeldeutigkeit der Veranstaltung. Kennedy sagte, daß ein Mensch in diesen Tagen besonders stolz sein könne, wenn er sagen könne: »Ich bin ein Berliner«. Da er diesen einen Satz auf deutsch aussprach, verfehlte er den Zweck auf dem damaligen Rudolf-Wilde-Platz, heute John-F.-Kennedy-Platz, nicht. Entgegen der öffentlichen Interpretation hatte Kennedy nicht gesagt, daß er »ein Berliner« sei. Ein Meisterstück politischer Rhetorik.

15 Haffner zitierte hier vorsichtshalber – aber offensichtlich zustimmend – seinen englischen Kollegen Penegrine Worsthorne vom *Sunday Telegraph*. Weiter heißt es bei Haffner: »Es war kein schöner Anblick, und es würde mich nicht wundern, wenn er jeden europäischen Staats-

mann in dem Entschluß bestärkt hätte: Soweit darf es mit meinem Volk niemals kommen.« Das Land des Jubelns. In: *stern*, 29/1963.

16 *Bild*, 16. Juli 1963.

17 Haffner hatte im *stern* geschrieben, daß er während des Kennedy-Besuchs an den Titel einer Broschüre des Nürnberger Buchhändlers Palm denken mußte, für die der arme Mann von Napoleon erschossen worden war. Der Titel der Broschüre lautete »Deutschland in seiner tiefen Erniedrigung«.

18 »Eugen Leviné nutzte seine Gerichtsverhandlung zu einem guten Abgang. ›Wir Kommunisten‹, sagte er in seinem Schlusswort, ›sind alle Tote auf Urlaub. Sie mögen jetzt entscheiden, ob mein Urlaubsschein noch einmal verlängert wird oder ob ich eingezogen werde zu Karl Liebknecht und Rosa Luxemburg.‹ Zwei Stunden später wurde er erschossen.« (Sebastian Haffner 1968 im *stern* über die Münchener Räterepublik)

19 *Neues Deutschland*, 19. Mai 1963.

20 Die erste sozialliberale Koalition mit Willy Brandt als Bundeskanzler kam nach diesem Wahlergebnis (SPD 42,7 %, FDP 5,8 %) letztlich nur durch die Entscheidung der FDP für die SPD zustande und basierte auf einer »Mehrheit« von 48,5 Prozent der abgegebenen Stimmen. Die gleiche Koalition hätte – rein zahlenmäßig – auch schon nach den Bundestagswahlen 1961 und 1965 mit jeweils rund 49 Prozent der abgegebenen Stimmen gebildet werden können, was die damalige Mende-FDP zu verhindern wußte. CDU/CSU und NPD, die an der 5 Prozent Hürde scheiterte, hatten 1969 »gemeinsam« die absolute Mehrheit – ein Hinweis darauf, wie starr und unbeweglich eine Hälfte der westdeutschen Bevölkerung in den Schützengräben des Kalten Krieges und schlimmeren verharrte.

21 Solange die Bundesrepublik jeden DDR-Bürger als Angehörigen des eigenen Landes ansah, konnte es keine Besuchsregelung geben. – Noch weiter geht ein Kommentar aus dem West-Berliner *Kurier*, in dem im Februar 1964 die Kontaktgespräche des Senats mit der »anderen Seite« über Passierscheine kritisiert werden, da man sich so der SED-Position, die West-Berlin als selbständige politische Einheit ansah, gefährlich annähere. »Es ist zu befürchten, daß die ›Institutionalisierung‹ dieser Gesprächsebene auf die Dauer nicht ohne negative Folgen bleibt.« (*Der Kurier*, 8. Februar 1964) In diese Zeit fiel auch der von der CDU verhinderte Versuch Brandts, sich in Ost-Berlin mit Chruschtschow zu treffen. Wäre das nicht ein Schritt vom Stadtoberhaupt zum Staatsoberhaupt?

22 Telefoninterview des Verfassers mit Sebastian Haffner. In: *junge Welt*, 26. August 1997.

23 Bahman Nirumand: Persien, Modell eines Entwicklungslandes oder Die Diktatur der Freien Welt. Nachwort von Hans Magnus Enzensberger. Reinbek bei Hamburg 1967.

24 Unter anderem verteilte eine Studentengruppe der Pädagogischen Hochschule Berlin einen »Offenen Brief« von Ulrike Marie Meinhof an die Ehefrau des Schahs, Farah Diba. Der Brief konfrontierte Farah Diba mit der Statistik der Verelendung des iranischen Volkes und beschrieb detailliert die Foltermethoden der Geheimpolizei Savak. Ulrike Meinhof bezog sich zum einem auf das Buch von Nirumand und zum anderen auf einen kurz zuvor in der *Neuen Revue* erschienenen Artikel, in dem Farah Diba von ihrem Leben als Kaiserin berichten ließ. Der Brief endet mit den Worten: »Ich weiß nicht, ob es Menschen gibt, die nach der Lektüre dieses Buches (von Nirumand – d.V.) noch nachts gut schlafen können, ohne sich zu schämen.«

25 An dieser Darstellung sind inzwischen Zweifel laut geworden. Fest steht, daß Ohnesorg im April 1967 ein einjähriges Praktikum in Belfort beendet hatte und die immer schärfer werdende Vorgehensweise der Berliner Polizei noch nicht am eigenen Leib erfahren hatte. Andererseits beklagte er gegenüber seinem Bruder Peter im Mai 1967, daß sich die Fronten in Berlin während seiner Abwesenheit sehr verhärtet hätten. Fest steht auch, daß ein dermaßen brutaler Polizeieinsatz bis dato niemandem bekannt war. Dies gilt erst recht für jenen Schußwaffengebrauch, der Ohnesorg das Leben kostete.

26 Es ist ja kein Zufall, daß der Berliner Historiker Henning Köhler in seinem Artikel »Anmerkungen zu Sebastian Haffner« in der FAZ vom 16. August 2001 auf Haffners Kolumne vom 19. Juni 1967 zurückkommt: »Damals«, in der Apo-Zeit, »führte ihn sein ›ziemlich ausgebildeter geistiger Geruchssinn‹, der heute so bewundert wird, beispielsweise zu der Erkenntnis, nach dem Schahbesuch sei 1967 in Berlin der damalige Regierende Bürgermeister Albertz ›in der Methodik dem Beispiel Görings nach der Kristallnacht 1938 gefolgt‹«.

27 Albertz' Verhalten war ein Endpunkt einer längeren Entwicklung. »Als er Innensenator geworden war«, schrieb Egon Bahr in seinem Buch *Zu meiner Zeit* über Albertz, »gewann er Lust an der bewaffneten Macht. Statt der in Berlin verbotenen Bundeswehr hatten wir eine Bereitschaftspolizei, genau genommen Berufssoldaten. [...] Heinrich Albertz begann, sich als Oberbefehlshaber zu fühlen.«

28 Vgl. Till Meyer: Staatsfeind. Hamburg 1996.

29 Dieses Lob wollte der damalige SFB-Intendant Franz Barsig nicht auf sich sitzen lassen. Er reduzierte Haffners Anteil an Kommentaren in der Sendereihe »Berliner Fenster«, weil Haffner den Bundeskanzler falsch zitiert habe, was schlicht unsinnig war. (SFB, Sender Freies Ber-

lin, hieß damals im Volksmund auch »Sender Franz Barsig«.) Otto Köhler führte im *Spiegel* (Heft 31/1968) überzeugend vor, daß es der SPD-Mann Barsig war, der die Kunst des Zitierens nicht bzw. die Kunst des Falschzitierens perfekt beherrschte.

30 Die Bestie erwacht. In: *stern*, 10/1968.

31 Sieg der Untertanen. In: *stern*, 24/1968.

32 In der DDR sah man das – zehn Jahre später – offensichtlich gelassener: Seit 1977 gab es in Saßnitz auf Rügen eine Gedenkstätte, die an die Reise Lenins durch Deutschland erinnert. Sogar der Waggon, in dem Lenin durch Deutschland fuhr, wurde ausgestellt. 1980 erschien im Ost-Berliner Dietz-Verlag ein Buch mit dem Titel *Lenin in Deutschland*, das zumindest Lenins Reise im »plombierten Waggon« nicht verschweigt.

33 Dieser Satz bezieht sich auf Haffners acht Jahre währende Kolumnistentätigkeit für die Zeitschrift *konkret*, die damals von Klaus Rainer Röhl und Ulrike Meinhof herausgegeben wurde. Da es der *stern* nicht gerne gesehen hätte, wenn Haffner Kolumnen für zwei Zeitschriften gleichzeitig geschrieben hätte, wich er bei der Zusammenarbeit mit *konkret* auf regelmäßige Buchbesprechungen aus, die jedoch über das normale Maß von Rezensionen weit hinausgingen, weil er diese zum Anlaß für eine Abhandlung zum Thema des Buches nahm. Wer die intellektuelle Dimension Haffners ausloten will, nehme die in dem Band *Zur Zeitgeschichte* zusammengestellte Auswahl dieser Kolumnen zur Hand. Allerdings ist das Buch, eines der lesenswertesten von Haffner überhaupt, seit Jahren vergriffen.

34 *stern*, 9/1972.

Die Deutschen mit sich selbst versöhnen

1 Interview mit Jutta Krug.

2 Norddeutscher Rundfunk, 1972. Abgedruckt in: Historische Variationen. München 2001.

3 Haffner gelang es später, Sachbücher zu schreiben, die lesbar wie Romane waren. Die relative Bedeutungslosigkeit der meisten Historiker begründete er so: »Nicht alle Historiker sind heutzutage Schriftsteller. Obwohl im Grunde genommen die Historienfragerei wie alle Fragerei ein Schriftstellerberuf ist.« In: *Saarbrücker Zeitung*, 16./17. Juni 1990.

4 Sebastian Haffner zur Zeitgeschichte. München 1982, S. 8.

5 Helmut Kindler: Zum Abschied ein Fest. Autobiographie eines deutschen Verlegers. München 1991, S. 151.

6 Ebenda.

7 Am 22. November 1945 schreibt Kindler unter selbstgetipptem Briefkopf (»s i e« – die Wochenzeitung für die Frau – F. U. K. Publikation) in den improvisierten Redaktionsräumen in der Tempelhofer Zastrowstraße 129/31 an Christa Rotzoll: »Liebes Fräulein Rotzoll, kommen Sie! Schreiben Sie! Ich habe viel Platz frei. Ihr (unterschrieben) Kindler.«

8 »Hitler kam von ganz alleine an die Macht«. In: *Der Spiegel*, 34/1977, S. 38 ff.

9 Dabei handelte es sich um die längste in dem Artikel zusammenhängend wiedergegebene Antwort: »In den Jahren 29/30 brach die Weltwirtschaftskrise herein. Wieder wurden die Krisenfolgen auf die Bevölkerung abgewälzt. Aber die Arbeiter setzten sich zur Wehr. So bekam die KPD einen maßgeblichen Einfluß. Für die großen Konzerne und ihre Regierung stand nun die Frage: Entweder kommt neuer Sozialismus, oder der Kapitalismus wird mit einer offenen Diktatur, mit dem Faschismus, erhalten. Für diese zweite Möglichkeit hatte die Großindustrie sich in den zwanziger/dreißiger Jahren die NSDAP hochgepäppelt […] So kam es 1933 zum Faschismus mit Hitler als Galionsfigur. Ohne Hitler hätte es auch Faschismus gegeben.«

10 Als Haffners *Anmerkungen zu Hitler* im Mai 1978 erschienen, druckte Helmut Kindler diesen Brief auf dem Buchrücken ab, strich die kleine Spitze gegen Werner Maser und Joachim C. Fest und fügte hinzu: »Eben diesem Bedürfnis, das aber keineswegs auf die junge Generation beschränkt ist, will der Autor entgegenkommen, und zwar durchaus nicht mit einer versimpelten Hitler-Biographie, sondern mit einer thematischen geordneten Auseinandersetzung, in der sogar Leser, denen auch die Lektüre der bisherigen, nicht gerade schmalen Hitler-Literatur nicht alle Fragen beantwortet hat, noch auf weiterführende Perspektiven stoßen werden.«

11 In den sechziger Jahren hatte sich die Auseinandersetzung mit dem Nationalsozialismus im Zuge des Eichmann- und des Auschwitzprozesses sowie der Studentenbewegung verstärkt. Der wissenschaftliche Diskurs blieb damals stark auf den Faschismus fokussiert, erst in den siebziger Jahren wandte sich das öffentliche Interesse stärker den personellen Trägern des NS-Regimes zu.

12 Nach dem Buch von Joachim C. Fest: Hitler: eine Biographie. Frankfurt/M. u.a. O. 1973. »Gemeinsam verantwortet von Christian Herrendörfer und Fest selbst, provozierte der Film, in dem fast ausschließlich weitgehend bekanntes Dokumentarmaterial verwendet wurde, vor allem dadurch, daß Entstehen und Entwicklung des Nationalsozialismus ausschließlich in der Perspektive Hitlers und dessen Karriere widergespiegelt werden – eine gefährliche Vereinfachung, die ihre ästhe-

tische Entsprechung in der unreflektierten Zurschaustellung pompöser Aufmärsche und jubelnder Massenhysterie findet: Hitler wird so unbeabsichtigt zum fragwürdigen ›Star‹ einer Ein-Mann-Show.« (Lexikon des internationalen Films).

13 Helmut Kindler: Zum Abschied ein Fest, S. 552.

14 Anmerkungen zu Hitler, 10. Aufl., München 1978, S. 8.

15 Über Geschichtsschreibung. In: Sebastian Haffner zur Zeitgeschichte, S. 9.

16 Ebenda, S. 55ff.

17 Der Spiegel, 34/2001.

18 *stern*-tv war ursprünglich eine Produktionsgesellschaft, die Filmbeiträge für verschiedene öffentlich-rechtliche Fernsehsender herstellte.

19 Zwei Bücher, die nur er hätte schreiben können, habe Ulrich Pretzel der Nachwelt vorenthalten, schrieb Peter Wapnewski: die Geschichte der deutschen Philologie und das große mittelhochdeutsche Wörterbuch. (*FAZ*, 23. November 1981)

20 Einzige Ausnahme: die Churchill-Biographie, die nicht im *stern*, sondern in der recht kurzlebigen und vollkommen in Vergessenheit geratenen Illustrierten *Deutsches Panorama* (Chefredakteur: Gert von Paczensky) vorabgedruckt wurde, einer Zeitschrift, bei der man nicht genau weiß, ob man ein *stern*- oder ein *konkret*-Heft aus jener Zeit in den Händen hält, wenn man heute darin blättert. Zufall wird das nicht gewesen sein, aber genutzt hat es nichts: Das *Deutsche Panorama* erschien nur etwa anderthalb Jahre und wurde aus finanziellen Gründen eingestellt. Die Entstehung des Churchill-Buches geht höchstwahrscheinlich auf eine Anregung von Kurt Kusenberg, dem Herausgeber der rororo-Monographien, zurück. Haffner und Kusenberg kannten sich aus der Vorkriegszeit vom Deutschen Verlag bzw. von Ullstein.

21 In zwei wichtigen Rezensionen wird auf diesen Vorabdruck des Kapitels »Leistungen« Bezug genommen. Golo Mann im *Spiegel*, Jean Améry in der *Zeit*, erklären ärgerlich bzw. schockiert gewesen zu sein, als sie den Auszug in der Zeitschrift *Merkur* lasen. Der Abdruck im *Merkur* wird mit einem knappen Satz eingeführt: »Dies ist der zweite einer aus 7 Kapiteln (Leben, Leistungen, Erfolge, Irrtümer, Fehler, Verbrechen, Verrat) bestehenden Serie von *Anmerkungen zu Hitler*, die im April bei Kindler erscheinen werden.«

22 Es gibt aber auch gewollte Mißverständnisse. Peter Gauweiler erhielt im *Spiegel* (46/94) viel Platz für einen »Bocksgesang im Duett – Anmerkungen (!) zum Gespräch Rudolf Augsteins mit Ernst Nolte« überschriebenen Beitrag – ein weiterer der ungezählten, so überaus peinlichen Artikel, in denen sich der *Spiegel*-Herausgeber in seinem eigenen Blatt abfeiern läßt, wie zuletzt wieder im Zusammenhang mit der um-

strittenen Verleihung des Ludwig-Börne-Preises an ihn. »Nolte im SPIEGEL. Im Gespräch mit Rudolf Augstein. Dieser wie hinreichend bekannt, im Zweifel links, jedenfalls früher«, heißt es da. Und weiter: »Kein Interview, sondern ein dialogisches Ereignis.« Kritik, die dieses Gespräch ausgelöst hat, weil es in ihm einen Hinweis auf »positive Tendenzen« im Nationalsozialismus gegeben habe, fertigt Gauweiler unter Berufung auf Haffner und Fest ab. Der »deutsch-britische Publizist« und »Heinrich-Heine-Preisträger Haffner« habe schließlich selbst dargelegt, daß Hitlers Wirtschaftswunder ohne Inflation erreicht worden war, bei völlig stabilen Löhnen und Preisen. »Das ist später nicht einmal Ludwig Erhard gelungen.« Provozierend fügt Gauweiler hinzu: »Propagandalüge?« Kein Zweifel, das Zitat stimmt. Nur ist es so, daß Haffner daran anschließt: »Man kann sich die dankbare Verblüffung, mit der die Deutschen auf dieses Wunder reagierten [...] gar nicht groß genug vorstellen [...] Sie beherrschte die deutsche Massenstimmung absolut und verwies jeden, der Hitler immer noch ablehnte, in die Rolle eines querulantischen Nörglers.« (Haffner selbst war zu der Zeit so ein »querulantischer Nörgler«.) Doch schon auf der nächsten Seite schreibt Haffner: »Denn auch diese Schattenseite des Hitlerschen Wirtschaftswunders darf nicht übersehen werden: Da es sich inmitten einer fortdauernden Weltdepression abspielte und Deutschland zu einer Wohlstandsinsel machte, erforderte es die Abschottung der deutschen Wirtschaft gegen die Außenwelt, und da seine Finanzierung der Tendenz nach unvermeidlich inflationär war, erforderte es von oben auferlegte Zwangslöhne und Preise. Für ein diktatorisches Regime, mit den Konzentrationslagern im Hintergrund, war beides möglich. [...] Auch insofern muß man das Wirtschaftswunder der dreißiger Jahre das Werk Hitlers nennen, und insofern waren sogar diejenigen in gewissem Sinne nur konsequent, die um des Wirtschaftswunders willen auch die Konzentrationslager in Kauf nahmen.« Das müßte dann ja wohl auch für Gauweiler gelten. Haffner hat sich über diese verfälschende Inanspruchnahme seines Buches durch Gauweiler sehr geärgert, wollte aber keinen Leserbrief schreiben.

23 Auch eine rechtsextreme Publikation findet Gefallen an dieser Formulierung Haffners, wenn sie aus dem Zusammenhang gerissen ist: Die rechtsextreme Wochenzeitschrift *Junge Freiheit* bietet auf ihrer Homepage ihren Lesern ein Quiz, in dem bestimmte Zitate ihren jeweiligen Autoren zugeordnet werden sollen. Wie selbstverständlich erscheinen die Zeilen Haffners zu den wirtschaftlichen Leistungen Hitlers hier gekürzt um seine Anmerkungen zu den Kehrseiten dieser Politik.

24 Wie schwer muß es Haffner gefallen sein, nie darauf hingewiesen zu haben, daß er nachweislich schon 1940 Hitlers Selbstmord (in *Germany: Jekyll and Hyde*) vorhergesagt hatte?

25 Walter Kempowski: *Haben Sie Hitler gesehen?* München 1973. Nachwort von Sebastian Haffner: *Die Deutschen und Hitler*, S. 115.

26 Zu bedenken ist, daß Haffner zu der Zeit, als er die *Anmerkungen zu Hitler* schrieb, bereits mit seiner zweiten Frau zusammenlebte. Christa Rotzoll war in Deutschland geblieben und hatte auch Artikel für *Das Reich* geschrieben, worüber sich beide manchmal ein wenig stritten.

27 Rezension von Arthur Rosenbergs *Entstehung der Weimarer Republik* in: Sebastian Haffner zur Zeitgeschichte, S. 11.

28 Anmerkungen zu Hitler, S. 123.

29 Ebenda, S. 99.

30 Ebenda, S. 204.

31 »Mein Buch hat mir so viele Zuschriften eingetragen, daß ich Monate, die ich nicht zur Verfügung habe, brauchen würde, um die freundlichen oder kritischen Briefe einzeln so zu beantworten, wie sie es verdienen. Ich muß daher meinen aufrichtigen Dank für so viel Zuwendung und Interesse mit der Bitte um Verzeihung dafür verbinden, daß ich ihn nur pauschal abstatten kann.«

32 Brief von Gerd Schmückle an Sebastian Haffner vom 25. Juli 1978.

33 Brief von Alfred Dregger an Sebastian Haffner vom 31. Januar 1979.

34 Brief von Fritz Tobias an Sebastian Haffner vom 6. Juli 1978.

35 Haffner wird diesen Artikel mit Sicherheit auch gelesen haben. Er bekam den *Spiegel* bis an sein Lebensende kostenlos bereits sonntags per Boten ins Haus – wahrscheinlich Augsteins Dank für Haffners Rousseauschen Einsatz in der *Spiegel*-Affäre.

36 In einer Diskussionssendung, die der WDR am 31. Oktober 1979 ausstrahlte, wurde Haffner mit dem Historiker Heinrich August Winkler und dem Publizisten Bernt Engelmann konfrontiert, die ihm vorwarfen, durch viele mißverständliche Passagen in seinem Buch die unsinnige Gleichsetzung von Nazis und Sozialdemokraten, wie sie von Franz Josef Strauß im Vorfeld des Wahlkampfes von 1980 mit polemischem Kalkül eingesetzt wurde, erst ermöglicht zu haben. Haffner bedauerte derartige Reden und distanzierte sich deutlich von solchen Parallelen. Im Kern jedoch beharrte er auf einer seiner Grundthesen der *Anmerkungen*, die lautete, daß sich in der totalitären Praxis der Nationalsozialisten durchaus Gemeinsamkeiten mit derjenigen der Ostblockstaaten fanden.

37 Jenninger mußte nach seiner Rede zurücktreten. »Die Jahre von 1933 bis 1938«, führte Jenninger aus, »sind selbst aus der distanzierten Rückschau und in Kenntnis des Folgenden noch heute ein Faszinosum insofern, als es in der Geschichte kaum eine Parallele zu dem politischen Triumphzug Hitlers während jener ersten Jahre gibt.« Als er antisemitische Vorurteile referierte, ohne daß die eigene Distanz noch ausreichend kenntlich war, kam es zum Eklat. Dazu Haffner im *stern* vom

17. November 1988: »Was Philipp Jenninger bei seiner Rede fehlte, war das Gespür für die Situation. Die Rede war nicht an und für sich falsch, sondern die Gelegenheit, sie zu halten – so wie man auch am frischen Grab des Ermordeten nicht über die interessanten Seiten seines Mörders spricht.«

38 Golo Mann schrieb: »Der Historiker, der in den von ihm studierten menschlichen Aktivitäten mehr Intelligenz sucht, als in ihnen ist, macht sich selber dumm. Dieser Historiker, Haffner, gehört nicht zu den Dummen.« (*Der Spiegel*, 30/1978)

39 »Heute nun«, schrieb Wolf Jobst Siedler in der *FAZ* vom 27. Dezember 1997, »da Sebastian Haffner bei leidlichen Kräften in Berlin seinen neunzigsten Geburtstag begeht, ist er fast ein Klassiker des geschichtlichen Denkens, ohne daß ihn jemand einen Historiker nennen wird.« Siedler hatte nach der Veröffentlichung der *Geschichte eines Deutschen* den Verlag angegriffen: »Ist ihm entgangen, daß der Band 1941 erschienen ist und in der Hoover Library noch zu finden ist?« Die *Berliner Zeitung* druckte eine entsprechende Rezension Siedlers am 16. September 2000. Siedler ging soweit, die DVA nach der Veröffentlichung der zweiten Auflage schriftlich aufzufordern, nun endlich zuzugeben, daß es eine englische Ausgabe der *Geschichte eines Deutschen* gegeben habe. Doch so sehr der Verlag sich bemühte, er konnte das Buch einfach nicht finden. Die Lösung fand sich knapp ein Jahr später: Siedlers Informant war Henning Köhler, der in der *FAZ* vom 25. August 2001 patzig eingestand, sich geirrt zu haben (er hatte die US-Ausgabe von *Germany: Jekyll and Hyde* in der Hand gehabt und nannte alles eine Quisquilie, zu der der Verlag greife, weil er keine sachlichen Argumente ins Feld führen könne). Tatsächlich war es Köhler, der seine Rufmordkampagne ohne jedes Argument lostrat und Siedler mit falschen Informationen versorgte. So etwas muß man wohl einen Zangenangriff nennen: Erst vertritt Köhler die Ansicht, Haffners Buch gäbe es schon seit 60 Jahren, dann schreibt er in der *FAZ* (16. August 2001), Haffner habe das Buch in hohem Alter auf altem englischen Papier geschrieben, um seinen Nachruhm ordentlich hinzubekommen.

40 Siedler schrieb am 20. Juni 1978 an Haffner: »Lieber Herr Haffner, der Band ist noch gedankenreicher und geistvoller als Sie ihn neulich bei mir zu Hause in Dahlem und dann anschließend im Maître schilderten. Es schien mir schwer, nach Fest noch bemerkenswerte Fragen aufzuwerfen. Aber ich fühlte mich auf jeder Seite stimuliert und inspiriert. Daß ich mit besonderer Genugtuung Hitler als linke Figur verstanden sah, werden sie sich denken.« Siedler war zu der Zeit Geschäftsführer der Verlagsgruppe Ullstein.

41 Henning Köhler: Anmerkungen zu Haffner. In: *FAZ*, 16. August 2001.

42 Anmerkungen zu Hitler. München 1998, S. I.

43 Von Haffner stammen folgende Beiträge: Otto von Bismarck, Theodor Fontane, Friedrich Engels, Wilhelm II., Ernst Niekisch. Drei der fünf Beiträge Haffners befanden sich in einem *Preußische Portraits* genannten Band, der 1969 erschienen war. Für eine Neuausgabe 1985 kam von Haffner ein Portrait von Philipp zu Eulenburg hinzu.

44 Diese Episode aufzuschreiben muß Haffner sehr amüsiert haben. Der Londoner *Zeitung* war von Kritikern vorgeworfen worden, nicht aktuell aus Deutschland zu berichten, sondern Artikel aus anderen Zeitungen auszuwerten. Was aber hätte man damals sonst tun sollen? Haffner als Korrespondenten in die Reichshauptstadt schicken? So blieb nicht viel anderes übrig, als daß Haffner in London tagtäglich eine Art »Deutschen Artikel« schrieb.

45 Besonders hervorzuheben sind die Beiträge über die Bücher von Arthur Rosenberg (Weimarer Republik), C.V. Wedgwood (Dreißigjähriger Krieg), Fritz Fischer (Erster Weltkrieg), Winfried B. Scharlau und Zbynek A. Zeman (Alexander Helphand) und über Brünings Memoiren: »Sein eigener Tucholsky«.

46 Im Haffner-Boom nach der Veröffentlichung der *Geschichte eines Deutschen* ist dieses Buch unter dem Titel *Historische Variationen* neu aufgelegt worden.

47 *Saarbrücker Zeitung*, 16./17. Juni 1990.

48 *stern*, 15/1990.

VERZEICHNIS DER WERKE HAFFNERS

Geschichte eines Deutschen. Die Erinnerungen 1914–1933. Stuttgart: Deutsche Verlags-Anstalt 2000

Germany: Jekyll and Hyde. Übersetzt aus dem Deutschen von Wilfrid David. London: Secker & Warburg 1940
Deutsche Erstausgabe: *Germany: Jekyll & Hyde. Deutschland von innen betrachtet*. Übersetzt aus dem Englischen von Kurt Baudisch. Berlin: Verlag 1900 Berlin 1990 / München: Knaur Taschenbuch 1998

Offensive against Germany. The Searchlight Books. Herausgegeben von T. R. Fyvel und George Orwell. London: Secker & Warburg 1941

A Book of British Profiles. Compiled from the *Observer* by Sebastian Haffner. Melbourne – London – Toronto: Wilhelm Heinemann 1954

Die sieben Todsünden des Deutschen Reiches. Grundfehler deutscher Politik nach Bismarck, damals und auch heute. Hamburg: Nannen Press 1965 / Bergisch Gladbach: Gustav Lübbe Verlag GmbH 1981 (Vorwort gekürzt, aktuelles Nachwort); Neuausgabe 2001 (Vorwort der Erstausgabe); zuerst als Serie im *stern* (1964)

Winston Churchill in Selbstzeugnissen und Bilddokumenten dargestellt von Sebastian Haffner. Rowohlts Monographien. Herausgegeben von Kurt Knusenberg. Reinbek bei Hamburg: Rowohlt Taschenbuch Verlag 1967 (rororo bildmonographien 129) / München: Kindler Verlag GmbH 2001; zuerst als Serie in *Deutsches Panorama* (1967)

Der Teufelspakt. Fünfzig Jahre deutsch-russische Beziehungen. Reinbek bei Hamburg: Rowohlt Taschenbuch Verlag 1968 (rororo 6636) / erheblich gekürzte Ausgabe: *Der Teufelspakt*. Die deutsch-russischen Beziehungen vom Ersten zum Zweiten Weltkrieg. Zürich: Manesse Verlag 1988; zuerst als Serie im *stern* (1967)

Die verratene Revolution. Deutschland 1918/19. Bern–München–Wien: Scherz Verlag 1969; zuerst als serie im *stern* unter dem Titel: Der große Verrat (1968)
weitere Ausgaben:
Die deutsche Revolution 1918/1919 – Wie war es wirklich? Mit über 50 Bildern und Dokumenten. München: Kindler Verlag GmbH 1979
Eine deutsche Revolution. Reinbek bei Hamburg: Rowohlt Taschenbuch Verlag 1982 (rororo Taschenbuch 7455)
Die deutsche Revolution 1918/19. Mit 70 Abbildungen. München: Knaur Taschenbuch 1987 (Nr. 3813)
Der Verrat. Deutschland 1918/1919 – als Deutschland wurde, wie es ist Berlin: Verlag 1900 Berlin 1993

Der Selbstmord des Deutschen Reiches. Bern–München–Wien: Scherz Verlag 1970; zuerst als Serie im *stern* (1969)

Anmerkungen zu Hitler. München: Kindler Verlag GmbH 1978 / Frankfurt am Main: Fischer Taschenbuch 1981 (Nr. 3489)

Preußen ohne Legende. Ein Stern-Buch von Sebastian Haffner. Bildteil von Ulrich Weyland. Hamburg: Gruner + Jahr AG & Co 1980 / München: Goldmann Taschenbuch 1981 (Nr. 11511)

Überlegungen eines Wechselwählers. München: Kindler Verlag GmbH 1980

Preußische Profile. Friedrich II. · Neithardt von Gneisenau · Otto von Bismarck · Theodor Fontane · Helmuth von Moltke · Friedrich Engels · Erich Ludendorff · Wilhelm II. · Henning von Tresckow · Ernst Niekisch (mit Wolfgang Venohr). Königsstein/Ts.: Athenäum Verlag GmbH 1980 / Frankfurt u.a.: Ullstein 1982; erweiterte Neuausgabe: Frankfurt u.a.: Ullstein 1986 (enthält zudem Porträts von Wilhelm I. und Philipp zu Eulenburg) / Berlin: Ullstein Taschenbuch 1990 (Nr. 34085)

Zur Zeitgeschichte. 36 Essays. Müchen: Kindler Verlag GmbH 1982 / München: Knaur Taschenbuch 1982 (Nr. 2785)

Das Wunder an der Marne. Rekonstruktion der Entscheidungsschlacht des Ersten Weltkriegs (mit Wolfgang Venohr). Bergisch Gladbach: Gustav Lübbe Verlag GmbH 1982

Im Schatten der Geschichte. Historisch-politische Variationen aus zwanzig Jahren. Stuttgart: Deutsche Verlags-Anstalt 1985. / München: deutscher taschenbuch verlag 1987 (Nr. 10805)
Neuausgabe unter dem Titel:
Historische Variationen. Mit einem Vorwort von Klaus Harpprecht. Stuttgart · München: Deutsche Verlags-Anstalt 2001

Von Bismarck zu Hitler. Ein Rückblick. München: Kindler Verlag GmbH 1987 / München: Knaur Taschenbuch 1989 (Nr. 77590)

Zwischen den Kriegen. Essays zur Zeitgeschichte. Berlin: Verlag 1900 Berlin 1997 / München: Knaur Taschenbuch 1999 (Nr. 77591)

Der neue Krieg. Berlin: Alexander Verlag 2000. Nachdruck eines Vorwortes zu: Mao Tse-tung: Theorie des Guerillakrieges oder Strategie der Dritten Welt. Reinbek bei Hamburg 1966 (rororo aktuell 886)

Schreiben für die Freiheit. 1942 bis 1949: Als Journalist im Sturm der Ereignisse. Hrsg. von Rainer Nitsche. Aus dem Englischen von Sigrid Ruschmeier. Berlin: Transit 2001

PERSONENREGISTER

BILDNACHWEIS

Archiv *Observer*, London:
David Astor in der Redaktion des *Observer*; London
Sebastian Haffner, porträtiert von seiner Kollegin Jane Bown

David Brandt, Dresden:
Sebastian Haffner mit seinem Urenkel Laurens

Barbara Klemm, Frankfurt am Main:
Im Gespräch mit Joachim Fest

Landesbildstelle Berlin:
Am 14. Januar 1988 verleiht der Regierende Bürgermeister von Berlin Eberhard Diepgen Sebastian Haffner den Titel »Professor ehrenhalber«

Stephan Moses, München:
Porträt

Isolde Ohlbaum, München:
Mit seiner zweiten Frau, der Journalistin Christa Rotzoll

Texte zu einem Lebenslauf. Bilder für eine Verlagschronik. Helmut Kindler zum 70. Geburtstag. Beiträge von Freunden und Mitarbeitern hrsg. von Wolf von Keienburg. Zürich 1982:
Die Verlegerin Nina Kindler und Sebastian Haffner

Ullstein Bilderdienst:
Winston Churchill während einer Propagandareise an der französischen Front im Jahr 1940
Das zerbombte London
George Orwell vor einem BBC-Mikrofon

Alle anderen Fotos stammen aus dem Besitz der Familie.

Golo Mann

Erinnerungen und Gedanken

Eine Jugend in Deutschland

Band 10714

»Eine Jugend in Deutschland« – keine alltägliche, sondern gefährdet durch Anlagen und Umstände, gleichwohl im bürgerlichen Rahmen behütet und gefördert, eigensinnig und doch in vielen Entwicklungen repräsentativ für dieses Land und für die Zeit – 1909 bis 1933 –, durch die Golo Mann seinen Weg mit beharrlicher Unabhängigkeit und kritischer Selbstzucht findet.

Die Stationen: Das vom Vater überschattete Elternhaus mit den großen Geschwistern Klaus und Erika. Literatur, Musik, Theater als frühe Eindrücke, Schule und Pfadfinder, Internat Schloß Salem. Nach dem Abitur Studium in München, Berlin, Heidelberg: Jaspers, der Sozialistische Studentenbund, erste Aufsätze, Versuche, dem Nazi-Geist entgegenzutreten. Hamburg, Göttingen: Selbstaufgabe der Weimarer Republik, alles Spätere vorbereitende Anfänge des »Dritten Reichs«.

Golo Mann beschwört keine »besonnte Vergangenheit«, viel zu sehr litt und leidet er an den Irrtümern deutscher Politik. Dennoch weckt dieses große deutsche Bekenntnisbuch Hoffnung: »es ist weise und, aller Bitterkeit zum Trotz, zugleich auf seine Art heiter«. *(M. Reich-Ranicki)*

Fischer Taschenbuch Verlag

fi 1318 / 10

Golo Mann

Erinnerungen und Gedanken

Lehrjahre in Frankreich

Band 14952

Die Jahre in Frankreich gehörten wohl zu den unbeschwertesten in Golo Manns Leben. Erstmals konnte er sich in einer ›unbelasteten‹ Umgebung frei fühlen, hier durfte er seine eigenen Fähigkeiten entfalten und er selbst sein, nicht nur der Sohn des Literaturnobelpreisträgers Thomas Mann, mit dem ihn in der französischen Provinz die wenigsten in Verbindung brachten. Er wurde Deutschlektor in St. Cloud und schloß Freundschaft mit dem Direktor der dortigen Schule, Felix Pécaut, eine Freundschaft, die Golo Mann tief prägte und die er noch lange aufrechterhielt; später wechselte er, ebenfalls als Lektor, nach Rennes. Besuche zu Hause bei den Eltern in Küsnacht, Exkurse über den Einfluß französischer Dichter und vor allem Historiker auf sein Werk und ein Kapitel über seine Zeit in einem französischen Internierungslager in der Provence runden diese Erinnerungen zu einem eindrucksvollen »Porträt des Historikers als junger Mann.«

Fischer Taschenbuch Verlag

fi 1324 / 9

Wolfgang Sofsky
Die Ordnung des Terrors: das Konzentrationslager
Band 13427

»Das Konzentrationslager gehört in die Geschichte der modernen Gesellschaft. Auf den Schlachtfeldern der Massenkriege wurde die Vernichtungskraft moderner Technik erprobt, in den Schlachthäusern der Konzentrationslager die Zerstörungsmacht moderner Organisation.«
Wolfgang Sofsky

»... ein unverzichtbares Standardwerk.«
Jan Philipp Reemtsma, Die Zeit

»... ein Buch, das unsere Kenntnis vom Wesen menschlicher Natur, der Organisation von Herrschaft, der Ausübung von Gewalt wesentlich bereichert.«
Wolfgang Benz, Der Spiegel

Fischer Taschenbuch Verlag

fi 13427 / 1

Rüdiger Safranski

Ein Meister aus Deutschland

Heidegger und seine Zeit

Band 15157

Das Leben, die Philosophie, das Jahrhundert – Safranski legt mit seinem Buch über Martin Heidegger die Biographie des 20. Jahrhunderts vor. Es ist zugleich das Porträt einer Epoche, eine prägnante Reflexion über den Zusammenhang von Denken, Leben und politischer Verstrickung. Heideggers nationalsozialistisches Engagement in der Zeit seines Freiburger Rektorats bleibt in Safranskis glasklarer Darstellung des philosophischen Werdegangs Martin Heideggers ebensowenig ausgespart wie die Kontroverse um die Nachgeschichte seines »Irrtums«.

Das Buch besticht durch seine souveräne Beherrschung des zeit- und ideengeschichtlichen Materials, es ist eine überragende Auseinandersetzung mit Heideggers Lebenswerk, die sich zu einem Panorama deutscher Kulturgeschichte von der Zwischenkriegszeit bis in die frühen 70er Jahre der Bundesrepublik ausweitet.

Fischer Taschenbuch Verlag

fi 15157 / 1

Rüdiger Safranski
Nietzsche
Biographie seines Denkens
Band 15181

»Ich bin kein Mensch, ich bin Dynamit.«
Friedrich Nietzsche

Die intellektuelle Biographie eines Philosophen, der wie kaum ein zweiter weit über die akademischen Grenzen hinaus wirksam war und ist – als feinhöriger Seismograph der Moderne in all ihren Facetten, entschiedener Rhetoriker und veritabler »Psycholog«. Rüdiger Safranski verfolgt den Denk- und Lebensweg Friedrich Nietzsches und zieht die Bilanz seiner Wirkungen.

Fischer Taschenbuch Verlag

fi 15181 / 1

Rüdiger Safranski

Wieviel Wahrheit braucht der Mensch?

Über das Denkbare und das Lebbare

Band 10977

In einem berühmten chinesischen Märchen verschwindet der Maler in seinem eigenen Bild. Das ist die Utopie der Wahrheit: Übereinstimmung mit sich und der Welt. Um dieser Utopie willen haben Rousseau, Kleist und Nietzsche abenteuerliche Wahrheitsexpeditionen unternommen: Dreimal die Wahrheit des Ich gegen den Rest der Welt; dreimal führt die Suche nach Wahrheit in die selbstgemachten Bilder und in die Bereitschaft zur Gewalt gegen eine Wirklichkeit, die sich den Bildern widersetzt. Eine andere große Wahrheitsexpedition ist die Metaphysik als der Versuch, in einer *verkehrten* Welt eine *wahre* Welt zu entdecken. Das beginnt eindrucksvoll bei Sokrates und Augustin und endet furchtbar im Zeitalter des Totalitären und des Fundamentalismus. Bleibt also nur die (Lebens-)Kunst, ohne die Gewißheit des richtigen Lebens, ohne verbürgte Wahrheit zu leben? Es sieht so aus. Am Beispiel Kafkas geht es in den letzten Kapiteln dieses Buches um die Kunst, in der Fremde zu bleiben.

Fischer Taschenbuch Verlag

fi 1051 / 4